Zu diesem Buch

Paare, die sich trennen, haben meistens eine ganze Menge zu regeln. Ob verheiratet oder nicht: Viele wollen die juristische Auseinandersetzung vermeiden. Sie suchen nach einer fairen Lösung, der beide zustimmen können. Eine Scheidung ohne Verbitterung ist auch für den Start ins eigenständige Leben von großer Bedeutung. Hilfe bei der partnerschaftlichen Lösung von Trennungskonflikten bietet die Mediation.

In den USA entwickelt, gewinnt dieses Modell der Konfliktregelung auch in Deutschland an Bedeutung. Ziel ist die einvernehmliche Regelung aller bei einer Scheidung auftauchenden Probleme wie Sorgerechts-, Unterhalts- und Eigentumsfragen. Mit Hilfe des Mediators, manchmal auch unter Mitwirkung der Kinder, erarbeiten die Partner eine Vereinbarung, die die Belange ihres Lebens nach der Trennung regelt.

Dieses Buch erläutert, wie eine Mediation funktioniert. Es stellt anhand von zwölf Fallgeschichten anschaulich vor, welche Probleme zur Sprache kommen, und zeigt, wie man zu individuellen Lösungen finden kann.

In der Mediation werden emotionale und psychische Prozesse, die eine Scheidung begleiten, berücksichtigt, Ziel aber sind «rechtsverbindliche Trennungsvereinbarungen», die die gerichtliche Auseinandersetzung überflüssig machen. Der Autor, ursprünglich Scheidungsanwalt, war Ende der 70er, Anfang der 80er Jahre einer der Pioniere dieses neuen Verfahrens. Er schildert seine amerikanischen Fallgeschichten, doch die Prinzipien der Mediation sind nicht an nationale Gesetze gebunden, und die Beispiele lassen sich leicht auf deutsche Verhältnisse übertragen. Nachwort und Anmerkungsteil geben Erklärungen und Hinweise auf hierzulande geltende Bestimmungen.

Diese deutsche Erstausgabe wurde von Hannelore Diez und Heiner Krabbe fachlich begleitet und von Joachim Neufeldt juristisch betreut. Anmerkungen zu den Bearbeitern finden sich auf Seite 359.

Zum Autor

Gary Friedman, Mediator und Rechtsanwalt, war führend an der Entwicklung der *Divorce Mediation* in den USA beteiligt. Seither hat er in zahlreichen Seminaren, auch in Deutschland, entscheidend an der Mediatoren-Ausbildung mitgewirkt.

Inhalt

Vorwort: Vom Rechtsanwalt zum Mediator **11**

Erster Teil: Eine Einführung in die Mediation **15**
Von Gary Friedman und Jack Himmelstein

Mediation als Alternative **17**
Wie Sie entscheiden, ob Mediation das richtige für Sie ist.

Der Ablauf einer Mediation: Ein Blick hinter die Kulissen **32**
Die Grundregeln festlegen, zu den Kernfragen vordringen, Lösungen finden.

Zweiter Teil: Die Fälle **57**

Mediation: Ja oder nein **61**
Das Beispiel von Martin und Claire Shapiro zeigt, daß Mediation nur dann funktionieren kann, wenn beide Parteien wirklich mitarbeiten wollen.

Würde ich dich belügen? **92**
Ehrlichkeit ist eine Grundvoraussetzung für eine erfolgreiche Mediation. Das bekommen Louise und Kurt Davis bitter zu spüren.

Das ist mein letztes Wort! **104**
Nick und Marie Jackson ringen mit der Frage des Ehegattenunterhalts: Mr. Jackson würde eher ins Gefängnis gehen, als seiner Frau Unterhalt zu zahlen.

Sagen Sie uns, was wir tun sollen **131**
Zur Mediation gehört, daß man Entscheidungen eigenständig trifft, auch wenn sie manchmal schmerzlich sind. Diesen Prozeß würden Annie und Roger de Kemp am liebsten umgehen.

Wer bin ich ohne dich? 153
Dennis und Mimi Thompson haben total entgegengesetzte Einstellungen: Er will unbedingt die Scheidung, sie will das absolut nicht.

Der «Knauser» wehrt sich 176
Bei Becky und Eric Rowland geht es ums Geld: Er hat genug davon, möchte sich aber nicht davon trennen.

Mediation bei körperlicher Mißhandlung? 195
Les und Christine Dunstan entdecken, daß körperliche Mißhandlung und Mediation nicht leicht zusammengehen.

Du bist schuld! 215
Allison und Hank Delaney machen sich gegenseitig verantwortlich für das Scheitern ihrer Ehe. Können sie ihre Vorwurfshaltung überwinden und eine Einigung erzielen?

Getrennte Trauer 248
Jake und Claudia Prey sind durch den Tod ihres Kindes so zermürbt, daß sie nicht einmal mehr zusammen in einem Raum sein können. Doch durch getrennte Mediationsgespräche finden sie einen Weg aus der Erstarrung.

Der geplatzte Ballon 262
Lainie und Tom Moore gelangen schon nach zwei Sitzungen zu einer Vereinbarung, doch alles bricht zusammen, als Mr. Moore eine Beratungsanwältin konsultiert.

Langsam, langsam…! 278
Jim und Sally Hartfield wollen innerhalb einer Woche ihr Vermögen aufteilen, den Ehegattenunterhalt festlegen und eine Elternvereinbarung ausarbeiten – und sie haben sich noch nicht einmal getrennt!

Eine Kehrtwende 308
Darla und Larry Fisher stehen kurz vor einer Vereinbarung, als plötzlich tiefsitzende Vorbehalte der Ehefrau zum Vorschein kommen und zu einem Abbruch der Mediation führen.

Zur juristischen Situation in Deutschland 326
Anmerkungen von Joachim Neufeldt

Mediation in Deutschland. Ein Überblick 335
Nachwort von Hannelore Diez und Heiner Krabbe

Adressen 349

Die Bearbeiter 359

Register 360

Meinen Eltern, Irwin Friedman und Ruth Wells Friedman, und Harry Sloan gewidmet. Sie haben an meine Fähigkeiten geglaubt, bevor ich es tat.

Danksagung

1988/89 machte ich mit meiner Familie einen Forschungsurlaub im französischen Aix-en-Provence. Dort dachte ich über meine Arbeit als Mediator und insbesondere die Fälle nach, die mich besonders gefordert hatten. Um sie aufzuarbeiten, schrieb ich sie nieder. Bei der Lektüre dieser Notizen meinte meine Frau, Trish McCall, daß sich daraus ein Buch machen ließe.

Lauren Friedman, Rosemary Jellison, Susan Keel, Jennie Mayle, Sukie Miller und Marilyn Watkins – alles gute Freunde – stimmten ihr zu und ermutigten mich weiterzumachen.

Lacey Fosburgh, Bob Kriegel und Marilyn Harris Kriegel, Howard Lesnick, Carole Levine, Stuart Miller und Martina Reaves halfen mir mit ihren wohlüberlegten Ratschlägen und kritischen Anmerkungen.

Candice Fuhrman, meine Agentin, Suzanne Lipsett, eine freie Lektorin, die zu meiner Lehrerin wurde, sowie Suzanne Rafer und Margot Herrera, Lektorinnen bei Workman, verhalfen dem Buch durch ihr Talent, ihre Geduld und Ausdauer zur Existenz.

Meine Büroleiterin und Assistentin, Amy Battin, erwies sich, großzügig und begeistert, wieder einmal als unentbehrlich.

Das Stanford Center on Conflict and Negotiation bot mir in einer kritischen Phase wertvolle Unterstützung.

Meine Klienten und die Teilnehmer an meinen Schulungsprogrammen haben mir durch ihre Bereitschaft, sich vollkommen in den Prozeß einzubringen, den Wert dieser Arbeit bestätigt.

Zu bedeutend, um es in Worte zu fassen, war die ungeheure Unterstützung durch meine Familie: Trish, Sydney, Cassidy, Nicholas und Will.

Mein Mediationsansatz, der sich in diesem Buch widerspiegelt, ist das Ergebnis von 15 Jahren enger Zusammenarbeit mit meinem Freund und Kollegen Jack Himmelstein. Jack, in erster Linie Lehrer, und ich, in erster Linie Praktiker, haben uns zusammengetan, um in der Rechtslehre und -praxis neue Ansätze zu entwickeln. Ich beschreibe unsere Beziehung oft so: «Ich praktiziere Mediation, und Jack erklärt mir, was ich tue.» Auf diese Weise und durch unseren laufenden Dialog haben wir unseren Ansatz beständig weiterentwickelt und Hunderte von Anwälten, Psychologen und Sozialpädagogen in den Vereinigten Staaten und Europa geschult.

Das vorliegende Buch ist aus dieser Zusammenarbeit entstanden. Bei der Beschreibung dessen, was ich tue, verwende ich zwar durchweg das Wort «ich», aber auf einer tieferen Ebene wäre «wir» oftmals exakter.

Auch wenn es meine Mediationsfälle waren, die den Hauptteil des Buches bilden, sind die vorgebrachten Ideen größtenteils Ausdruck dessen, was wir gemeinsam entwickelt haben. Der konzeptionelle Überblick in Teil 1 wurde von uns beiden geschrieben und ist eine echte Koproduktion.

Vom Rechtsanwalt zum Mediator

Meine Verwandlung vom Rechtsanwalt zum Mediator begann 1976, als mich ein befreundetes Ehepaar durch ihr ungewöhnliches Ansinnen in eine Zwickmühle brachte: Ich sollte ihnen helfen, eine freundschaftliche Scheidung zu erreichen, und dabei als Anwalt für sie *beide* fungieren. Obwohl ich meine Art, als Anwalt zu arbeiten, schon für «alternativ» hielt, traf mich diese Bitte doch vollkommen unvorbereitet. Ich zog mich zunächst darauf zurück, daß so etwas nicht mit der traditionellen Anwaltsrolle vereinbar sei. Doch das wollten sie nicht so einfach akzeptieren: «Du sollst ja gar nicht Partei ergreifen. Du sollst uns nur helfen, die nötigen Entscheidungen zu treffen. Wenn wir uns in Rechtsfragen auskennen würden, könnten wir das vermutlich auch allein.» Ich kam ins Grübeln. Was war denn so falsch an ihrer Bitte? Warum sollte ich diesen beiden nicht helfen können, ihre Angelegenheiten zu ordnen und ihre Interessen auseinanderzusortieren, ohne die eine Seite *gegen* die andere zu vertreten? Warum konnte ich ihnen nicht einfach die rechtliche Seite zugänglich machen, ohne als Verfechter einer Position aufzutreten?

Trotz aller Zweifel, die sich bei mir einstellten, fragte ich mich, ob sich hier nicht endlich die Chance bot, nach der ich schon lange gesucht hatte – nicht mehr Krieg zu führen, sondern die Menschen darin zu unterstützen, gemeinsam Entscheidungen zu treffen. Denn obwohl ich als Prozeßanwalt in den fünf Jahren, die ich bis dahin praktiziert hatte, durchaus erfolgreich gewesen war, fand ich das Rechtssystem, das auf der Gegnerschaft konkurrierender Parteien beruhte, immer frustrierender. Die menschlichen Kosten des gerichtlichen Streits erschienen mir hoch. Oft fühlte ich mich meinen Klienten entfremdet, und diese waren trotz objektiv guter Resultate häufig unzufrieden. Denn je engagierter ich mich für sie einsetzte, desto mehr gaben sie selbst die Kontrolle über den Prozeß auf. Ich dagegen fühlte mich zunehmend unwohl in der Rolle des Entscheidungsträgers, der seine Vorstellungen davon, was für den Klienten am besten ist, im Kampf mit dem gegnerischen Anwalt – und nicht selten auch mit dem Klienten – durchboxt. Und schließlich störte mich, daß ich mich als Anwalt eher von so negativen Motiven wie Angst vor Gesichtsverlust, vor einer Niederlage oder davor, vom Klienten verklagt zu werden, leiten ließ als vom Streben nach Gerechtigkeit. Aggressivität, Angriff und Gegenwehr prägten mein Verhalten, während die Wahrheit oft nicht zählte.

Ich gelangte immer mehr zu der Überzeugung, daß meine Klienten zur Lösung ihrer Konflikte selbst alle Entscheidungen treffen mußten, waren diese doch viel zu lebensbestimmend, als daß sie von außen aufoktroyiert werden sollten. Statt dessen mußte man den Konfliktpartnern genügend Raum und Unterstützung bieten, damit sie auf der Basis ihres eigenen Empfindens selbst eine für sie faire Lösung finden konnten.

Vor dem Hintergrund all dieser Überlegungen ergriff ich also die Chance, die sich mir in dem Fall meiner Freunde bot, und wagte mich in unbekanntes Territorium vor – mit Erfolg. Nach vier schwierigen Monaten hatten wir eine Vereinbarung, die nicht ich, sondern die Scheidungskandidaten selbst gemacht hatten. Ich spürte, daß ich mich auf dem richtigen Weg befand. Binnen eines halben Jahres arbeitete ich mit vielen scheidungswilligen Paaren und anderen Streitpartnern, die ein Gerichtsverfahren und gegnerische Anwälte vermeiden wollten. Ich sah mich selbst nicht mehr als Entscheidungsträger, sondern als einen neutralen Mittelsmann, der nicht einen zum Gewinner und den anderen zum Verlierer machte, sondern den Menschen half, gemeinsam und eigenverantwortlich zu entscheiden. Dieses Verfahren, das ich seither praktiziere, heißt *Mediation*.

In den letzten fünfzehn Jahren habe ich in rund tausend Streitfällen vermittelt und meine Kenntnisse an juristischen Fakultäten, im Rahmen von Schulungsprogrammen und öffentlichen Vorträgen weitergegeben. Ich lehre Mediation nicht in Form von klar beschreibbaren Techniken, sondern mittels Rollenspielen und anderen beispielbezogenen Lehrmethoden. Oft bin ich ermuntert worden, meine Methode in einem Buch zu beschreiben, und nach langem Überlegen bin ich zu dem Schluß gekommen, daß ich Wesen und Wert der Mediation am besten so vermitteln kann, wie ich es auch in der Lehre tue – indem ich eine Reihe von Mediationen aus meiner Praxis vorstelle und kommentiere. Nach einigen allgemeinen Erläuterungen in Teil 1 besteht dieses Buch daher im wesentlichen aus zwölf Fallbeispielen, die an konkrete Fälle aus meiner Praxis angelehnt sind. Während Dynamik und Dialoge wirklichkeitsgetreu sind, wurden alle Namen und spezifischen Umstände geändert, um meinen Klienten gegenüber Vertraulichkeit zu wahren. In meiner Praxis vermittle ich in Streitfällen aller Art, aber in diesem Buch habe ich mich ausschließlich auf Scheidungsfälle beschränkt. Und weil ich dieses Buch für mich und für all die schreiben wollte, die verstehen möchten, was Mediation ist, habe ich jene Fälle ausgewählt, die für mich am problematischsten waren und die sich mir am stärksten eingeprägt haben. Diese Fälle geben nicht nur Aufschluß über den Mediationsprozeß und die Rolle des Mediators, sondern auch über den Charakter des Menschen als soziales Wesen.

Das Mediationsdreieck

Wenn davon die Rede ist, daß der Platz des Mediators «in der Mitte» ist, dann ist damit nicht gemeint, daß er wirklich zwischen beiden Streitparteien sitzt. Vielmehr würden wir, wenn Sie z. B. als Mediationsklienten zu mir kämen, ein gleichseitiges Dreieck bilden – im wahrsten Sinne des Wortes. Dieses Dreieck hat symbolische wie praktische Bedeutung: Es steht für die wesentlichen Aspekte unserer Beziehung.

Erstens bin ich auf der gleichen Ebene wie Sie. Ich habe nicht die Macht, Ihren Fall zu entscheiden oder in anderer Weise als Richter zu fungieren. Ich habe kein fixes Ergebnis im Kopf, von dem ich Sie überzeugen will. Vielmehr gibt es ein breites Spektrum möglicher Entscheidungen, zu denen Sie gelangen können.

Zweitens bin ich auf niemandes Seite. Ich helfe Ihnen beiden, sich so umfassend wie möglich zu äußern, aber ich werde nicht zum Anwalt des einen oder des anderen.

Drittens kann ich dadurch, daß ich in der Mitte sitze, Ihnen helfen, sich direkt miteinander zu verständigen.

Viertens haben wir alle unterschiedliche Perspektiven, die wir uns zunutze machen können, um ein gegenseitiges Verständnis zu erreichen.

Mitten in einer Streitsituation fühlen sich die wenigsten wohl dabei, einander von Angesicht zu Angesicht gegenüberzusitzen. Doch Wohlfühlen ist keine Voraussetzung für Mediation; unerläßlich hingegen ist Ihre *Bereitschaft*, eigenverantwortlich zu handeln und sich direkt miteinander zu verständigen. Wie ich über meinen Platz in der Mitte denke und warum ich jeweils so entscheide, wie ich es tue, das sind zentrale Themen des gesamten Buches, doch folgende drei Bedingungen sind wesentlich für meinen Mediationsstil:

1. Verantwortung des Klienten: Sie übernehmen die Hauptverantwortung für die Entscheidungsfindung zur Beilegung Ihres Streits.

2. Mediator in der Mitte: Meine Aufgabe ist es, neutral zu bleiben, mich aktiv zu bemühen, die Sicht beider Parteien so umfassend wie möglich zu verstehen und schließlich Ihnen dabei zu helfen, sich selbst und den Partner zu verstehen. Dabei werde ich weder zum Entscheidungsträger noch zum Anwalt für einen von Ihnen. Gleichzeitig muß ich aktiv bemüht sein, nicht an einem Prozeß mitzuarbeiten, der es einem von Ihnen ermöglicht, den anderen auszunutzen.

3. Integration des Rechts: Das Recht ist nur eine von mehreren möglichen Orientierungshilfen für Ihre Entscheidungen. Ebenso wichtig ist zum Beispiel Ihr eigenes Empfinden für Fairneß. Entscheidungsgrundlagen zu finden, die *beiden* Parteien gerecht werden, ist für den Mediationsprozeß von zentraler Bedeutung.

Erster Teil:

Eine Einführung in die Mediation

Von Gary Friedman
und Jack Himmelstein

Mediation als Alternative

Wenn ich mir überlege, wie ich den Vorgang der Mediation erklären kann, so erscheint es mir am natürlichsten, ihn so zu beschreiben, wie ich es tun würde, wenn Sie bei mir im Büro säßen. Die meisten Aspekte der nun folgenden Erläuterungen waren in der einen oder anderen Mediation Bestandteil des Gesprächs mit Paaren, die sich zu einer Trennung entschlossen hatten. Die Beschreibung ist detaillierter, als ich sie in einer einzelnen konkreten Mediation geben würde, aber sie enthält alles, was man wissen sollte. Erlauben Sie mir also, so mit Ihnen zu sprechen, als würden Sie sich in eine Mediation begeben.

Wenn Sie eine Mediation erwägen, so sollten Sie wissen, welche anderen Alternativen es gibt. Kurz gesagt, haben Sie nach einem Scheidungs- oder Trennungsentschluß folgende Optionen, um zu einer Vereinbarung zu kommen.

■ Sie setzen sich mit Ihrem Partner zusammen, treffen alle Entscheidungen über Elternschaft und Vermögen ohne externe Hilfe und fixieren diese in einem Vertrag.

■ Jeder von Ihnen beauftragt einen Rechtsanwalt, Sie bei den Verhandlungen getrennt zu vertreten.

■ Ob mit oder ohne Anwälte, Sie kommen überein, die nötigen Entscheidungen einem Richter zu übertragen.

■ Sie und Ihr Partner setzen sich mit einem neutralen Dritten, einem Mediator, zusammen, der Ihnen hilft, die Entscheidungen gemeinsam zu treffen, und der die Vereinbarung abfaßt.[1]

Jede dieser Optionen hat ihre Vor- und Nachteile. Wir wollen sie einzeln betrachten.

1. Allein entscheiden. Diese Möglichkeit funktioniert am besten, wenn Sie gut miteinander umgehen können und sich über die diversen Konsequenzen Ihrer Entscheidungen im klaren sind. Der Hauptvorteil eines Vorgehens ohne externe Hilfe besteht darin, daß Sie sich die komplette Kontrolle über den Entscheidungsprozeß bewahren. Selbst das streitbarste Paar kann in der Regel etwas entscheiden, und sei es nur, wie die Küchengeräte aufzuteilen sind. Doch bei Beziehungen, in denen ein Partner gewöhnlich alle Entscheidungen trifft, oder bei Fragen komplexer juristischer, wirtschaftlicher, psychologischer oder persönlicher Art kann es riskant sein, allein zu entscheiden. Außerdem wird das Ergebnis vermutlich nicht rechtsverbindlich sein, solange Sie Ihre Vereinbarung nicht weiter formalisieren. Dennoch, wenn Sie sich gut miteinander verständigen können, wenn Sie beide sämtliche Konsequenzen erfassen und wenn jeder von Ihnen imstande ist, sich selbst zu behaupten, so kann dies ein idealer Weg sein, sich zu trennen.

2. Rechtsanwälte beauftragen. Viele setzen das Beauftragen von Rechtsanwälten mit dem Einleiten eines gerichtlichen Scheidungsverfahrens gleich, doch dies muß nicht unbedingt so sein. Tatsächlich werden manche Fälle schon durch die direkte Verhandlung der Anwälte miteinander gelöst. Einer der wichtigsten Gründe, sich eine Rechtsvertretung zu nehmen, liegt darin, nicht direkt miteinander umgehen zu müssen. Ferner sind die Anwälte dazu da, Ihre Rechte zu schützen, so daß das Ergebnis der Verhandlungen dem nahekommen dürfte, was die Anwälte von einer richterlichen Entscheidung erwarten.

Der größte Nachteil einer Beauftragung von Anwälten ist, daß Sie ihnen im Prinzip den Entscheidungsprozeß übertragen. Manche Anwälte vertreten tatsächlich die Wünsche ihrer Klienten, doch viele geben ihren Klienten vor, was diese zu wollen haben. Diese «beschützende» Haltung kann für die Klienten frustrierend sein und – wenn die beiden Anwälte mit ihren jeweiligen Haltungen Kampfstellung beziehen – den Konflikt verlängern sowie bestehende Ressentiments zwischen den Partnern noch verschlimmern. Auf lange Sicht am bedenklichsten ist aber vielleicht, daß die in einem gerichtlichen Verfahren erreichten Entscheidungen wohl kaum individuell auf Ihre Familie zugeschnitten sein werden.

3. Die Entscheidung eines Außenstehenden akzeptieren. Die Konfliktlösung einem Richter zu überantworten ist bei allen Scheidungen der letzte Ausweg. Gerade bei festgefahrenen Verhandlungen findet sich hier ein sicherer Weg, eine Entscheidung herbeizuführen. Es gibt allerdings einige Vorbehalte gegen diese Alternative. So entzieht sich der Zeitpunkt der Entscheidung bisweilen der Kontrolle der Klienten und ihrer Rechtsanwälte. Auch fehlen einem Richter bei noch so umfassender Vertretung meist sowohl die Informationen als auch die Zeit, um zu erwägen, wie sich eine Regelung auf die individuellen Bedürfnisse des Paares zuschneiden ließe. Und vor allem können die Parteien in bestimmten Fragen, wie etwa Unterhalt oder Sorgerecht, später immer noch Änderungen verlangen, auch wenn die meisten erwarten, daß eine richterliche Entscheidung endgültig sei.

4. Mediation. Die Vorteile einer Mediation liegen darin, daß die Klienten den Prozeß selbst in der Hand halten, die Flexibilität haben, voll informierte, individuell angepaßte Entscheidungen zu treffen, und in einer Weise miteinander umgehen können, die für sie die persönliche Integrität wahrt. Aber wie die anderen Optionen hat auch diese ihre Nachteile. Viele Ehepartner können ihre Spannungen einfach nicht überwinden, um zusammenzuarbeiten. Und wenn es ihnen doch gelingt, besteht immer noch die Gefahr, daß einer den anderen über den Tisch zieht.

Der richtige Zeitpunkt für eine Mediation

Der Erfolg einer Mediation hängt unter anderem auch davon ab, zu welchem Zeitpunkt der Trennung sie mit diesem Prozeß beginnen. Menschen, die eine Scheidung durchleben, befinden sich oft auf einer emotionalen Berg- und Talfahrt; Änderungen können sich sehr plötzlich und ohne große Vorwarnung ergeben. Wenn die Paare schließlich in die Mediation kommen, ist meistens der eine Teil – in der Regel derjenige, von dem der Trennungswunsch ausging – in seinem Wunsch, alle anstehenden Trennungsfragen zu regeln, schon weiter als der andere. Das bedeutet, daß derjenige Partner, der dem anderen «voraus» ist, gewillt sein muß, ihm genug Zeit zu lassen, um emotional «aufzuholen».

Dennoch brauchen Sie nicht fest entschlossen zu sein, sich scheiden zu lassen, um eine Mediation aufzunehmen. Der Prozeß kann auch dann sinnvoll sein, wenn Sie sich vorläufig trennen wollen und nun mit den Entscheidungen konfrontiert sind, die dazu nötig sind. Manchmal glaubt der eine Partner erst dann, daß der andere sich ernsthaft trennen will, wenn sie zusammen in die Mediation kommen. Und nicht selten geschieht es, daß demjenigen Teil, der die Trennung möchte, doch noch Zweifel kommen, sobald der Mediationsprozeß in Gang gekommen ist. Ich habe schon erlebt, daß eine Partei sichtlich unwillig, die andere fest entschlossen hier ankam, und diese Rollen sich im Verlauf der Mediation genau vertauscht haben. Letzten Endes müssen beide Seiten bereit sein, die Trennung zu akzeptieren, bevor sie die Trennungsentscheidungen erarbeiten können, doch diese Klarheit kommt manchmal erst nach Aufnahme des Mediationsprozesses. Wenn einer von Ihnen nicht bereit ist, in Gegenwart eines Dritten über Ihre Situation zu sprechen, dann sind Sie noch nicht soweit, eine Mediation zu beginnen.

Wie lange wird es dauern?

Die Frage nach der Dauer einer Mediation läßt sich kurz und bündig damit beantworten, daß es nur so schnell gehen kann, wie der «Langsamere» von Ihnen braucht, um Entscheidungen zu treffen. Diese Person muß sich überlegen, welche Entscheidungen nötig sind und welche Bedürfnisse er oder sie hat – hinsichtlich Elternschaft, Vermögen, Geld usw. –, um ein neues Leben zu beginnen.

Die meisten wollen die Mediation möglichst schnell abschließen. Aber es ist wichtig, daß Sie sich genug Zeit nehmen, um eine Vereinbarung zu erzielen, die keiner von Ihnen in Zukunft bereut. Bei den meisten Paaren genügen dazu vier bis sechs Sitzungen über zwei bis drei Monate hinweg. Der Zeitabstand zwischen den Sitzungen liegt ebenfalls in Ihrem eigenen Ermessen.

Wieviel wird es kosten?

Mediation kostet in der Regel weniger als eine Vertretung durch gegnerische Anwälte. Erkundigen Sie sich nach den jeweiligen Honoraren. Zusätzlich zu den Sitzungshonoraren berechnen Mediatoren jeden Extra-Aufwand, den die Parteien außerhalb der Sitzungen wünschen (z. B. Zusammenfassen von Sitzungsergebnissen und Aufsetzen der Trennungsvereinbarung). Ebenso wie andere Aspekte des Prozesses liegt natürlich auch der Zeitaufwand für die Mediation in der Hand der Parteien, so daß das Tempo und damit die Kosten hauptsächlich davon abhängen, wie gut die Parteien miteinander klarkommen.

Trennung oder Scheidung?

Einige Paare machen praktisch keinen Unterschied zwischen Trennung – getrennt voneinander leben – und Scheidung, während andere nur an einer Trennung interessiert sind und gar nicht an Scheidung denken. Bei manchen will der eine Partner die Scheidung und der andere nur eine Trennung. Für mich als Mediator stellen diese Diskrepanzen kein Hindernis dar. Unabdingbar für die Aufnahme der Mediation ist lediglich, daß Sie beide bereit sind, über Trennungsvereinbarungen zu sprechen.

Das Produkt der Mediationen in meiner Praxis ist eine Trennungsvereinbarung, in der wirtschaftliche und sorgerechtliche Fragen sowie die Vermögensaufteilung geregelt sind. Die Vereinbarung, vom Mediator aufgesetzt und von beiden Trennungsparteien unterschrieben, wird zu einem rechtsverbindlichen Vertrag, der Ihre künftigen Beziehungen regelt.[2] Wenn Sie sich versöhnen, können Sie den Vertrag zerreißen; wenn Sie auf unbestimmte Zeit getrennt bleiben wollen, ist der Vertrag so lange wirksam, wie Sie es wünschen. Und wenn Sie den Schritt zur Scheidung machen wollen, so kann einer von Ihnen oder können Sie beide die Vereinbarung an das Gericht weiterleiten und in einen Gerichtsbeschluß verwandeln lassen, der ebenso vollstreckbar ist, als wenn der Richter die Entscheidungen getroffen hätte. Ein Richter hätte zwar die Möglichkeit, die Vereinbarung abzulehnen, aber das kommt selten vor.

Die Kriterien für eine Mediation

Ich habe den Mediationsprozeß bisher mehr oder weniger von außen beschrieben. Nun wollen wir ihn von innen betrachten. Es gibt vier wechselwirkende Kriterien, die für eine erfolgreiche Mediation unerläßlich sind. Wenn Sie diesen entsprechen, besteht Aussicht auf Erfolg. Doch *jeder* von Ihnen muß alle vier Kriterien erfüllen:

- Motivation zur Mediation
- Eigenverantwortung
- Bereitschaft zur Uneinigkeit
- Bereitschaft zur Einigung

1. Motivation zur Mediation. Wohl die meisten Menschen, die eine Mediation beginnen, haben dafür gemischte Motive, selbstlose ebenso wie eigennützige. Doch welches die Beweggründe auch im einzelnen sein mögen, Mediation kann nur funktionieren, wenn *beide* Parteien dazu motiviert sind. Wenn Sie erwägen, Ihre Beziehung mit Hilfe einer Mediation zu beenden, so genügt es nicht, wenn nur einer von Ihnen am mediativen Ansatz interessiert ist. Wenn einer von Ihnen auf die Frage nach dem Grund Ihres Kommens das Gefühl hat: «Weil mein Partner es wollte», dann werden wir tiefer gehen müssen, um herauszufinden, ob Sie auch eigene Gründe haben, mitzuwirken.

Ebensowenig reicht es aus, wenn Ihre Freunde, Ihr Therapeut oder Rechtsanwalt der Meinung sind, daß Sie eine Mediation versuchen sollten. Sie müssen sich überlegen, warum Mediation für Sie persönlich Sinn macht. Wenn einer von Ihnen nicht dazu bereit oder in der Lage ist, in einem Raum gemeinsam den Realitäten Ihrer Situation ins Auge zu blicken, ist eine Mediation, wie sie üblicherweise praktiziert wird – und wie ich sie praktiziere –, zum Scheitern verurteilt.

Die Motive für eine Mediation sind sehr unterschiedlich. Manche Klienten wollen das juristische Streitverfahren umgehen – um Geld zu sparen, die Trennung zu beschleunigen oder sich nicht auf gegnerische Anwälte und das Rechtssystem einlassen zu müssen. Anderen geht es darum, den Entscheidungsprozeß selbst in der Hand zu behalten. Wieder andere wollen die untereinander bestehenden Feindseligkeiten überwinden und einen Modus festlegen, wie sie in Zukunft miteinander umgehen wollen. Manche schließlich möchten trotz ihrer Entscheidung, die Beziehung zu beenden, einander helfen, den Trennungsschmerz zu lindern. Oftmals kommen auch im Mediationsverlauf Beweggründe an die Oberfläche, die zunächst verdeckt waren, während andere, anfangs scheinbar wichtige, mehr in den Hintergrund geraten.

Nicht immer sind die Motive hilfreich oder wohlwollend. Manche Leute wählen die Mediation, weil sie hoffen, dadurch mehr für sich herauszuschlagen, als sie es einem Anwalt zutrauen, oder weil sie ein bestehendes Machtungleichgewicht zu ihren Gunsten dauerhaft sichern wollen. Manche wollen die durch ihren Trennungsentschluß erzeugten negativen Gefühle mildern und hoffen, sich Frieden zu erkaufen, indem sie das Handtuch werfen und alle Entscheidungen dem anderen Partner überlassen. Derlei Motive können, wenn sie verborgen bleiben, den gesamten Prozeß zum Entgleisen bringen.

2. Eigenverantwortung. Wenn die Motivation der Antrieb für den Mediationsprozeß ist, so ist Eigenverantwortung die Erkenntnis, daß *beide* Konfliktpartner am Steuer des Entscheidungsprozesses sitzen. Jeder von Ihnen muß bereit sein, an diesem Prozeß mitzuwirken und das Ergebnis zu verantworten.

Eigenverantwortung in der Mediation hat folgende drei Elemente:

- Sie müssen beide das Nötige tun, um Ihre Situation gründlich zu verstehen.

- Sie müssen sich beide über Ihre persönlichen Prioritäten klarwerden – Ihre Bedürfnisse, Ihre Zukunftspläne, Ihre Schwerpunkte.

- Sie müssen beide bereit sein, für sich selbst einzutreten und sich allen eventuell auftauchenden Konflikten zu stellen. Das bedeutet nicht, daß Sie eine Mediation nur dann aufnehmen können, wenn es Ihnen gelungen ist, Ihre Streitpunkte allein zu artikulieren oder zu lösen. Aber es bedeutet, daß Sie bereit sein müssen, sich eine eigene Meinung zu bilden und diese zum Ausdruck zu bringen.

Meine Aufgabe als Mediator ist es, die Situation zu beleuchten, ohne sie vorschnell zu beurteilen oder zu verzerren. Das bedeutet zum Beispiel, daß ich Sie darauf stoße, wenn offensichtlich einer von Ihnen allein für die Finanzen der Familie zuständig ist, und Ihnen vor Augen führe, was dies für Ihre Mediation bedeutet. Ich werde mich bemühen, Ihnen meine Sicht der wirtschaftlichen, praktischen, emotionalen und juristischen Konsequenzen dieser Information zu vermitteln. Zusätzlich mögen Sie es aber für notwendig oder sinnvoll erachten, sich an geeignete Experten – etwa Wirtschaftsprüfer, Schätzer oder Finanzberater – zu wenden, um Fachinformationen einzuholen und bestimmte Fragen zu klären. Wenn zum Beispiel einer von Ihnen dem anderen seinen Anteil an einem Haus abkaufen möchte, könnten Sie einen Immobiliensachverständigen mit der Bestimmung des Marktwerts beauftragen.

Verantwortung für sich selbst zu übernehmen kann eine schwierige Aufgabe sein. Wenn Sie sich mit ganzer Seele auf diesen Prozeß einlassen, werden Sie sich sehr grundsätzlichen Fragen gegenübersehen, zum Beispiel der, was Sie mit Ihrem Leben anfangen wollen. Dieser Prozeß der Selbsteinschätzung kann entmutigend sein, besonders wenn Sie keine Erfahrung mit dem Alleinleben haben. Doch während Erfahrung im eigenverantwortlichen Handeln nützlich ist, ist die Bereitschaft, sich über Ihre persönliche Verantwortung klarzuwerden, unerläßlich.

Bei Trennungsentscheidungen geht es um sehr viel: Sie entscheiden über nichts Geringeres als darüber, was jeder einzelne von Ihnen braucht, damit sein weiteres Leben funktioniert. Gerade deshalb ist Ehrlichkeit hier so wichtig. Sie beide müssen wissen bzw. entscheiden können, was Sie wirklich wollen und brauchen, um Ihr Leben getrennt fortführen zu können. Ich bin im Prinzip bereit, mit jedem zu arbeiten, auch mit Paaren, die Probleme mit Alkohol, Drogen oder Gewalt in der Ehe haben. Wenn diese Probleme jedoch ihre Fähigkeiten beeinträchtigen, Entscheidungen zu treffen oder ihre Bedürfnisse klar zu erkennen und zu äußern, dann ist der Schutz durch einen Anwalt sinnvoller als eine Mediation.

3. Bereitschaft zur Uneinigkeit. Die Bereitschaft, für sich selbst einzutreten, fordert von Ihnen nicht nur, Ihren Standpunkt darzustellen, sondern sich auch gegen jede Entscheidung zu behaupten, die Sie bei Ihrer weiteren Lebensgestaltung behindern würde. Andere können zwar ihre Meinung dazu äußern, was Sie tun sollten, doch letztlich müssen Sie selbst entscheiden, welches Ihre Prioritäten sind und wie die in der Mediation erzielte Vereinbarung diese am besten widerspiegeln kann.

Meine Klienten und Kollegen finden es oft paradox, daß ich die Bereitschaft zur Uneinigkeit so stark hervorhebe. «Das hier ist doch Mediation», erinnern sie mich. «Ist das Ziel nicht, sich zu einigen?» Ich dagegen halte es für entscheidend, daß Sie sich vor Beginn der Mediation klarmachen, auf welch holpriges Gelände Sie sich unter Umständen begeben.

Kaum jemand fühlt sich mit Konflikten wohl. Die Spannungen, die wir spüren, wenn wir mit jemandem uneins sind, besonders über so persönliche Belange wie Kinder, Haus, Eigentum und Einkommen, können sehr schmerzlich sein. Vom mediativen Ansatz versprechen sich viele – Klienten wie Ausübende – eine Vermeidung der unschönen Seiten des Konflikts. «Was mich betrifft, ist das hier nur ein Geschäft, das es auszuhandeln gilt», formulierte es einer meiner Klienten und signalisierte damit gleich zu Beginn seine Distanzhaltung. Ein anderer äußerte das zugrundeliegende Selbstschutzbedürfnis: «Eines sollten Sie wissen: Das hier soll friedlich ablaufen. Wir haben schon genug Schmerzliches durchgemacht.»

Manche Mediatoren verbünden sich mit den Parteien in ihrem Wunsch, Konflikte zu vermeiden, und umgehen fein säuberlich alle potentiellen Problembereiche. Doch der Versuch der Konfliktvermeidung in der Mediation bedeutet einen Verlust von Klarheit, Entschlossenheit und Selbstbestimmung, die dem Prozeß zugrunde liegen.

Die größte Gefahr ist nicht, daß Sie und Ihr Partner in eine Streitsituation geraten, in der es kein Vor oder Zurück mehr gibt. Schlimmstenfalls wären dann die Zeit und das Geld für die Mediation umsonst gewesen. Es ist besser, in eine Sackgasse zu geraten, als eine unfaire Vereinbarung zu erzielen, die einen von Ihnen begünstigt. In diesem Fall lebt der benachteiligte Partner am Ende entweder mit einer schlechten Vereinbarung oder versucht, einen Richter davon zu überzeugen, sie umzuwerfen, was äußerst schwierig sein kann. So ist es in gewissem Sinne sicherer, sich uneinig zu sein, als sich einig zu sein, vor allem wenn man Zweifel hat. Es mag paradox klingen, aber die Fähigkeit zur Uneinigkeit öffnet den Weg zur Einigkeit. Oder wie es eine befreundete Erzieherin einmal ausdrückte, als sie von ihrer Erfahrung mit kleinen Kindern sprach: Man hat kein echtes Ja, bevor man nicht ein Nein gehabt hat.

4. Bereitschaft zur Einigung. Die letzte Voraussetzung für eine Mediation ist die Bereitschaft der Partner, auf beiderseitig annehmbare Entscheidungen hinzuarbeiten. Oberflächlich betrachtet mag das selbstverständlich erscheinen, doch nach meiner Erfahrung sind schon viele Mediationen daran gescheitert, daß gerade dieses Kriterium nicht erfüllt war.

In der Trennungssituation können es manche nicht ertragen, daß ihre Partner nicht bestraft werden oder daß sie ihr Leben werden meistern können. Dieses Gefühl der persönlichen Entrüstung hat schon so manche Mediation zum Stillstand gebracht.

Beratungsanwälte

Wozu brauchen Sie einen Anwalt, wenn Sie doch einen Mediator haben? Ein Beratungsanwalt hat die Aufgabe, die Situation ausschließlich unter dem Blickwinkel Ihres Eigeninteresses zu betrachten. Dieser Anwalt vertritt Sie nicht eigentlich, sondern klärt Sie so weit auf, daß Sie selbst die nötigen Entscheidungen treffen können – er oder sie ist eine Informationsquelle und weiter nichts. Ihre Beziehung zu diesem Anwalt ist eine ganz andere als die traditionelle Anwalt-Klienten-Beziehung. Der Anwalt tut in Ihrem Auftrag nur das, was Sie jeweils für nötig halten. Eine solche beratende Funktion des Anwalts verhindert jenes Gefühl der Gegnerschaft, das entsteht, wenn beide Seiten sich einen Anwalt nehmen, um ihre Konflikte auszutragen, und ermöglicht Ihnen, die Kosten zu kontrollieren. Die Rolle des Anwalts hinsichtlich Zeit, Aufwand und insbesondere

Kontrolle ist relativ begrenzt. Wenn sie richtig verstanden wird, fungiert der Beratungsanwalt nicht als Anwalt einer bestimmten Position. Seine Aufgabe ist vielmehr, Sie mit den Informationen zu versorgen, die Sie brauchen, um sich selbst angemessen zu vertreten.

Theoretisch ist eine Mediation abgeschlossen, wenn sich die Parteien geeinigt haben und der Mediator ihre Übereinkunft abgefaßt hat. Sie brauchen nicht zu einem Anwalt zu gehen, um der Vereinbarung rechtlich bindende Kraft zu geben (vgl. Anmerkung 2). Dennoch empfehle ich beiden Konfliktpartnern, die Vereinbarung durch einen Anwalt überprüfen zu lassen. Manche Mediatoren sind nicht bereit, die Übereinkunft in juristisch einwandfreier Form abzufassen, um damit sicherzustellen, daß Sie einen Anwalt zu Rate ziehen, bevor Sie sich rechtlich binden. Sollte sich die Vereinbarung als Folge der Überprüfung auflösen (was normalerweise nicht der Fall ist), so könnte das durchaus daran liegen, daß sie die wahren Wünsche einer oder beider Parteien nicht richtig widergespiegelt hat. Es ist besser, schon früh herauszufinden, ob Ihre Übereinkunft wirklich tragfähig ist – im anderen Fall kann die Perspektive des Beratungsanwalts sie manchmal festigen.

Wenn einer Ihrer Anwälte darauf besteht, in der traditionellen Weise zu verfahren, und die Entscheidungsmacht übernehmen will oder wenn Sie ihm diese Verantwortung übertragen, kann der Mediationsprozeß schnell untergraben werden. Daher ist es wichtig, daß Sie das Heft in der Hand behalten und daß Sie einen Anwalt finden, der mit dieser Rollenverteilung einverstanden ist.

Die Neutralität des Mediators

Ich möchte nun kurz auf die Perspektive eingehen, die ich bei meiner Arbeit mit Ihnen einnehme. Denn ebenso wie Sie muß auch ich bestimmte Kriterien erfüllen, damit die Sache Erfolg hat.

Bei einem Mediator geht es um eine andere Neutralität als bei einem Richter. Ein Richter entscheidet das Ergebnis, ein Mediator, zumindest nach meiner Auffassung, sollte das nicht tun. Diese Haltung ist nicht nur das größte Plus der Mediation, sondern gleichzeitig auch ihr wundester Punkt. Die Gefahr ist, daß eine Partei die andere dazu drängt, ein unfaires Ergebnis zu akzeptieren, und der Mediator machtlos zusehen muß und immer nur wiederholen kann: «Nun, es ist Ihre Entscheidung.» Diese Beschreibung ist klischeehaft, doch die Gefahr ist echt. Um ihr entgegenzuwirken, ist es ganz wesentlich, daß der Mediator Neutralität in einem positiven Sinne versteht.

Positive Neutralität: Das Herz der Mediation. Während ich hinsichtlich des Ergebnisses weitgehend neutral bin (Ausnahmen siehe unten), bin ich dies nicht hinsichtlich des Prozesses. Im Gegenteil, ich versuche aktiv dafür zu sorgen, daß jede Seite Verantwortung für sich selbst übernimmt und daß alle Entscheidungen für beide vernünftig sind.

In diesem Sinne trete ich für Sie beide ein, nämlich für die volle Mitwirkung beider Parteien, und nicht für den Standpunkt des einen oder anderen. Um diese Unterscheidung hervorzuheben, bezeichne ich meine Position als *positive Neutralität*. Sie erfordert, daß ich mich ständig bemühe, jeden von Ihnen genau zu verstehen. Solches Verstehen ist für mich die Grundlage der Mediation.

Die meisten Streitpartner fühlen sich von der anderen Seite vollkommen mißverstanden. Dies treibt sie dazu, anzugreifen, anzuklagen oder Druck auszüben, um ihre Argumente vorzubringen. Dieses aggressive Herangehen provoziert eine ähnlich geartete Gegenreaktion, und das Resultat ist ein eskalierender Teufelskreis.

Stellen Sie sich vor, Sie hätten mit jemandem einen Konflikt, in dem Sie beide dasselbe Objekt haben wollen. Sie werden bemerken, daß unser natürlicher Instinkt nicht darauf zielt, den anderen verstehen zu wollen – denn sonst, so denken wir, wären wir womöglich gezwungen, unseren Standpunkt zu relativieren. Meine Aufgabe ist es, Sie *beide* zu verstehen und eine Perspektive einzunehmen, die beide Positionen einschließt. Für mich besteht der größte Nachteil des üblichen gegnerschaftlichen Verfahrens darin, daß es die Möglichkeit des gegenseitigen Verstehens entwertet und ignoriert. Das Bemühen um positive Neutralität ist paradox, aber auf konstruktive Weise. Viele Menschen denken an Neutralität und meinen eigentlich Objektivität. Doch um beide Konfliktpartner gleichzeitig zu verstehen, muß ich äußerst subjektiv sein und versuchen, mich so gut wie möglich in beider Lage zu versetzen. Komischerweise schafft dieses Bemühen um Subjektivität bei mir eine *Objektivität* – die Fähigkeit, den Standpunkt jeder einzelnen Partei zu sehen und zu verstehen, ohne daß einer den anderen verneinen würde.

Wenn beide Partner wissen, daß ich sie verstehe – und ich zeige ihnen, daß ich es versuche –, dann haben sie das Gefühl, daß dies wenigstens einer der Anwesenden tut. In einer Situation, in der sich beide zutiefst mißverstanden fühlen, ist das nicht eben wenig. Ja, es kann die Konfliktatmosphäre vollkommen verändern. Mein Verständnis zeigt ihnen auch, daß ein Außenstehender jeden einzelnen von ihnen und beide gleichzeitig verstehen kann.

Jemandem, mit dem man uneins ist, heftig Kontra geben zu wollen ist eine ganz natürliche Reaktion. Ich erlebe das ständig, wenn die Parteien Positionen beziehen, die übertrieben erscheinen. Doch ich ziehe es vor, dem Impuls zu folgen, mich in die verschiedenen Positionen einzufühlen. *Aktives Einfühlen* ist wesentlich, aber alles anderes als problemlos. Die häufigsten Hindernisse, auf die ich dabei stoße, sind:

- Ein Partner mischt sich ein, weil es ihm um die Zeit schade ist, die ich investiere, um den anderen zu verstehen.
- Ein Partner gibt aus Furcht vor der Reaktion des anderen nicht alles preis.
- Es gelingt mir einfach nicht, eine Position zu verstehen – aufgrund von Kommunikationslücken oder eigenen Schwächen. Dieses mangelnde Verständnis ist vielleicht das gefährlichste Hindernis, denn es isoliert die eine Partei vom Mediationsprozeß.

Solche Hindernisse lassen sich am besten überwinden, wenn man das Problem offen zur Sprache bringt. Wenn einer der Anwesenden das tut, werden Lösungsmöglichkeiten hervorgebracht.

Positive Neutralität bedeutet also nicht, daß ich eine Distanz zu Ihnen wahre. Im Gegenteil, es bedeutet, daß ich mich aktiv in Sie hineindenke und jeden einzelnen von Ihnen frage, warum Sie so denken oder empfinden, bis ich sicher bin, daß ich Sie verstanden habe.

Ausnahmen von der Neutralitätsregel

Aktives Einfühlen, gekoppelt mit der Förderung eigenverantwortlicher, informierter Entscheidungsfindung, hat sich als dynamische und wirksame Methode der Konfliktregelung erwiesen. Aber was ist, wenn ein Partner dominant bleibt? Was, wenn keine Verständigung erzielt wird? Dies kommt selten vor, aber wenn doch, hat meine «Neutralität» dann Grenzen?

Es gibt zwei Umstände, unter denen ich meine Meinung sehr bestimmt zum Ausdruck bringe: wenn Sie dabei sind, zu einer so unfairen Übereinkunft zu gelangen, daß ich nicht bereit bin, sie abzufassen, oder wenn Sie eine Vereinbarung treffen wollen, die ein Gericht für ungesetzlich befinden würde.[3] Ich erkläre allen Paaren zu Beginn der Mediation: «Die Entscheidung liegt letztlich bei Ihnen, und ich werde mich Ihren Vorstellungen fügen, solange die Entscheidung meiner Vorstellung von Fairneß nicht derart widerspricht, daß ich sie einfach nicht akzeptieren kann. Dies würde Sie allerdings nicht daran hindern, die Vereinbarung selbst abzufassen oder einen anderen Mediator damit zu beauftragen. Doch ich würde Ihnen meine Bedenken klarmachen.»

Zum zweiten Fall, in dem ich meine Meinung äußere, sei gesagt, daß die meisten Richter es weitgehend dem Ermessen des Paares überlassen, was sie vereinbaren, selbst wenn diese Vereinbarungen von dem abweichen, was der Richter selbst entscheiden würde. Aber es gibt ein paar Bereiche, in denen die Entscheidungen der Ehepartner unannehmbar sein können. Wenn sie zum Beispiel übereinkommen würden, daß einer von ihnen niemals eine finanzielle Verantwortung für die Kinder trägt, dann würde ich sie darauf hinweisen, daß diese Entscheidung von keinem Richter akzeptiert würde.[4] Trotzdem bliebe es ihnen überlassen, ob sie ihre Vereinbarung daraufhin ändern wollen oder nicht.

Es ist richtig, daß diese Bereitschaft, meine Auffassung geltend zu machen, dem Ziel widerspricht, die Entscheidungsverantwortung bei den Parteien zu belassen. Doch ich möchte, daß die beiden Parteien nur gemeinsam entscheiden, wenn jede einzelne ihre Bedürfnisse richtig erfaßt hat und diese berücksichtigt werden.

Eine realistische Entscheidungsbasis schaffen

Auch wenn ich keinem von Ihnen sagen werde, was er tun soll, besteht ein wesentlicher Teil meiner Aufgabe darin, eine «realistische Entscheidungsbasis zu schaffen», wie ich es nenne. Das heißt, ich bemühe mich sicherzustellen, daß Sie alle Informationen haben, die Sie benötigen, um tragfähige Entscheidungen zu treffen. Zu diesen umfassenden Informationen gehören wirtschaftliche und juristische Daten, Hilfestellungen zu den möglichen Konsequenzen der erwogenen Optionen sowie ein Feedback zur Wirkung Ihrer Interaktionen auf einen Außenstehenden.

Der Ablauf einer Mediation: Ein Blick hinter die Kulissen

Nun sollten wir uns aber anschauen, was während des Mediationsprozesses tatsächlich passiert. In diesem Kapitel beschreibe ich allgemein, wie eine Mediation abläuft.

Die Grundregeln festlegen

Da die traditionellen Konfliktlösungsmuster oft so starr und einengend sind, erläutere ich in der ersten Sitzung nicht nur den Vorgang der Mediation, sondern stelle auch einige Grundregeln für die Zusammenarbeit auf. Angesichts der Tatsache, daß die meisten Menschen zur Lösung von Rechtsstreitigkeiten primär an ein Gerichtsverfahren denken und daß das juristische Streitverfahren allgemein als die Ultima ratio gilt, ist das Recht stets mehr oder weniger im Hintergrund präsent. Vier der Grundregeln sollen Ihnen daher helfen zu verstehen, in welcher Beziehung Mediation zu diesem System steht.

1. Ein gerichtliches Verfahren muß ausgesetzt werden. Sie müssen sich bereit erklären, jede gerichtliche Aktivität während der Mediation erst einmal zu stoppen. Wenn Sie vor Aufnahme der Mediation Rechtsanwälte mit Ihrer Vertretung beauftragt haben, so müssen Sie sie anweisen, nicht mit dem Streitverfahren weiterzumachen, solange die Mediation läuft.

2. Beide Parteien legen alle nötigen Informationen offen und liefern die relevanten Unterlagen. Während es bei einem gerichtlichen Verfahren ein formales Ermittlungsverfahren mit eidesstattlichen Erklärungen und anderen juristischen Schutzmaßnahmen gibt, existiert in der Mediation kein solcher obligatorischer Vorgang. Um erfolgreich zu sein, ist die Mediation darauf angewiesen, daß jeder von Ihnen bereit ist, sämtliche Informationen zu liefern. Zu Ihrem Schutz sollte in der endgültigen Mediationsvereinbarung ausdrücklich gesagt sein, daß die Vereinbarung von einer vollständigen und wahrheitsgemäßen Offenlegung aller Informationen abhängig ist.

Worum es hier eigentlich geht, ist die Frage, wieviel Vertrauen zwischen den Streitparteien notwendig und angebracht ist. In der Realität läßt sich schwer sagen, ob gegen die Regel der vollständigen Offenlegung verstoßen wird, so daß diese Grundregel allein noch keine Offenheit garantiert. Ein Hinweis darauf, ob sie im konkreten Fall greift oder nicht, ist die relative Offenheit, mit der die Parteien auf die Grundregel als solche reagieren. Wenn beide Partner bereit sind, mit «weichen» wie mit «harten» Informationen offen umzugehen – welche Pläne sie für ihr Leben und ihre Kinder haben, wo sie leben wollen, Arbeit und Vermögen, neue Beziehungen –, wird die Mediation besser laufen, als wenn sie sich strikt auf die Zahlen beschränken. Die Antworten auf diese Fragen sind für den Vorgang ebenso entscheidend wie die Feststellung von Bankkonten. Da die Einhaltung dieser Grundregel jedoch nur schwer, wenn überhaupt, zu erzwingen ist, ist es ganz wesentlich, daß beide Klienten und ihr Mediator zu einem echten Einvernehmen – nicht bloß zu einer oberflächlichen Abmachung – darüber gelangen, wie wichtig Offenheit ist.

3. Keine Informationen aus der Mediation – weder schriftliche noch mündliche – dürfen vor Gericht verwendet werden. Für den Fall, daß Sie sich in der Mediation nicht einig werden und schließlich doch vor Gericht gehen, müssen Sie wissen, daß der Mediationsprozeß vertraulich ist. Der Mediator kann gegen keinen von Ihnen vor Gericht aussagen.

4. Es gehört zu den Aufgaben eines Mediators, Sie darüber aufzuklären, wie Ihr Fall vermutlich von einem Gericht entschieden würde und welche rechtlichen Konsequenzen Ihre Entscheidungen haben.[5] Wenn das Recht unklar ist, dann ist es in meinen Augen meine Aufgabe, es möglichst umfassend zu erläutern, ohne dabei in irgendwelchen Aspekten Position zu beziehen. Doch, wie ich später noch ausführen werde, sind die Mediatoren in diesem Punkt sehr unterschiedlicher Auffassung; die Spanne reicht von solchen, die der Meinung sind, daß das Recht in der Mediation überhaupt keine Rolle spielen sollte, bis hin zu solchen, die finden, daß es das Ergebnis bestimmen soll.

Neue Interaktionsweisen schaffen

Die nächsten Grundregeln sollen die Konfliktpartner zu einem auf Offenheit und Verständnis basierenden Ansatz führen und sie aus einer Haltung der Gegnerschaft lösen. Das gegnerschaftliche Modell ist nicht auf Gerichte, Anwälte und das Recht beschränkt. Es durchzieht unsere Kultur, und wir tragen viele Aspekte dieses Systems in uns. Rufen Sie sich einen Moment lang eine Auseinandersetzung ins Gedächtnis, die Sie mit Ihrem Ehepartner oder jemand anderem hatten. Wenn Sie Ihre jeweiligen Haltungen analysieren, so werden Sie vielleicht feststellen, daß sie in Annahmen wurzeln, die grundlegend für das gegnerschaftliche Modell sind.

Wenn Sie beispielsweise versucht haben, Ihren Ehepartner davon zu überzeugen, daß er oder sie unrecht hatte, dann handelten Sie doch so, als könnte nur einer von Ihnen recht haben. Vielleicht hat Ihr Ehepartner aber auch einfach nachgegeben. Oder vielleicht hat einer von Ihnen oder haben Sie beide versucht, dem Konflikt aus dem Weg zu gehen, indem Sie so taten, als gebe es ihn nicht.

Alle drei Reaktionen sind typische gegnerschaftliche Interaktionsweisen. Diese sind nicht schlecht, aber für eine Problemlösung nur begrenzt geeignet. Tatsächlich entwickeln die meisten Paare in Konfliktsituationen Interaktionsmuster, die den Konflikt eher verlängern, verschärfen oder umschiffen, als daß sie ihn lösen.

Um diese Muster zu verändern, müssen beide Teilnehmer und die Mediationsperson bewußte Anstrengungen unternehmen. Die folgenden Grundregeln, die in der ersten Sitzung festgelegt werden, sollen neue Muster schaffen.

1. Während des gesamten Mediationsprozesses treffen sich die Beteiligten zu dritt.

Manche Mediationsauffassungen ziehen die sogenannte «Pendelmediation» vor, bei der der Mediator zwischen den Streitparteien hin- und herpendelt. Diese Verfahrensweise ist sehr umstritten; es gibt Mediatoren, die regelmäßig mit den Partnern einzeln Gespräche führen, wobei sie ihnen Geheimnisse entlocken und anschließend auch für sich behalten, bis zu solchen Mediatoren, die sich prinzipiell niemals mit einer Seite allein treffen.

Ich selbst ziehe es unbedingt vor, sich gemeinsam zu treffen. Nur wenn sich herausstellt, daß es einer Person unmöglich ist, dabei frei zu sprechen, bin ich bereit, getrennte Sitzungen mit den einzelnen Ehepartnern zu veranstalten. Aber in solchen Fällen bewahre ich keine Geheimnisse. Schließlich geht es ja darum, dafür zu sorgen, daß Sie beide sämtliche relevanten Informationen erhalten.

Und wie geschieht das? Durch Kommunikation. Durch Reden und Zuhören. Nicht selten sind die Worte laut und ärgerlich. Ein andermal sind sie ruhig, schmerzlich und bedeutungsvoll. Das gehört zu dem Entfaltungsprozeß, der seine Gestalt aus der Lebenserfahrung beider Parteien erhält. Manchmal spreche ich, manchmal sprechen Sie miteinander, und während wir so Informationen sammeln oder über eine mögliche Vereinbarung diskutieren, kommunizieren wir. Wenn Sie am Ende eine Vereinbarung erzielen, in der jeder einzelne von Ihnen respektiert wird, dann nur durch Kommunikation.

Wie sich die Menschen durch ihre Probleme arbeiten und sich einigen, läßt sich nicht verallgemeinern. Dennoch hilft es vielen Paaren, konstruktiver zu kommunizieren, wenn sie bestimmte Formen der «Konfliktdynamik» erkennen und verstehen.

Ich betrachte Kommunikation durch zwei verschiedene Brillen: Die eine fokussiert auf den *Inhalt*, die andere auf die *Dynamik*, also einmal darauf, *was* die Konfliktpartner kommunizieren, zum anderen, *wie* sie kommunizieren. Die Dynamik ist das subtilere Element, aber es ist gleichermaßen wichtig, sie zu beobachten und zu verstehen. Tatsächlich konzentriert sich meine Arbeit häufig mehr auf die Konfliktdynamik als auf den Inhalt.

Viele Paare stecken in destruktiven Kommunikationsmustern fest, und wenn sie sich zur Trennung entschließen, sind selbst diese oft schon zusammengebrochen. Weiter erschwert wird die Sache dadurch, daß viele mit falschen Vorstellungen in die Mediation kommen. Die erste ist, wie bereits erwähnt, daß ich derjenige wäre, der die Entscheidungen trifft. «Können Sie uns nicht einfach sagen, was wir beschließen sollten? Schließlich kennen Sie das alles doch schon.» Wenn ich abwinke, kommt die Erkenntnis der Eigenverantwortung. «Sie meinen, daß ich mich wirklich mit ihm einigen muß?»

Der zweite verbreitete Trugschluß ist, daß Mediation konfliktfrei sein soll und daß jeder Ausdruck von Frustration zugunsten einer «vernünftigen» Vorgehensweise zu vermeiden sei. Manchmal nutzt ein Ehepartner diesen Gedanken, um den anderen daran zu hindern, solche Gefühle zu artikulieren, aber meistens teilen beide Partner diese Sicht. Nach meiner Auffassung gehört Konflikt fast immer unvermeidlich zum Mediationsprozeß. Das Ziel ist, ihn zu überwinden, aber der Weg dorthin führt fast immer durch den Konflikt hindurch.

2. Beide Ehepartner sind gemeinsam für das Honorar des Mediators verantwortlich. Diese Regel hat symbolische Bedeutung – sie verdeutlicht die Tatsache, daß die Partner sich diese Investition teilen und daß der Mediator für beide tätig ist. Doch aus Sicht des Mediators braucht die Aufteilung nicht gleich zu sein; ebensowenig ist es von Belang, wer den Scheck ausschreibt. Es geht um die gemeinsame Verantwortung. Manchmal bedeutet das, daß beide Seiten im Verlauf der Mediation ihren Teil aus getrennten oder gemeinsamen Konten bezahlen. Manchmal bezahlt auch nur einer und bekommt dies bei der Aufteilung von Vermögen und Verbindlichkeiten angerechnet.

Die Klienten selbst können weitere Grundregeln bestimmen, zum Beispiel, daß keiner den anderen unterbricht. Dies mag wie eine Kleinigkeit erscheinen, doch es kann dem einen Partner ermöglichen, sich selbst zu behaupten, und dem anderen, dies zuzulassen.

Die Grundregeln werden in der ersten Mediationssitzung, die etwa zwei Stunden dauert, festgelegt. In meiner Praxis setze ich am Schluß der ersten Sitzung eine schriftliche Mediationsvereinbarung auf, die alle bisher festgelegten Grundregeln zusammenfaßt. Auch wenn wir diese Regeln im Einvernehmen mit allen drei Seiten jederzeit ändern können, symbolisiert die Unterzeichnung der Vereinbarung doch unser Einverständnis und den formalen Beginn der Mediation.

Informationen sammeln

Wenn alle einverstanden sind, mit der Mediation fortzufahren, werden die Parteien am Ende der ersten Sitzung darüber aufgeklärt, was sie tun müssen, um die für die Entscheidungsfindung benötigten Informationen zusammenzutragen. Die Informationen, die sie brauchen, fallen in drei Kategorien:
- Kinder
- Vermögen (was Sie beide besitzen), Verbindlichkeiten (Schulden) und Einkünfte
- Zukunftspläne

1. **Kinder.** In diesem Breich werden Sie einige schwierige Fragen beantworten müssen: Wo, denken Sie jeweils, sollten die Kinder leben? Wo sollten sie zur Schule gehen? Ist es sehr wichtig, daß sie ihren Freundeskreis behalten können, und wenn ja, wie läßt sich das machen? Welches Verhältnis wird jeder von Ihnen zu den Kindern aufrechterhalten? Welche Übergaberegelung zwischen Ihnen und Ihrem Partner wäre für Sie am günstigsten?

Manchmal werden die Antworten anfangs nicht klar sein, aber es ist wichtig, daß Sie beide beginnen, sich diese Fragen zu stellen. Je nach Alter der Kinder könnte es auch wichtig sein, ihre Meinung direkt zu hören. Manchmal läßt ein Plan, der den Eltern sinnvoll erscheint, entscheidende Informationen über die Wünsche und Belange der Kinder unberücksichtigt. In diesem Stadium müssen Sie sich einig werden, wie Sie diese Meinungen einholen wollen. Wollen Sie beide sich mit den Kindern zusammensetzen, sich mit jedem Kind einzeln treffen, jeder gesondert mit den Kindern sprechen oder vielleicht sogar eine dritte Person mit ihnen sprechen lassen, die Ihnen beiden dann berichtet? Bei den Kindern wie bei den Finanzfragen herrscht oft ein unausgesprochenes oder sogar ausgesprochenes Einvernehmen zwischen den Ehepartnern, daß dafür nur einer von beiden – und zwar allein – der Experte ist. In der Mediation erhält der «Nichtexperte» vielleicht zum ersten Mal die Chance, seine eigenen Ansichten zu definieren und darzulegen. Erwartet der «Nichtexperte» immer noch vom anderen, daß dieser die Verantwortung für Informationen über die Kinder oder die Finanzen auf sich nimmt?

2. Vermögen, Verbindlichkeiten und Einkünfte. Sie müssen beide schriftlich auflisten, was Sie besitzen, wieviel dieser Besitz wert ist, wann Sie ihn erworben haben, wessen Name auf der Besitzurkunde steht – also die Einzelheiten zu jedem einzelnen Vermögensgegenstand (außer Hausrat), zu Schulden oder Konten. Was die Einkünfte der Familie betrifft, so ist das Ziel, sie so zu strecken, daß sie zwei Haushalte abdecken. Jeder von Ihnen muß feststellen, wieviel Geld tatsächlich vorhanden ist, und anschließend, wieviel Sie jeder brauchen, um Ihr Leben nach Ihren Vorstellungen zu führen.

Manchen fällt es sehr leicht, einen Haushaltsplan aufzustellen; andere tun sich damit schwerer, besonders dann, wenn bisher immer der andere für die Finanzen zuständig war. In jedem Fall bietet diese notwendige Aufgabe eine Gelegenheit, Ihre Prioritäten gründlich abzuwägen. Sie erhalten Arbeitsbögen, um Ihnen die Aufgabe zu erleichtern.

3. Zukunftspläne. Klarheit über Ihre Pläne ist etwas ganz Wesentliches. Viele Betroffene möchte ihre Zukunftsplanung erst beginnen, wenn sie die finanziellen Entscheidungen kennen, doch das kann auf die Frage nach der Henne oder dem Ei hinauslaufen. Je mehr Ihnen klar ist, was Sie mit Ihrem Leben anfangen wollen, desto klarer werden auch die Entscheidungen sein, die Sie zu treffen haben.

Mit der Informationssammlung wird die Mediation erstmals auf die Probe gestellt, und die Frage, ob Sie beide zur Eigenverantwortung fähig sind, kann scharfe Konturen bekommen. Legt jeder von Ihnen alle relevanten konkreten Informationen vollständig offen, wie

Sie es anfangs vereinbart haben? Verstehen Sie beide diese Informationen? Denken Sie beide realistisch über Ihre Zukunftspläne? Und, kritisch betrachtet, verstehen beide von Ihnen die gesammelten Informationen gut genug, um die nötigen Entscheidungen zu treffen? Wenn nicht, sind Sie bereit, das Nötige zu tun, um zu diesem Verständnis zu gelangen? Wenn diese Fragen nicht bejaht werden können, kann der ganze Prozeß ins Wanken geraten.

Die anfänglichen Abmachungen hinsichtlich Offenlegung und Selbstschutz können Ihnen angesichts dieser schwierigen Fragen helfen, bei der Stange zu bleiben. Wenn Sie und Ihr Ehepartner denselben Wissensstand haben, so können Sie gleichberechtigt miteinander umgehen. Jetzt, also während der Informationssammelphase, kann es auch sinnvoll sein, Berater hinzuzuziehen, wenn Sie dies für nötig halten. So möchten Sie vielleicht einen Kinderpsychologen zu sorgerechtlichen Fragen konsultieren oder einen Finanzberater bitten, Ihren Haushaltsplan zu prüfen oder Ihre Vermögenswerte zu analysieren.

Die Konfliktlösung beginnen

Nachdem wir alle Informationen zusammengetragen haben, können wir nun den Konflikt angehen. Aber was ist der Konflikt? An diesem Punkt ist es entscheidend, genau zu bestimmen, worin sich die Parteien uneinig sind. Zusammen mit den Eheleuten erarbeite ich die Bereiche, in denen Übereinstimmung herrscht, und die, in denen Differenzen bestehen. Dies mag einfach klingen, ist es manchmal auch, doch meist ist dieser Schritt sehr komplex und voller Überraschungen.

Wenn Sie Ihre strittigen Punkte identifiziert haben, können Sie mit dem ersten beginnen. Doch welches ist der erste? Auch hier entscheiden Sie. Es gibt keine Reihenfolge, die für jedes Paar geeignet wäre. Gemeinsam zu entscheiden, womit Sie beginnen wollen, mag sich banal anhören, kann Ihnen aber die Bedeutung von Eigenverantwortung und Gegenseitigkeit bei der Entscheidungsfindung nahebringen. Doch obwohl die meisten Mediatoren die Streitpunkte einen nach dem anderen behandeln, werden Sie die Lösung eines einzelnen Punktes wahrscheinlich erst dann richtig einschätzen können, wenn sie alle gelöst sind. Manchmal lösen die Parteien einen Streitpunkt, dann einen zweiten, um dann zum ersten zurückzukehren und ihn im Lichte des zweiten nochmals zu überdenken. Auch wenn sich das nicht gut anfühlen sollte, ist es immer ein Fortschritt.

Die Kommunikation verändern

Stellen Sie sich zwei ineinander verschlungene Metallfedern vor. Eine Bewegung in der einen löst in der anderen eine Reaktion aus, auf die wiederum eine Gegenreaktion folgt. Paare sind oft so miteinander verwoben, daß man kaum weiß, wo die eine Person aufhört und die andere anfängt. Sie zu entwirren ist nicht leicht. Doch um zu kommunizieren, müssen sie erst voneinander losgelöst werden.

Bestimmte Muster des Miteinanderverwobenseins kommen immer wieder vor:

- Einer versucht, den anderen durch Drohungen, Einschüchterung, Schuldzuweisung, Druckausübung, Spott oder Überredung zu kontrollieren.
- Einer entwertet seine eigene Meinung, um es dem anderen recht zu machen.
- Einer ist nicht willens, den anderen einzubeziehen.
- Die Eheleute haben die Zuständigkeiten unter sich aufgeteilt.

Mein Ziel ist, Ihnen bei der Suche nach Kommunikationswegen zu helfen, die nicht durch diese Muster eingeschränkt sind. Das ist nicht leicht, insbesondere wenn diese Muster durch die traditionellen sozialen Geschlechterrollen verstärkt werden.

Vielleicht denken Sie wie viele andere auch, daß Eheleute sich nie wirklich von diesen eingefahrenen Gewohnheiten lösen können. In der Tat arbeiten viele allein oder auch als Paar in einer Therapie oder einem anderen Rahmen jahrelang hart daran, diese Muster zu ändern. Ich will nicht sagen, daß Mediation das gleiche schneller bewerkstelligen kann. Aber paradoxerweise ist es oft der Trennungsentschluß, der eine Veränderung ermöglicht – man braucht plötzlich keinen Modus fürs Zusammenleben mehr zu finden und kann daher riskieren, einander anders als bisher die Wahrheit zu sagen. Auch die Anwesenheit eines Dritten im Mediationsdreieck spornt zu neuen Interaktionsweisen an.

Paare, denen es gelingt, alte Kommunikationsmuster zu durchbrechen, können eine Verständnisebene erreichen, die sie nie zuvor hatten. So kann es dann plötzlich auch zu dramatischen Bewegungen kommen, die eine jahrelange Pattsituation beenden. Ich erlebe es nicht selten, daß Paare bei ihrer Scheidung bereit und in der Lage sind, miteinander in einer Weise umzugehen, die während der Ehe unmöglich war. Auch wenn es bittersüß und traurig klingt, ist dieser Prozeß für diejenigen, die es versuchen, fast durchweg eine ganz wichtige Erfahrung und kann viele der gegenseitigen Verletzungen heilen.

Ich habe zwei Techniken, die dem Paar helfen können, sich zu «entwirren». Die erste ist, daß ich sie bitte, sich das Muster bewußt zu machen – sich zeitweilig mehr auf den Prozeß als auf den Inhalt zu konzentrieren. Wenn ich sie nach dem Wie ihrer Kommunikation frage, werden sie selbst aktiv in das Lösen des Knotens einbezogen. Solche Verwicklungen bewußt zu machen kann für mich der schwierigste und kritischste Part an der ganzen Mediation sein. Mein Verständnis der Interaktionsmuster des Paares muß dazu führen, daß die Partner diese selbst erkennen.

Die Fähigkeit, den Konflikt aus einem gewissen Abstand zu betrachten und sich bewußt zu werden, was da abläuft, kann von unschätzbarem Wert sein, wenn es hart auf hart geht. Sind Sie während Ihrer Ehe Konflikten aus dem Weg gegangen, empfinden Sie es vielleicht als sehr unangenehm, Meinungsverschiedenheiten offen auszutragen. Ohne einen gewissen gesunden Abstand kommt, wenn Sie sehr ärgerlich miteinander werden, leicht das Gefühl auf, jemand mache etwas falsch oder der Mediationsprozeß funktioniere nicht. Wenn Sie jedoch die Fähigkeit entwickeln, sich selbst zu beobachten, werden Sie vielleicht sehen, daß Sie sich auf dem unbequemen Weg zu einer konstruktiveren (wenn auch anfangs weniger bequemen) Form des Umgangs miteinander befinden.

Meine zweite «Entwirrungstechnik» besteht darin, konstruktive

Alternativen zu den identifizierten einengenden Mustern vorzuschlagen. Zum Beispiel bitte ich in der Phase der Informationssammlung beide Teilnehmer nacheinander, die relevanten Angaben zu machen, während die andere Partei nicht unterbrechen darf. Oft unterscheiden sich die Versionen. Der jeweils «darlegende» Partner mag zwar zu mir sprechen, doch der andere hört offensichtlich zu, möglicherweise besser als je zuvor.

Wenn beide benennen können, was ihnen wichtig ist, haben wir zweierlei erreicht. Erstens profitiert der Sprecher, indem er beim Formulieren selbst mehr Klarheit in seine Gedanken bringt. Der zweite Vorteil liegt darin, daß der Partner gezwungen ist, sich die Darstellung anzuhören, wenn nicht gar zu verstehen. Vielleicht würde der Zuhörer gerne kritisieren, widersprechen oder sogar zustimmen. Doch wenn die Ehepartner einander einfach nur gestatten, ihre Positionen darzulegen, ohne daß der andere darauf reagiert, kann die blockierte Kommunikation wieder in Fluß kommen. Viele Paare schaffen das, und je mehr sie üben, desto mehr kann ich mich zurückziehen. So beginnen sie, selbst mediativ zu handeln. Das ist vielleicht die bewegendste Paradoxie der Mediation: Während sich die Partner auseinanderbewegen, um unabhängiger voneinander zu werden, finden beide zugleich einen Weg, sich selbst und den anderen besser zu verstehen.

Die Möglichkeit von Empathie

Sobald ein Austausch begonnen hat, besteht die Chance, tiefer zu gehen. Die Partner können nicht nur ihre gegenseitigen Standpunkte verstehen lernen, sondern sogar so weit kommen, daß sie deren zugrundeliegende Verbindung erkennen. Kurz, sie können sogar beginnen, sich in den anderen *einzufühlen*. Diese Empathie bildet den Kern dessen, worauf ich bei einem Paar hinarbeite.

Das bedeutet nicht, daß ich die Parteien zur gegenseitigen Empathie *dränge* – es ist klar, daß das nicht zum Ziel führen würde. Nein, zunächst ist mir primär daran gelegen, jeder Seite zu versichern, daß ihre Stimme gehört werden wird, zumindest von mir. Doch da sich jeder beim Zuhören einen Moment lang vorsichtig in den anderen hineinversetzt, tut sich allmählich ein Feld des Verständnisses auf. Die Unterschiede werden nicht aufgehoben, aber die Bedürfnisse von beiden anerkannt. Jetzt und erst jetzt können die beiden sagen: «Wir sind verschiedener Meinung. Wie also können wir auf diese Unterschiede reagieren?» Wenn wir zu dritt dasselbe Bild betrachten und versuchen, tragfähige Lösungen für die ganze Familie zu finden, haben die Eheleute nicht nur die Chance, die Probleme zu lösen, sondern dabei auch einen Anhaltspunkt für den zukünftigen Umgang miteinander zu finden.

Dem Konflikt auf den Grund gehen

In Konfliktsituationen konzentrieren sich die meisten Menschen auf den Inhalt ihrer Auseinandersetzungen. Den Konflikt auf der konkreten Ebene auszutragen ist notwendig, doch bei ernsthaften Streitigkeiten bleiben beide Seiten in der Regel unzufrieden, wenn man sich nur mit den Einzelheiten befaßt.

Auf der konkreten Ebene sind die *Verhandlungsgegenstände* meßbar und greifbar: Geld, Eigentum und Zeit. Auf dieser Ebene gilt: Was der eine bekommt, muß der andere aufgeben. Oftmals erkennen die Streitparteien, daß sie beide dasselbe wollen, und nehmen daher eine kämpferische Haltung ein, bei der sie den anderen mit aggressiven, defensiven oder anderen Taktiken aus dem Gleichgewicht zu werfen trachten.

Wenn die Konfliktpartner diese Haltung beibehalten und den Konflikt nur auf der Ebene «Wer bekommt das Haus?» austragen, wird eine Lösung nur schwer zu erreichen sein. Herauskommen dürfte dabei ein für beide Seiten halbherziger Kompromiß. Wenn etwa jeder dem anderen seinen Anteil am Haus auszahlen will, verkaufen sie es am Ende vielleicht an einen Dritten. Innerhalb des gegnerschaftlichen Szenarios bleibt der Konflikt oft auf dieser Ebene stehen. Der eine oder der andere bekommt das Haus, oder das Haus wird verkauft, und die Parteien messen ihren Erfolg in der Konfliktbewältigung am Ergebnis.

Doch hinter dieser konkreten Ebene liegt eine zweite – die der *Bedürfnisse und Interessen*. Wenn ich die Parteien einzeln frage, was es für sie bedeuten würde, das Haus zu bekommen, sind wir oft alle überrascht. Der oder die Betroffene kann zum Beispiel sagen, das Haus bedeute Sicherheit, eine bezahlbare Bleibe, eine Geldquelle oder Annehmlichkeit für Familie und Freunde – doch dies ist vielleicht noch nie zuvor geäußert worden.

Das Vordringen zu dieser zweiten Ebene läßt den Konflikt nicht etwa verschwinden. Doch die Partner gewinnen dadurch mehr Raum, neue Lösungsmöglichkeiten zuzulassen. Wenn sich diese Optionen abzeichnen, verändert sich häufig die Paardynamik ganz erheblich. Anstatt sich gegenseitig an den Hals zu gehen und so zu handeln, als ob nur einer gewinnen könnte, erkennen sie, daß sie eine ganze Reihe möglicher Optionen haben. Auf dieser Ebene können Unterschiede zwischen ihren Bedürfnissen und Interessen als Weg zu innovativen Lösungen dienen.

Lebensplanung

Auf einer noch tieferen Ebene als der von Bedürfnissen und Interessen hängt der Konflikt mit den Vorstellungen der Partner von ihrer künftigen Lebensplanung zusammen. Bis zu dieser Ebene dringen die meisten von uns nur in Krisenzeiten vor – wenn ein geliebter Mensch stirbt oder eben auch bei einer Scheidung. Wenn wir dorthin gelangen, begegnet uns oft einiges an emotionalem Schmerz und Verwirrung. Manchmal erkunden meine Klienten diese Ebene außerhalb der Mediation – allein oder mit einem Berater –, doch gelegentlich entwickeln sie auch im Verlauf unserer gemeinsamen Arbeit ein Bewußtsein dafür, welche Richtung sie ihrem Leben in Zukunft geben wollen. Es ist für mich oft sehr bewegend zu sehen, wie Menschen bereit werden, sich dieser Ebene zu öffnen, und wie wichtig das für sie ist.

Wenn Menschen sich auf diese Ebene der Lebensplanung einlassen, gelangen sie zu einem neuen Verständnis dessen, was für sie am wichtigsten ist. Diese Neuorientierung kann realer sein und mehr

Sicherheit geben als etwa die Gewißheit, das Haus zu bekommen, bzw. sie kann die Frage, wer das Haus bekommt, in einen ganz neuen Kontext stellen. Auf dieser Ebene gewinnen wir eine umfassendere Sicht des Konflikts, eine Sicht, die mehr Raum für eine kreative Lösung schafft.

Es gibt zwar oft Widerstand, doch je tiefer eine Mediation geht, desto mehr Optionen werden vorgebracht und desto solider ist die Basis, auf der die Lösungen später ruhen. Wie tief der Prozeß geht, hängt meines Erachtens von der Fähigkeit des Mediators ab, den Konflikt zu verstehen, ohne die Parteien zu Kompromissen zu ermuntern. Dennoch garantiert diese Fähigkeit noch nicht, daß die Streitparteien dazu ebenfalls in der Lage sind.

In immer tiefere Ebenen vorzudringen kann sich riskant anfühlen, und die Lösung der einzelnen Streitpunkte mag plötzlich allzu aufwendig erscheinen. Tatsache ist jedoch, daß auf der tieferen Konfliktebene all den verschiedenen Streitpunkten ein und dieselben Bedürfnisse und Interessen zugrunde liegen. Die Lösung eines einzigen ist daher meist der Schlüssel zur Lösung aller anderen.

Man muß nicht bis zu dieser Ebene gelangen, die Partner müssen kein einfühlendes Verständnis füreinander entwickeln, um zu einer befriedigenden Lösung ihres Konflikts zu kommen. Manchen gelingt es, manchen nicht. Doch als Mediator stelle ich fest, daß die Herstellung dieser Verbindungen den Prozeß auf überraschende und lohnende Weise öffnet.

Entscheidungen treffen

Fassen wir den Prozeß bis hierher zusammen. Mit meiner Hilfe als neutraler Partei haben Sie beide:
- den Konflikt identifiziert,
- Ihre jeweiligen Standpunkte dargelegt,
- einander zumindest angehört, vielleicht sogar verstanden.

Um bis zu diesem Punkt zu kommen, haben wir vermutlich zwischen zwei und vier Sitzungen gebraucht. Als nächstes gilt es, aktiv Entscheidungen zu treffen. Zuvor muß jedoch noch folgende Frage beantwortet werden: Auf welcher Grundlage – oder nach welchen Kriterien – sollen die Entscheidungen gefällt werden? Als Grundlagen kommen in Betracht:
- das Recht und die dahinterstehenden Prinzipien,
- das individuelle Fairneßempfinden der Parteien,
- die festgestellten Bedürfnisse und Interessen aller Beteiligten,
- die Paarbeziehung,
- frühere Vereinbarungen zwischen den Parteien,
- persönliche Kriterien mit besonderem Stellenwert für das Paar, wie etwa religiöse oder gruppenspezifische Überzeugungen und Normen,
- praktische und ökonomische Realitäten.

1. Das Recht und die dahinterstehenden Prinzipien. Ich beginne mit dem Recht nicht etwa, weil es der wichtigste Faktor wäre, sondern weil es, bevor sein Zauber nicht gebrochen ist, von vielen als so vordringlich angesehen wird, daß es die Sicht auf alles andere verstellt.

In einem gerichtlichen Scheidungsverfahren ist das Recht die oberste Norm. Manche Mediatoren machen es explizit oder implizit auch bei der Mediation zur Norm und versuchen, sich auf dem informellen Weg der Verfahrensweise eines Gerichts anzunähern. Das andere Extrem sind Kollegen, die der Auffassung sind, das Recht sei unwesentlich für die Mediation, und die ihre Klienten dazu ermuntern, es völlig außer acht zu lassen. Meine eigene Auffassung liegt in der Mitte. Ich halte es für wesentlich, daß Sie beide das Recht und seine Rolle in Ihrem Denken verstehen, doch welches Gewicht Sie ihm beimessen wollen, bleibt ganz allein Ihnen überlassen.

Ich habe verschiedene Gründe für diesen Ansatz. Erstens ist das Recht Teil der Realität. Selbst wenn Sie sich am Ende entschließen, es nicht zu Ihrer Entscheidungsgrundlage zu machen, erhalten Sie ein vollständigeres Bild, wenn Sie die Rechtslage verstehen. Viele betrachten eine gerichtliche Entscheidung als Maßstab – wenn nicht dafür, was fair ist, so doch zumindest dafür, was von einem Streitverfahren zu erwarten gewesen wäre. Zweitens kann das Recht stärker präsent sein, wenn man es ignoriert, als wenn man es besprochen hat. Es kann als nicht anerkannte Alternative auf dem gesamten Vorgang lasten und den individuellen Ausdruck und die kreative Entscheidungsfindung ersticken. Außerdem ist die Kenntnis des Rechts notwendig, damit die Vereinbarungen rechtsverbindlich sind.

Doch die starke Betonung des Rechts in unserer Gesellschaft bringt es mit sich, daß die Menschen in der Mediation oft viel zu sehr davon beeinflußt sind, wie ein Richter entscheiden würde, und dabei vergessen, daß sie die Chance haben, ihre eigenen Regeln zu machen und ihre Entscheidungen auf der Grundlage ihrer persönlichen Ansichten zu treffen. Sie sehen das Recht häufig als eine von außen kommende Autorität, durch die ihre persönliche Möglichkeit, gemeinsam zu entscheiden, was sie für das Beste halten, aufgehoben wird. In Wirklichkeit können sie innerhalb eines recht großen Spielraums frei entscheiden, ganz unabhängig davon, wie ein Gericht vielleicht entscheiden würde. Ja, genau das ist das Recht. Deshalb versuche ich, wenn ich die Parteien über das Recht informiere, zugleich auch, seinen Zauber und seine Macht zu brechen.

In der Mediation erkläre ich nicht nur, wie ein Gericht den konkreten Fall entscheiden würde, sondern auch, warum. Die Unpersönlichkeit des Rechts an sich kommt denjenigen entgegen, die in ihrem Ringen um Entscheidungen nach einem allgemeinen Maßstab suchen. Zu wissen, wie die Gesellschaft Ihren Fall sehen würde, kann ein wertvoller Realitätstest sein, und wenn Sie die Prinzipien verstehen, die hinter dem Recht stehen, können Sie diese gegen Ihre eigenen Werte halten.

Um meinen Klienten die Gewalt über das Recht zu geben, frage ich sie oft, wann sie hören möchten, wie ihr Fall vermutlich von einem Gericht entschieden werden würde. Manche möchten gleich zu Beginn wissen, wie das Recht ihren Fall sieht. Anderen dagegen ist es lieber, das erst zu hören, wenn sie die Streitpunkte durchdacht und vorläufige Entscheidungen gefällt haben, so daß sie ihre eigenen Schlußfolgerungen mit denen vergleichen können, zu denen ein Richter gelangen würde.

Kurz gesagt, kann das Recht soviel oder sowenig Macht in der Mediation haben, wie Sie ihm geben wollen. Wenn Ihnen dies klar ist, wird es einfach zu einem Faktor unter anderen, der Ihnen bei Ihren Entscheidungen hilft.

2. Fairneß. Viele kommen in die Mediation mit der Absicht, ihre Entscheidungen auf der Grundlage ihrer eigenen Vorstellung von Fairneß zu treffen. Doch eine Trennung, schwierig und verwirrend wie sie ist, kann dieses Gerechtigkeitsempfinden verzerren. Was im Kontext der Ehe als fair erschien, sieht im Kontext einer Scheidung oft ganz anders aus. Auf der Suche nach einem Anker verlassen sich manche auf das Recht als Verkörperung des Fairen. Für andere, so muß ich zugeben, gibt es keine Fairneß. «Das Leben ist nicht fair, die Trennung ist nicht fair, und von Fairneß zu sprechen ist wieder nur eine Form von Manipulation», sagte einer meiner Klienten, und er meinte es so. Dennoch haben die meisten Menschen ein tiefes inneres Gerechtigkeitsempfinden, das ihnen dabei helfen kann, für beide Seiten annehmbare Entscheidungen zu treffen. Zu meinen Aufgaben als neutraler Außenstehender gehört es, Ihnen beiden zu helfen, Ihre Vorstellung von Fairneß zuerst zu bestimmen und zu artikulieren, um sie dann auf den gegebenen Konflikt anzuwenden. Dieser Prozeß kann Ihre Autonomie enorm stärken und helfen, die gegenseitigen Verletzungen zu heilen.

3. Bedürfnisse und Interessen. Wir haben bereits gesehen, wie wichtig die Bedürfnisse und Interessen der Ehepartner für die Entscheidungsfindung sind. Doch auch die Bedürfnisse und Interessen anderer – der Kinder beispielsweise – können wichtige Anhaltspunkte für Entscheidungen sein. Wenn Sie minderjährige Kinder haben, müssen Sie bereit sein, Ihre eigenen Bedürfnisse von denen der Kinder zu unterscheiden und zu verstehen, daß bestimmte Entscheidungen, die Ihnen und/oder Ihrem Ehepartner zunächst zusagen mögen, für die Kinder unter Umständen ungeeignet sein können. Während es Ihnen zum Beispiel recht sein könnte, die Kinder wochenweise abwechselnd beim einen und beim anderen zu haben, könnten die Kinder mit einem so häufigen Hin und Her überfordert sein.

Außer den Kindern könnten noch andere betroffen sein – Stiefkinder, Verwandte, Freunde oder Geschäftspartner etwa. Während diese bei einer gerichtlichen Scheidungsfolgenregelung keinen rechtlichen Status und höchstwahrscheinlich keinerlei Einfluß hätten, erlaubt es die Flexibilität der Mediation, ihren Anliegen Gehör zu verschaffen. Zum Beispiel könnte die Beziehung Ihrer Kinder zu ihren Großeltern wichtig genug sein, um Ihre Elternvereinbarung zu beeinflussen.

4. Die Beziehung. Eine Trennung mag sich wie das Ende der Beziehung anfühlen, doch selbst für Menschen, die sich nicht wiedersehen werden, ist es das fast nie. Wie immer Sie in Zukunft zueinander stehen wollen, Ihre frühere und jetzige Beziehung kann Ihnen in der Mediation ein Leitfaden für Ihre Entscheidungen sein. So hat das eine Paar den tiefen Wunsch, bei der Trennung die besten Elemente der Beziehung, wie sie einmal war, zu respektieren. Ein anderes legt großen Wert darauf, sich in gegenseitiger Achtung zu trennen. Ein drittes weiß, daß es auch in Zukunft noch miteinander zu tun haben wird, nicht nur über die Kinder, sondern auch beruflich. In allen solchen Fällen kann die Bezugnahme auf die Beziehung – in der Vergangenheit, Gegenwart oder Zukunft – den Parteien eine Perspektive eröffnen, die ihre Einstellung zu einem Streitpunkt ändern kann oder sie erkennen läßt, welche Lösung am besten geeignet ist.

5. Frühere Vereinbarungen. Sämtliche Vereinbarungen – von beiläufigen Abmachungen bis zu schriftlichen Verträgen –, die vor oder während der Ehe getroffen wurden, könnten die Entscheidungsfindung beeinflussen. Selbst unverbindliche voreheliche Vereinbarungen sind jetzt wichtige Koordinaten. Natürlich kann der Entschluß zur Scheidung die Bedeutung jeder vorherigen Abmachung in Frage stellen.

6. Persönliche Kriterien. Die Normen Ihrer Gemeinde, Religionsgemeinschaft oder jeder anderen Gruppe, der Sie angehören mögen, können Ihre Vereinbarungen ebenfalls beeinflussen.

Die Herausforderung für mich besteht darin, all solche Faktoren aufzudecken, wie versteckt sie auch immer sein mögen. Je mehr diese Variablen benannt und beleuchtet werden, desto eher ist es möglich, Lösungen zu schaffen, die ihnen gerecht werden.

7. Praktische und ökonomische Realitäten. Eine Vereinbarung muß praktikabel sein – die Realität spielt also eine große Rolle bei der Entscheidungsfindung. Wenn zum Beispiel die Ehefrau auf Unterhalt verzichten will, weil sie diesen als unfair empfindet, aber andererseits keine eigene Einnahmequelle hat – wie soll sie dann ein eigenständiges Leben beginnen? Oder nehmen wir den umgekehrten Fall: Der Ehemann ist durchaus bereit, seiner Frau einen hohen Ehegattenunterhalt zu zahlen, hat aber gar nicht die Kapazitäten, ihn zu erwirtschaften.

Jeder einzelne muß seine wirtschaftliche Situation genau überprüfen und begreifen – dazu gehören Vermögenswerte, Ausgaben, steuerliche Verpflichtungen sowie potentielle Geld- und Güterquellen. *Realitätsprüfung* gehört zu den Leistungen, die ich anbiete. Ich bringe meine Erfahrung mit anderen Paaren sowie meine persönliche Erfahrung und meinen gesunden Menschenverstand ein, um dem Paar zu helfen, mögliche Hindernisse bei der Umsetzung der Vereinbarung zu antizipieren. So wird zum Beispiel in der Eile die steuerliche Seite gerne übersehen. Dabei können sich die finanziellen Konsequenzen einer Entscheidung total verändern, sobald man ihre steuerlichen Auswirkungen berücksichtigt. Oder ich muß einem Paar helfen, die Regelungen für die Kinderbetreuung zu durchdenken, vor allem in den Fällen, in denen keiner von beiden Erfahrung mit dem Alleinleben hat.

Die Schwierigkeit besteht darin, eine Realitätsprüfung anzubieten und dabei in den Sachfragen dennoch neutral zu bleiben. Meine Daumenregel ist, Details einzubringen – Beispiele und Vergleiche aus der Praxis – und die Paare dann ihre eigenen Schlußfolgerungen ziehen zu lassen.

Lösungsmodelle entwickeln

In der Zielgeraden lautet die Aufgabe, Lösungsmodelle zu entwikkeln. Am effektivsten kann man dies tun, indem man sicherstellt, daß wir alle drei, Mediator und beide Konfliktpartner, jeden Punkt von allen Seiten betrachtet haben.

In diesem Stadium werde ich Sie beide zu einem Brainstorming auffordern: «Nennen Sie mir alle Ihre Ideen zur Konfliktlösung.» Ziel ist es, die eigenen inneren Ressourcen des Paares zu aktivieren. Irgendwann bringe ich vielleicht auch meine eigenen Vorstellungen ein, aber dadurch, daß die Konfliktpartner sich zuerst äußern, verringert sich die Gefahr, daß sie sich mir einfach fügen.

Oft kommen die besten Lösungsvorschläge, nachdem alle Anwesenden zu dem Schluß gelangt sind, sämtliche Möglichkeiten seien abgedeckt. Daher versuche ich, die Partner so lange von einer Bewertung einzelner Optionen abzuhalten, bis die Quelle versiegt ist. Kritisches Denken kann leicht jene Atmosphäre dämpfen, die nötig ist, um neue Ideen zu entwickeln und zu erforschen.

In diesem Stadium denken die meisten, es gelte, einen Kuchen aufzuteilen, und je mehr der eine bekommt, desto weniger bleibt für den anderen übrig. Diese Auffassung läßt sich nicht ganz beseitigen, aber schon eine kleine Korrektur der Denkrichtung kann die verfügbare Menge erheblich verändern. Bevor der Kuchen nämlich aufgeteilt wird, gibt es oft Möglichkeiten, ihn zu vergrößern. Letztlich muß er natürlich trotzdem aufgeteilt werden, doch wenn er erst größer gemacht werden kann, könnten Sie am Ende alle beide besser wegkommen.

Wie läßt sich der Kuchen vergrößern? Auch hier kann uns ein Brainstorming zu einer Antwort führen, diesmal über alle Ihre Ideen, wie man die Unkosten senken und die Lebensqualität für Sie beide auf Ihren getrennten Wegen erhöhen kann. In dieser Phase beteilige ich mich aktiv, indem ich Ideen beisteuere, ganz besonders solche, die mit Gesetzen zu tun haben, von denen Sie vielleicht nichts wissen.

Doch nachdem wir den Kuchen gestreckt haben, müssen wir ihn dennoch aufteilen. Hierbei ist es wichtig, daß Sie beide sich erst dann auf eine Entscheidung festlegen, wenn Sie sicher sind, die Alternativen ausreichend erwogen zu haben. Schließlich müssen Sie die Angst vor der tatsächlichen Entscheidung überwinden, wenn klar ist, welches Lösungsmodell das beste ist. Manchmal ist ein Partner sehr unsicher, wie das Leben nach der Scheidung weitergehen wird, oder einer von beiden versucht unbewußt, den Fortgang zu verzögern, um der unvermeidlichen Trauer zu entkommen, die mit der formalen Auflösung der Ehe verbunden ist.

Festgefahrene Konflikte

In manchen Fällen geraten Paare kurz vor einer Entscheidung in eine echte Sackgasse. In solchen Situationen kann man verschieden reagieren. Zunächst ist es wichtig, daß alle Beteiligten zugeben, daß sie feststecken, damit sich wenigstens in diesem Punkt alle einig sind. Manchmal habe ich einen Fall schon für festgefahren gehalten, wurde aber, als ich diesen Eindruck äußerte, eines Besseren belehrt. Es kommt vor, daß sich allein durch das Reden über die Tatsache, daß man feststeckt, ein Ausweg auftut. Ein Paar, mit dem ich arbeitete, fand aus der Sackgasse heraus, indem es einfach die Bedeutung des gemeinsamen Entscheidens nochmals betonte.

Manche Paare müssen etwas Zeit verstreichen lassen, um die festgefahrene Situation zu überwinden. Ihr Leben braucht nicht stillzustehen, nur weil die Mediation ausgesetzt ist. Tatsächlich können Ihre Aktivitäten außerhalb der Mediation dazu führen, daß Sie eine klarere Vorstellung davon entwickeln, was Ihnen wichtig ist.

Manchmal kann auch ein Beratungsanwalt, ein Wirtschaftsprüfer oder ein anderer Berater neues Licht auf die Situation werfen.

Ich nehme einen Stillstand nicht zum Anlaß, die Parteien zu Kompromissen zu drängen. Ich bin der Auffassung, wenn beide bereit sind, mit der Spannung einer ungelösten Situation zu leben, anstatt in einem wichtigen Punkt nachzugeben, dann können neue Ideen entstehen. Ja, diese Pattsituationen stellen oft eine Chance dar, denn sie können dazu anregen, tiefer danach zu schürfen, was einem am wichtigsten ist. Die größte Gefahr bei einem festgefahrenen Konflikt ist, daß eine Seite kapituliert und Kompromisse eingeht, die sie später bereut.

Die Vereinbarung abfassen

Wenn Sie eine Vereinbarung erzielt haben, werde ich diese in eine Form bringen, die von einem Gericht akzeptiert würde (vgl. Anm. 2). Dieser Entwurf enthält die Einzelheiten der Entscheidungen sowie einige Standardklauseln, die sicherstellen, daß die Vereinbarung vollzogen wird. Manche Mediatoren setzen eine weniger formelle Einverständniserklärung auf.

Als nächstes lege ich Ihnen beiden nahe, den Entwurf von Ihren Anwälten überprüfen zu lassen. Dies ist eine Gelegenheit, ein Urteil von jemandem zu hören, der die Übereinkunft nochmals unter dem juristischen Blickwinkel überprüfen kann, um sicherzustellen, daß Sie ausreichend geschützt sind. Anwälte in dieser Rolle greifen oft wichtige Punkte auf, die nicht genügend behandelt wurden, und unterstützten so den Mediationsprozeß. Doch ich muß Sie warnen: Manche Anwälte wissen nicht, wie man Klienten bei einer Mediation unterstützt. Gewöhnt, alle Entscheidungen für ihre Klienten zu treffen, fühlen sie sich in jeder anderen Rolle unwohl. Es kann passieren, daß ein solcher Anwalt jede Übereinkunft einseitig betrachtet, darin herumstochert und Ihnen sagt, daß Sie mehr herausholen könnten.

Vor einigen Jahren traf ich zufällig auf eine frühere Klientin. Ihr Anwalt, der sich ziemlich wie ein traditioneller Scheidungsanwalt verhielt, hatte ihr damals geraten, die Mediation abzubrechen, und sie war seinem Rat gefolgt. Sie erzählte mir, daß sie diesen Entschluß inzwischen sehr bereute. Drei Jahre und 50 000 Dollar später stand sie nämlich mit einem für sie sehr viel schlechteren Ergebnis da. Ich hatte damals das getan, was ich üblicherweise tue – gesagt, daß ich durchaus Fortschritte sähe, und die Entscheidung, ob sie weitermachen wollten, meinen Klienten überlassen. Um zu verhindern, daß der Mediationsprozeß untergraben wird, bespreche ich heute schon vorher mit Ihnen, wie Sie Ihre Anwälte am besten im Sinne der Mediation einsetzen können. Immer mehr Rechtsanwälte werden mit der Rolle des Beratungsanwalts vertraut und freunden sich mit ihr an.

Nach der Überprüfung durch Ihre Anwälte kommen wir drei wieder zusammen, um alle notwendigen Veränderungen vorzunehmen. Meistens geht diese Überarbeitung sehr schnell, aber mitunter gibt es noch einiges Hin und Her, bis jeder zufrieden ist. Gelegentlich kann sogar die ganze Vereinbarung ins Wanken geraten, wenn ein neuer zentraler Punkt ins Spiel kommt oder eine der Parteien sich ambivalent oder unzufrieden zeigt.

An diesem Punkt ist es wichtig, die Atmosphäre offen zu halten. Zwei Spannungsquellen, die schon die ganze Zeit vorhanden waren, können nun verstärkt zum Tragen kommen. Die erste betrifft das

Maß an Flexibilität und Voraussagbarkeit, das die Vereinbarung hinsichtlich zukünftiger wirtschaftlicher Regelungen zuläßt. Wenn beide Partner Wert auf Voraussagbarkeit legen, werden sie die finanziellen Absprachen sehr stark festschreiben und die Flexibilität opfern. Wenn sie dagegen beide Wert auf Flexibilität legen – Regelungen, die sich mit dem Heranwachsen der Kinder oder in Abhängigkeit von der aktuellen Einkommenssituation in nicht spezifizierter Weise ändern können –, dann werden sie die Voraussagbarkeit opfern. Problematisch wird es, wenn die Parteien unterschiedliche Schwerpunkte setzen.

Eine zweite mögliche Spannungsquelle ist die Frage, wie genau die schriftliche Übereinkunft sein muß. Sie kann so genau sein, wie sie will, es ist stets damit zu rechnen, daß in der Zukunft irgendein Punkt auftauchen wird, der nicht ausreichend berücksichtigt ist, etwas, womit zu dem Zeitpunkt der Vereinbarung keiner rechnete oder rechnen konnte. Doch selbst unter dieser Annahme entstehen manchmal berechtigte Meinungsverschiedenheiten darüber, wieviel letztlich vertraglich festgelegt werden soll.

In diesem Stadium zeigt sich oft, daß bei einer Partei oder bei beiden eine tiefsitzende Abneigung dagegen besteht, schriftliche Verträge zu unterzeichnen. Hier gilt es, dem Problem nicht auszuweichen, sondern die Formulierung der Vereinbarung zu einer eigenen Frage zu machen, über die es zu entscheiden gilt.

Wenn die Streitparteien übereinkommen, bestimmte Fragen offenzulassen oder über einzelne Aspekte der Vereinbarung zu einem späteren Zeitpunkt neu zu verhandeln, dann sollte der Text explizit sagen, wie und wann die Parteien diese Fragen angehen wollen. Für den Fall, daß sie in dem fraglichen Punkt zu keiner Lösung kommen, können sie auch übereinkommen, es mit einer weiteren Mediation zu versuchen, bevor sie vor Gericht gehen.

Die Trennungsvereinbarung, die Sie unterschreiben werden, ist ein rechtsverbindlicher Vertrag (vgl. Anm. 2). Nach der Unterzeichnung kann sie als Vertrag weiterbestehen, ist aber nicht vollstreckbar, solange sie nicht bei Gericht zu Protokoll gegeben oder notariell beurkundet wurde.

Die Mediation abschließen

Noch bevor die Tinte auf der Vereinbarung trocken ist, verspüren Mediator und Konfliktparteien gleichermaßen den verständlichen Drang, zu sagen: «Das war's», aufzustehen und zu gehen. Doch mit meiner Ermunterung wollen viele Paare die Gelegenheit nutzen, um miteinander zu rekapitulieren, was geschehen ist – daß sie sich bemüht haben, mit der Vergangenheit fertig zu werden und für die Zukunft so zu planen, wie es für sie und ihre Kinder am besten ist. Und sie haben dies mittels eines Prozesses getan, in dem sie sich selbst behauptet und einander dennoch respektiert haben. Wenn uns dreien das gelungen ist, sind wir alle dankbar.

Zweiter Teil:

Die Fälle

In diesem Teil des Buches finden Sie eine Auswahl von zwölf Mediationsfällen, die – wie ich glaube – zusammengenommen das veranschaulichen, was bei einer Mediation vor sich geht. Jeder dieser Fälle ist in mindestens einer Hinsicht außergewöhnlich. Etliche Paare, die eine Mediation machen, durchlaufen den Prozeß ohne größere Schwierigkeiten. Ich habe absichtlich auf die Beschreibung solcher Fälle verzichtet, da sie weniger verdeutlichen als die problematischen. Jeder der folgenden Fälle beleuchtet einen Aspekt des Prozesses, der wichtig ist, will man Möglichkeiten wie Grenzen der Mediation begreifen. Zum Beispiel ist es ein Irrtum anzunehmen, daß Paare mit sehr starken Konflikten keine Mediation machen sollten. Viele meiner Beispiele dienen dazu, diese Einschätzung zu entkräften. Ich habe versucht, Ihnen einen Eindruck davon zu vermitteln, was die einzelnen Ehepartner durchmachten – zumindest aus meiner Perspektive – und wie sich dies auf meine Arbeit mit ihnen auswirkte. Da jeder Fall einen besonderen Aspekt des Prozesses aufzeigen soll, habe ich die Fallbeschreibungen in diesem Sinne komprimiert, wobei ich mich oft auf eine bestimmte Sitzung von insgesamt vielleicht vier bis sechs konzentrierte.

Eine Trennung oder Scheidung ist für niemanden leicht. Sie ist schmerzlich, verwirrend, befreiend, beängstigend und in jedem Fall sehr anstrengend. Die Intensität dieser Erfahrung kann Gefühle oder Verhaltensweisen hervorrufen, die wir normalerweise nicht kennen oder sonst zumindest unter Kontrolle haben. Mitunter brechen sie sehr plötzlich und in übertriebener Form hervor. Allein unsere Angst kann unsere Wahrnehmungen verzerren, uns übervorsichtig machen oder übertrieben reagieren lassen, Depressionen, Erschöpfung, Selbstzweifel, Wutausbrüche und Schuldzuweisungen auslösen und unseren Durchhaltewillen zerstören. Beim Lesen der Fälle werden Sie sich vielleicht von einem der Konfliktpartner oder auch von beiden abgestoßen fühlen oder mit dem einen oder dem anderen besonders mitfühlen. Wenn es Ihnen gelingt, mit beiden gleichzeitig mitzufühlen, dann sind Sie in einer Position, die ich bei allen Fällen zu erreichen bemüht bin und zu der ich auch den Partnern zu verhelfen suche.

Sie werden auch bemerken, daß es, zumindest oberflächlich, immer wieder um die gleichen Fragen geht – Aufteilung von Vermögen und Verbindlichkeiten, gegebenenfalls einschließlich der Frage, was mit dem Haus geschehen soll, Fragen zur Elternschaft, wenn Kinder da sind, sowie Ehegatten- und/oder Kindesunterhalt. Ferner werden Sie sehen, daß jede Mediation einzigartig ist, auch wenn sie zunächst einer anderen gleichen mag. Denn jedes Paar hat seine eigene Vorgeschichte und jeder Partner bringt seine eigene Familiengeschichte, seine Werte, seine Ängste, Ziele und Annahmen über Partnerschaft, Ehe und Scheidung in die Beziehung ein.

In einem oder mehreren dieser Fälle werden Sie sich selbst oder Personen wiederfinden, die Ihnen bekannt vorkommen. Wenn Sie eine Mediation erwägen, kann Ihnen dieses Buch eine Art «Testlauf» vermitteln. Es zielt darauf ab, Ihnen sowohl die Vorteile einer Mediation als auch die Hindernisse nahezubringen, die es zu überwinden gilt, damit die Sache funktioniert.

Alle nachfolgenden Fallstudien basieren relativ frei auf Mediationen, die ich im Laufe der Jahre gemacht habe. In allen Fällen wurden Namen, identifizierende Merkmale und Umstände geändert, um die Privatsphäre meiner Klienten zu schützen und die Vertraulichkeit ihrer Mediationen zu wahren.

Mediation: Ja oder nein?

Mediation ist nicht für jeden das richtige. Zu der Entscheidung für oder gegen eine Mediation gehört auch, daß sich die Streitparteien eingehend mit den Beweggründen auseinandersetzen, die sie in die Mediationspraxis gebracht haben. Da der Erfolg des Prozesses von der Bereitschaft der Parteien abhängt, trotz ihres Konfliktes durchzuhalten, bis eine für beide Seiten annehmbare Vereinbarung erzielt ist, muß diese Bereitschaft echt sein – sonst kann es leicht passieren, daß die Mediation scheitert. Der Fall des Ehepaares Shapiro zeigt die fundamentale Bedeutung dieser Anfangsphase für das gesamte Unterfangen. Besonders interessant ist Claire Shapiros Bemühen, ihre Opferrolle abzuschütteln und auf dem Weg zu einer Vereinbarung ihre Bedürfnisse geltend zu machen.

Eines Nachmittags rief mich ein Mr. Shapiro an. Er und seine Frau Claire hätten sich so zerstritten, daß sie nicht weiterkämen, und sie fragten sich, ob eine Mediation helfen könnte. Ich sagte ihm, daß es für den Erfolg einer Mediation keine Rolle spiele, wie heftig ihre Meinungsverschiedenheit sei. Die eigentliche Frage sei, ob sie bereit wären, gemeinsam auf eine gute Lösung hinzuarbeiten? Mr. Shapiro wollte mir sofort die ganze Situation schildern, doch ich unterbrach ihn und erklärte, daß die Sache eher funktioniere, wenn ich die Fakten erstmals bei einem gemeinsamen Treffen zu hören bekäme. Denn ich habe es mir zur Gewohnheit gemacht, niemals zuerst zu einem Mediationsklienten allein in Kontakt zu treten. Mr. Shapiro schien durch meine Reaktion abgeschreckt, willigte aber dennoch ein, mit seiner Frau vorbeizukommen.

Mein erster Eindruck von Mrs. Shapiro war der einer redegewandten, klugen, sensiblen Frau Ende Dreißig. Sie trug ein farbenprächtiges indisches Oberteil und lila Sandalen und hatte ihr langes, ergrauendes Haar hinten zu einem Zopf geflochten. Ihre Augen blickten klar und direkt. Ihre gesamte Erscheinung wirkte rund und strahlte dadurch eine weiche, mütterliche Wärme aus. Ich war sehr erstaunt, als ich später erfuhr, daß sie keine Kinder hatte.

Obwohl sie gesund aussah, schien sie zu schlurfen, als sie das Zimmer durchquerte. Seit einigen Jahren, so erzählte sie mir später, litt sie an Kopfschmerzen, die durch medizinische Behandlung nur noch schlimmer geworden waren. Ihre Gesundheit war inzwischen so stark angegriffen, daß sie sich nicht mehr über längere Zeit konzentrieren oder anstrengende körperliche Tätigkeiten ausführen konnte. In den letzten drei Jahren hatte sie nicht gearbeitet. Davor war sie für verschiedene gemeinnützige Organisationen in schlecht bezahlten administrativen Positionen tätig gewesen. Sie träumte immer noch von einer künstlerischen Karriere, hatte aber wenig Hoffnung, davon leben zu können.

Martin Shapiro war Anfang Vierzig und Folkmusiker. Er hatte genug Erfolg, um an den Wochenenden ausgebucht zu sein. Während der Woche gab er Gitarren- und Klavierunterricht. So rund seine Frau war, so kantig war er. Seine langen schwarzen Haare waren zu einem Pferdeschwanz zusammengefaßt, in einem Ohr trug er einen türkisfarbenen Ohrring. Er war dunkelhäutig, gutaussehend und freundlich. Er trug ein frisch gebügeltes schwarzes Hemd und Hosen mit sauberen Bügelfalten. Ich fragte mich, wer sie wohl gebügelt hatte.

Ich beginne eine Mediation gewöhnlich damit, daß ich erkunde, was das Paar zu diesem Entschluß gebracht hat. Es überrascht mich immer wieder, wie viele verschiedene Antworten es auf so eine einfache Frage gibt. Manche wollen die ganze Geschichte ihrer Ehe erzählen. Andere wollen sowenig wie möglich von sich preisgeben. Das Ehepaar Shapiro war bereit, mir ein wenig Hintergrund zu liefern, wollte aber in erster Linie direkt «zur Sache» kommen – allzusehr, um sich in Ruhe eine Erläuterung des Mediationsprozesses anzuhören. Den Parteien in der ersten Sitzung einen Eindruck davon zu vermitteln, wie eine Mediation vor sich geht, ist zwar wesentlich, doch ebenso wichtig ist es, nonverbal eine warme, offene Atmosphäre zu schaffen. Also war ich bereit, meine Erläuterung auf einen späteren Zeitpunkt zu verschieben. Der Mediationsraum soll ein Ort sein, an dem sich die Menschen sicher genug fühlen, um ihre Gedanken und Gefühle zu äußern, ein Ort, an dem sich ein gewisses Maß an Vertrauen entwickeln kann.

Bei seinen einleitenden Ausführungen kam Mr. Shapiro direkt zur Sache. Er hätte dem Leben mit Claire immer weniger abgewinnen können und sie acht Monate zuvor wegen einer anderen Frau verlassen. Er lebte noch immer bei dieser neuen Frau, während Mrs. Shapiro im gemeinsamen Haus geblieben war. Für Mrs. Shapiro war es schon sehr belastend, mit ihrem Mann im selben Raum zu sein. Bevor wir über Mediation an sich sprechen konnten, mußte sie loswerden, wie schwer es für sie war, hier zu sitzen. Sie drehte ihren Stuhl weg von ihrem Mann und wandte sich mir direkt zu. Man sah, daß es ihr schwerfiel, ihn anzusehen. Es war fast so, als würde sie versuchen, ihn aus dem Raum auszuschließen.

Mrs. Shapiro: Martins Weggang war ein großer Schock. Ich versuche krampfhaft, mich nicht als Opfer zu fühlen. Ich verstehe immer noch nicht, was passiert ist. Ich weiß, daß ich die Rolle der verlassenen Frau spielen und mich von allen bemitleiden lassen kann – meine Freunde tun das jedenfalls. Aber ich lasse mich nicht gern bedauern.

Sie kämpfte mit außergewöhnlich geistreichen Mitteln dagegen an – vom selbstkritischen Humor bis zu einem beißenden Sarkasmus, der so gar nicht zu ihrer mütterlichen Art paßte.

Motivationen für die Mediation

Um den Mediationsprozeß zu erläutern, stellte ich ihn der Alternative der Beauftragung von Anwälten gegenüber. Viele machen automatisch den Vergleich zwischen Mediation und Gerichtsverfahren, doch es ist angemessener, sie mit der Aushandlung einer Lösung durch Rechtsanwälte zu vergleichen. Es gibt zwei grundsätzliche Unterschiede zwischen Mediation und einer Regelung auf dem Verhandlungswege: die Direktheit der Kommunikation und die Grundlage der erzielten Entscheidungen. Bei einer Verhandlungslösung kommunizieren die Parteien über ihre Anwälte, in der Mediation sprechen sie direkt miteinander. Bei einer Lösung durch Anwälte ist das Recht die alleinige Entscheidungsgrundlage; die gegnerischen Anwälte stützen sich bei ihren Verhandlungen meist auf Vorhersagen dessen, was ein Gericht tun würde. Bei der Mediation wird das Recht zwar befragt, doch primäre Anhaltspunkte sind gewöhnlich die persönlichen Prioritäten und das Fairneßempfinden beider Partner.

Die wichtigste Entscheidung, die die Parteien vor einer Mediation treffen müssen, ist, ob sie willens und in der Lage sind, gemeinsam eine Lösung zu erarbeiten. Nachdem ich den Shapiros den Mediationsprozeß erläutert hatte, fragte ich sie, wie sie darüber dächten, fortzufahren.

Mrs. Shapiro: Wenn ich es mir finanziell leisten könnte, würde ich die Sache lieber einem Anwalt übergeben.
Mediator: Weshalb?
Mrs. Shapiro: Aus mehreren Gründen. Erstens sagten Sie, Ziel des Ganzen hier sei eine für beide faire Vereinbarung. Ehrlich gesagt, ist es mir vollkommen egal, ob das Ergebnis ihm gegenüber fair ist. Zweitens hat er seine hauseigene Beraterin, eine Geschäftsfrau – eine von der ganz gerissenen Sorte, die einem den Mann wegnimmt.
Mr. Shapiro: Sie versteht nichts von Recht.
Mrs. Shapiro: Aber vor allem ist es äußerst schmerzlich für mich, mit ihm zusammenzusein, und das, worüber wir hier sprechen müssen, ist doppelt schmerzlich.
Mediator: Also macht die Aussicht, das alles hier gemeinsam zu erarbeiten, nicht unbedingt Sinn für Sie?
Mrs. Shapiro: Ich habe eigentlich keine Wahl.
Mediator: Warum nicht?
Mrs. Shapiro: Ich kann mir niemanden leisten, der es mir abnimmt.
Mediator: Ein Gericht würde wahrscheinlich von Ihrem Mann verlangen, daß er zumindest einen großen Anteil der Kosten übernimmt, wenn Sie es sich nicht leisten können.

Mrs. Shapiro: Und außerdem mag ich keine Anwälte. Ich vertraue ihnen nicht.

Mediator: Zu sich selbst haben Sie mehr Vertrauen?

Mrs. Shapiro: Ja, obwohl mir jeder sagt, daß ich dabei nur übers Ohr gehauen werde.

Mediator: Würden Sie merken, wenn Sie übers Ohr gehauen würden?

Mrs. Shapiro: Natürlich.

Mediator: Dann könnten Sie hier nur übers Ohr gehauen werden, wenn Sie dem zustimmen. Wenn Sie sich nicht einig werden, können und müssen Sie wohl zum Anwalt oder Richter gehen.

Mrs. Shapiro: Was diesen Prozeß für mich besonders unangenehm macht, ist die Aussicht, mit Martin hiersein zu müssen. Es fällt mir sehr schwer, ihn zu sehen, weil ich immer noch hart daran arbeite, mich von meiner Zuneigung für ihn zu lösen.

Mediator: Sie müssen nicht sofort mit der Mediation anfangen. Sie könnten erst mal ein paar vorläufige Entscheidungen treffen und den Rest so lange verschieben, bis Sie leichter miteinander umgehen können.

Mr. Shapiro: Kommt nicht in Frage. Ich bin jetzt soweit, und wenn wir es nicht hier machen, dann beauftrage ich einen Anwalt damit.

Mediator: Ich habe Verständnis für Ihre Eile, aber es ist auch wichtig, daß Sie sehen, welchen Effekt diese Aussage hat.

Mr. Shapiro: Was meinen Sie?

Mediator: Ich denke, daß eine Mediation sehr viel schwieriger ist, wenn man sich dazu gedrängt fühlt, als wenn man sich frei dafür entscheidet.

Mr. Shapiro: Nun, es wird Zeit, daß wir diese Angelegenheit erledigen. Wir sind jetzt seit acht Monaten getrennt, und nichts ist passiert.

Mediator: Ihnen erscheint es also schon spät. Doch achten Sie bitte darauf, daß Ihre Frau sich gedrängt fühlt. Die Frage ist hier nicht, ob einer von Ihnen recht und der andere unrecht hat. Vielmehr geht es darum, die Rahmenbedingungen für die Mediation so zu gestalten, daß Sie die besten Erfolgschancen haben. Nach meiner Erfahrung klappt es besser, wenn Sie sich beide dazu bereit fühlen.

Mrs. Shapiro: Ich glaube, ich möchte es auch lieber möglichst bald hinter mich bringen. Ich wollte nur sagen, daß es mir schwerfällt, mit Martin in einem Raum zu sein.

Mediator: Angenommen, es wäre ganz allein Ihre Entscheidung und der Kostenfaktor spielte keine Rolle. Was würden Sie wählen, Mediation oder Delegation an Anwälte?

Mrs. Shapiro: Ich kann die Geldfrage nicht ignorieren und bin wirklich froh, daß Sie einen Staffeltarif haben, also können wir es wohl genausogut gleich anpacken. Aber ich fürchte, es wird nicht funktionieren, wenn ich nicht nachgebe.

Mediator: Weil Sie es früher auch immer so gemacht haben?

Mrs. Shapiro: Ja. Er ist ein dickköpfiger Mistkerl.

Mr. Shapiro: Jetzt sei nicht unfair. Du hattest immer das Sagen.

Mediator: Jeder von Ihnen hat also das Gefühl, der andere hätte mehr Macht. Das scheint mir zu unserer kurzen Interaktion und Ihrer Situation zu passen. Was erwarten Sie voneinander, damit es hier besser klappt als bei einigen früheren Entscheidungsprozesse?

Mrs. Shapiro: Martin müßte bereit sein, zu akzeptieren, wie ich die Dinge angehe, auch wenn er es anders machen würde.

Mr. Shapiro: Ich denke nicht daran, vor dir zu kapitulieren. Ich fühle mich an allem, was passiert ist, schon schuldig genug. Ich werde mir nicht noch mehr antun, nur damit es dir bessergeht.

Mediator: Das heißt, wenn Ihre Frau sagt, daß Sie die Unterschiede zwischen Ihnen beiden respektieren sollen, hören Sie, daß Sie Ihren Standpunkt aufgeben sollen?

Mr. Shapiro: Ja.

Mediator: Und was erwarten Sie von Ihrer Frau, damit das hier Erfolg hat?

Mr. Shapiro: Daß sie auf dem Teppich bleibt.

Mediator: Meine Hoffnung ist, daß Sie beide einander genügend Raum für unterschiedliche Meinungen geben werden, ohne daß deswegen einer von Ihnen etwas Wichtiges aufgeben muß. Das bedeutet, mit der Spannung der Uneinigkeit zu leben. Wenn Sie damit leben können, kann ich Ihnen helfen. Ich werde mich nicht so verhalten, als ob einer von Ihnen im Recht und der andere im Unrecht wäre. Ich gehe davon aus, daß Ihrer beider Standpunkte nebeneinander existieren können und sich nicht gegenseitig auslöschen.

Die meisten Paare handeln während einer Mediation entsprechend den Grundmustern und Machtkämpfen ihrer Ehe. Bei unserem Gespräch erkannte ich, daß sich Mrs. Shapiro irgendwie dagegen sträubte, anzuerkennen, daß sie andere Möglichkeiten hatte, als sich ihrem Mann zu fügen. Ich hatte den Verdacht, daß das genau ihrem Verhältnis in der Ehe entsprach: Er dominierte, sie ordnete sich unter. Wenn mein Verdacht zutraf, war es sehr gut möglich, daß sie diese Dynamik verinnerlicht hatte, ja, sie vielleicht sogar auf ihre Weise benutzte, um Macht zu gewinnen. Bewußt oder unbewußt rächt sich das «Opfer» an seinem Unterdrücker, indem es ihm Schuldgefühle vermittelt oder ihm auf andere Weise das Leben schwermacht.

Doch ebenso wie Mrs. Shapiro – in dem Wissen, daß sie die Wahl hatte – nein zur Mediation sagen konnte, konnte sie auch ein entschiedenes Ja dazu sagen. Eine Mediation konnte ihr helfen, aus diesem Muster auszubrechen. Sie konnte sie stärken, ihr Gefühl, ein Opfer zu sein, relativieren und ihr ein wenig die Macht nehmen, ihrem Mann Schuldgefühle aufzuladen. Ich war mir nicht sicher, ob ihr diese Möglichkeiten klar waren, aber wenn ja, wollte ich beiden vermitteln, daß auch Mr. Shapiro die Wahl hatte. Es war wichtig, daß auch er sich nicht dazu genötigt fühlte, sich auf eine Vereinbarung einzulassen, die auf Konzessionen seinerseits beruhte. Indem ich mit beiden die Option durchspielte, *nicht* die Mediation zu wählen, wollte ich in ihnen eine echte Motivation *für* die Mediation wachrufen.

Ich wollte Mr. Shapiro klarmachen, daß es letztlich ein Eigentor wäre, seine Frau zur Mediation zu zwingen. Wenn sie nämlich behaupten konnte, daß er sie zur Mediation gezwungen hätte, bevor sie dazu bereit war, würde sie später Grund haben, ihm nicht nur an der Scheidung die Schuld zu geben, sondern auch an einer gescheiterten Mediation. Doch obwohl sie sich nicht in die Karten gucken ließ, war ihr in Wahrheit mindestens genauso an einer Beilegung des Konflikts gelegen wie ihm. Vor lauter Ungeduld konnte Mr. Shapiro dies aber nicht erkennen, und ich wußte, daß er es erst dann sehen würde, wenn er aufhörte, seine Frau unter Druck zu setzen.

Meine Absicht in diesem frühen Stadium war nicht, das Machtgleichgewicht zwischen den beiden zu erschüttern, sondern ihre Beweggründe für eine Mediation aufzudecken, damit sowohl ich als auch sie beurteilen konnten, ob sich ihr Fall für eine Mediation eignete. Motive, die einmal geäußert worden sind, können zudem später als wichtige Bezugspunkte dienen, wenn es verwirrend oder problematisch wird.

Anfänglich neigen die meisten dazu, «unverfängliche» Motive zu äußern, die wenig von ihnen selbst und ihrer Verwundbarkeit preisgeben. Beispiele sind eine Abneigung gegen Rechtsanwälte, der Versuch, Geld zu sparen, und der Wunsch, die Sache rasch hinter sich zu bringen. Später, mit zunehmender Offenheit, tauchen andere, weniger dem Selbstschutz dienende Motive auf – zum Beispiel der Wunsch, die Verbissenheit des gegnerschaftlichen Verfahrens zu vermeiden, der Wunsch, die Entscheidungsgewalt zu behalten und nicht an Anwälte oder Richter zu delegieren, und der Wunsch nach Vertraulichkeit.

Manche wenden sich der Mediation zu, nachdem sie bei einem Anwalt waren und erfahren haben, daß auf dem gerichtlichen Wege etwas herauskäme, was sie nicht als fair empfinden würden. Sie hoffen, in einem flexibleren Prozeß bessere Chancen auf ein faires Ergebnis zu haben.

Die stärksten Motive können die am wenigsten greifbaren sein. Bei vielen sitzt der Wunsch sehr tief, die positiven Aspekte der Beziehung zu bewahren und sie nicht in der Scheidungsmühle mit all ihren persönlichen und wirtschaftlichen Problemen zermahlen zu lassen.

Es kann für die Konfliktpartner sehr aufschlußreich sein, die Motive des anderen kennenzulernen. Meistens hat jeder nur eine Ahnung, warum der andere sich darauf einläßt. Ein vollständigeres Bild von den wahren Beweggründen kann beiden Ehepartnern dabei helfen, jene Gefühlsmischung anzuerkennen, die eine Scheidung gewöhnlich hervorruft. Und dieses Verständnis kann es ihnen erleichtern, mit der Spannung ihrer Meinungsverschiedenheiten fertig zu werden.

Bei den Shapiros wollte ich der Ehefrau das Gefühl nehmen, zur Mediation gedrängt zu werden, damit sie beide ihre tieferen Motive identifizieren konnten. Ich vermutete, daß das Schwierigste für Mrs. Shapiro sein würde, mit ihren Gefühlen für ihren Mann klarzukommen. Daher mußte sie jetzt ihr emotionales Wohlergehen schützen, indem sie auf Distanz zu ihm ging. Auf einer tieferen Ebene, so glaubte ich, wäre es wichtig für sie, in der Auseinandersetzung mit ihm auf eigenen Füßen zu stehen. Ich sah auch die Chance einer dauerhaften Freundschaft zwischen den beiden nach der Scheidung. Doch in diesem Moment, nach achtmonatiger Trennung, brauchte Mrs. Shapiro sichtlich noch Zeit, um ihren Mann emotional «einzuholen». Ich machte mir Sorgen um sie. Sie stand deutlich unter starkem Streß und hatte damit zu kämpfen, nicht zum Opfer ihrer Situation zu werden.

Ihre gesundheitlichen Probleme machten es noch schwieriger für sie, und es würde wichtig sein, daß sie in ihrem Wunsch, auf eigenen Füßen zu stehen, die realen Grenzen ihrer Möglichkeiten nicht übersah. Sie würde ihren eigenen Weg finden müssen, ohne sich so sehr an den Forderungen ihres Mannes zu orientieren, daß sie ihre eigenen Bedürfnisse aus den Augen verlor.

Mr. Shapiros Motive für eine Mediation hatten ihre eigene komplexe Dynamik. Einerseits fühlte er sich schuldig, weil er seine Frau verlassen hatte. Andererseits wollte er mit seinem Leben weiterkommen und hatte die berechtigte Sorge, daß sich der Fall unendlich hinziehen könnte, wenn sie den gerichtlichen Weg gingen. Bei alledem war deutlich zu spüren, daß ihm viel an seiner Frau lag. Ihre Situation gefiel ihm ebensowenig wie ihr. Und auch er lief Gefahr, bei dem Ganzen seine eigenen Bedürfnisse aus dem Blick zu verlieren. Aus der Sorge um seine Frau heraus konnte er am Ende in einer Position der Fürsorge landen, die ihn daran hindern würde, sich in seinem neuen Leben zu entfalten.

Die grundlegenden Streitpunkte

Vierzehn Tage später kamen sie zur zweiten Sitzung, zu der sie ihre finanziellen Daten zusammengestellt hatten.

Mrs. Shapiro: Wir haben unser Haus vor drei Jahren für 90000 Dollar mit einer Anzahlung von 30000 Dollar gekauft, wovon das meiste aus meinen Ersparnissen aus der Zeit vor unserer Ehe stammte. Durch die Wertsteigerung bei Immobilien in unserer Gegend ist das Haus inzwischen etwa 150000 Dollar wert.

Mr. Shapiro: 10 000 Dollar stammten aus meinen Einkünften, und ich habe seit dem Kauf die Hypothekenzahlungen geleistet.
Mediator: Wann wurde das Geld für die Anzahlung verdient?
Mr. Shapiro: Nach unserer Heirat.
Mrs. Shapiro: Es ist eigentlich schwer zu sagen, wo dieses Geld herkam. Martins Buchführung ist sehr schlampig. Einen Teil davon habe ich verdient. Und Martin hat zwar die Hypothek abbezahlt, aber dafür habe ich das Haus instand gehalten.

Bei der Auseinandersetzung mit diesen Informationen wurde deutlich, daß es zwei Streitpunkte zu lösen galt: Haus und Ehegattenunterhalt. Beim Haus stellten sich konkret folgende Fragen: Wann sollte es verkauft werden, und wie war der Erlös aufzuteilen? Beim Unterhalt war die Frage, wieviel Mr. Shapiro seiner Frau zahlen würde und wie lange. Nach der Hälfte der Sitzung wies ich darauf hin, daß die beiden Punkte zusammenhängen, und fragte die Shapiros, welchen sie sich zuerst vornehmen wollten.

Mr. Shapiro: Nun, ich würde sagen, die Höhe des Unterhalts steht ziemlich fest. Ich habe bisher die monatlichen Hypothekenzahlungen, Versicherung, Grundsteuer und Darlehenszahlungen übernommen. Und ich bin bereit, das auch noch etwas länger zu tun.
Mediator: Wie sehen Sie das, Mrs. Shapiro?
Mrs. Shapiro: Ich möchte Martin nicht länger als nötig auf der Tasche liegen. Nur im Moment hängt bei mir alles völlig in der Luft, und ich weiß nicht, wie lange ich Unterhalt von ihm brauchen werde.
Mediator: Sind Sie beide mit der bisherigen Unterhaltshöhe zufrieden?
Mr. Shapiro: Die Höhe ist für mich okay. Die Frage ist, wie lange muß ich zahlen?
Mrs. Shapiro: Ich sehe es genauso. Ich komme mit dem aus, was er jetzt bezahlt.
Mediator: Sie, Mrs. Shapiro, tun sich also schwer mit der Frage nach der Dauer, weil Sie nicht wissen, wie es bei Ihnen beruflich weitergeht. Und das wiederum hängt bis zu einem gewissen Grad von Ihrer Gesundheit ab, richtig?

Mrs. Shapiro: Richtig. Aber ich will auch das Haus verkaufen, also hängt es auch davon ab – wieviel ich dafür bekomme und wann es jemand kauft.
Mediator: Was können Sie uns über Ihre beruflichen Zukunftspläne sagen?

Mrs. Shapiro schaute mich auf diese Frage hin an, als ob ich sie angegriffen hätte. Sie wurde rot, ihre Augen weiteten sich, und sie machte ein erschrockenes Gesicht. Mr. Shapiro warf mir einen wissenden Blick mit der Spur eines Lächelns zu.

Mrs. Shapiro: Schauen Sie, ich schnüffle nicht in Martins Leben herum. Warum darf er in meinem herumschnüffeln?
Mediator: Es behagt Ihnen nicht, wie wir die Sache angehen. Wie würden Sie gerne vorgehen?
Mrs. Shapiro: Ich weiß es nicht. Ich bin nur Martins ewige Fragen zu meinen beruflichen Plänen leid.
Mediator: Da Sie diejenige sind, die Unterhalt braucht, denke ich, daß Sie auch diejenige sind, die hier ihren Bedarf definieren sollte. Deswegen konzentriert sich das Interesse auf Sie. Aber das ist nicht der einzige mögliche Weg. Es ist nur der starke Wunsch Ihres Mannes, diesen Punkt jetzt zu regeln, der uns dazu drängt, über die Zukunft des Unterhalts zu entscheiden. Ein Gericht würde zum Beispiel nicht von Ihnen verlangen, daß Sie jetzt schon sagen, bis wann der Unterhalt gehen soll. Vielmehr würde ein Richter wahrscheinlich lediglich einen Zeitpunkt für eine erneute Prüfung festsetzen. Er würde dann schauen, was in der Zwischenzeit passiert ist, um zu entscheiden, ob und wann die Unterhaltszahlungen eingestellt oder zumindest reduziert werden sollten.
Mrs. Shapiro: Hören Sie, ich kenne diesen Mann, und wenn wir das nicht jetzt regeln, wird er mir das Leben schwermachen. Darauf kann ich verzichten.
Mediator: Sie fühlen sich also von Ihrem Mann gezwungen, das alles sofort zu regeln?
Mrs. Shapiro: Ja. Dabei wäre es leichter für mich, die Entscheidung zu verschieben. Vielleicht brauche ich den Unterhalt gar nicht so lange. Ich kann es nur im Moment einfach nicht sagen.

Mediator: Das erzeugt also Spannungen. Denn um sich für den Fall abzusichern, daß es bei Ihnen nicht so gut läuft, wie Sie hoffen, müßten Sie eine längere Laufzeit verlangen, als Sie vielleicht tatsächlich brauchen.

Mrs. Shapiro: Ach, das ist alles schrecklich. Ich weiß einfach nicht, wie ich das machen soll. *(Bricht in Tränen aus.)*

Mr. Shapiro: *(schmerzerfüllt)* Ich auch nicht, aber ich denke, wir brauchen mehr Informationen von dir, Claire, um das zu lösen. Wie gesagt, ich glaube, du solltest mit einem Berufsberater sprechen. Wir hätten dann eine objektivere Basis für unsere Überlegungen.

Mrs. Shapiro: *(unter den Tränen ärgerlich)* Ich habe es dir schon einmal gesagt, und ich sage es dir noch mal. Ich denke nicht daran, mir von irgendeinem Trottel, der nichts über mich, mein Leben und meine Wertvorstellungen weiß, sagen zu lassen, was ich tun soll. So habe ich mein Leben nie geführt, und ich werde auch jetzt nicht damit anfangen.

Mr. Shapiro: *(frustriert seufzend)* Du sitzt da wie eine Königin. Du hast keinen Job. Du willst nicht über deine Pläne reden. Du willst nicht einmal zu jemandem gehen, der dir helfen könnte, weil du verdammt noch mal zu stolz bist.

Mrs. Shapiro: *(jetzt erzürnt)* Stolz! Den habe ich verloren, als du mich vor acht Monaten gedemütigt hast.

Mediator: Ist es das, worüber Sie reden möchten?

Mr. Shapiro: Absolut nicht. Was schlagen Sie vor?

Mediator: Wir können hier weitermachen, um Ihren Streitpunkt schärfer herauszuarbeiten, und dann schauen, was dahintersteckt. Oder wir können uns anderen Dingen zuwenden, die vielleicht auch etwas Licht auf dieses Thema werfen können, und anschließend wieder darauf zurückkommen.

Mrs. Shapiro: Ich würde gern über das Haus sprechen.

Mr. Shapiro: Ja, okay. Ich denke, wir müssen uns einigen, was mein Anteil am Haus wert ist und was ich bekommen werde, falls Claire mich auszahlen will.

Mrs. Shapiro: *(bemüht, sich wieder unter Kontrolle zu bekommen)* Ich wäre bereit, dir etwa 15 000 Dollar oder etwa ein Drittel unseres Eigenkapitals zu geben. Aber das kann ich erst, wenn ich das Haus verkaufe.

Mr. Shapiro: Wann gedenkst du das zu tun?

Mrs. Shapiro: Ich weiß nicht. Ich denke, ich werde im nächsten Jahr soweit sein, es zum Verkauf anzubieten, aber es wird wohl noch ein weiteres Jahr dauern, bis es verkauft ist.

Mr. Shapiro: *(zu mir)* Ich glaube, Sie sollten ihr besser sagen, daß ich es erzwingen könnte, daß das Haus sofort verkauft wird und ich die Hälfte des Erlöses bekomme.[6]

Zum Kern der Sache

Das war eine sehr heftige Feststellung. Indem er das Wort «erzwingen» benutzte, drohte er seiner Frau zumindest indirekt damit, vor Gericht zu gehen. Warum tat er das? Man droht anderen im allgemeinen nur, wenn man fürchtet, nicht zu bekommen, was man will. Daher sucht man einen Weg, Druck auf den anderen auszuüben. Was sah Mr. Shapiro gefährdet? Ich tippte: eine schnelle Lösung – er wollte mit seinem neuen Leben vorankommen.

Aber eine schnelle Lösung, die Mrs. Shapiros unsichere Zukunft nicht berücksichtigte, lief ihrem Ziel, sich von der Opferrolle zu befreien, vollkommen zuwider. Um Opfer zu sein, braucht man einen Unterdrücker. Wenn Mrs. Shapiro sich auf eine Vereinbarung einließe, ohne über ihre finanzielle Zukunft nachgedacht zu haben, würde sie sich nach der Scheidung möglicherweise als Opfer ihres Mannes fühlen. Doch aus Angst, daß er nicht bekommen würde, was er wollte, versuchte Mr. Shapiro, sie mit Druck dazu zu bringen, seinen Wünschen zu entsprechen. Beide Positionen waren verständlich, und jede stand in direktem Konflikt mit der anderen.

Mrs. Shapiros Möglichkeiten: Mrs. Shapiro war in einer Zwickmühle, aber sie hatte mehrere Möglichkeiten. Wir nahmen uns für jede ein paar Minuten Zeit, um sie zu benennen und zu beurteilen. Sie konnte dem Druck ihres Mannes nachgeben, weiter das Opfer spielen und dabei ihre eigenen Bedürfnisse drangeben. Davon hätte sie nur einen Vorteil: Sie könnte ihren Mann und jeden, der ihn unterstützte – mich eingeschlossen –, nach Herzenslust dafür anklagen, daß sie nicht weiterkam.

Eine zweite Möglichkeit war, die Wünsche ihres Mannes völlig zu ignorieren und ihm rundweg zu verweigern, was er forderte. Dieser Weg hatte zwei mögliche Ergebnisse: ein Patt oder Zugeständnisse von Mr. Shapiro an seine Frau, weil er sich schuldig fühlte, Angst hatte oder frustriert war. In beiden Fällen würde Mrs. Shapiro aus der Opferrolle ausbrechen.

Doch keine der beiden Alternativen lag wirklich in Mrs. Shapiros Interesse. Eine Pattsituation wäre kontraproduktiv. Wenn ihr Mann andererseits ihren Forderungen nachgeben würde, müßte sie vielleicht feststellen, daß das Ergebnis überhaupt nicht das war, was sie wollte, sondern eher ein Ausdruck ihres Wunsches, daß ihr Mann nicht bekommen sollte, was er wollte. Ihn am Fortkommen zu hindern könnte ihr ein gewisses Machtgefühl geben und ihre Selbstachtung vergrößern, was immer noch besser wäre, als wenn sie in der Opferrolle bliebe. Dennoch wären auf lange Sicht beide Seiten am Ende unzufrieden. Und das Ganze würde sich als vollkommen wertlos erweisen, weil Mrs. Shapiro, indem sie in Reaktion auf ihren Mann handeln würde, immer noch von ihm gelenkt wäre.

Als dritte Möglichkeit konnte Mrs. Shapiro sich überlegen, was sie wollte, und ihre Wünsche geltend machen. Dann würde sie wahrscheinlich nicht nur gestärkt und mit einer klareren Vorstellung von ihrer zukünftigen Lebensrichtung aus der Trennung hervorgehen, sondern hätte gleichzeitig weniger Grund, sich ihrem Mann bei der Verwirklichung seiner Ziele in den Weg zu stellen. Das würde ihr ermöglichen, ihre Macht auszuüben, nur anders als bei einem Kampf. Die meisten von uns treffen wichtige Entscheidungen im Leben lieber in Übereinstimmung mit oder als Reaktion auf die Erwartungen anderer, anstatt sich auf einen schwierigen, verwirrenden und einsamen Prozeß einzulassen und zu entscheiden, was wir wirklich selbst wollen. An diesen Punkt zu kommen bedeutet, die Kraft wahrer Selbsterkenntnis und Selbstbestimmung zu spüren.

Mr. Shapiros Dilemma: Obwohl Mr. Shapiro lange nicht so litt wie seine Frau, war auch er in dem Opfer-Unterdrücker-Muster gefangen. Solange er sie beherrschen wollte, verschlimmerte er das Problem. Und sein Leben stand auch erst einmal still, bis ihres geregelt war. Doch während Mrs. Shapiro das Interaktionsmuster zwischen ihnen ziemlich klar zu erkennen schien – sie suchte damals einen Therapeuten auf, was ihr zweifellos zu mehr Klarheit verhalf –, war es Mr. Shapiro weit weniger bewußt oder es interessierte ihn nicht so sehr. Mrs. Shapiro schien zu sehen, daß ihr die schmerzliche Erfahrung des Alleinseins unter Umständen zu einem neuen Selbstverständnis verhelfen konnte. Da Mr. Shapiro keinen solchen Kummer verspürte wie seine Frau, der ihn dazu motivieren würde, sein Muster genau zu beobachten und sich der harten Aufgabe einer Veränderung zu widmen, lief er Gefahr, einfach in eine neue Version seines alten Lebens zu rutschen.

Mediation und das Recht

Als Mediator hatte ich eine heikle Aufgabe zu erfüllen. Mr. Shapiros letzte Bemerkung – «Ich glaube, Sie sollten ihr besser sagen, daß ich es erzwingen könnte, daß das Haus sofort verkauft wird» – warf zwei zentrale Punkte auf, die nur auf das Stichwort gewartet hatten: meine eigene Rolle im Mediationsprozeß und die Rolle des Rechts. Wir hatten uns von Anfang an darauf verständigt, daß ich bezüglich ihrer endgültigen Vereinbarung neutral bleiben würde, es sei denn, ihre Entscheidungen erschienen mir so unfair, daß ich eine solche Vereinbarung nicht würde aufsetzen wollen. Unter keinen Umständen würde ich als Anwalt für die eine oder die andere Partei fungieren. Sollte einer von ihnen zu dem Schluß kommen, daß er den Schutz eines Rechtsanwalts brauchte, so wäre es besser, wenn sie mit der Mediation aufhören und einen Anwalt mit der Fortführung der Verhandlungen betrauen würden. Dennoch konnte ich mich vom menschlichen Standpunkt aus wahrhaftig nicht als unbeteiligten Zeugen bezeichnen. Meine primäre Rolle bei der Abwägung der Lösungswege und der Erarbeitung einer Vereinbarung bestand darin, den Prozeß im Hinblick auf seine *Fairneß* zu überwachen.

Mir war bereits klar, daß ich Mrs. Shapiro nicht den ersten Lösungsweg gehen lassen konnte – also allen Forderungen ihres Mannes zuzustimmen. Daß eine solche Übereinkunft unfair wäre, war ihr ebenso klar wie mir. Eine faire Vereinbarung müßte es Mrs. Shapiro erlauben, über ihre Zukunftspläne zu entscheiden und sie zu realisieren.

Die Vereinbarung mußte auch am geltenden Recht gemessen werden. Es gehörte zu meinen Aufgaben, zu antizipieren, wie ein Gericht in ihrem Fall entscheiden würde, so daß sie dies bei ihren Entscheidungen als Anhaltspunkt heranziehen konnten. Die Konfliktparteien müssen den rechtlichen Hintergrund ihrer Entscheidungen nicht nur aus praktischen Gründen kennen, sondern er kann ihnen auch dabei helfen, ihr eigenes Gerechtigkeitsempfinden zu entwickeln und zu artikulieren.

Doch das Recht ist mehr als nur ein Anhaltspunkt im Mediationsprozeß. Indem sie die Mediation fortsetzen, entscheiden die Parteien implizit, manchmal von einem Augenblick zum nächsten, den Fall nicht ihren Anwälten zu übergeben. Und während der gesamten Mediation kann ihr Verständnis des Rechts und ihre Entscheidung, andere Wege zu gehen, ihre Autonomie stärken. Doch die Alternative, aufzuhören und Rechtsanwälte zu beauftragen, ist stets präsent.

Der Trick des Mediators besteht darin, einen Weg zu finden, geltendes Recht in den Mediationsprozeß einzubringen, ohne die Parteien so einzuschüchtern, daß sie ihre eigenen Vorstellungen zur Streitbeilegung aufgeben. Ich tue dies, indem ich versuche, sie nicht nur über die gerichtliche Entscheidung in ihrem Fall, sondern auch über die ihr zugrundeliegenden Prinzipien aufzuklären. Auf diese Weise können sie ihre eigenen Vorstellungen von Fairneß mit den Gerechtigkeitsprinzipien des Rechts und der gesellschaftlichen Auffassung zu ihrem Streitfall vergleichen. Ich agiere dabei als ein neutraler Freund, der zufällig darüber orientiert ist, wie ein Gericht ihre Situation sehen würde.

Ein Problem erschwert mir diese Aufgabe: Das Recht ist oft weit weniger klar und viel subjektiver, als die meisten glauben. Richter gründen Entscheidungen auf ihre Auslegungen des Rechts, und ein Anwalt kann nie sicher wissen, was ein Richter in einer bestimmten Situation tun wird. Daher konnte ich den Shapiros lediglich eine neutrale, aber sachkundige Vermutung bieten, wie ein Richter ihren Konflikt um den Hausverkauf entscheiden würde.

Das würde sehr heikel werden. So, wie ich die Rechtslage interpretierte, würde ich aufpassen müssen, Mrs. Shapiro nicht zu bevorzugen, in der Absicht, ihr zu helfen, damit sie sich nicht so machtlos fühlte. Andererseits wollte ich nicht, daß sie sich vom Gesetz dazu gezwungen fühlte, mit ihrem Mann konform zu gehen – und damit ihr eigenes Fairneßempfinden verriet. Dann hätten wir gleich zwei Ungeheuer zu bekämpfen: ihr Gefühl, daß sie immer nachgeben muß, und ihr unausweichlicher Schluß, daß ihr persönliches Gerechtigkeitsempfinden dem Gesetz widerspricht – eine bittere Erkenntnis, die sie noch mehr schwächen konnte. In diesem Fall würde ich die Mediation wahrscheinlich abbrechen, da sie ganz klar zu einem destruktiven Ende führte.

Es kam jetzt also darauf an, daß ich bei meiner Darlegung der Rechtslage neutral blieb, obwohl ich das in Wirklichkeit absolut nicht war. Ich war sehr stark gegen ein destruktives Ergebnis.

Was geschieht mit dem Haus?

Ich betrat das Minenfeld, das sich durch Mr. Shapiros drohende Beschwörung des Gesetzes aufgetan hatte, folgendermaßen:

Mediator: Sie möchten also darüber sprechen, wie ein Gericht Ihre Situation wahrscheinlich sehen würde?
Mr. Shapiro: Wenigstens beim Haus sollte Claire wissen, daß ich sehr großzügig bin.
Mediator: Wie ist das mit Ihnen, Mrs. Shapiro? Wollen Sie jetzt über das Recht sprechen, oder wollen Sie lieber noch damit warten? Ich finde es wichtig, daß wir diese Diskussion irgendwann führen, aber erst, wenn Sie beide dazu bereit sind.
Mrs. Shapiro: Ehrlich gesagt, interessiert mich das Recht überhaupt nicht.
Mediator: Wie kommt das?
Mrs. Shapiro: Sie haben gesagt, wir beide würden hier entscheiden. Wir sind nicht im Gericht, jedenfalls noch nicht. Wenn wir vor Gericht gehen, werde ich noch genug über das Recht hören.
Mediator: Sie wollen das Recht also lieber überhaupt nicht zur Kenntnis nehmen.

Mrs. Shapiro: Vermutlich werden wir es uns irgendwann anhören müssen. Sie sagten ja, die Vereinbarung stünde rechtlich auf wakkeligen Füßen, wenn wir die Rechtslage nicht kennen. Denken Sie, wir sollten uns das jetzt anhören?

Mediator: Für mich ist ganz unabhängig vom Zeitpunkt wichtig, daß, was immer das Recht sagen mag, keiner von Ihnen seine Vorstellung von einer fairen Lösung aufgibt. Und Sie müssen auch wissen, daß ich Ihnen zwar meine Meinung nach bestem Wissen darlegen kann, daß es im Recht aber ein gewisses Maß an Ungewißheit gibt, so daß ich falschliegen könnte. Das ist ein weiterer Grund, weshalb Sie sich nicht meiner Meinung beugen sollten, wenn sie von dem abweicht, was Sie als richtig empfinden. Möchten Sie vor diesem Hintergrund die Rechtslage jetzt doch hören?

Mrs. Shapiro: Ja.

Mr. Shapiro: Claire soll nur wissen, daß ich den Verkauf jetzt erzwingen könnte und die Hälfte des Erlöses bekommen würde.

Mediator: Ich glaube nicht, daß ein Gericht so vorgehen würde. Zunächst hinge die Frage, wann ein Gericht einen Verkauf anordnen würde, davon ab, wann Ihr Fall zur Verhandlung käme, und das könnte hierzulande mindestens ein Dreivierteljahr dauern. Es stimmt, daß Sie dann einen Verkauf erzwingen könnten, allerdings nur, wenn Ihre Frau Ihnen kein Auszahlungsangebot machen könnte, das dem Richter fair erscheint. Was das Weitere anbelangt, ist es keineswegs sicher, daß ein Gericht eine Erlösaufteilung zu gleichen Teilen anordnen würde.

Mr. Shapiro: So? Na, dann lesen Sie das.

Mr. Shapiro zog aus seinen Unterlagen eine Kopie einer aktuellen Entscheidung des Obersten Gerichts von Kalifornien hervor. Normalerweise kenne ich die Gesetzesanpassungen vor meinen Klienten, doch diesmal war ich nicht vorbereitet. Ich las mir den Kommentar sorgfältig durch. Das Oberste Gericht von Kalifornien hatte in einem ähnlich gelagerten Fall entschieden, daß der Erlös aus dem Hausverkauf zu gleichen Teilen aufzuteilen ist, wenn die Parteien das Haus als Miteigentümer erworben haben, selbst wenn ein Teil der Anzahlung von einer Partei allein stammt. Die Shapiros hatten ihr Haus auf diese Art erworben, wobei von der Anzahlungssumme 20000 Dollar aus den vorehelichen Ersparnissen der Ehefrau stammten. Oberflächlich schien es, als ob Mr. Shapiro recht hätte. Aber als ich weiterlas und überlegte, sah ich wesentliche Unterschiede zwischen den beiden Fällen.

Mediator: Ich will versuchen, das zu erklären. Die Frage ist, wie im Scheidungsfall mit dem gemeinsamen Wohnhaus der Familie zu verfahren ist, wenn es auf beider Namen eingetragen ist. Vor ein paar Jahren war die Rechtslage ganz klar. Sofern nichts Gegenteiliges vereinbart war, bekam jeder die Hälfte, wenn das Haus auf beide lief, ganz egal, woher das Geld für den Erwerb stammte.

Doch vor einigen Jahren befand der Gesetzgeber dieses Gesetz für unfair und änderte es in dem Sinne, daß beim Hausverkauf jeder erst das zurückerstattet bekommen soll, was er getrennt für die Anzahlung oder für wertsteigernde Maßnahmen eingebracht hat, bevor der restliche Erlös aufgeteilt wird. Dennoch ist nicht eindeutig klar, ob dieses Gesetz in Ihrem Fall zur Anwendung gebracht würde, denn zumindest ein Gericht hat befunden, daß dieses Gesetz unter Umständen gegen die in der Verfassung der Vereinigten Staaten festgeschriebene Garantie verstößt, nach der niemandem sein Eigentum ohne ein ordnungsgemäßes Verfahren genommen werden kann. Seit dieser Anfechtung unterscheiden die Gerichte zwischen Häusern, die vor und die nach Erlaß des sogenannten Rückerstattungsgesetzes gekauft wurden. Dabei richtet es sich nach dem Zeitpunkt des Erwerbs, ob das neue Gesetz angewandt wird oder nicht. Da Ihr Haus nach Verabschiedung des Rückerstattungsgesetzes gekauft wurde, hätte Mrs. Shapiro vermutlich Anspruch auf Rückerstattung ihres Beitrags. Der Kommentar, den Sie mitgebracht haben, Mr. Shapiro, basiert auf einem Erwerbszeitpunkt, der vor diesem Gesetz lag. Er ändert also nichts an meiner Auffassung, daß das Rückerstattungsgesetz in Ihrem Fall zur Anwendung käme. Bevor jemand von Ihnen jetzt auf das reagiert, was ich gesagt habe, möchte ich fragen, ob Sie mich beide verstanden haben?[7]

Mrs. Shapiro: Mehr oder weniger. Ich hatte noch nie sehr viel Achtung vor dem Recht, und eine solche Kehrtwendung zeigt mir, daß niemand wirklich weiß, was richtig ist. Daher erscheint es mir nicht sehr relevant.

Mr. Shapiro: Sie haben erklärt, wie *Sie* es verstehen, aber ich habe diesen Kommentar von einem Anwalt bekommen, der mir sagte, daß dies geltendes Recht sei. Wem soll ich also glauben?

Mediator: Diese Frage berührt den Kern der Mediation. Vertrauen Sie auf sich selbst, nachdem Sie sich alle angehört haben. Machen meine Ausführungen zu dem von Ihnen eingebrachten Fall für Sie mehr oder weniger Sinn als die Auskünfte des Anwalts?

Mr. Shapiro: Ehrlich gesagt, macht für mich beides nicht viel Sinn.

Mediator: Welcher Teil macht keinen Sinn?

Mr. Shapiro: Warum soll es einen Unterschied machen, wann das Eigentum erworben wurde?

Mediator: Wenn Sie das Eigentum vor Verabschiedung des Rückerstattungsgesetzes gekauft hätten, stünde Ihnen die Hälfte des Eigentums zu. Doch durch die Verabschiedung des Gesetzes würde Ihnen der Gesetzgeber im Prinzip einen Teil Ihres Eigentums wegnehmen, ohne Ihnen eine Chance zu geben, dagegen anzugehen. Und das ist verfassungswidrig. Darum dreht es sich in der Anfechtung dieses Gesetzes.

Mr. Shapiro: Wollen Sie damit sagen, daß mir mehr zustünde, wenn wir das Eigentum 1983 anstatt 1985 erworben hätten? Das würde doch bedeuten, daß mir der Gesetzgeber durch die Verabschiedung des Gesetzes Geld weggenommen hat.

Mediator: Schon, aber das Gesetz wurde ja verabschiedet, bevor Sie das Eigentum erwarben. Zumindest theoretisch hätten Sie also, wenn Sie die damalige Rechtslage gekannt hätten, wissen können, daß Sie eine andere Regelung treffen müssen, um Ihren Anspruch auf die Hälfte zu schützen.

Mr. Shapiro: Aber ich wußte doch nicht, daß wir uns scheiden lassen würden.

Mrs. Shapiro: Und hättest du es gewußt, hättest du mich vermutlich einen Wisch unterschreiben lassen, daß du die Hälfte bekommst.

Mr. Shapiro: Das ist nicht der Punkt.

Mrs. Shapiro: Was ist denn hier der Punkt? Glaubst du wirklich, dir stünde die Hälfte des Eigentumswerts zu, nachdem ich den größten Teil der Anzahlung geleistet habe?

Mr. Shapiro: Ich habe nie gesagt, daß ich es für richtig halte, wenn ich die Hälfte bekäme. Ich wollte dir nur zeigen, daß ich versuche, nicht zu hart zu dir zu sein, indem ich nicht auf meinen Rechten bestehe.
Mrs. Shapiro: Hör zu, das kannst du dir schenken. Ich will nur das, was fair ist.
Mr. Shapiro: Dann bring mich nicht in die Lage, dir ewig Unterhalt zahlen zu müssen. Ich will das begrenzen, und ich möchte es jetzt entschieden haben.

Wir waren beim Kern der Sache angelangt: Hinter der ganzen Debatte um das Haus stand die Unterhaltsfrage. Danach, wie sie gelöst wurde, würde sich die Regelung für das Haus richten.

Die Frage des Unterhalts

Mediator: Soll ich Ihnen erklären, wie ein Gericht in der Unterhaltsfrage entscheiden würde?[8]
Mr. Shapiro: Das ist der wichtigste Teil für mich. Es ist mir egal, was das Recht sagt.
Mrs. Shapiro: Wir müssen das aber irgendwann klären. Mich interessiert, wie lange ich Unterhalt bekommen würde.
Mediator: Wenn es darauf ankäme und Sie zu dem Schluß gelangten, daß Sie im Moment nicht entscheiden können, wie lange Sie Unterhalt brauchen werden, dann wäre es praktisch ausgeschlossen, daß ein Gericht jetzt das Zahlungsende festlegen würde. Das, was Sie, Mrs. Shapiro, bewegt – Ihre unsichere Zukunft, insbesondere Ihr Beruf und Ihre Gesundheit –, würde auch ein Gericht bewegen. Daher würde ein Richter mit Sicherheit erst einmal einen vorläufigen Unterhalt verfügen und vermutlich einen Zeitpunkt für die Überprüfung dieses Beschlusses festsetzen.
Mr. Shapiro: *(erregt)* Hey, Mr. Friedman, ich dachte, Sie sollten neutral sein. Mir scheint, Sie verbünden sich mit Claire, und das gefällt mir nicht.
Mediator: Es tut mir leid, wenn Sie das so empfinden. Aber ich

versuche nur, das zu tun, worum Sie mich eigentlich beide gebeten haben – Ihnen so klar wie möglich aufzuzeigen, wie das Recht auf Ihre Situation anwendbar wäre. Ich möchte nicht, daß einer von Ihnen sich auf etwas einläßt, ohne den rechtlichen Hintergrund der Entscheidung zu verstehen. Außerdem möchte ich sicherstellen, daß sich keiner von Ihnen zu einer Entscheidung gedrängt fühlt, die Sie später bereuen könnten.

Mr. Shapiro: Na, viel Glück, denn ich werde jede Entscheidung bereuen, die nicht alles sofort regelt.

Mediator: Das habe ich verstanden. Und wenn Ihre Frau das auch so sieht, gibt es kein Problem. Wenn sie das aber nicht will, dann ist es wichtig, daß Ihnen beiden klar wird, daß sie in der Unterhaltsfrage rechtlich die Möglichkeit hat, die Entscheidung zu verschieben. Sie könnten ein Gericht dazu bewegen, fast umgehend über die Höhe des vorläufigen Unterhalts zu entscheiden, nicht aber über die Dauer.

Mr. Shapiro: Ich finde, das stinkt.

Mediator: Wieso?

Mr. Shapiro: Weil wir keine Kinder haben. Es gibt überhaupt keinen Grund, warum wir weiter finanziell aneinander gebunden sein sollten. Ich muß wissen, wann ich Claire kein Geld mehr schikken muß, und ich muß es bald wissen.

Mr. Shapiro hatte es auf den Punkt gebracht. In der Unterhaltsfrage war ich wiederum in Gefahr, zum Anwalt von Mrs. Shapiro zu werden. Mr. Shapiro fühlte sich schon außen vor. Noch schlimmer wäre nur noch, daß Mrs. Shapiro tatsächlich anfinge, mich so zu sehen, sich in eine passive Rolle zu begeben und mir die Verhandlungen mit ihrem Mann zu überlassen. Wenn ich Mrs. Shapiros Anwalt spielte, würde ich damit implizit sagen, daß sie zu schwach sei, um sich selbst zu schützen, und ihr die Chance nehmen, sich gegenüber ihrem Mann zu behaupten. Damit würde ich den gesamten Mediationsprozeß sabotieren.

Doch es bestand auch die umgekehrte Gefahr – daß Mrs. Shapiro weiterhin Opfer spielte, indem sie den Wünschen ihres Mannes nachgab. Das könnte nicht nur für sie, sondern auch für ihn katastrophale Folgen haben: Wenn sie jetzt kapitulierte, konnte sie die Vereinbarung später vor Gericht mit der Begründung anfechten, ihre Rechte seien ihr nicht klar gewesen oder man hätte sie damals zu der Vereinbarung gedrängt. Obwohl es also unabdingbar war, daß beide verstanden, welche Rechte Mrs. Shapiro hatte, konnte ich mit meiner Hervorhebung dessen, was ein Gericht tun würde, sie auch unbeabsichtigt dazu ermuntern, eine solche Schlußfolgerung als die «richtige» anzusehen, auch wenn keiner von beiden sie als die beste empfand.

Folgendes machte das Ganze noch verzwickter: Wenn mein Bemühen darum, daß Mrs. Shapiro ihre Rechte richtig verstand, dazu führte, daß sie sich einverstanden erklärte, von diesen Rechten keinen Gebrauch zu machen, würde unser Gespräch die Möglichkeit einer späteren Anfechtung der Vereinbarung gefährden. So gesehen könnte man sagen, daß ich momentan eher in seinem Interesse als in ihrem handelte.

Diese Art der schrittweisen Analyse ist absolut zwingend, damit ich meine Position in der Mitte bewahre. Da das Konfliktmoment die Parteien ständig in die Konfrontation treibt, ist ein wichtiger Teil meiner Rolle, die Streitpunkte präzise zu definieren. Das schwierige daran ist, objektiv zu bleiben und dabei gleichzeitig so einfühlsam zu sein, daß sich beide Parteien von mir verstanden fühlen und sehen, daß es mir nicht egal ist, was passiert.

Zu entscheiden, ob jemand, dessen Position vom Recht begünstigt wird, stark genug ist, um seinen Standpunkt im Mediationsprozeß zu verfechten, ist eine der schwierigsten Einschätzungen, die ich zu treffen habe. Bei den Shapiros besorgte mich Mrs. Shapiros Vorgeschichte als Opfer und die sehr realen Hindernisse, auf die sie bei dem Versuch stoßen würde, finanziell unabhängig zu werden. Um dem Opfer-Muster zu entkommen, müßte sie unbedingt ihre Unterhaltsbedürfnisse artikulieren. Wenn sie einem Enddatum für den Unterhalt zustimmte, dann dürfte sie das nur deswegen tun, weil sie es als richtig empfände, und nicht, weil sie von ihrem Mann eingeschüchtert wurde oder ihn besänftigen wollte. Ebenso wichtig war es, daß das Datum, wenn sie eines nennen würde, realistisch wäre und sie nach Unterhaltsende würde finanziell überleben können. Ich wollte gewiß nicht für ihre Selbstzerstörung verantwortlich sein.

Für Mrs. Shapiro konnte es ein außerordentlich befreiender und stärkender Schritt sein, sich aus freien Stücken mit einem realistischen Termin für das Unterhaltsende einverstanden zu erklären. Sie würde damit ihre eigene Unabhängigkeit und Autonomie erklären. So konnte es durchaus in ihrem Interesse sein, genau das zu tun, was ihr Mann von ihr wollte. Ich hoffte, daß sie sich durch mein Einbringen des Rechts stark genug fühlen würde, um zu entscheiden, mit welchem eigenen Einkommen sie realistischerweise rechnen konnte und wann sie finanziell auf eigenen Füßen würde stehen können.

Auch wenn Mr. Shapiro das noch nicht klar war – das Schlimmste, was jetzt passieren konnte, war, daß sich Mrs. Shapiro seinem Druck bezüglich eines Enddatums beugte und damit nicht nur in ihren eigenen Augen, sondern auch in den Augen eines Richters von ihm abhängig blieb. Damit blieben sie beide in ihrem alten Schema gefangen. Der Schlüssel zu Mrs. Shapiros Befreiung war sie selbst, und deshalb war es so wichtig, daß ich nicht in die Position ihres vermeintlichen Anwalts geriet. Um das erhoffte Gleichgewicht zwischen uns herzustellen, mußte das Rampenlicht auf Mrs. Shapiro gerichtet werden.

Mediator: *(zu Mrs. Shapiro)* Wie sehen Sie das?

Mrs. Shapiro: Ehrlich gesagt, mit gemischten Gefühlen. Ich weiß, daß ich mir Martins Groll einhandle, wenn ich mich nicht auf einen bestimmten Termin einlasse. Das will ich nicht. Ich weiß, daß wir wahrscheinlich keine Freunde sein werden, und ich bin mir auch nicht sicher, ob ich das überhaupt wollte, selbst wenn er es gerne hätte. Aber ich will gewiß auch nicht, daß er noch ärgerlicher wird.

Aber dann denke ich auch, daß es mir helfen würde, wenn ich das Band zertrennen könnte, das mich an ihn bindet. Ich muß das um meiner selbst willen tun. Ich will nicht, daß Martin für mich sorgt – darin war er sowieso nie besonders gut, und es bringt mir auch nichts, von ihm abhängig zu sein. Er würde mich dauernd nerven, daß ich mir einen Job oder einen besseren Job suchen soll. Ich weiß, daß er mit nichts zufrieden wäre, was ich beschließen würde. Und ich möchte mich nicht länger vor ihm rechtfertigen müssen. Davon habe ich genug. Dennoch muß ich sicher sein, daß ich es finanziell schaffen werde. Und ich weiß einfach nicht, was in dieser Hinsicht geschehen wird. Es gibt Tage, da denke ich, ich kann es schaffen. Und an anderen bin ich froh, wenn ich morgens überhaupt aufstehen kann.

Mediator: Sie würden sich also wünschen, von Ihrem Mann ausreichend Unterhalt für diese Übergangsphase zu bekommen. Ich glaube, es wäre sinnvoll, wenn wir verschiedene Möglichkeiten betrachten würden, was passieren könnte. Was wäre das Schlimmste, das Ihnen passieren könnte? Und was das Beste?

Mrs. Shapiro: Ich bin mir nicht sicher, ob ich das tun möchte. Was ich weiß, ist, daß ich das Haus vermutlich im nächsten Jahr verkaufen und mir etwas Kleineres kaufen werde. Ich müßte dann zwar Steuern zahlen, aber es bliebe mir auch einiges Bargeld. Wenn ich wüßte, daß ich mit dem Geld aus dem Hausverkauf rechnen könnte und Martin mir bis zum Verkauf helfen würde – nun, ich glaube, dann wäre ich wohl bereit, darüber hinaus auf Unterhalt zu verzichten.

Mr. Shapiro: *(platzt heraus)* Da bliebe mir ja gar nichts!

Mrs. Shapiro: O doch, du hättest immer noch deine Gesundheit, dein Geschäft und deine Beziehung mit dieser Dame. Und das ist verdammt viel mehr, als ich von mir sagen kann.

Mr. Shapiro: Ich würde nicht einmal das Geld zurückbekommen, das ich in das Haus gesteckt habe. Und ich zahle die Hypothek, seit wir es gekauft haben.

Mrs. Shapiro: Das weiß ich, aber schau, du sagst, du möchtest, daß ich finanziell unabhängig werde. Wenn du wirklich nicht willst, daß ich bei dir an die Tür klopfe, wirst du mir schon etwas Vorsprung am Start geben müssen.

Mr. Shapiro: Ich würde mich ja selbst total übers Ohr hauen, wenn ich dem zustimmen würde.

Mediator: Wie das?

Mr. Shapiro: Das Haus ist außer meinen laufenden Einnahmen der einzige Vermögenswert, den ich besitze. Ich habe nicht einmal irgendwelche Ersparnisse. Abgesehen davon, würde sie vor Gericht niemals soviel bekommen.

Mediator: Das ist wahr. Und Sie würden kein Enddatum bekommen. Ich denke, aus Ihrer Sicht, Mr. Shapiro, ist die eigentliche Frage, wie wichtig es Ihnen ist, die Laufzeit des Unterhalts festzulegen. Ich kann mir vorstellen, daß Ihnen keine der beiden Aussichten im Moment gefällt: Ihren gesamten Notgroschen dranzugeben oder auf unbestimmte Zeit Unterhalt zu bezahlen.

Mr. Shapiro: Da haben Sie verdammt recht.
Mediator: Aber vielleicht sehen Sie, daß der Vorschlag Ihrer Frau auch einige echte Vorteile für Sie hätte. Ich schlage vor, Sie lassen sich das Ganze noch einmal durch den Kopf gehen, bevor Sie eine Entscheidung treffen.

Damit beendeten wir die Sitzung. Mr. Shapiros Ungeduld und sein Gefühl von Zeitdruck waren für mich Signale, den Prozeß zu verlangsamen. Ich fürchtete, daß er jetzt eine Entscheidung treffen könnte, die er später bereuen würde, und so war ich froh, daß unsere Zeit abgelaufen war, bevor er Gelegenheit zu einer Entscheidung hatte. Wenn sich die Parteien sehr schnell auf eine Lösung zubewegen, ist es oft meine Aufgabe, ein wenig zu bremsen. Wenn die Menschen Gelegenheit zum Nachdenken haben, ändern sich ihre Gefühle häufig. Die Zeit ist ein wichtiger Test dafür, wie solide eine Lösung ist. Es überraschte mich nicht, daß Mr. Shapiro zur nächsten Sitzung mit einer Abwandlung von Mrs. Shapiros Vorschlag kam.

Mr. Shapiro: Ich will dir sagen, wozu ich bereit bin. Ich verzichte auf meinen gesamten Anteil am Haus, wenn du auf Unterhalt verzichtest. Und ich leihe dir ab sofort bis zum Hausverkauf 750 Dollar im Monat, die du mir nach dem Verkauf verzinst aus dem Erlös zurückbezahlst.
Mrs. Shapiro: Zum Teufel, nein! Ich denke nicht daran, dir einen Pfennig Zinsen zu bezahlen. Du bist schließlich keine Bank. Und überhaupt gefällt mir die Idee nicht, daß das Unterhaltsgeld ein Kredit sein soll.
Mediator: Warum erscheint Ihnen das nicht fair?
Mrs. Shapiro: Verdammt, er tut so, als ob wir nie verheiratet gewesen wären.
Mr. Shapiro: Wovon sprichst du? Meinst du vielleicht, ich würde meinen Geschäftspartnern meine ganze Habe, alles, was ich besitze, schenken? Auf meinen Anteil am Haus zu verzichten ist ein enormes Zugeständnis. Das sind 45 000 Dollar. (Diese Zahl basierte auf dem aktuellen Wert des Hauses von 150 000 Dollar, abzüglich Abwicklungskosten und Resthypothek von 60 000 Dollar, geteilt durch zwei.)

Mrs. Shapiro: *(langsam)* Es dürften wohl eher 25 000 Dollar sein, wenn wir uns an das Gesetz halten. Und ich vermute, ich müßte die Steuern auf den Gewinn bezahlen. Das könnten 15 000 Dollar sein. Daß du bereit bist, auf deinen Anteil am Haus zu verzichten, weiß ich durchaus zu schätzen, aber das übrige Geld zu einem verzinsten Kredit zu machen fühlt sich schrecklich an.

Mr. Shapiro: Dann hol dir das Geld doch woanders. *(Lange Stille.)* Okay, hör zu. Ich gebe dir die 750 Dollar monatlich zinslos, wenn dir dabei wohler ist, aber ich will das Geld zurück. Schließlich habe ich schon die letzten acht Monate gezahlt.

Mrs. Shapiro: Okay, *(nachdrücklich)* aber wir machen den Kredit nur für die letzten vier Monate rückwirkend, und ich möchte, daß du deinen ganzen Krempel innerhalb der nächsten Woche aus dem Haus schaffst.

Mr. Shapiro: Geht klar.

Mrs. Shapiro: Und ich will auch nicht, daß *sie* mitkommt und dir dabei hilft.

Mr. Shapiro: Ja, in Ordnung.

Überprüfung der Vereinbarung

Mrs. Shapiro stand auf und ging zum Fenster, wobei sie uns beiden den Rücken zukehrte. Mr. Shapiro schien tiefer in seinen Sessel zu sinken und tat einen Seufzer der Erleichterung. Sie hatten eine Übereinkunft, aber ich war mir noch nicht sicher, ob sie für beide fair und realistisch war. Das mußte ich nun herausfinden.

Mediator: Wir müssen sicher sein, daß diese Übereinkunft für Sie beide tragfähig ist, nicht nur im Augenblick, sondern langfristig. Daher muß ich Sie ein paar Dinge fragen, um das zu prüfen. Meine Bedenken betreffen hauptsächlich Sie, Mrs. Shapiro. *(Sie warf mir einen Blick zu, als ob ich mich ungebeten einmischen würde.)* Was wird aus Ihnen, wenn es in Ihrem Leben nicht so klappt, wie Sie es sich erhoffen? Was geschieht, wenn es mit Ihrer Gesundheit nicht besser, sondern schlechter wird?

Mrs. Shapiro: Ich mache mir keine Sorgen um die Arztrechnungen. Die trägt meine Krankenversicherung.
Mediator: Aber wie werden Sie Ihre Unkosten bestreiten?
Mrs. Shapiro: Ich weiß es nicht. Ich denke, ich komme klar, bis das Haus verkauft ist, wenn Martin mir das Geld leiht. Und nach dem Verkauf kann ich von diesem Geld leben. Das sind mindestens 50- bis 60 000 Dollar, nachdem ich Martin den Kredit zurückbezahlt und Steuern, Resthypothek, Provisionen und Abwicklungskosten bezahlt habe. Und was danach ist, weiß ich noch nicht. Vielleicht miete ich erst mal ein Haus oder kauf mir ein kleineres. Ich denke, das sollte wohl nicht Martins Problem sein. Aber es wäre mir trotzdem wohler, wenn das Geld, das ich bis zum Verkauf von ihm bekomme, kein Kredit wäre.
Mr. Shapiro: Es muß ein Kredit sein, damit du einen Anreiz hast, das Haus schnell zu verkaufen.
Mrs. Shapiro: *(scharf)* Du hältst dich raus. Es ist schwer genug, Mr. Friedmans Fragen zu beantworten.
Mediator: Und was passiert, wenn Sie das Haus lange nicht losbekommen? Oder wenn Sie den Erlös aus dem Hausverkauf aufgebraucht haben, bevor Sie Arbeit finden?
Mrs. Shapiro: Ich glaube nicht, daß es dazu kommt, aber wenn doch, finde ich nicht, daß Martin mir helfen sollte, nur weil er dazu verpflichtet ist.
Mediator: Denken Sie, er würde Ihnen helfen, wenn er nicht dazu verpflichtet wäre?
Mrs. Shapiro: Vielleicht. Aber es tut mir nicht gut, so zu denken. Ich muß positiv denken. Ich weiß, worauf Sie hinauswollen, aber ich denke, sein Vorschlag ist vernünftig, nur ohne die Zinsen. Ich glaube, das funktioniert.
Mediator: Sie klingen nur halb überzeugt.
Mrs. Shapiro: Vielleicht zu sechzig Prozent.
Mediator: Reicht das für eine Vereinbarung?
Mrs. Shapiro: Ich denke ja.
Mediator: Es wird sich in den nächsten Wochen bis zur Unterzeichnung der Vereinbarung besser oder schlechter anfühlen. Ich möchte nicht, daß Sie unterschreiben, wenn es sich bis dahin schlechter anfühlt, noch nicht einmal, wenn es sich nicht besser anfühlt.

Mr. Shapiro: Was ist mit mir? Ich verzichte auf meinen ganzen Besitz.

Mediator: Ich denke, wenn Sie diese Vereinbarung von Ihrem Anwalt prüfen lassen, wird der oder die Betreffende Ihnen sagen, daß Sie finanziell wahrscheinlich besser weggekommen sind, als wenn Sie vor Gericht gegangen wären. Bei einem richterlichen Entscheid wäre Ihre Unterhaltspflicht zeitlich unbegrenzt, und Ihrer Frau stünde außerdem die Hälfte des Wertes Ihres Geschäfts zu, wieviel das auch sein mag. Da Sie keine Ersparnisse als Rückhalt haben, falls Sie krank werden und nicht arbeiten können, spielt das eine große Rolle. Es ist aber auch richtig, daß Sie für den Fall, daß Ihre Frau schon bald wieder heiraten würde, wirtschaftlich gesehen mehr bezahlt hätten als das, wozu Sie gesetzlich verpflichtet sind, denn der Unterhalt würde mit ihrer Wiederverheiratung enden.

Mr. Shapiro: Ganz richtig. Und ich habe seit unserer Trennung die Hypothekenzahlungen geleistet. Bis auf die Hypothek sind wir jetzt schuldenfrei. Und – ich habe das nicht früher erwähnt, weil ich meine Frau nicht verärgern wollte – wenn sie wirklich in Schwierigkeiten käme, würde ihre Mutter ihr aushelfen.

Mrs. Shapiro: Ich habe gesagt, du sollst dich raushalten. Du weißt, wie schwierig sie ist. Wenn du das sagen mußt, um deine Schuldgefühle mir gegenüber zu besänftigen, dann bitte, aber es ist nicht wahr. Meine Mutter hat nicht das Geld, um mich zu unterstützen, und selbst wenn sie es hätte, würde sie es nicht tun.

Mediator: *(zu Mr. Shapiro)* Wie ich schon angedeutet habe, wird der Anwalt Ihrer Frau ihr wahrscheinlich noch stärker abraten, diese Bedingungen zu akzeptieren, als Ihrer dies bei Ihnen tun wird.

Mr. Shapiro: Das würde die ganze Arbeit, die wir bis hierhin geleistet haben, zunichte machen.

Mrs. Shapiro: Ich weiß. Martin, ich bin sicher, daß ich bei dieser Vereinbarung bleiben würde, wenn du einverstanden wärst, daß ich dir das Geld, das du mir borgst, nicht zurückzahlen muß.

Mr. Shapiro: Nein, das mache ich nicht. Das ist mir zu unbefristet, und ich muß etwas aus dem Hausverkauf bekommen.

Mrs. Shapiro: In Ordnung. Ich denke, ich bin einverstanden.

War da wieder das Opfer in Aktion? Wie stand Mrs. Shapiro wirklich zu der Vereinbarung? Ich war mir nicht sicher. Manchmal schien sie ihren Standpunkt fest zu vertreten, dann wieder nicht. Es war eine Grenzsituation für mich. Als nächstes mußte ich mich entscheiden, ob ich diese Vereinbarung aufsetzen würde oder nicht – es war ja von Anfang an klar gewesen, daß ich keine Vereinbarung aufsetzen würde, die ich für nicht zumutbar hielt.

Einerseits schien es, als hätte Mr. Shapiro gewonnen. Seine Frau verzichtete auf Unterhalt – somit hatte sie in dem Bereich, in dem die größten Differenzen zwischen ihnen bestanden, nachgegeben. Andererseits würde sie im Tausch gegen ihren Unterhaltsanspruch und ihren potentiellen Anteil an seinem Geschäft mindestens 25 000 bis 30 000 Dollar bekommen. Ein Anwalt hätte zweifellos mehr Geld oder zumindest die Sicherheit für sie herausgeholt, daß sie sich wegen des Unterhalts an ihren Mann halten könnte. Doch so konnte sie ihr Leben unabhängig von einem Richter oder ihrem Exmann führen. Ich hatte auch den Eindruck, daß sie sich im Verlauf der Mediation aus der Opferrolle heraus in eine stärkere Position begeben hatte. Wenn ihre Gesundheit mitspielte und sie sich auf eigene Füße stellen könnte, so schloß ich, würde es gut funktionieren. Wenn nicht, würde sie diese Vereinbarung möglicherweise irgendwann bereuen. Ich wußte nicht, ob wir fertig waren oder nicht, aber als ich die Vereinbarung entwarf, empfand ich sie nicht als so unfair, als daß ich meine Meinung einbringen müßte. Und es war deutlich, daß beide sich im klaren waren, was sie taten. Wir hatten vier Sitzungen gebraucht, um an diesen Punkt zu kommen.

Ich schickte den Shapiros je einen Vertragsentwurf zur Prüfung durch ihre Rechtsanwälte.[9] Als sie die Texte mit geringfügigen Änderungen zurückschickten, schrieb mir Mrs. Shapiro dazu, sie sei erleichtert, daß es vorbei sei, und die Vereinbarung erscheine ihr in Ordnung, wenn sie sich auch unter Druck fühle, das Haus möglichst rasch zu verkaufen. Ihr Anwalt unterstützte die Vereinbarung nicht, aber das hätte sie nicht davon abbringen können, sie einzugehen.

Einige Monate später traf ich Mrs. Shapiro zufällig. Sie sah blendend aus, glücklich und gesund. Als sie mich sah, kam sie sofort auf mich zu. «Es ist alles gut gelaufen», sagte sie. «Das Haus zu verkaufen war so, als würde ich eine große Last abwerfen, und ich hätte es niemals getan, wenn ich es nicht gemußt hätte. Eine Woche nachdem wir die Vereinbarung unterschrieben hatten, bekam ich ein Angebot für das Haus, das 15 000 Dollar höher lag, als wir dachten, daß es wert sei. Dadurch brauchte ich mir kein Geld mehr von meinem Mann zu borgen. Und ich habe einen Job gefunden, wo ich Grußkarten entwerfe. Da kann ich kreativ sein, mir die Zeit frei einteilen, und die Bezahlung ist auch nicht schlecht.» Mit einem Augenzwinkern fügte sie hinzu: «Und wissen Sie was, meine Kopfschmerzen sind fast völlig verschwunden.»

Würde ich dich belügen?

Ebenso wie eine Mediation nicht ohne die Bereitschaft zur Einigung auskommt, geht es auch nicht ohne Ehrlichkeit. Dieser Fall illustriert die fundamentale Bedeutung einer Offenlegung sämtlicher Informationen bei der Konfliktlösung und zeigt praktische Strategien, wie man Täuschungen aufdecken und damit umgehen kann. Mrs. Davis bekommt das Ausmaß der Täuschungen ihres Mannes bitter zu spüren, und ihr Bemühen, seine Lügen aufzudecken und ihn damit zu konfrontieren, wird am Ende für beide zum Weg der Einigung. Außerdem werden auch die Unterschiede hinsichtlich der Wahrheitsfindung mittels Mediation und mittels eines gerichtlichen Verfahrens behandelt.

Als Mr. und Mrs. Davis mein Büro betraten, sahen sie aus, als wären sie einer modernen Fernsehkomödie entsprungen – sie waren das typische amerikanische Vorstadtehepaar. Er, attraktiv, gutangezogen, gesund, um die Vierzig, trug ein schickes Sportsakko, hellbraune Hosen und eine moosgrün-blau gestreifte Krawatte. Seine etwas jüngere Frau war braun gebrannt und adrett und trug ihre rotbraunen Haare kurz und lässig. Sie war mit einem gelben Tenniskleid und passender Jerseyjacke für das anschließende Tennismatch gekleidet und hatte eine große rote Tasche aus Guatemala bei sich, in der sie zu Beginn jeder Sitzung nach Notizblock und Kuli fischte, um sich Notizen zu machen.

Sie hatten ein Jahr Eheberatung hinter sich, als sie zu mir kamen. Mrs. Davis hatte beschlossen, ihre fünfzehnjährige Ehe zu beenden, und Mr. Davis fiel es immer noch sehr schwer, zu akzeptieren, daß es vorbei war.

In unserer Einführungssitzung wirkte Mr. Davis außergewöhnlich offen und verletzlich. Er machte sich Vorwürfe, als Ehemann und Versorger der Familie gescheitert zu sein, und war aktiv bemüht, zu verstehen, was er falsch gemacht hatte. Seine Frau Louise engagierte sich sehr viel weniger. Während Mr. Davis auf jede Frage ungeheuer ausführlich antwortete, zögerte sie selbst bei den scheinbar einfachsten. Generell schien sie ihrem Mann, der Mediation und mir zu mißtrauen. Das wunderte mich.

Mr. Davis hatte eine kleine Werbefirma. Sein Erfolg schwankte sehr stark: Im einen Jahr verdiente er 75 000 Dollar, im nächsten vielleicht nur 10 000. Mrs. Davis hatte während der Dauer der Ehe von ihrem Vater über 150 000 Dollar geerbt, wovon 50 000 in den Hauskauf geflossen waren und 40 000 auf einem gemeinsamen Konto lagen. Der Rest hatte dazu beigetragen, während der Ehe den Lebensstandard der Familie zu heben. Das Ehepaar hatte zwei Kinder im Alter von fünf und zehn Jahren, für die hauptsächlich Mrs. Davis zuständig war.

Außer dem Geld auf dem Konto besaßen sie das Haus, das inzwischen fast 450 000 Dollar wert war. Die Hypothekenschuld betrug 150 000 Dollar. Mr. Davis wollte das Haus am liebsten sofort verkaufen, da sie dadurch, daß er in einer Mietwohnung und seine Frau im Haus wohnte, höhere Ausgaben als Einnahmen hatten.

In der ersten Arbeitssitzung lieferte Mr. Davis seine gesamten Daten. Er sagte mir auch, daß er 30 000 Dollar aus seinen vorehelichen Einkünften in Renovierung und Ausbau des Hauses gesteckt hatte. Während der Ehe hatte er sämtliche finanziellen Entscheidungen getroffen und über das Vermögen der Eheleute verfügt. Mrs. Davis hatte angefangen, Tenniskleidung zu entwerfen, und versuchte, daraus ein eigenes Geschäft zu machen, das aber bis jetzt noch weniger abwarf, als es an Kosten verursachte.

Die Wahrheit herausfinden

Zu unserer zweiten Sitzung erschien Mrs. Davis in einem anderen Tennis-Outfit und Mr. Davis im eleganten Nadelstreifenanzug. Mr. Davis schlug vor, daß beim Hausverkauf seine Frau ihre 50 000 Dollar aus der Erbschaft und er die 30000 Dollar, die er hineingesteckt hatte, zurückbekommen sollten. Der Resterlös sollte an beide zu gleichen Teilen gehen. Als Mrs. Davis einen Nachweis über diese 30000 Dollar verlangte, war er sofort bereit, ihn zu erbringen. Sie bat ihn außerdem um eine Auflistung seiner Einkünfte in den vier Monaten seit ihrer Trennung. Mr. Davis entgegnete, es seien nur 10000 Dollar auf dem Geschäftskonto, gerade genug, um seine monatlichen Betriebskosten zu decken. Mrs. Davis zeigte sich etwas skeptisch. Ohne Zögern forderte er sie auf, sich seine Bücher anzusehen, und sie wollte das auch tun. Dann sprachen sie davon, daß sie eventuelle Abmachungen von der Überprüfung seiner Behauptungen abhängig machen wollten. Mrs. Davis sagte, es erschiene ihr sinnvoller, die Angaben zuerst zu überprüfen.

Mediator: Warum ist es ein Problem, einfach fortzufahren, als ob die Angaben korrekt wären?
Mrs. Davis: Dabei ist mir nicht wohl.
Mr. Davis: Ich werde Ihnen sagen, was das Problem ist. Sie traut mir nicht, und sie will, daß alles nach ihrem Kopf geht. Wo ist da die gemeinsame Basis? Wo das Vertrauen?
Mrs. Davis: Stimmt genau. Ich traue dir wirklich nicht. Du hast unsere finanzielle Situation immer vor mir geheimgehalten. Ich war damit einverstanden, aber jetzt bin ich es nicht mehr. Es hängt an dir. Gib mir erst die Informationen, und dann können wir über mögliche Vereinbarungen reden.
Mr. Davis: Es stimmt. Ich hatte in diesem Geschäft extreme Erfolge und Mißerfolge, mehr von letzteren als von ersteren. Ich fürchtete, Louise würde die Achtung vor mir verlieren, wenn sie wüßte, wie schlecht es bei mir lief. Und ich hatte recht – sie achtet mich tatsächlich nicht mehr. Ich habe mich mehrfach entschuldigt, aber jetzt will sie mich offenbar einfach fertigmachen.
Mrs. Davis: Ich sage dazu nur, daß ich erst die Aufzeichnungen sehen will.
Mr. Davis: Gut.

Während der restlichen Sitzung legten wir fest, wie Mrs. Davis seine Bücher und sonstigen Aufzeichnungen überprüfen würde. Sie war offensichtlich frustriert darüber, daß ihr Mann in der Ehe allein für die Finanzen zuständig gewesen war. Nun versuchte sie, das auszugleichen. Ihre Beharrlichkeit beeindruckte mich, obwohl ich in seinem Verhalten keines der üblichen Signale für eine Verdrehung oder Verheimlichung von Tatsachen, wie etwa Ungeduld, Zögern oder Schroffheit, erkennen konnte.

Anwälte kritisieren an der Mediation oft den informellen Charakter der Informationsermittlung, besonders im Vergleich zum juristischen Verfahren.[10] Bei letzterem müssen in einem formellen Ermittlungsverfahren alle Angaben beschworen werden – unter Androhung einer Anklage wegen Meineids. Jeder Anwalt darf den Klienten des anderen nur in Gegenwart seines Anwalts und eines Gerichtsstenografen, der die Gespräche protokolliert, befragen. Zusätzlich hat jede Partei die Möglichkeit, von der anderen schriftliche Antworten auf relevante Fragen zu erhalten.

Die Kritiker unter den Anwälten behaupten, der informelle Charakter der Mediation mache es möglich, daß eine Seite wichtige Informationen verbirgt und damit der anderen schadet. Es trifft zu, daß der Prozeß unweigerlich verzerrt wird, wenn die beiden Betroffenen nicht dieselben Informationen haben. Es trifft aber ebenso zu, daß auch die formellen Ermittlungsmechanismen eines gerichtlichen Verfahrens nicht garantieren können, daß alle relevanten Informationen enthüllt werden. Wenn jemand bereit ist, den Staat bei der Steuererklärung zu belügen, könnte der oder die Betreffende es auch fertigbringen, gegenüber dem Anwalt des Ehepartners Informationen zurückzuhalten oder zu verfälschen. Zudem führt die für das traditionelle Streitverfahren typische Atmosphäre der mangelnden Kooperation und des Widerstands, in der beide Anwälte den Schwerpunkt auf den Schutz ihres Klienten legen, häufig dazu, daß Informationen zurückgehalten werden, die von der anderen Seite strategisch genutzt werden könnten, um die Oberhand zu gewinnen.

Die Annahme der beiderseitigen Kooperation bei der Mediation kann es einer Seite ermöglichen, die Atmosphäre der Offenheit auszunutzen. Dieses Risiko ist besonders groß, wenn der offenere Partner gutgläubig ist. Dennoch ist es so, daß der direkte Kontakt der

Parteien und die informelle Atmosphäre oftmals zu spontaner Interaktion anregen, was es potentiell schwerer macht, Informationen zu verbergen, als bei dem strenger geregelten Procedere eines Streitverfahrens. Außerdem kann der Mediator seine persönliche Erfahrung nutzen und die schriftlichen Dokumente überprüfen, um abzuschätzen, ob es ehrlich zugeht. Die Parteien können ferner ihre jeweiligen Fachberater und/oder beratenden Anwälte bitten, die gesammelten Informationen zu prüfen und zu verifizieren.

Um welche Art von Informationen geht es? Es gibt drei verschiedene Kategorien:

1. «Harte» oder objektive Informationen, die gewöhnlich verifizierbar sind, zum Beispiel Kontostände oder die Höhe des verfügbaren Einkommens nach Abzug der Ausgaben. Harte Informationen können einer differenzierten Analyse durch externe Berater bedürfen.

2. Konkrete, subjektive Informationen, die von großer Bedeutung für die Fairneß einer Vereinbarung sind – zum Beispiel, ob eine der Seiten die Absicht hat, umzuziehen oder wieder zu heiraten. Diese Art Information ist unter kooperativen Vorzeichen leichter zu erhalten als in einer förmlichen oder feindseligen Atmosphäre.

3. «Weiche» Informationen. Darunter fallen die Interessen, Bedürfnisse und Wünsche beider Parteien. Um beispielsweise eine gemeinsame Elternschaft zu regeln oder Vermögenswerte und Einkünfte neu zu verteilen, ist die Kenntnis der persönlichen Prioritäten beider Partner oft am allerwichtigsten. Und diese Kenntnis kann nur in einem Umfeld erwachsen, in dem es zumindest ein bißchen Vertrauen und Zusammenarbeit gibt.

Es war klar, daß Mrs. Davis einige durch die Vorgeschichte bedingte Gründe hatte, ihrem Mann zu mißtrauen. Für mich hingegen schien sein Verhalten und seine Einstellung in der Mediation von absoluter Kooperationswilligkeit und Offenheit zu zeugen. Wenn er vorgehabt hätte, Informationen vor seiner Frau zu verbergen, hätte er es vermutlich mit einem Anwalt leichter gehabt, der ja seine Interessen schützen würde. Doch er verhielt sich so, als ob er nichts zu verbergen hätte und seine Täuschungsmanöver der Vergangenheit angehörten. Ich hatte zwar verlangt, daß Mr. Davis mir seine Aufzeichnungen ebenfalls zur Einsicht vorlegen sollte, hatte damit aber primär bezweckt, zu testen, wie offen er auf ein solches Anliegen reagierte. Als er sich ohne Zögern dazu bereit erklärte, war ich mir sicher, daß sie mit dem übereinstimmen würden, was er gesagt hatte.

Als die beiden in der nächsten Woche wieder zu mir kamen, erstaunte mich ihre Kleidung weniger als ihre angespannten Mienen. Mrs. Davis sprach als erste.

Mrs. Davis: Ich weiß nicht recht, warum ich heute hier bin *(mit Blick zu mir)*. Ich fühle mich von Ihnen im Stich gelassen. Sie wollten zwar Kurts Unterlagen sehen, aber es war deutlich, daß Sie es für unnötig hielten, und ich hatte das Gefühl, daß Sie sich nur über mich lustig machten. Aber jetzt stellt sich heraus, daß Kurt mich nicht nur belogen hat, als wir noch zusammen waren, sondern daß er so weitermacht, sogar in unserer letzten Sitzung hier. Ich bin in seinem Büro seine Bücher durchgegangen und habe herausgefunden, daß er nicht, wie letztes Mal behauptet, 10 000 Dollar auf dem Konto hat, sondern 50 000.

Ich sah Mr. Davis an.

Mr. Davis: Das stimmt. Ich fürchtete, daß Louise nicht einwilligen würde, das Haus zu verkaufen, wenn sie von dem Geld wüßte. Ich habe sie um Verzeihung gebeten, und ich denke, sie weiß, daß es mir wirklich leid tut. Es wird nicht wieder vorkommen, bei der Ehre meines Vaters. Louise weiß, daß es immer die Wahrheit ist, wenn ich etwas bei der Ehre meines Vaters sage.

Ich war wirklich überrascht. Warum hatte er eine Lüge erzählt, die so leicht aufzudecken war? Hatte er gedacht, sie würde seine Bücher gar nicht prüfen? Oder hatte er geglaubt, sie würde sie nicht zu lesen wissen und die Lüge nicht erkennen? Oder hatte er gar gewollt, daß sie es herausfand?

Welch gemischte Gefühle mußte Mrs. Davis gehabt haben, als sie seine Täuschung entdeckte! Auf der einen Seite war sie sicher ein wenig erleichtert und fühlte sich bestätigt, als sie herausfand, daß ihr Verdacht begründet war. Gleichzeitig mußte sie aber auch wütend gewesen sein, daß ihr Mann sie weiterhin belog. Mir war nicht klar, ob sie in der Lage war, die Mediation fortzuführen, obwohl sie wußte, daß er sie jederzeit wieder belügen könnte.

Ich war sauer auf Mr. Davis. Durch sein Tun verriet er nicht nur seine Frau, sondern auch den Mediationsprozeß und meine eigene Person. Selbst wenn seine Frau tatsächlich bereit war weiterzumachen, wußte ich nicht, ob ich es war. Vielleicht war die Lüge, die sie aufgedeckt hatte, nur die Spitze des Eisbergs. Selbst wenn es die einzige Lüge war, wie konnte sie – und ich – sicher sein? Auf Mr. Davis' Wort allein konnten wir uns dabei sicher nicht verlassen. Nun ging es vor allem darum, Mrs. Davis dabei zu helfen, ihre Situation zu bewerten, und sie dann in ihrer Entscheidung, wie immer sie ausfallen mochte, zu unterstützen. Wenn sie sich aber dafür entschied, die Mediation fortzusetzen, mußte ich sichergehen, daß ihr Mann diesen Prozeß nicht dazu nutzen würde, sie auszunehmen.

Mit Täuschungen umgehen

Mediator: *(zu Mrs. Davis)* Sie haben wahrlich bewiesen, daß es wichtig war, sich die Bücher anzuschauen. Es war klug von Ihnen, sich auf Ihre Erfahrung zu verlassen. Ich muß Ihnen recht geben. Ich habe mich von der Offenheit Ihres Mannes täuschen lassen. Was hat Sie also nach Ihrer Entdeckung dazu bewogen, heute wieder hierherzukommen?

Mrs. Davis: Ich bin mir nicht sicher. Ich finde eigentlich alle Möglichkeiten beängstigend, aber ich möchte nicht noch einmal denselben Fehler machen wie in unserer Ehe. Ich habe in der Mediation eher das Gefühl, die Dinge in der Hand zu haben, als wenn ich die Sache einem Rechtsanwalt übergeben würde. Das wäre genau dasselbe, wie Kurt meine Finanzen zu überlassen. Ich möchte mich von Angesicht zu Angesicht mit ihm auseinandersetzen. Ich kenne diesen Mann. Ich kenne unsere Muster, und ich weiß, daß es für mich an der Zeit ist, mein Leben selbst in die Hand zu nehmen. Ich sage es gleich vorweg, ich verlange eine schriftliche und objektive Überprüfung aller weiteren Angaben. Kurt, ich werde schlicht davon ausgehen, daß du lügst. Das ist die einzige Möglichkeit für mich, weiterzumachen.

Und ich möchte noch etwas sagen. Ich weiß, daß er ein verlogenes Schwein ist, aber er ist auch der Vater meiner Kinder, und wir werden einige Probleme miteinander lösen müssen. Jedenfalls wäre es besser für die Kinder, wenn uns das gelingen würde. Und noch etwas. Ich bin nicht bereit, auch nur den geringsten Kompromiß einzugehen, was meine Bedürfnisse und die der Kinder angeht.

Mr. Davis: Aber du glaubst mir doch, wenn ich bei der Ehre meines Vaters schwöre, oder nicht? Das habe ich immer gehalten.

Mrs. Davis: Ich weiß es nicht. Ich weiß nur, daß du mich nicht mehr so leicht täuschen kannst, wenn ich davon ausgehe, daß du lügst.

Mr. Davis: Du weißt, daß ich dieses Geld nicht ewig vor dir versteckt hätte.

Mrs. Davis: Richtig, nur bis wir eine Vereinbarung ausgehandelt gehabt hätten.

Mrs. Davis hatte eine starke Erklärung abgegeben. Sie übernahm die Verantwortung für ihre eigene Rolle bei der Täuschung und setzte ihr gleichzeitig ein Ende. Dabei erklärte sie auch noch ihre Einschränkungen und Bedürfnisse. Sie hatte soeben das, was viele als einen Nachteil des mediativen Ansatzes bezeichnet hätten, in eine Erklärung ihrer persönlichen Stärke verwandelt. Aber hatte Mr. Davis auch andere Dinge falsch dargestellt, die sie noch nicht entdeckt hatte? Welche Maßnahmen konnte sie jetzt ergreifen, um das herauszufinden? Den Saldo auf dem Geschäftskonto zu überprüfen war eine Sache, aber um raffiniertere Schwindeleien aufzudecken, würde es eines Wirtschaftsprüfers bedürfen.

Mediator: Ich verstehe, warum Sie Ihrem Mann nicht trauen. Die Frage ist jetzt, ob Sie einen Wirtschaftsprüfer damit beauftragen wollen, die Geschäftsbücher und sonstigen Unterlagen weiter zu inspizieren.

Mrs. Davis: Dafür möchte ich eigentlich kein Geld ausgeben.

Mediator: Was ist, wenn Sie entdecken, daß in den Büchern, die Sie nicht gesehen haben, noch mehr Geld verborgen liegt?

Mr. Davis: Moment mal. Das ist nicht wahr. Okay, ich habe gelogen. Aber jetzt wissen Sie alles, und es gefällt mir nicht, wie Sie mich behandeln. Ich habe das Gefühl, Sie versuchen mich zu bestrafen.

Mediator: Nein, das versuche ich nicht, aber ich kann verstehen, was Sie empfinden. Wenn ich das Gefühl hätte, gerade alles ausgepackt zu haben, würde ich mich vielleicht auch verfolgt fühlen. Das Problem ist, daß ich zwar durchaus neutral gegenüber Ihnen beiden bin, aber nicht gegenüber der Wahrheit. Daher muß ich diese Fragen stellen, auch wenn letztlich nur Sie beide entscheiden. Ich könnte es nicht zulassen, daß Sie beide eine Vereinbarung ausarbeiten, die auf Lügen basiert.

Mr. Davis: Ich glaube, ich verstehe, was Sie meinen. Ich brauche eine praktische Lösung.

Mediator: Meine Aufgabe ist es, die Integrität des Prozesses hier sicherzustellen.

Mrs. Davis: Und ich will, daß wir vorankommen. Es ist mir egal, ob es da noch andere Lügen gibt, weil ich mich auf das konzentrieren werde, was ich von der Vereinbarung will. Solange ich das bekomme, ist es mir egal, was da noch für Lügen sind.

Mrs. Davis hatte zu ihrer Stärke gefunden. Sie wußte von uns allen am besten, was sie wollte, und hatte die Dinge voll im Griff. Die einzige Gefahr, die ich sah, war, daß sie in ihrem Wunsch, aus der Ehe auszubrechen, ihre künftigen Bedürfnisse unterschätzen könnte. Ich selbst lief Gefahr, im Kampf um die Wahrheit übereifrig zu werden und dabei meine Neutralität zu verlieren. Mr. Davis hatte meinen Moralismus erkannt und fühlte sich verurteilt. Konnte ich die Wahrheitsfindung überhaupt unterstützen, ohne ihn zu verurteilen?

Mrs. Davis: Was das Haus angeht, möchte ich das zurückhaben, was ich beigesteuert habe, und den restlichen Verkaufserlös teilen.

Mr. Davis: Was ist mit dem Geld, das ich aus meinen eigenen Mitteln für Verbesserungen hineingesteckt habe?

Mrs. Davis: Wo sind die Belege dafür?

Mr. Davis: Ich habe keine Belege aufbewahrt, aber ich schwöre, daß ich die Wahrheit sage, bei der Ehre meines Vaters. Es wäre unfair, mir das nicht anzurechnen.

Mrs. Davis: Ich werde es nicht tun. Und ich denke, das ist fair, selbst wenn es eine Strafe für deine Geheimniskrämerei ist.

Mr. Davis: Nun, das finde ich nicht. Vieles wurde bar bezahlt, und ich habe Bargeld auf unser Konto getan.

Mrs. Davis: Und mir nie ein Wort davon gesagt. Nein, das ist mein letztes Wort. Es ist mir egal, ob es wahr ist oder nicht.

Eine praktikable Lösung vereinbaren

Mr. Davis wußte, daß er sich ins eigene Fleisch geschnitten hatte. Seine Geheimhaltung und seine Täuschungsmanöver waren heikle Punkte für seine Frau. Da er wußte, daß sie ihre Meinung nicht ändern würde, gab er an dieser Stelle schließlich nach. Jetzt ging es vor allem noch um den Kindesunterhalt. Beim Ehegattenunterhalt hatten sie sich auf eine Barabfindung geeinigt, aber daneben wollte Mrs. Davis monatliche Unterhaltszahlungen für die Kinder. Mr. Davis wollte statt dessen lieber die Sonderausgaben übernehmen – zum Beispiel für Privatschule, Ferienlager, Arzt- und Zahnarztrechnungen.

In dieser Frage bezogen beide sehr strikte Positionen und versuchten, nicht davon abzurücken. Wir mußten hinter die Kulissen blicken, um zu verstehen, was da ablief.

Mediator: *(zu Mr. Davis)* Warum wollen Sie es so handhaben?

Mr. Davis: Die Kinder werden die halbe Zeit bei mir sein. Wenn das Haus verkauft ist, bekommt Louise den Löwenanteil vom Erlös (die Rückzahlung des geerbten Geldes und die Abfindung für den Ehegattenunterhalt), während ich mindestens anderthalb Jahre nicht in der Lage sein werde, mir ein Haus zu kaufen, falls ich mein Geschäft zum Laufen kriege. Falls nicht, muß ich für meinen Anteil am Erlös die Steuern zahlen und...

Mediator: Was hat das mit der Frage zu tun, ob Sie regelmäßige Unterhaltszahlungen leisten oder die Sonderausgaben übernehmen?

Mr. Davis: Es verträgt sich besser mit meinen laufenden Einnahmen.

Mediator: Noch andere Gründe?

Mr. Davis: Mir fallen weiter keine ein. Was denken Sie?

Mediator: Sie müßten nicht direkt an Ihre Frau zahlen. Aber vor allem behielten Sie die zentralen Entscheidungen, die die Kinder betreffen, in der Hand.

Mr. Davis: Sie haben recht mit dem Zahlen an Louise, aber bei dem anderen Punkt bin ich nicht so sicher. Ich will nur sicherstellen, daß die Kinder im Leben alle Vorteile bekommen, die ich ihnen bieten kann.

Mrs. Davis: Glaubst du nicht, daß ich das genauso will? Wenn wir weiterhin gemeinsam unsere Elternverantwortung wahrnehmen, werden wir diese Entscheidungen auch gemeinsam treffen müssen. Das wird nicht allein deine Sache sein. Du mußt mir vertrauen, daß ich nur das Beste für sie will.

Mr. Davis: Aber du vertraust mir nicht. Du denkst, ich lüge dich in allem an, aber verlangst von mir, daß ich dir vertraue. Wie wäre es mit ein bißchen Vertrauen zurück?

Mrs. Davis: Ich vertraue dir durchaus, daß du das Beste für die Kinder willst. Aber in Geldfragen vertraue ich dir nicht. Vielleicht kommt das mit der Zeit, wenn wir effektiv zusammenarbeiten.

Mediator: *(zu Mr. Davis)* Wie ist es für Sie, das zu hören?

Mr. Davis: Ich habe eigentlich niemals jemandem vertraut, schon gar nicht in Geldfragen. Aber wenn es um die Kinder geht, müssen wir einander vertrauen können, und ich vertraue Louise. Wahrscheinlich macht es tatsächlich Sinn, wenn wir alles, was die Kinder betrifft, gemeinsam entscheiden. *(Fängt an zu weinen.)* Das hier ist wirklich schwer für mich. Bitte helfen Sie mir.

Mrs. Davis: *(den Tränen nahe)* Okay, wir müssen mit den Kindern noch mal von vorn anfangen. Ich habe niemals bezweifelt, daß du sie liebst. Darauf vertraue ich.

Mr. Davis erklärte sich mit monatlichen Unterhaltszahlungen für die Kinder einverstanden. Innerhalb einer Stunde waren sie sich über die Einzelheiten der Vereinbarung einig. Dann wandte sich Mr. Davis an seine Frau: «Jetzt, da wir das alles ausgehandelt haben, würde ich dich um eine Geste des guten Willens bitten, nämlich daß du mir meine 30 000 Dollar, die ich in das Haus gesteckt habe, zurückzahlst.»

Mrs. Davis: Keine Chance.

Sie lächelte, und er lächelte auch. «Man kann's ja mal versuchen», sagte er zum Abschluß.

Das ist mein letztes Wort

In diesem Fall geht es, kurz gesagt, um einen Aufschrei, den Mediatoren und Familienrichter allzuoft zu hören bekommen: «Ehegattenunterhalt – nur über meine Leiche!» Meine Aufgabe ist es, hier ein drastisches Machtungleichgewicht korrigieren zu helfen: Die gesamte Macht liegt beim Ehemann, die Ehefrau ist nachgiebig, kompromißbereit... und verzweifelt. Das Drama von Mr. und Mrs. Jackson zeigt, wie wichtig es ist, Gefühle und Bedürfnisse aufzudecken, die hinter der Haltung einer Partei liegen, um eine festgefahrene Streitsituation zu überwinden.

Man brauchte weder Intelligenz noch Intuition, um zu erkennen, daß Mr. Jackson nur sehr widerstrebend in mein Büro gekommen war. Zuvor hatte er drei Termine abgesagt, die seine Frau Marie für beide ausgemacht hatte. Eine Reifenpanne, ein Zahnarzttermin und ein Oakland-A-Spiel waren seine Ausreden gewesen. Angesichts dessen war ich überrascht, als er dann doch erschien, und noch überraschter, daß er mir offenkundig mit echter Wärme und ehrlichen Worten der Entschuldigung begegnete. Er war gut aussehend, hatte graues Haar, Geheimratsecken und einen stattlichen Schnurrbart. Als wir uns die Hand gaben, sah er mich offen und lächelnd an. Ein sauberes blaues Hemd mit seinem Namen auf der Tasche wies ihn als Servicemanager eines großen örtlichen Autohändlers aus und ließ seine kräftige Statur erkennen.

Dagegen überraschte es mich nicht, daß Mrs. Jackson als erste auf meine Frage antwortete, die ich an beide gerichtet hatte: «Was führt Sie in die Mediation?» Wer darauf zuerst antwortet, erweist sich in der Regel entweder als derjenige, der mehr Interesse an der Mediation hat, oder als derjenige, der gewöhnlich für beide spricht. Im Fall von Mrs. Jackson war es eindeutig der erste Grund. Sie war eine mollige Frau Ende Dreißig und zeigte eine Vitalität, die scheinbar gerade neu erwachte, nachdem sie lange Zeit geschlummert hatte. Sie arbeitete als Teilzeitlehrerin für lernbehinderte Kinder und sprach sehr sorgfältig und langsam, so als würde sie jedes Wort daraufhin abwägen, welchen Effekt es auf ihren Mann hatte. Außerdem sprach sie ehrerbietig, wie ein respektvolles Kind zu einem Erwachsenen. Dabei suchten ihre dunklen Augen meine Zustimmung.

Mrs. Jackson: Ich will die Scheidung, und ich will sie so schmerzlos wie möglich. Die Idee, daß wir hierherkommen und mit einer Person arbeiten können, ist mir sehr viel sympathischer, als daß wir uns jeder einen Anwalt nehmen und aufeinander losgehen.
Mediator: Wie ist das bei Ihnen, Mr. Jackson?
Mr. Jackson: *(Er erstarrt, sein Lächeln verschwindet.)* Ich bin hier, weil Marie es vorgeschlagen hat. Ich bin überhaupt nicht an einer Scheidung interessiert, aber alle sagen, daß ich es nicht verhindern kann, wenn Marie es so will.
Mediator: Glauben Sie, es gäbe eine Chance, die Ehe zu retten?
Mr. Jackson: Das liegt nicht bei mir. Das liegt bei Marie.
Mediator: Wenn es bei Ihnen läge, würden Sie versuchen, die Ehe zu retten?
Mr. Jackson: Wir hatten eine Sitzung bei einem Eheberater, aber es war uns allen klar, daß es Zeitverschwendung wäre, unsere Ehe retten zu wollen. Marie möchte, daß ich ein anderer Mensch werde, und das kann ich nicht.
Mediator: *(zu Mrs. Jackson)* Sehen Sie das auch so?
Mrs. Jackson: Ja. Unsere Ehe war wie die unserer Eltern und Großeltern. Er ist der Boß, ich habe zu dienen. Er ist ein guter Mann, und ich achte ihn, aber ich habe kein eigenes Leben. Er trifft alle Entscheidungen – ich frage ihn sogar, wen ich wählen soll. Ich will mich verändern, aber das kann ich in dieser Ehe nicht. Ich will aber nicht, daß wir als Feinde enden. Ich möchte etwas ausarbeiten, was für uns und unsere beiden Kinder fair ist. (Sie hatten eine zwölfjährige Tochter, Eleanor, und einen zehnjährigen Sohn, Max.)
Mr. Jackson: Nun, ich verstehe nicht, wovon sie redet. Es ist dieser Frauenkram, den sie im Fernsehen hört. Ich finde es verrückt,

daß sie einfach die Ehe beenden will, und ich sehe nicht, wie für mich dabei ein faires Ergebnis herauskommen soll.

Mediator: Ich verstehe. Wenn Sie entscheiden, ob Sie weitermachen wollen oder nicht, müssen Sie sich also überlegen, ob Sie aktiv an einem Prozeß mitarbeiten wollen, der zum Ende Ihrer Ehe führen wird. Wenn Sie das nicht wollen, macht es wenig Sinn, die Mediation fortzusetzen.

Mr. Jackson: *(Spricht lauter und unterstreicht seine Worte, indem er gestikuliert und auf seine Frau zeigt.)* Was mich betrifft, wenn sie die Scheidung will, werde ich nicht versuchen, sie davon abzubringen, aber es wird nicht alles nach ihrem Kopf gehen. Sie will, daß ich sofort aus unserem Haus ausziehe. Ich möchte hiermit klarstellen, daß ich mich nicht aus diesem Haus rühren werde, bis wir eine schriftliche Vereinbarung haben, in der alles genau formuliert ist. Ich muß das Haus nicht verlassen, und ich werde es auch nicht, bevor nicht alles geregelt ist.

Mediator: Es stimmt, daß ein Richter nicht verfügen würde, daß Sie ausziehen müssen, solange Sie nichts getan haben, was Ihre Frau oder die Kinder gefährdet. Aber es stimmt auch, daß es schwierig ist, vor einer Trennung alle notwendigen Entscheidungen zu treffen, zum Beispiel über die Aufteilung Ihres Vermögens und Ihrer Schulden, die Sicherung der Einkünfte und die gemeinsame Elternschaft.

Mr. Jackson: Mag sein. Aber ich bin nicht derjenige, der das alles hier will. Und ich möchte noch etwas klarstellen. Ich bin nur zur Mediation bereit, wenn Marie als erstes auf Ehegattenunterhalt verzichtet, ganz egal, was sonst passiert. Wenn sie die Scheidung will, bitte, kann sie haben, aber ich werde den Teufel tun, ihr einen einzigen Pfennig Unterhalt zu zahlen.

Mediator: Sie sind in dieser Frage also sehr entschlossen.

Mr. Jackson: Mehr als entschlossen. Das ist ein Prinzip. Ich werde keinen Unterhalt zahlen, und damit basta. Und es ist mir auch egal, was das Gesetz sagt. Sie kann von mir aus vor Gericht gehen und mich dazu verdonnern lassen, ihr Unterhalt zu zahlen, und ich würde mir nicht einmal einen Anwalt nehmen. Eher gehe ich ins Gefängnis, als daß ich Unterhalt zahle.

Seine Haltung war extrem nachdrücklich, so nachdrücklich, daß ich Zweifel hatte, ob eine Mediation funktionieren würde. Ich sah nicht, wie Mrs. Jackson sich behaupten sollte, sowohl gegenüber seiner Weigerung, aus dem Haus auszuziehen, bevor keine endgültige Vereinbarung erzielt war, als auch gegenüber seiner Vorbedingung für eine Mediation – daß sie auf Ehegattenunterhalt verzichten sollte, bevor irgendein anderer Punkt entschieden wurde.

Gekoppelt mit seiner Bereitschaft zur Selbstzerstörung – etwa ins Gefängnis zu gehen, wenn er nicht seinen Willen bekam – konnte jede der beiden Positionen seine Frau erdrücken. Seine Weigerung auszuziehen würde sie einem extremen psychischen Druck aussetzen, nämlich trotz Trennungswunsch mit ihm zusammenleben zu müssen oder selbst auszuziehen und die Kinder aus ihrer gewohnten Umgebung herauszureißen oder sie zurückzulassen. Seine hartnäckige Forderung, daß sie vor einer mediativen Regelung der anderen Punkte auf Ehegattenunterhalt verzichten sollte, und seine erklärte Bereitschaft, sogar ins Gefängnis zu gehen, konnten sie dazu bringen, entweder in dieser Frage nachzugeben oder sich auf einen häßlichen – und möglicherweise hoffnungslosen – Kampf einzulassen. Wenn er sich wirklich an seine Drohung hielt, eher ins Gefängnis zu gehen als Unterhalt zu zahlen, konnte Mrs. Jackson nur verlieren, egal was sie tat. Und wenn sie seiner Drohung glaubte, konnte sie sogar verlieren, wenn er nur bluffte.

Beide Stimmen herauslocken

Mr. Jacksons Standpunkt kam laut und deutlich an. Nun mußte ich dafür sorgen, daß auch der Standpunkt seiner Frau klar wurde, und ihr Bewußtsein dafür schärfen, daß sie die Wahl hatte. Ich konnte nicht zulassen, daß sie in der Unterhaltsfrage kapitulierte, ohne daß wir die Gesamtsituation betrachtet hatten – ein solches Ergebnis würde meinem wichtigsten Ziel, der Fairneß, widersprechen. Sollte Mrs. Jackson tatsächlich keinen Wert auf Unterhalt legen, würde ihr Zugeständnis Sinn machen... solange sie genug Geld hatte, um ohne seine Hilfe zu überleben. Eines unserer ersten Ziele würde also sein, die finanzielle Lage abzuschätzen. Schwieriger, aber in meinen Augen ebenso wichtig würde es sein, Mrs. Jackson angesichts der Einschüchterungsversuche ihres Mannes zu entlocken, was sie als fair empfinden würde.

Bei Mr. Jackson ging es darum, ihm zu helfen, die Wünsche und Vorstellungen seiner Frau anzuerkennen. Dies würde nicht einfach sein. Ich hatte den Verdacht, daß sein Unvermögen, das zu tun, tief in ihrer Beziehung verwurzelt war, und durfte mich daher nicht zu dem Glauben hinreißen lassen, es würde zwangsläufig dazu kommen. Andererseits wußte ich, daß ein Trennungsentschluß es manchmal möglich macht, Dinge zu sagen und zu hören, die im Rahmen der Ehe nicht ausgedrückt werden konnten. So paradox es klingen mag, aber wenn er es sich anders überlegen und die Sichtweise seiner Frau zulassen würde, konnte Mr. Jackson einen Schritt tun, der, hätte er ihn schon früher gewagt, die Ehe vielleicht gerettet hätte. Doch jetzt war es wahrscheinlich schon zu spät.

Die Realität hinter den Worten

Mr. Jackson dabei zu helfen, den Standpunkt seiner Frau anzuerkennen, bedeutete, sich in ihn hineinzuversetzen und nachzuvollziehen, wie es sich anfühlte, so verzweifelt zu sein über das Ende der Ehe, daß er sich gezwungen sah, diese extreme Position zu beziehen. Ich mußte versuchen, an seine vielen Ängste heranzukommen, an seine Unsicherheit und sein Gefühl, keine Kontrolle über sein eigenes Schicksal zu haben. Gelang mir dies, so würde Mr. Jackson vielleicht mehr Interesse für die Macht des Verstehens als für die Gewalt des Zwingens entwickeln. Doch das würde alles andere als leicht werden.

Bei Mrs. Jackson wollte ich das Bewußtsein für ihre persönliche Freiheit stärken. Tatsächlich hatte sie verschiedene Möglichkeiten:

■ Beim Haus konnte sie sich etwas Luft verschaffen, indem sie selbst auszog und abwartete, ob die Haltung ihres Mannes vielleicht nur eine Verhandlungstaktik war. In diesem Fall würde sich das dann herausstellen. Wenn diese Haltung aber ein Zeichen seiner Verzweiflung war, so würde sie vermutlich mit der Zeit an Schärfe verlieren.

- Falls Mrs. Jackson bereit war, die Erklärung ihres Mannes, Gefängnis sei ihm lieber als Unterhalt, für einen Bluff zu halten, konnte sie ihm etwas von seiner Macht über sie nehmen und sich selbst behaupten – egal, ob er wirklich bluffte oder nicht.

Außerdem würde sie, wenn sie ihn auf die Probe stellte, ihre Chancen auf Unterhalt nicht aufs Spiel setzen, da sie ihren Anspruch immer noch gerichtlich durchsetzen konnte. Je freier sie sich fühlte, die Mediation zu verlassen und ihre Rechte geltend zu machen, desto größer war die Chance, daß die Mediation für sie erfolgreich verlief. Warum nicht die Mediation beenden und gleich vor Gericht gehen? Weil sie damit jede Möglichkeit, seinen Auszug aus dem Haus durchzusetzen, einbüßen würde.

Mit Erpressung umgehen

Insgesamt also lautete das Ziel, einen Dialog zu eröffnen, indem ich seine Macht, mit der er sie unter Druck setzte, neutralisierte und ihr die Gelegenheit gab, sich selbst zu behaupten. Ich sah folgende Möglichkeiten, dieses Ziel zu erreichen:

- Ich konnte mich weigern, seine Vorbedingung zu akzeptieren, selbst wenn Mrs. Jackson darauf einging. Mit anderen Worten, ich konnte ihn vor die Wahl stellen, die Mediation entweder zu beenden (was bedeutete, daß seine Frau vor Gericht gehen würde) oder ohne Erpressungsversuche fortzuführen. Dies konnte äußerst effektiv sein, wenn es mir bestimmt, aber sanft genug gelang, um die Mediation offenzuhalten.
- Eine zweite Möglichkeit war, zu einem späteren Zeitpunkt der Mediation getrennte Sondierungsgespräche mit den Parteien zu führen. Das konnte sicherstellen, daß Mrs. Jacksons Belange nicht im Trialog verlorengingen – daß sie nicht aus Angst vor der Reaktion ihres Mannes mit der Wahrheit hinter dem Berg hielt. Doch wenn bei den Einzelgesprächen neue Interessen ans Licht kamen, würde es schwer sein, sie in den Prozeß zu integrieren, ohne als ihr Anwalt zu erscheinen. Diese Gefahr besteht bei jeder Pendelmediation und ist ein starkes Argument gegen dieses Verfahren.

- Die dritte Möglichkeit bestand darin, Mrs. Jacksons Interessen in einem Zwiegespräch mit ihr, bei dem ihr Mann nur zuhörte, zu klären. Auf diese Weise konnte ich die Diskussion auf den Bereich konzentrieren, der am wenigsten sichtbar erschien, und Mrs. Jackson helfen, sich selbst zu behaupten, ohne für sie zu sprechen. Derweil würde ihr Mann mit eingeweiht, sofern sie genug Vertrauen hatte, sich in seiner Gegenwart mitzuteilen. Der Vorteil dabei wäre, daß ich eine Brücke zu ihrer direkten Kommunikation werden könnte, ohne gegen Mr. Jacksons Macht ankämpfen zu müssen.

Der Nachteil dieser Möglichkeit war, daß Mrs. Jackson bei allem Vertrauen zu mir dennoch nicht bereit sein könnte, in seiner Gegenwart ihre wahren Gedanken zu äußern. In diesem Fall hätten wir nur den Anschein von Gegenseitigkeit, aber in Wahrheit keine echte Übereinstimmung. Außerdem könnte sich Mr. Jackson ignoriert fühlen und sich von mir entfernen. Da er so sehr unter der Situation litt, würde meine einfühlende Unterstützung für ihn besonders wichtig sein. Wenn er mir vertraute, konnte es uns schließlich gelingen, auf der Ebene des Schmerzes zu kommunizieren, der ihn so unnachgiebig machte. Auf keinen Fall wollte ich riskieren, mir diesen Weg zu verbauen.

- Als vierte Möglichkeit bot sich an, die Auseinandersetzung mit Mr. Jacksons Haltung auf einen späteren Zeitpunkt der Mediation zu verschieben. Schließlich war ja keine Abmachung, die sie jetzt trafen, bindend, bevor sie sich nicht in allem anderen geeinigt hatten. Vielleicht würde sich Mr. Jackson im Laufe der Mediation ja beruhigen und seine Sichtweise relativieren, sobald ihm die Bedürfnisse seiner Frau eher bewußt wurden. Zudem hätte ich dann mehr Zeit, eine Verbindung zu ihm herzustellen. Zu warten erschien mir sehr sinnvoll, aber es hatte auch erhebliche Nachteile. Erstens würde ich, indem ich seine Position der Stärke innerhalb der Mediation zuließ, diese forcieren. Das konnte durchaus die ehrerbietige Grundhaltung seiner Frau noch verstärken. Der zweite Nachteil war noch gravierender: Mein Vorgehen würde sie beide zu der Annahme verleiten, ich hielte eine Mediation für aussichtsreich. Tatsächlich hielt ich es für sehr unwahrscheinlich, daß die beiden zu einer fairen Vereinbarung gelangen konnten.

Noch etwas bewegte mich und veranlaßte mich schließlich zu dem nächsten Schritt: Hatte Mr. Jackson seine Auffassung schon vollständig zum Ausdruck gebracht, oder würde er, wenn seine Frau seinen Standpunkt in der Unterhaltsfrage akzeptierte, dieselbe Alles-oder-nichts-Haltung auch in den anderen Fragen einnehmen? Um die Mediation offenzuhalten, mußte ich das herausfinden.

Mediator: *(zu Mrs. Jackson)* Wie ist das für Sie, wenn Sie das alles so hören?
Mrs. Jackson: Ich weiß, daß Nick sehr verärgert und sehr verletzt ist.
Mediator: Ja, das ist auch für mich erkennbar. Aber wie reagieren Sie auf seine Erklärung, daß er eher ins Gefängnis gehen als Ihnen Unterhalt bezahlen würde und daß er auf einer kompletten Vereinbarung besteht, bevor er auszieht?
Mrs. Jackson: Ich schätze, ich werde ohne Unterhalt auskommen müssen und mich wohl oder übel damit abfinden, daß er im Haus bleibt, bis wir alles geregelt haben.
Mediator: Wieso das?
Mrs. Jackson: Weil er darauf besteht.
Mediator: Und wenn er nicht darauf bestünde?
Mrs. Jackson: Er weiß, daß es mir am liebsten wäre, wenn er sofort auszöge, aber da ich ihn nicht zwingen kann, werde ich wohl damit leben müssen, oder?
Mediator: Sie müssen nicht akzeptieren, was er will. Das bedeutet nicht, daß Sie Ihren Willen bekommen, aber wenn Sie sich nicht einig sind, ist es meine Aufgabe, Ihnen beiden zu helfen, eine Lösung zu finden, an die Sie bisher nicht gedacht haben, und dafür zu sorgen, daß Ihrer beider Standpunkte angehört und beachtet werden.
Mrs. Jackson: Wenn er im Haus bleiben will und ich will, daß er geht, welche anderen Lösungen kann es da geben?
Mr. Jackson: Wenn du die Trennung unbedingt willst, kannst du doch ausziehen.
Mrs. Jackson: Ich denke gar nicht daran.
Mediator: Wieso nicht?
Mrs. Jackson: Weil Max und Eleanor dort sind und mich brauchen. Ich möchte nicht ihr ganzes Leben durcheinanderbringen. Sie wissen noch nicht einmal, daß wir uns trennen werden.

Mediator: Sie meinen also, Sie müssen um ihretwillen im Haus wohnen bleiben.

Mrs. Jackson: Ja genau. Aber es ist sehr hart für mich, daß Nick auch dort ist.

Mediator: Ich kann mir vorstellen, daß das für Sie beide hart ist, besonders nachdem Sie sich entschlossen haben, sich zu trennen.

Mrs. Jackson: Nick ist sehr dickköpfig. Wenn er sich auf etwas versteift hat, ist er durch nichts zu erweichen. Ich weiß das.

Mediator: Dann müssen Sie sich entscheiden, ob Sie sich stark genug fühlen, hier eine abweichende Meinung zu vertreten und einige Entscheidungen zu treffen, die für Sie alle Sinn machen, oder ob Sie das für ein hoffnungsloses Unterfangen halten.

Mrs. Jackson: Ich sehe nicht, was es bringen soll, eine von Nicks Auffassungen abweichende Meinung zu vertreten, wenn er seinen Standpunkt nicht ändern will. Das führt uns doch nur in die Sackgasse.

Mediator: So fühlt es sich eben an, wenn man mit jemandem uneins ist. Zuerst hat man das Gefühl, daß man sich entweder fügt oder in eine Sackgasse gerät. Wenn Sie aber beide bereit sind, diesen Punkt zu überwinden und Lösungen zu suchen, die Ihrer beider Interessen berücksichtigen, dann können wir etwas anderes bewerkstelligen.

Mrs. Jackson: Aber hängt das nicht davon ab, ob er auszieht oder nicht?

Mediator: Wenn Sie es so formulieren wollen, ja. Aber man kann es auch anders formulieren. Sie finden es beide unannehmbar, aus dem Haus auszuziehen. Wenn wir das also als gegeben nehmen, müssen wir Lösungen finden, bei denen keiner von Ihnen das Gefühl hat, etwas Wichtiges aufzugeben. Wir müssen hinter Ihre Standpunkte blicken. Für Sie scheint die Stabilität der Kinder an erster Stelle zu stehen. Ich weiß nicht, welche Motive Ihr Mann hat.

Mr. Jackson: Ich will auf keines meiner Rechte verzichten, was der Fall wäre, wenn ich ausziehen würde. Wenn wir eine komplette Vereinbarung haben, dann ist es okay.

Mediator: Und angenommen, man könnte auf anderem Wege sicherstellen, daß Sie Ihre Rechte nicht einbüßen, während Sie an einer Vereinbarung arbeiten? Wären Sie dann zufrieden?

Mr. Jackson: Ja, aber mein Anwalt sagt, es gäbe keinen. Also werde ich auch nichts anderes tun.

Mediator: Wir müssen also irgendeine Abmachung finden, die für die Stabilität der Kinder sorgt und Ihrer beider Rechte nicht untergräbt. Angenommen, es gäbe eine Möglichkeit, stärker getrennt zu sein, ohne offiziell auszuziehen. Würde das funktionieren?

Mrs. Jackson: Ja. Mir wäre zwar lieber, daß er ausziehen würde, aber wenn es einen Weg gäbe, das zu erreichen, wäre schon viel geholfen.

Mediator: Wie ist das mit Ihnen, Mr. Jackson?

Mr. Jackson: Vielleicht. Ich ziehe nicht aus, aber woran denken Sie?

Mediator: Es gibt verschiedene Möglichkeiten. Sie könnten versuchen, nicht zur gleichen Zeit zu Hause zu sein. Dazu müßten Sie sich vielleicht eine Wohnung mieten, in der Sie sich abwechselnd aufhalten würden. Oder jeder von Ihnen könnte zeitweise bei Freunden wohnen, solange die Mediation läuft.

Mrs. Jackson: Du könntest bei deinem Freund Joseph wohnen.

Mr. Jackson: Nein, du könntest bei Linda wohnen.

Mediator: Dies sind mögliche Lösungen. Was wir brauchen, sind Lösungen, die im Hinblick auf die Kinder tragfähig sind und keinem von Ihnen das Gefühl geben, rechtlich benachteiligt zu sein. Vielleicht fallen Ihnen noch andere Möglichkeiten ein.

Mrs. Jackson: Das ist sehr hilfreich. Wir sollten wohl weiter darüber nachdenken und sehen, was uns einfällt. Aber was ist mit der Unterhaltsfrage?

Mediator: Aus meiner Sicht müssen wir das nicht sofort klären. Wichtiger ist, daß Sie nicht davon ausgehen, daß Sie keinen bekommen werden, nur weil Ihr Mann nicht zahlen will. Die Vorgehensweise bleibt gleich. Wir schauen uns Ihren Gesamtbedarf an Einkünften in Ihrer neuen Situation an und überlegen uns, wie wir das hinkriegen.

Mr. Jackson: Es ist mir vollkommen Wurst, was Sie sagen. Ich sage Ihnen hier und heute, daß ich ihr niemals auch nur einen Pfennig Unterhalt zahlen werde, komme, was wolle. Und damit basta.

Mediator: Und ich verstehe das als einen Ausdruck Ihrer momentan sehr heftigen Gefühle. Für mich heißt das nicht unbedingt, daß Sie den ganzen Prozeß über so empfinden werden, besonders wenn wir zu einigen anderen Punkten kommen, die es zu regeln gilt. Es ist deutlich geworden, daß dieser Erklärung etwas für Sie sehr Wichtiges zugrunde liegt, und wenn Sie sich entschließen, diesen Prozeß fortzuführen, müssen wir genau darüber gemeinsam mehr Klarheit gewinnen. Es kann sein, daß Sie beide am Ende tatsächlich bei einer Vereinbarung landen werden, die keinen Ehegattenunterhalt vorsieht. Aber das kann ich jetzt noch nicht sagen, und ich nehme auch nicht an, daß das der Fall sein wird. Sie, Mr. Jackson, müssen sich klarwerden, wie das zu Ihren generellen Prioritäten paßt, und Ihre Frau muß sich überlegen, wie wichtig diese Frage für sie ist. Dann werden wir weitersehen. Im Moment ist es wichtig, daß Ihre Frau nicht davon ausgeht, daß sie keinen Unterhalt bekommen wird.

Mr. Jackson: Ich dachte, Sie sollen nicht für eine Seite Partei ergreifen.

Mediator: Ich denke nicht, daß ich das tue.

Mr. Jackson: Ich habe gesagt, daß ich unter keinen Umständen Unterhalt zahlen werde, und dann kommen Sie daher und sagen, daß ich doch zahlen werde. Wenn das nicht Partei ergreifen ist, was ist es dann?

Mediator: Ich habe nicht gesagt, Sie «werden», sondern «es könnte sein». Diese Frage kann keiner von Ihnen alleine entscheiden. Sie müssen sich bei allem einig werden, wenn die Sache hier funktionieren soll. Und Einigkeit bedeutet nicht, daß, wenn einer von Ihnen sagt, das und das geschieht, der andere nur zustimmt, weil sie oder er glaubt, keine andere Wahl zu haben.

Mr. Jackson: Ich dachte, Sie hätten die Aufgabe, neutral zu sein.

Mediator: Das stimmt auch. Offen gesagt, ist es mir egal, ob Sie eine Vereinbarung erzielen, die Ehegattenunterhalt vorsieht oder nicht. Mir liegt nur am Herzen, daß alle Entscheidungen beide Seiten zufriedenstellen und nicht Ergebnis dessen sind, was eine Seite allein beschließt. Wenn die Unterhaltsfrage Ihnen sehr wichtig ist und Ihrer Frau nicht, dann wird es vermutlich keinen Unterhalt geben. Aber ich akzeptiere keine Vereinbarung, die keinen Unterhalt vorsieht, nur weil Ihre Frau Angst vor der Auseinandersetzung mit Ihnen hat. Ich bin also durchaus neutral, was das Ergebnis anbelangt, aber nicht, was den Prozeß anbelangt. Sie müssen sich hier ebenbürtig fühlen.

Mrs. Jackson: Ich fühle mich ihm gewiß nicht ebenbürtig. Er ist stärker als ich.

Mediator: Wenn Sie das Gefühl haben, daß Sie nicht lernen können oder wollen, sich ihm gegenüber durchzusetzen, sollten Sie sich nicht für eine Mediation entscheiden.

Mrs. Jackson: Aber ich will nicht, daß wir unsere Anwälte das alles ausfechten lassen und uns am Ende nur noch hassen.

Mediator: Das ist möglich, aber es ist auch möglich, daß Sie Anwälte finden könnten, die effektiv miteinander verhandeln, ohne Feindschaft zu schüren. Andererseits könnten Sie auch durch die Mediation langfristig zu einer Feindschaft kommen, wenn Sie nämlich bei einer unfairen oder unpraktikablen Vereinbarung landen.

Mrs. Jackson: Und was beschließen wir nun?

Mediator: Sie müssen beide über das nachdenken, was ich Ihnen heute gesagt habe, und dann entscheiden, ob Sie sich in der Lage fühlen, diesen Prozeß zu durchlaufen. Mrs. Jackson, Sie müssen sich entscheiden, ob Sie bereit sind, Ihre eigenen Ansichten Ihrem Mann gegenüber geltend zu machen – auch dann, wenn er in einer Frage unerbittlich zu sein scheint – und im Falle einer Meinungsverschiedenheit so lange am Ball zu bleiben, bis Sie eine tragfähige Lösung haben. Ich denke, in der Trennungsfrage haben Sie das getan. Mr. Jackson, Sie müssen sich darüber klarwerden, ob Sie an einem Prozeß teilhaben können, der zu etwas führt, was Sie nicht wollen, nämlich zur Scheidung, und ob Sie eine Vereinbarung akzeptieren können, die sowohl für Ihre Frau als auch für Sie tragfähig ist. Ich könnte mir vorstellen, daß ich mich an Ihrer Stelle durch die Entscheidung meiner Frau so machtlos und frustriert fühlen würde, daß ich die anderen Entscheidungen nicht mit ihr gemeinsam treffen könnte. Sie werden weder in Rachegelüsten noch in dem Bewußtsein, hier allein das Sagen zu haben, eine Befriedigung finden. Sie müssen sich also beide überlegen, ob das hier für Sie der richtige Weg ist.

Mr. Jackson: Ich bin dazu bereit, aber Sie sollen beide wissen, daß ich keinen Pfennig Unterhalt bezahlen werde.

Mediator: Wenn Sie sich beide entschließen, weiterzumachen, werden wir diese Aussage weiterergründen müssen.

Mit dieser Bemerkung beendeten wir die Sitzung. Als die beiden zur nächsten Sitzung wiederkamen, hatten sie einen Plan ausgearbeitet, wie sie das Haus abwechselnd bewohnen konnten, indem jeweils einer von ihnen bei Freunden unterkam.

Feste Muster aufbrechen

An bedeutenden Vermögenswerten hatte das Ehepaar Jackson nur das Haus und getrennte Rentenansprüche aus beruflicher Tätigkeit. Bei letzteren waren beide ohne weiteres bereit, dem anderen die Hälfte dessen zu geben, was sich während der Ehezeit angesammelt hatte. Das Haus, das sie vor zehn Jahren für 200 000 Dollar gekauft hatten, war heute rund 300 000 Dollar wert. Es war mit einer ersten Hypothek von 70 000 und einer zweiten von 40 000 Dollar belastet. Als Servicemanager hatte Mr. Jackson ein Jahreseinkommen von rund 70 000 Dollar. Seine Frau verdiente mit ihrer Dreiviertelstelle als Lehrerin etwa 25 000 Dollar im Jahr. Neben dem Unterhalt galt es vor allem die Frage zu regeln, was mit dem Haus geschehen sollte.

Mediator: Ich hätte gern eine Vorstellung von Ihren jeweiligen Prioritäten in der Haus- und in der Unterhaltsfrage.
Mr. Jackson: Sie meinen Kindesunterhalt, nicht Ehegattenunterhalt, ja?
Mediator: Ich weiß, daß das Ihre Sichtweise ist. Mir ist es gleich, wie wir das jetzt nennen. Vielleicht sprechen wir am besten von Ihren «laufenden Einkünften».

Ich wählte den Ausdruck in der Hoffnung, diesen Punkt etwas zu entschärfen und ihren Blick auf die praktische Frage zu lenken, wieviel Einkünfte und welche Ausgaben sie insgesamt haben würden, anstatt weiter auf die «Moralfrage» des Ehegattenunterhalts fixiert zu bleiben.

Mr. Jackson: In Ordnung. Ich möchte nur meinen Standpunkt deutlich machen.
Mediator: Daraus entnehme ich, daß es für Sie bei der ganzen Sache oberste Priorität ist, keinen Ehegattenunterhalt zu bezahlen.
Mr. Jackson: Wie sind Sie darauf nur gekommen?
Mediator: Reine Intuition. Das ist es, was mich zu einem so tollen Mediator macht.

Mr. Jackson konnte ein Lächeln nicht unterdrücken.

Humor ist in der Mediation ein wichtiges Werkzeug zum Abbau von Spannungen. Er verändert die Perspektive der Parteien und übermittelt gleichzeitig eine Vertrauensbotschaft. In diesem Fall teilte ich Mr. Jackson durch meinen Scherz mit, daß ich ihn wirklich verstand.

Mediator: Und Sie, Mrs. Jackson? Wie lauten Ihre obersten Prioritäten?
Mrs. Jackson: Das einzige, was mir wirklich am Herzen liegt, ist, daß wir die Kinder soweit wie möglich vor einer traumatischen Erfahrung bewahren. Das bedeutet, daß sie weiter im Haus wohnen sollten, anstatt das Trauma eines Umzugs durchzumachen. Ich würde gerne noch sieben Jahre in unserem Haus wohnen bleiben können, bis Eleanor mit der High-School fertig ist.
Mediator: Und dann?
Mrs. Jackson: Wir würden das Haus verkaufen und den Erlös teilen.
Mediator: Woher wissen Sie, daß es traumatisch für sie wäre, in ein anderes Haus zu ziehen?
Mrs. Jackson: Ich habe nie direkt mit ihnen darüber gesprochen, aber sie haben beide schon so oft gesagt, wie sehr sie dieses Haus lieben, daß ich weiß, wie hart es für sie wäre, wenn sie dort wegmüßten. Alle ihre Freunde wohnen in der Gegend, und wenn wir umziehen würden, könnte ich es mir niemals leisten, dort in der Nähe zu wohnen, nicht einmal im selben Schulbezirk. Es wäre wirklich schrecklich für sie, eine derartige Veränderung durchzumachen.
Mr. Jackson: Das ist totaler Stuß. Ich kann es kaum ertragen, mir einen solchen Blödsinn anzuhören. Sie hätten überhaupt kein

Problem, mit einem Umzug klarzukommen. Das wahre Problem bist du – du willst nicht umziehen.

Mrs. Jackson: Das stimmt nicht, und das weißt du. Du siehst immer nur das, was du sehen willst. Beide Kinder haben Probleme in der Schule. Das Haus ist sehr wichtig für ihre Stabilität.

Mr. Jackson: Nun mach aber mal halblang. Ihr einziges echtes Problem ist, daß ihre Mutter sie so sehr überbehütet, daß sie keine Chance haben, ihr eigenes Leben zu leben.

Mediator: Sie beide sehen das also verschieden. Mrs. Jackson, mir gefällt besonders, daß Sie jetzt bereit sind, mit Ihrem Mann uneinig zu sein, denn davor schienen Sie sich zuerst zu fürchten.

Mrs. Jackson: Nun, ich glaube nicht, daß Nick die Kinder wirklich versteht.

Mediator: Was, glauben Sie, versteht er nicht an ihnen?

Mrs. Jackson: Er versteht nicht, daß sie Angst vor ihm haben.

Mr. Jackson: *(mit dröhnender Stimme)* Was ist denn das für ein Geschwätz? Meine Kinder haben keine Angst vor mir!

Mediator: Das mag stimmen, aber wären Sie bereit, sich anzuhören, warum Ihre Frau das vielleicht anders sieht?

Mr. Jackson: Das kommt darauf an, was sie zu sagen hat.

Mediator: Ich würde an Ihrer Stelle vielleicht genauso empfinden. Ich schlage vor, Sie hören ihr zu, nehmen an, was Sie wertvoll finden, und den Rest lassen Sie außer acht.

Mr. Jackson: Na schön.

Mediator: Mrs. Jackson, sind Sie bereit, Ihrem Mann zu sagen, warum Sie denken, daß die Kinder Angst vor ihm haben?

Mrs. Jackson: Ich möchte ihn nicht noch mehr aufregen, als ich es schon getan habe. Ich habe Angst vor seiner Reaktion.

Mediator: Was könnte Ihrer Meinung nach passieren?

Mrs. Jackson: Erst einmal wird er wahrscheinlich noch saurer auf Max als ohnehin schon. Max würde nämlich viel lieber Geigenstunden nehmen, als in der Fußballmannschaft zu spielen.

Mr. Jackson: *(wirft seine Arme hoch)* Genau das meine ich. Marie hat Angst, daß er sich beim Fußball verletzen könnte. Max sieht, daß sich seine Mutter Sorgen macht, und sagt ihr deswegen das, wovon er glaubt, daß sie es hören will. Die einzige, die will, daß Max Geige spielen lernt, ist Marie.

Mrs. Jackson: *(zu mir)* Das ist genau das Problem. Jedesmal, wenn ich versuche, ihm zu sagen, was wirklich los ist, sagt er einfach, daß ich unrecht habe.

Mediator: Wir wollen sehen. Mr. Jackson, finden Sie irgend etwas von dem, was Ihre Frau gesagt hat, wertvoll?

Mr. Jackson: Nein.

Mediator: Wirklich nicht?

Mr. Jackson: Na ja, ich gebe zu, ich möchte, daß er Fußball spielt. Ich liebe diesen Sport. Und ich denke nicht, daß es so schlimm ist, wenn er etwas tut, was ich gerne sehe.

Mediator: Auch wenn er es selbst nicht will?

Mr. Jackson: Nein. Ich würde nicht wollen, daß er Fußball spielt, wenn er es nicht selbst wollte, und ich denke, die meiste Zeit tut er das. Ich glaube einfach nicht, daß Marie recht hat, wenn sie sagt, daß er lieber Geige spielen würde.

Mediator: Okay. Aber denken Sie, es könnte etwas Wahres dran sein, daß Max Fußball nicht mag?

Mr. Jackson: Kann sein. Er ist vielleicht nicht so begeistert davon wie ich, und manchmal sagt er vielleicht nicht gerne etwas, von dem er denkt, daß ich es nicht hören will. Aber bei Marie macht er es genauso.

Mediator: Vielleicht will er weder Fußball noch Geige spielen?

Mr. Jackson: Ich sage wenigstens direkt, daß ich möchte, daß er Fußball spielt. Marie manipuliert ihn so lange, bis er glaubt, daß er wirklich Geige spielen will.

Mediator: Könnte da was dran sein, Mrs. Jackson?

Mrs. Jackson: *(mit sanfterer Stimme)* Vielleicht, aber ich fände es wirklich wichtig, daß er mit Musik in Kontakt kommt.

Mr. Jackson: Und ich denke, er sollte zu einer Mannschaft von Jungs in seinem Alter gehören und lernen, ein paar Knüffe einzustekken.

Mediator: Ich kann mir allmählich vorstellen, wie Max sich fühlen muß: hin- und hergerissen zwischen den Wünschen seines Vaters und denen seiner Mutter.

Mrs. Jackson: *(beginnt zu weinen)* Ich will ihm das nicht antun. So haben es meine Eltern mit mir gemacht.

Mediator: Was würden Sie sich denn für ihn wünschen?

Mrs. Jackson: Daß er das tun kann, was er möchte, nur glaube ich, er ist noch nicht alt genug, um das zu wissen.

Mediator: Es könnte wichtig sein, die Antwort auf diese Frage herauszufinden. Was ziehen Sie aus diesem Gespräch, Mr. Jackson?

Mr. Jackson: Ich möchte auch nicht, daß er sich zwischen uns hin- und hergerissen fühlt. Es täte mir leid, wenn das so wäre.

Mediator: Glauben Sie, daß es so ist?

Mr. Jackson: Es ist durchaus möglich.

Mediator: *(den Blick auf beide gerichtet)* Ich denke, wir haben eine zentrale gemeinsame Sorge um Max definiert. Was, denken Sie, sollten wir in diesem Punkt tun?

Mrs. Jackson: Es gibt noch andere Anzeichen dafür, daß er im Moment Probleme hat. Und ich denke, auch für Eleanor ist es eine schwere Zeit. Ich fände es gut, wenn beide ein paarmal mit dem Vertrauenslehrer reden würden.

Mediator: Wie sehen Sie das, Mr. Jackson?

Mr. Jackson: Das ist in Ordnung. Aber ich denke, wir beide sollten zuerst mit ihnen reden. Und ich möchte sie nicht zu einem Psychiater schicken. *(Mrs. Jackson nickt zustimmend.)*

Mediator: Darum geht es ja auch nicht. Klar ist, daß uns konkretere Informationen über die Bedürfnisse der Kinder weiterhelfen würden. Sie sind sich einig, daß Sie beide gemeinsam mit ihnen sprechen sollten. Eine weitere Möglichkeit sind Gespräche mit dem Vertrauenslehrer. Danach werden wir mehr Informationen haben, mit denen wir arbeiten können. Aber lassen Sie uns die Sache kurz noch von einer anderen Warte betrachten. Nehmen wir einmal an, Sie würden es am Ende beide nicht für unbedingt erforderlich halten, daß die Kinder im Haus wohnen bleiben. Würden Sie dann trotzdem gerne dortbleiben, Mrs. Jackson?

Mrs. Jackson: Ja, würde ich. Ich kann mir nicht vorstellen, woanders zu leben. Ich habe mir Häuser angeschaut, die ich mir von der Hälfte des Erlöses leisten könnte, und ich finde die Vorstellung, dort zu leben, unerträglich.

Mr. Jackson: Da siehst du, wie es mir geht. Und du wolltest mich aus dem Haus werfen.

Mediator: Einen Moment. Lassen Sie mich das einen Augenblick vertiefen. Dann können wir auf Ihre Reaktionen zurückkommen,

Mr. Jackson. Wenn Sie fürchten, sie in der Zwischenzeit zu vergessen, können Sie sie gerne notieren, aber lassen Sie uns hier kurz dranbleiben. Also, Mrs. Jackson, unabhängig davon, was für die Kinder am sinnvollsten ist, wäre es für Sie wichtig, weiter im Haus wohnen zu können.

Mrs. Jackson: Nun ja, das stimmt, aber für die Kinder ist es genauso wichtig.

Mediator: Das habe ich verstanden. Aber es wiegt stärker, jedenfalls für mich, zu wissen, daß es auch eine persönliche Priorität von Ihnen ist, im Haus bleiben zu können.

Mrs. Jackson: Ich sehe das nicht getrennt.

Mr. Jackson: Hören Sie, es ist mir wirklich egal, ob es Maries Bedürfnissen entspricht, im Haus bleiben zu können. Sie will doch die Scheidung. Sie kann nicht alles haben. Ich habe das gleiche Recht dortzubleiben wie sie. Und wenn ich nicht dortbleiben kann, sollte sie es auch nicht können.

Mediator: Wollen Sie wirklich im Haus bleiben können?

Mr. Jackson: Nein, aber ich finde nicht, daß sie es können sollte.

Mediator: Versuchen Sie, folgendes zu ihr zu sagen, wenn es zutrifft: «Ich will, daß du dich so schlecht fühlst wie ich.»

Mr. Jackson: Ja, das stimmt. Das will ich.

Mediator: Also könnte das Ziel, über das wir in unserer ersten Sitzung gesprochen haben – eine Lösung auszuarbeiten, mit der Sie beide leben können –, das Schlechteste sein, was bei diesem Prozeß für Sie herauskommen kann.

Mr. Jackson: Wenn Ihnen etwas einfällt, bei dem wir beide bekommen, was wir wollen, habe ich nichts dagegen. Aber ehrlich gesagt, halte ich das für unmöglich.

Mediator: Wir werden sehen. Vielleicht haben Sie recht, aber lassen Sie uns zumindest die Situation ausleuchten. Mrs. Jackson, Ihre oberste Priorität lautet, im Haus bleiben zu können. Mr. Jackson, Ihnen ist es am wichtigsten, Ihre finanzielle Verpflichtung gegenüber Ihrer Frau zu minimieren.

Mr. Jackson: Ich möchte ein Haus kaufen können, in dem ich unbegrenzt wohnen kann, und zwar jetzt gleich. Ich möchte nicht warten müssen, bis ich das tun kann.

Mediator: Wieviel würde so ein Haus kosten?

Mr. Jackson: Etwa 200000 Dollar.
Mediator: Das heißt, Sie brauchten eine Anzahlung von rund 40000 Dollar.
Mr. Jackson: Mindestens. Und an so viel Geld kommen wir nur, wenn wir das Haus verkaufen. Es ist unser einziger Vermögenswert.
Mrs. Jackson: Dann werden wir das wohl tun müssen.
Mediator: Wie meinen Sie das?
Mrs. Jackson: Wenn Nick nicht mit einem Aufschub des Verkaufs einverstanden ist, bleibt mir doch nichts anderes übrig, oder?
Mediator: Damit wären wir wieder bei unserer ersten Sitzung. Ich habe Ihren Mann nicht sagen gehört, daß er nicht bereit ist, den Verkauf aufzuschieben. Was ich gehört habe, ist, daß er 40000 Dollar Anzahlung für ein neues Haus braucht. Aber was Sie betrifft, habe ich Sie sagen hören, daß es Ihre oberste Priorität ist, im Haus zu bleiben, zum einen, weil Sie es gerne möchten, und zum anderen, weil es in Ihren Augen wichtig für die Kinder ist.
Mrs. Jackson: Ja, aber Nick ist das ja offenbar egal.
Mediator: Ihnen aber nicht.
Mrs. Jackson: Natürlich nicht – nur scheint das nicht viel zu zählen.
Mediator: In Ihren Augen?
Mrs. Jackson: Ja.
Mediator: Nun, wenn es Ihnen wichtig ist, dortzubleiben, und wir keinen Weg finden, wie wir Ihren Bedürfnissen gerecht werden können, dann wird es keine Vereinbarung geben – außer, wenn Sie sich unglücklich machen wollen. Auch wenn Sie und Ihr Mann verschiedener Meinung sind, brauchen Sie vor seinen Wünschen nicht zu kapitulieren.
Mr. Jackson: Moment mal. Mein Anwalt hat mir gesagt, daß ich den Hausverkauf erzwingen kann. Und genau das werde ich tun.
Mrs. Jackson: Sehen Sie, was ich meine?
Mediator: Was ich sehe, ist, daß Sie beim ersten Anzeichen einer Meinungsverschiedenheit davon ausgehen, daß Sie nicht bekommen können, was Sie wollen, außer auf Kosten Ihres Mannes. Und Sie gehen davon aus, daß bei Ihnen beiden stets Sie diejenige sein werden, die nicht bekommt, was sie will.
Mrs. Jackson: Das ist richtig. Davon gehe ich tatsächlich aus.

Mediator: Und Sie, Mr. Jackson, nehmen an, daß in diesem Fall das Gesetz den Ausgang Ihrer Auseinandersetzung vorgibt. Ihr Anwalt hat Ihnen gesagt, daß Sie einen Verkauf erzwingen können, und Sie rechnen damit, daß es darauf hinauslaufen wird.

Mr. Jackson: Das hat er jedenfalls gesagt.

Mediator: Also, dann wollen wir zunächst einmal die rechtliche Seite klarstellen. Das Recht ist hier durchaus von Belang, aber es bestimmt nicht notwendigerweise, wie Sie sich entscheiden. Und im übrigen, wenn wir uns an die erste Sitzung erinnern, hat Mr. Jackson doch sehr klargemacht, daß es ihm egal ist, was das Recht bezüglich Ehegattenunterhalt sagt – er hält es nicht für fair, daß er Unterhalt zahlen muß, also wird er es nicht tun. Das war keine irrationale Äußerung, auch wenn ein Richter es so sehen könnte. Das war eine Äußerung, die ausschließlich auf seinem Fairneßempfinden beruhte, welches unsere wichtigste Bezugsgröße in der Mediation ist. Nun geht es um eine andere Frage, und wieder hat das Recht etwas dazu zu sagen, und wieder müssen Sie sich entscheiden, wie wichtig Ihnen das Recht ist. Ein Gericht würde in dieser Situation vermutlich verfügen, daß das Haus verkauft wird. Dies würde es wahrscheinlich in einer Verhandlung tun, die frühestens in neun Monaten stattfinden würde. Einen Käufer zu finden und den Verkauf abzuwickeln würde vermutlich weitere sechs Monate dauern.

Mrs. Jackson: Das Recht ist also auf seiner Seite.

Mediator: In diesem Punkt wohl schon. Ebenso wie es beim Unterhalt auf Ihrer Seite ist.

Mrs. Jackson: Es läuft also darauf hinaus, daß entweder er ein neues Haus kaufen oder ich erst mal in unserem bleiben kann.

Mediator: So sieht es aus. Aber Sie scheinen beide davon auszugehen, daß letzten Endes Mr. Jackson gewinnen wird.

Mrs. Jackson: Stimmt. Ich möchte, wenn das hier alles vorbei ist, keinen Ärger mehr mit ihm, nur weil ich die Scheidung wollte.

Mediator: Aber angenommen, wir fänden eine Möglichkeit, wie Sie im Haus bleiben könnten und Ihr Mann sein Haus jetzt kaufen könnte?

Mrs. Jackson: Das wäre phantastisch. Aber woher bekommt er die 40000 Dollar?

Mediator: Vielleicht könnten Sie durch eine Umschuldung der zweiten Hypothek noch einmal 40 000 Dollar aufnehmen. Da die Zinsen zur Zeit niedriger sind als das, was Sie jetzt bezahlen, würden Ihre monatlichen Zahlungen letztlich nur wenig höher ausfallen.

Mr. Jackson: Damit wäre ich einverstanden, wenn sie beide Hypotheken abzahlen würde und es keinen Unterhalt gäbe.

Mediator: Wie denken Sie darüber, Mrs. Jackson?

Mrs. Jackson: Wie könnte ich mir das leisten?

Mediator: Gute Frage. Wie sieht Ihre Antwort aus, Mr. Jackson?

Mr. Jackson: Das ist ihr Problem. Sie will die Scheidung, und sie will im Haus bleiben. Wie sie das bezahlt, ist ihre Sache.

Mediator: *(zu Mrs. Jackson)* Wie fühlt sich das an?

Mrs. Jackson: Es macht mich wirklich sauer. Ich bin bereit, eine Lösung zu suchen, die ihm paßt, und er hat keinerlei Interesse daran, eine Lösung zu finden, die mir paßt. Er will nur, daß ich leide.

Mr. Jackson: Warum sollte ich dafür zahlen, daß du im Haus wohnen bleiben kannst?

Mediator: Aber Sie verlangen von Ihrer Frau, daß sie Ihren Anteil an den Hypotheken und die Anzahlung für ein Haus finanziert, das ja wohl allein Ihnen gehören würde.

Mr. Jackson: Ich verstehe, was Sie meinen. Okay. Ich würde für den Teil der zweiten Hypothek zahlen, der auf meine Anzahlung entfällt. Aber dann hätte ich zwei Hypotheken am Hals, nämlich diese und die für mein eigenes Haus.

Mediator: Wir sollten schauen, welche monatlichen Ausgaben Sie vier in diesem Fall hätten. Bei den geltenden Zinssätzen könnten wir annehmen – wir müßten das später präzisieren –, daß die monatlichen Zahlungen für die beiden diskutierten Hypotheken 1600 Dollar für Mr. Jacksons neues Haus und weitere 400 Dollar für seinen Anteil an der zweiten Hypothek betragen würden. Mrs. Jacksons monatliche Belastung wären dann die 550 Dollar aus der ersten Hypothek und weitere 400 Dollar aus ihrem Anteil an der zweiten. Bei einem monatlichen Einkommen nach Steuerabzug von rund 1700 Dollar blieben Mrs. Jackson somit etwa 750 Dollar im Monat zum Leben. Mr. Jackson würde von 4500 Dollar Einkommen nach Steuerabzug 2000 Dollar im Monat für Wohnzwecke aufwenden. Er hätte also noch 2500 Dollar zum Leben.

Mrs. Jackson: Wie soll ich von 750 Dollar im Monat leben?

Mr. Jackson: Du kannst ganztags arbeiten. Dann hättest du 600 bis 700 Dollar mehr im Monat.

Mrs. Jackson: Du weißt, daß das erst sinnvoll wäre, wenn die Kinder älter sind. Es war deine Idee, daß ich Teilzeit arbeite, damit wir keine Schlüsselkinder haben.

Mr. Jackson: Sie sind jetzt alt genug, daß du nicht dasein mußt. Die meiste Zeit über gehen sie ohnehin nach der Schule zu Freunden.

Mrs. Jackson: Aber jetzt ist es besonders wichtig, daß ich für sie da bin.

Mediator: Eine mögliche Alternative könnte es also sein, daß Mrs. Jackson mehr arbeitet, obwohl das zumindest aus ihrer Sicht problematisch wäre. Wir werden näher erkunden müssen, wie die Kinder das sehen. Was gäbe es noch für Alternativen?

Mr. Jackson: Ich weiß nicht. Es ist ihr Problem.

Mediator: Im Moment ist es unser Problem. Wenn wir erst einmal eine Vereinbarung ausgearbeitet haben, dann ist es ihr Problem, außer wenn es mit den Kindern zu tun hat, dann bleibt es ein gemeinsames Problem. Sie müssen beide darüber nachdenken.

Mr. Jackson: Sie kann ja das Haus verkaufen. Dann gibt es kein Problem mehr.

Mediator: Sie soll ihre oberste Priorität aufgeben?

Mr. Jackson: Das ist mir egal. Ich will nur nicht am Ende der Dumme sein, nur weil sie weiter dort wohnen will.

Mrs. Jackson: Wenn du die zweite Hypothek tragen würdest, könnte ich es wohl schaffen.

Mr. Jackson: Ich sag dir was. Ich leihe dir das Geld für die zweite Hypothek, und du kannst es mir zurückzahlen, wenn das Haus verkauft wird.

Mrs. Jackson: Das Haus gehört immer noch auch dir, weißt du. Denkst du nicht, daß du etwas für ein Haus zahlen mußt, das du noch besitzt?

Mr. Jackson: Nein. Du wirst dort mietfrei leben, also solltest du auch die Unkosten dafür tragen.

Mediator: Aber bis jetzt hat noch keiner von uns irgendeine Idee gehabt, wie Ihre Frau das bewerkstelligen kann, außer indem sie das Haus aufgibt oder sich Geld von Ihnen borgt.

Mrs. Jackson: Was machen wir nun?

Mediator: Uns entweder eine andere Lösung einfallen lassen oder mit dem arbeiten, was wir haben. Bis jetzt gilt: Wenn Mrs. Jackson im Haus wohnen bleibt, ist Mr. Jackson die einzige Geldquelle, die uns einfällt und die Mrs. Jackson realistisch erscheint. Wir müssen noch darüber sprechen, wie lange Mrs. Jackson in dem Haus wohnen müßte, bevor sie es verkauft, und wir haben auch noch nicht besprochen, wieviel Zeit die Kinder bei jedem von Ihnen verbringen werden und wie die Ausgaben für sie bezahlt werden.

Mr. Jackson: Wir haben uns schon darauf geeinigt, daß wir die Kinder jeweils die Hälfte der Zeit nehmen. Ich hätte gerne das Recht, das zu tun, aber ich weiß auch, daß es eine Weile dauern könnte, bis wir soweit sind, also können wir allmählich darauf hinarbeiten. Bei diesen Fragen bin ich flexibel. Ich bin auch bereit, Marie weiter im Haus wohnen zu lassen – solange die Kinder dort sind und ich aus dem Verkauf keine Steuern zahlen muß. Mein Steuerberater hat mir erklärt, daß Steuern anfallen, wenn wir von dem Zeitpunkt an, an dem ich mir ein neues Haus kaufe oder ausziehe, länger als zwei Jahre warten.[11]

Mrs. Jackson: Das höre ich zum allerersten Mal. Ich will länger als zwei Jahre bleiben können, aber ich bin nicht bereit, deine Steuern zu zahlen.

Mr. Jackson: Das ist vollkommen unvernünftig, Marie!

Mrs. Jackson: Glaubst du vielleicht, du bist vernünftig? Das einzige, was dich interessiert, ist sicherzustellen, daß du mir keinen Unterhalt zahlen mußt und an dein eigenes verdammtes Haus kommst. Und du nennst mich unvernünftig?

Mr. Jackson: Du wolltest doch die Scheidung. Und du willst es dir sehr leichtmachen. Endlich merkst du, wie die Realität schmeckt. Das Leben ist nicht leicht, und es läuft nicht immer alles nach deinem Willen.

Mediator: Wissen Sie, allmählich sehe ich, wie wir Ihre Bedürfnisse unter einen Hut kriegen könnten. Wir müssen eine Vereinbarung finden, die erstens Mrs. Jackson ermöglicht, so lange in dem Haus zu bleiben, wie sie möchte; zweitens keine Steuern aus dem Hausverkauf entstehen läßt; drittens Mr. Jackson erlaubt, jetzt ein anderes Haus zu kaufen; viertens Ihnen ermöglicht, eine gemeinsame Elternschaftsbeziehung zu Eleanor und Max zu entwickeln; fünftens beide Haushalte hinsichtlich der Einkünfte über Wasser hält und, jedenfalls aus Mr. Jacksons Sicht, Ehegattenunterhalt unnötig macht. Alles Geringere als das würde zumindest einen von Ihnen enttäuschen.

Mrs. Jackson: Glauben Sie wirklich, daß wir das schaffen können? So viele der Elemente scheinen sich zu widersprechen.

Mediator: Um Ihnen die Wahrheit zu sagen, ich weiß es nicht, aber wenn jeder von uns dreien bereit ist, darüber nachzudenken, schaffen wir es vielleicht.

Damit beendeten wir die Sitzung. Ich war mir nicht sicher, ob wir eine solche Vereinbarung hinkriegen konnten, aber ich hatte ein paar Ideen. Die größten Hindernisse waren Mr. Jacksons mangelnde Bereitschaft, Steuern zu zahlen, wenn der Hausverkauf länger als zwei Jahre hinausgeschoben wurde, sein Widerstand gegen die Zahlung von Ehegattenunterhalt und Mrs. Jacksons klare Hilfsbedürftigkeit bei den Ausgaben. Positiv war, daß Mrs. Jackson sich jetzt sehr viel mehr behauptete als zu Beginn. Obwohl eine Rückkehr zu ihrer früheren ehrerbietigen Art möglich schien, war mir wohler dabei, mit den gegensätzlichen Bedürfnissen und Wünschen dieser beiden umzugehen, als eine Vermittlung zu versuchen, während Mrs. Jackson ihre Unzufriedenheit unterdrückte.

Der Durchbruch

Als wir wieder zusammenkamen, war keinem von beiden eine Lösung eingefallen, und sie wirkten beide niedergeschlagen. Ich hatte diverse Ideen, aber sie hingen davon ab, ob Mr. Jacksons Problem mit dem Ehegattenunterhalt auf Prinzipien basierte oder nicht und wie Mrs. Jacksons langfristige Pläne aussahen. Nachdem wir ihre wenigen Ideen ausgeschöpft hatten, begann ich mit einigen Fragen.

Mediator: Mrs. Jackson, ich wüßte gerne mehr darüber, was Sie langfristig mit dem Haus vorhaben.

Mrs. Jackson: Ich möchte dort mindestens so lange bleiben können, bis Eleanor mit der High-School fertig ist.

Mediator: Und dann?

Mrs. Jackson: Dann werde ich es wohl verkaufen müssen.

Mediator: Ich habe eine Idee, die Mr. Jackson mit seinem Steuerproblem helfen könnte und, wenn er bereit ist, auf sein Geld zu warten, Mrs. Jackson die Kontrolle darüber ließe, wann das Haus verkauft wird. Dann müßte sie allerdings auch das Risiko tragen. Wenn Mrs. Jackson sich bereit erklärt, ihren Mann zu einem fixen Zeitpunkt in der Zukunft abzufinden und in Form eines Schuldscheins zahlt, dann bekommt Mr. Jackson zwar sein Geld nicht, aber sein Problem mit den Steuern ist gelöst. Danach würde dann jede Wertsteigerung des Hauses Mrs. Jackson allein gehören. Wenn sie das Haus veräußert, tilgt sie den Schuldschein. Sie hätte dann allerdings die Steuerlast zu tragen.

Mrs. Jackson: Dazu wäre ich bereit, um das Haus bis dahin haben zu können.

Mr. Jackson: Ich bin einverstanden, aber ich möchte mein Geld auf jeden Fall haben, wenn Eleanor aufs College kommt.

Mrs. Jackson: Das ist in Ordnung, denn bis dahin werde ich das Haus verkauft haben. Und wenn ich das Geld schon früher bekomme, werde ich es dir vielleicht dann geben.

Mediator: So, und wenn Sie sich in der Unterhaltsfrage auf Kindesunterhalt einigen, könnte es einen Weg geben, Mrs. Jackson in den Genuß von Ehegattenunterhalt kommen zu lassen, ohne es so zu nennen.

Mr. Jackson: Wie soll das gehen?

Mediator: Wenn Sie die Zahlungen für die zweite Hypothek direkt an die Bank leisten, können Sie diese Summe von Ihrer Einkommensteuer absetzen, solange Sie Miteigentümer des Hauses sind. Und Mrs. Jackson müßte das nicht als Einkommen angeben.

Mrs. Jackson: Wenn ich das hätte, würde ich keinen Ehegattenunterhalt brauchen.

Mr. Jackson: Aber ich würde dir dein Leben finanzieren helfen.

Mrs. Jackson: Das Leben der Kinder. Sie werden mindestens die halbe Zeit über dort im Haus sein.

Mr. Jackson: Dann verzichtest du jetzt auf Ehegattenunterhalt, und ich trage die Hypothek, bis du mich auszahlst. Und das wär's dann, bis auf Kindesunterhalt.

Mrs. Jackson: In Ordnung, abgemacht.
Mediator: Meinen Sie das wirklich?
Mrs. Jackson: Warum fragen Sie?
Mediator: Daß Ihr Mann sich weigert, Ehegattenunterhalt zu zahlen, war von Anfang an klar, aber mir war nie klar, wie Sie dazu stehen. Vom Gesetz her hätten Sie Anspruch auf viele Jahre direkten Unterhalt. Es liegt bei Ihnen, darauf zu verzichten, aber in diesem Fall muß ich sicher sein, daß Sie sich voll und ganz darüber im klaren sind, was das bedeutet.
Mrs. Jackson: Das bin ich. Ich habe mit meinem Anwalt darüber gesprochen. Ich denke, ich bin immer davon ausgegangen, daß ich keinen Ehegattenunterhalt bekommen würde, daher ist das jetzt keine große Überraschung. Und mir ist geholfen, wenn er die Hypothek zahlt. Das ist okay.

Während wir dieses Lösungsmodell und seine Implikationen weiter erkundeten, wurde mir klar, daß es zwar noch einige Einzelheiten auszuarbeiten galt, wie zum Beispiel den Zeitpunkt und die Bedingungen für die Abfindung, daß aber beide das Gefühl hatten, ein tragfähiges Gerüst für eine Vereinbarung gefunden zu haben. Ich sah ihre Vereinbarung mit gemischten Gefühlen, teils, weil *ich* die Einzelheiten vorgeschlagen hatte, und teils, weil ich mich fragte, wie Mrs. Jackson in Zukunft damit klarkommen würde, besonders im Hinblick auf die Steuern, die auf sie zukamen, wenn sie in ein kleineres Haus zog. Aber meine Bedenken waren nicht so groß, als daß ich es ablehnen wollte, diese Vereinbarung aufzusetzen.

Drei Jahre später traf ich Mrs. Jackson zufällig in einem Konzert. Sie kam zu mir herüber, um mir zu sagen, daß sie für meine Hilfe dankbar wäre und daß sie noch nie in ihrem Leben so glücklich gewesen sei. Sie hatte eine Gehaltserhöhung bekommen, den Kindern ging es gut, und sie und ihr Mann hatten eine anständige Beziehung zueinander aufrechterhalten. Er hatte ihr sogar mehr Geld für einige Ausgaben für die Kinder gegeben, als es die Vereinbarung vorsah. Und die beste Neuigkeit war, daß sie unlängst auf eine Möglichkeit, ihrem Mann seinen Anteil am Haus auszuzahlen, gekommen war, die es ihr ermöglichte, es so lange zu halten, wie sie wollte, und das Steuerproblem auf unbegrenzte Zeit zu verschieben. Es ist schön, von Fällen zu hören, die so ausgehen, besonders wenn sie am Anfang so wenig erfolgversprechend aussehen wie dieser. Ich wünschte, alle Fälle würden so gut gelingen.

Sagen Sie uns, was wir tun sollen

Dieser Fall beantwortet die Frage nach dem Unterschied zwischen Mediation und schiedsrichterlichem Verfahren. Die Unterscheidung ist einfach, aber von grundlegender Bedeutung für die Mediation, da sie auf dem Gegensatz von Abhängigkeit und Autonomie beruht. Das Ehepaar Annie und Roger de Kemp kam mit der Erwartung in die Mediation, ich würde mir beide Seiten anhören und dann entscheiden, was sie tun sollten – tatsächlich also als Schiedsrichter fungieren. Doch Mediation beruht auf dem Prinzip, daß die Parteien selbst entscheiden. In diesem Fall nehmen die Eheleute allmählich ihr Schicksal selbst in die Hand, und auf diesem Wege gelingt es ihnen, ihre jeweiligen Bedürfnisse zu klären und in einer Vereinbarung abzusichern.

Mr. und Mrs. de Kemp waren aus Südafrika, jung und von schöner Erscheinung. Sie kamen zu mir, nachdem sie bereits einige Sitzungen mit einer Kollegin hinter sich hatten. Da beide das Gefühl hatten, daß dort etwas schiefging, hatten sie die Arbeit abgebrochen, setzten aber immer noch Hoffnungen in den Mediationsprozeß. Sie sprachen aufgeregt und mit starkem Akzent. Zu Beginn unserer ersten Sitzung schwelgten sie gemeinsam in Kritik an der anderen Mediatorin. «Wenn Sie sich in den Punkten, die Sie trennen, ebenso leicht und völlig einig werden wie in Ihrer Einschätzung dieser Mediatorin, dann haben wir den Wind im Rücken», kommentierte ich.

Für mich persönlich fühlte sich das Ganze eher so an: «Wir sind zu dir gekommen, großer Mediator, aber sei gewarnt: Wir haben bereits den Skalp eines Mediators.» Dennoch – ihre Bereitschaft, es noch einmal mediativ zu versuchen, bedeutete etwas, obwohl ich schon bald erkannte, daß sie eine falsche Vorstellung von Mediation hatten.

Wer hat die Kontrolle?

Mr. de Kemp: Sie wurden uns empfohlen. Darum sind wir hier. Wir möchten, daß Sie jeden von uns anhören, uns dann sagen, was wir tun sollen, und damit ist alles erledigt.
Mrs. de Kemp: Bitte. Tun Sie das möglichst schnell für uns, damit jeder seiner Wege gehen kann.

Nicht wenige kommen mit einer ähnlichen Bitte in die Mediation. Da sie sich nicht einig sind und sich nicht vorstellen können, aus dieser Sackgasse herauszukommen, scheint die einzig mögliche Lösung zu sein, einem Dritten die Entscheidungsmacht zu übertragen.

Eine Lösungsfindung auf diesem Weg ist keine Mediation, sondern eine schiedsrichterliche Entscheidung. Dies ist ein ganz anderer Prozeß, bei dem der Schiedsrichter die nötigen Informationen sammelt und dann entscheidet, was für die Parteien am besten ist.[12]

Das schiedsrichterliche Verfahren hat einiges für sich, denn wenn die Parteien im voraus vereinbaren, daß es bindend sein soll, ist ihnen eine Lösung ihres Streits garantiert. Dieses Verfahren kann effizient und gleichzeitig informell sein und damit eine gute Alternative zu einer gerichtlichen Auseinandersetzung bieten. Wie effektiv es ist, hängt davon ab, ob der Schiedsrichter ein ausreichendes Verständnis für die Situation zu entwickeln vermag, um eine weise Entscheidung zu treffen.

Diese Alternative ist besonders für jene verlockend, die sich im Recht glauben, weil sie darauf vertrauen, daß der Schiedsrichter ihre Position rechtfertigen wird. Da solche Menschen oftmals der Auffassung sind, der andere sei im Unrecht, sehen sie den Prozeß gern als einen, der mit einem Sieg für sie selbst und einer Niederlage für den anderen enden wird. Die Tatsache, daß die Parteien die Entscheidungsmacht abgeben, kann sie leicht dazu verführen, die Informationen, die sie dem Schiedsrichter geben, zu verzerren, indem sie ihre eigenen Ansichten in einem selbstgerechten Licht erscheinen lassen und versuchen, die Position des anderen zu entwerten. Die eigene Position zu verteidigen ist eine natürliche Tendenz des Menschen, die noch forciert wird, wenn man nicht selbst die Entscheidungsgewalt hat.

Mediation oder schiedsrichterliches Verfahren: Wer entscheidet?

Es ist entscheidend, daß Sie und Ihr Ehepartner den Unterschied zwischen *Mediation* (bei der sich die beiden Partner die Entscheidungsmacht teilen) und *schiedsrichterlichem Verfahren* (bei der die gesamte Entscheidungsmacht beim Schiedsrichter liegt) verstehen. Leider verstehen selbst manche Mediatoren diese Unterschiede nicht richtig, und unser Berufsstand leidet darunter, daß sich manch einer Mediator nennt, tatsächlich aber als Schiedsrichter fungiert.

Diese Verwechslung kann auf einer sehr subtilen Ebene stattfinden. Zum Beispiel glauben manche Mediatoren, sie könnten zwischen der Kontrolle über den Prozeß und der Kontrolle über das Ergebnis trennen. Sie sind der Auffassung, daß der Mediator den Prozeß dirigieren sollte – indem er zum Beispiel die Reihenfolge der Diskussionspunkte, die Informationssammlung und sämtliche Verfahrensregeln vorgibt. Und in der Tat ist es bei manchen Streitfällen so, daß der Mediator die Kontrolle übernehmen muß, damit es überhaupt vorangehen kann. Doch es ist fast immer so, daß derjenige, der den Prozeß kontrolliert, auch die Verantwortung für das Ergebnis trägt. Ja, für die meisten Menschen ist es nahezu unmöglich, sich die Entscheidungsgewalt zu bewahren, wenn sie die Kontrolle über den Prozeß abgeben. Die Grenze zwischen Inhalt und Prozeß läßt sich nicht immer so klar ziehen, wie viele behaupten.

Ich sehe mein Ziel als Mediator darin, die gemeinsame Entscheidungsmacht der Parteien zu maximieren. Das bedeutet, daß sie über den Prozeß genauso entscheiden wie über die Lösung am Schluß – es sei denn, ihre Methoden oder die Bedingungen ihrer Vereinbarung laufen meiner Vorstellung von Fairneß zuwider. Meine Aufgabe ist es daher, ihnen zu einem Machtgleichgewicht zu verhelfen, das aus ihrer individuellen Beziehung erwächst, und nicht, Entscheidungen zu treffen und ihnen diese von außen aufzuzwingen.

Obwohl die de Kemps so redeten, als ob sie eine schiedsrichterliche Entscheidung suchten, hatte ich das Gefühl, daß sie eigentlich doch eine Mediation wollten. Also mußte ich – ebenso wie sie selbst – Gewißheit haben, und daher war die Klärung dieser Frage der natürliche Startpunkt für mich.

Mediator: Lassen Sie mich sehen, ob ich verstehe, was Sie von mir erwarten. Sie wollen mir alle Ihre strittigen Punkte präsentieren und mich dann entscheiden lassen, was Sie tun sollen.
Mr. de Kemp: Nicht ganz. Sie sollen uns sagen, was Sie denken, daß wir tun sollten.
Mediator: Und ist das in Ihren Augen etwas anderes, als mich als Schiedsrichter fungieren zu lassen?
Mrs. de Kemp: Durchaus. Ich möchte nicht, daß Sie der Schiedsrichter sind. Genau das hat mich ja an der letzten Mediatorin so aufgeregt. Sie hat uns am Ende gesagt, was wir tun sollten, und als uns das nicht gefiel, war sie total beleidigt.
Mediator: Also wollten Sie eigentlich nicht, daß sie für Sie entscheidet?
Mrs. de Kemp: *(kokett lächelnd)* Nein, nur wenn sie meiner Meinung gewesen wäre.
Mediator: Wenn Sie sich beide gleichermaßen im Recht wähnen, dann gehen Sie vermutlich beide davon aus, daß ein Schiedsrichter zu Ihren Gunsten entscheiden würde. Aber das kann natürlich nicht für beide gelten.
Mr. de Kemp: Mir wäre es sehr viel lieber, wenn wir uns einig werden könnten, aber ich habe keine Ahnung, ob wir das können. Wir scheinen kaum fähig zu sein, miteinander zu reden, ohne daß einer oder beide an die Decke gehen.
Mediator: Dennoch ist es hilfreich für mich, zu wissen, daß Sie, wenn Sie könnten, lieber selbst entscheiden würden, als es jemand anderem zu überlassen.
Mrs. de Kemp: Natürlich. Wäre das nicht jedem lieber?
Mediator: Nicht unbedingt. Man braucht ein bißchen Mut, sich in eine Situation zu begeben, in der nicht ein einzelner die Kontrolle hat und in der insbesondere Sie selbst nicht die Kontrolle haben. Meine Hoffnung ist, daß ich Ihnen irgendwie dabei helfen kann, gemeinsam zu entscheiden, selbst wenn Sie das Gefühl haben, es lägen Welten zwischen Ihnen, und nicht wissen, wie Sie zu einer Einigung gelangen sollen. Herauszufinden, ob Sie das beide wollen, ist einer der wichtigsten Schritte bei der Entscheidung für eine Mediation. Wenn einer von Ihnen oder beide denken, daß Sie das nicht wollen, würde ich sagen: Vergessen Sie es.

Mr. de Kemp: Aber woher wissen wir, daß wir zu einer Einigung gelangen können? Wir könnten den ganzen Prozeß durchlaufen und am Ende ohne Vereinbarung dastehen. Dann hätten wir nur unser Geld verschwendet.

Mediator: Und das haben Sie schon einmal getan, stimmt's?

Mr. de Kemp: Nicht wirklich. Aufgrund Ihrer Erklärungen wird mir jetzt klar, daß die andere Mediation eigentlich so ein schiedsrichterliches Verfahren war, aber das gefiel uns nicht.

Mediator: Nun, ich weiß nicht, ob es Ihnen gelingen wird, hier zu einer Einigung zu kommen oder nicht, aber daß Sie dies beide wollen, läßt hoffen. Eine andere Frage, die Sie sich stellen sollten, um zu beurteilen, ob dieser Prozeß zu einer Einigung führen kann, ist folgende: Wie würde es jeder von Ihnen sehen, wenn wir hier eine Vereinbarung erzielten, die für den anderen ebenso tragbar wäre wie für Sie selbst? Wenn Ihnen das zusagen würde oder wenn es zumindest akzeptabel wäre, dann ist das ein weiteres positives Anzeichen.

Mrs. de Kemp: Wir tun uns wirklich schwer, auf positive Art miteinander zu sprechen.

Mediator: Genau da könnte ich hilfreich sein: Ihnen dabei zu helfen, sich gegenseitig zu verstehen.

Mr. de Kemp: Aber werden Sie nicht auch Lösungsvorschläge machen? Ich verstehe, daß Sie kein Schiedsrichter sein wollen, aber Sie haben das hier schon so oft gemacht. Ich möchte zumindest von Ihrer Erfahrung profitieren.

Mediator: Aber sicher, ich teile Ihnen gerne meine Ideen zu möglichen Lösungen mit, aber Sie sollen wissen, daß ich primär bemüht sein werde, Lösungen aus Ihnen herauszuholen. Ich denke, daß Sie besser wissen, was für Sie funktionieren könnte, als ein Außenstehender.

Während wir dieses wichtige Gespräch führten, setzten wir den Diskussionsgegenstand auch bereits in die Praxis um. Ich behauptete mich als neutrale Partei und versuchte, eine erste entscheidende Frage zu klären: ob eine Mediation in Frage kam oder nicht. Sie versuchten, sich irgendwie einig zu werden, ob sie den Versuch wagen sollten. Damit waren wir eigentlich schon mittendrin.

Die Eckdaten

Mr. de Kemp hatte noch nie ein regelmäßiges Einkommen gehabt. Vor zehn Jahren, mit 24, hatte er einiges Geld geerbt. Kurz darauf hatten er und seine Frau sich kennen- und liebengelernt und waren von Pretoria nach Kalifornien umgezogen. Mrs. de Kemp war noch nie in den USA gewesen und empfand es als aufregendes Abenteuer. Ihre inzwischen siebenjährigen Zwillinge, Dominique und Alfred, kamen zur Welt. Doch innerhalb von vier Jahren hatte Mr. de Kemp durch eine verhängnisvolle Investition in den Import von französischem Beaujolais nouveau sein gesamtes Vermögen verloren. Geblieben war nur ein Stadthaus, das inzwischen bis unters Dach mit Hypotheken belastet war. Mit dem Geld schwand auch die Romantik, und Mr. de Kemp, desillusioniert von seinem Leben, hatte mehrere Affären gehabt.

Auch Mrs. de Kemp war desillusioniert, und ihre Bitterkeit grenzte an Verzweiflung. Das Leben, das Roger ihr versprochen hatte, zerbröckelte vor ihren Augen. Sie schwankte zwischen Wut und dem Wunsch, mit der Vergangenheit abzuschließen. Sie war eine hübsche, zierliche und lebendige Frau, deren sorgfältiges Makeup den Schmerz in ihrem Gesicht nicht verbergen konnte.

Mr. de Kemp sah aus wie jemand, der etwas Unrechtes getan hat und glaubt, demnächst entdeckt zu werden. Er saß in gebeugter, unterwürfiger Haltung da, und der Blick seiner strahlend blauen Augen flitzte ständig im Raum umher, ruhte nur flüchtig auf mir und noch flüchtiger auf seiner Frau. Nachdem er ein paar Monate zuvor beschlossen hatte, sich einen Job zu suchen, war er inzwischen als Vertreter für eine Gruppe französischer Weinhändler tätig. Die Arbeit wurde nur auf Provisionsbasis bezahlt.

Die de Kemps lebten seit drei Monaten getrennt. In der vorangegangenen Mediation hatte die Mediatorin mehr oder weniger allein entschieden, daß Mr. de Kemp die Hälfte seiner monatlichen Einkünfte an seine Frau bezahlen sollte. Nur zögernd hatten sie diese Entscheidung akzeptiert. Mrs. de Kemp hatte inzwischen einen Job als Verkäuferin in einer schicken Boutique in San Francisco angenommen, der ihr 20 000 Dollar im Jahr einbrachte. Sehr zu ihrer Überraschung und Verwirrung machte ihr die Arbeit Spaß – niemals hatte sie ein anderes Leben erwogen als das einer Hausfrau, Mutter und Gastgeberin von eleganten Parties.

Mrs. de Kemp machte ganz klar, was sie wollte: unbegrenzt mit den Zwillingen in dem Stadthaus bleiben, für das ihr Mann die Abzahlung der Hypotheken übernehmen sollte, solange sie dortblieb, und mindestens 1500 Dollar Unterhalt im Monat. Außerdem sollte ihr Mann die Verantwortung für die Rückzahlung ihrer insgesamt rund 20 000 Dollar Schulden übernehmen.

Die Beziehung

Mr. de Kemp war sichtlich von seiner Frau eingeschüchtert. Sie unterbrach ihn laufend oder warf ihm mißbilligende Blicke zu, die ihn abrupt verstummen ließen. Es hatte sich bei ihnen eingebürgert, Abmachungen zu treffen, an die er sich dann nicht hielt, was wiederum sie rasend machte. Mr. de Kemp setzte sich nie offen mit seiner Frau auseinander; statt dessen gab er sich ziemlich passiv. Als er, mit seinen Blicken noch verstohlener als sonst durchs Zimmer wandernd, ihren Forderungen nachgab, wußte ich, daß wir in Schwierigkeiten waren. In seiner Vertreterlaufbahn hatte es noch keinen Monat gegeben, in dem er mehr als 4000 Dollar eingenommen hatte.

Mediator: Woher wollen Sie das Geld nehmen, um eine solche Vereinbarung einzuhalten?
Mr. de Kemp: Ich habe mehrere Möglichkeiten, von denen nur eine funktionieren muß.
Mediator: Was ist, wenn keine klappt?
Mr. de Kemp: Dann leihe ich mir das Geld.
Mrs. de Kemp: *(ärgerlich)* Mit welchem Kredit? Genau das tust du immer. Ständig brichst du deine Zusagen, weil du in einer Phantasiewelt lebst.
Mediator: *(zu Mrs. de Kemp)* Warum denken Sie, daß das passiert?
Mrs. de Kemp: Ich weiß nicht. Er überlegt sich etwas, und dann zieht er es nicht durch. Ich weiß nicht, warum. Fragen Sie ihn.

Mediator: Wollen Sie die Antwort wirklich hören?

Mrs. de Kemp: Natürlich. Was habe ich von einer Vereinbarung, die nicht funktioniert?

Mediator: Richtig. Ich glaube, Ihr Mann sagt Ihnen nicht, daß er anderer Meinung ist als Sie oder etwas anderes für besser hält, weil er sich vor Ihrem Zorn fürchtet. Lassen Sie mich Ihnen sagen, daß Ihr Zorn selbst hier, wenn Sie ihn auf diesem Stuhl zum Ausdruck bringen, furchterregend ist.

Mrs. de Kemp: Was versuchen Sie hier zu tun?

Mediator: Ich versuche, Ihnen so ehrlich wie möglich zu sagen, was meiner Ansicht nach passiert, wenn Sie beide probieren, Vereinbarungen miteinander zu erarbeiten. Ich kann mich täuschen, und wenn Sie denken, daß es so ist, dann lasse ich diesen Gedanken fallen. Aber ehrlich gesagt, glaube ich, daß ich da nicht ganz falschliege.

Mrs. de Kemp: Was erwarten Sie von mir – daß ich nicht sage, was ich denke?

Mediator: Nein, es ist wichtig, daß Sie ganz frei sagen, was Sie denken. Sie zeigen Ihren Zorn sehr leicht. Ihre Trauer und Enttäuschung zeigen Sie viel weniger. Diese Gefühle läßt man andere nicht so gerne sehen.

Mrs. de Kemp: *(scheinbar erstaunt)* Da haben Sie recht. Sie können sich nicht vorstellen, wie schrecklich das alles für mich ist. Ich fühle mich gefangen in diesem Leben, das Roger geschaffen hat. Es funktioniert nicht. Alles, was mir bleibt, sind die Zwillinge und das Stadthaus, und nun soll ich auch das noch verlieren. Ich weiß nicht, was ich tun soll. Manchmal denke ich, ich sollte einfach nach Hause zurückgehen.

Mr. de Kemp: Ich habe so ein schlechtes Gewissen. Ich habe dich total im Stich gelassen. Deshalb bin ich auch mit allem einverstanden, was du verlangst. Ich weiß, daß ich es sowieso nicht wiedergutmachen kann.

Mediator: Ist das alles?

Mr. de Kemp: Was meinen Sie?

Mediator: Haben Sie außer Schuld und Reue noch andere Gefühle bezüglich dessen, was passiert ist?

Mr. de Kemp: Sicher, aber ich glaube nicht, daß es konstruktiv wäre, darüber zu reden.

Ich mußte mich entscheiden. Sollte ich Mr. de Kemp weiter drängen, wenn meine Fragen ihm eindeutig unangenehm waren? Oder sollte ich sein Unbehagen als Signal nehmen, mich zurückzuziehen, wie ich es vielleicht tun würde, wenn wir uns einfach freundlich miteinander unterhalten würden? Obwohl auch Mrs. de Kemp meine Fragen unangenehm waren, spürte ich bei ihr eine gewisse Stärke, die mich einlud, weiterzumachen. Bei ihm hatte ich dagegen das Gefühl, daß er die Art von Fragen, die ich zu stellen begonnen hatte, als bedrohlich empfand. Aber wir hatten wesentliche Fortschritte gemacht. Zweifellos war es Mrs. de Kemp nicht wirklich neu, daß sie ihren Mann einschüchtern konnte, doch dieses Thema war vielleicht zum ersten Mal offen angesprochen worden, und möglicherweise erkannte Mrs. de Kemp erst jetzt die negativen Auswirkungen ihrer Macht über ihren Mann.

Für Mr. de Kemp war es schon ein großer Schritt, anzuerkennen, daß er nicht nur Gefühle der Reue und der Schuld gegenüber seiner Frau hatte – und das war im Moment vielleicht auch das Äußerste, wozu er imstande war. Doch ich fühlte mich wie ein Detektiv kurz vor der Lösung des Falls. Ich war überzeugt, daß es den beiden nicht nur nutzen würde, zu wissen, daß ihr Kommunikationsmuster gestört war, sondern auch, zu lernen, wie sie es ändern konnten.

Die Frage war, wie ich vorgehen sollte. Wenn ich die Situation in die Hand nahm, würde ich den beiden ihre Autonomie nehmen. Doch wenn ich ihnen helfen konnte, ein gestörtes Kommunikationsmuster in ein funktionierendes zu verwandeln, würden sie nicht nur in der Lage sein, künftige Vereinbarungen eigenständig miteinander zu treffen (zum Beispiel die Kinder betreffend), sondern hätten auch eine Chance, in der Mediation eine solide Übereinkunft zu erzielen.

Sie hatten mich explizit beauftragt, ihnen dabei zu helfen, zu einer solchen Übereinkunft zu gelangen, also würde ich meine Grenzen nicht übertreten, indem ich ihnen beibrachte, wie sie zusammenarbeiten konnten.

Ich mußte aufpassen, daß Mr. de Kemp sich nicht auch vor mir verschloß, weil ich ihm angst machte. Die Menschen klammern sich oft an destruktive Kommunikationsmuster, einfach weil sie vertraut sind, selbst wenn sie erkennen, daß sie unausweichlich zu Frustration führen. Sich gegenseitig zu öffnen erfordert Mut und die Bereitschaft, sich nicht von der Vergangenheit einschränken zu lassen. Menschen fühlen sich in Trennungssituationen oft psychisch so zerbrechlich, daß es sie überfordert, sich mit schmerzlichen Themen auseinanderzusetzen. Sich verletzlich zu machen ist in jeder Situation viel verlangt. Doch dies in Gegenwart eines Menschen zu tun, den man als jemanden sieht, der einem viel Leid zugefügt hat, ist äußerst schwierig. Dennoch kann eben diese Verletzlichkeit tiefgreifendere Veränderungen ermöglichen, als dies in ruhigeren Zeiten vielleicht denkbar wäre.

Das Terrain, auf das ich mich begeben wollte, würden manche sicher nicht als besonders tiefgründig erachten. Ein Psychotherapeut etwa wäre sicher der Ansicht, daß ich kaum an der Oberfläche dessen kratzte, was er bei seiner Arbeit aufdeckt. Doch für Mr. und Mrs. de Kemp, die psychologisch relativ unbedarft waren, schien der innere Bereich, den ich ihnen zeigen wollte, gut vor ihrem Blick versteckt.

Wenn ich meinen Wunsch, sie zu neuen Einsichten zu bringen, zügeln und ihnen statt dessen die Wahl zu diesem Blick nach innen lassen konnte, so würde ich damit meinen Überzeugungen, wie Menschen miteinander umgehen sollten, eher gerecht werden. Die Erfahrung hat mich gelehrt, daß Menschen, die sich aus freien Stücken entscheiden, eher bereit sind, die Verantwortung für ihre Wahl zu tragen und Entscheidungen zu treffen, die anderen Respekt zollen.

Mit diesen Erwägungen im Kopf hakte ich also ein. Als Mr. de Kemp sagte, er wolle nicht über seine tieferen Gefühle sprechen, fragte ich: «Warum nicht?»

Mr. de Kemp: Sie wird nur zornig, und alles geht von vorne los.
Mediator: Wie ist das für Sie, wenn sie zornig wird?
Mr. de Kemp: Es macht mir angst. Ich denke in solchen Momenten, daß ich alles tun würde, damit sie nicht mehr zornig ist.
Mediator: Und was tun Sie dann?
Mr. de Kemp: Wenn ich kann, gehe ich weg.
Mrs. de Kemp: Kein Wunder, daß bei uns nichts klappt.
Mr. de Kemp: Warum sollten wir jetzt darüber reden? Es kommt mir absurd vor. Was passiert ist, ist passiert.
Mediator: Lassen Sie mich versuchen, Ihnen zu erklären, was ich

tue, und dann wollen wir sehen, ob es Ihnen beiden sinnvoll erscheint, auf diesem Gleis weiterzufahren, oder ob wir anders vorgehen wollen. Was ich hier bemerke und was Sie mir auch geschildert haben, ist ein Kommunikationsmuster, das gemeinsames Entscheiden schwermacht. Wenn Sie unterschiedlicher Meinung sind, wird Mrs. de Kemp ärgerlich, und Mr. de Kemp zieht sich zurück, wobei er allem zustimmt, was Mrs. de Kemp will, damit sie nicht explodiert. Später zeigt Mr. de Kemp, daß er anderer Meinung ist, indem er die Vereinbarung sabotiert, was wiederum Mrs. de Kemp wütend macht.

Mr. de Kemp: Sie haben es sehr gut beschrieben. Und ich denke, dieses Muster zu erkennen wäre sehr hilfreich, wenn wir noch zusammen wären. Aber warum sollen wir jetzt noch etwas daran ändern, da wir uns für die Scheidung entschieden haben?

Mediator: Mir fallen einige Gründe dafür ein, warum Sie versuchen sollten, dieses Muster wenigstens für die Dauer der Mediation zu ändern. Erstens, wenn sich das Muster hier fortsetzt und Ihre Entscheidungen bestimmt, werden Sie wieder bei einer unpraktikablen Vereinbarung landen. Um also zu etwas Soliderem zu gelangen, müssen wir das Muster durchbrechen. Zweitens wäre es nützlich, für die Entscheidungen, die Sie auch in Zukunft noch gemeinsam treffen müssen – ich denke da vor allem an die Kinder –, zu einer konstruktiveren Art der Zusammenarbeit zu finden. Und schließlich werden Sie eines Tages vielleicht eine neue Beziehung eingehen und dort womöglich wieder nach demselben oder einem ähnlichen Muster handeln. Wenn Sie wenigstens Ihren Part daran in den Griff bekommen können, gehen Sie weniger leicht wieder in dieselbe Falle.

Mrs. de Kemp: Gibt es einen anderen Weg der Mediation, wenn wir dieses Muster, wie Sie es nennen, nicht ändern?

Mediator: Ja. Sie würden vermutlich beide eher von mir erwarten, daß ich mir ausdenke, welche Vereinbarungen Sie treffen sollten. Oder Sie kommen einfach zu einer schnellen Vereinbarung – danach sah es eben ja schon aus – und müssen sich später damit auseinandersetzen, wenn sie nicht hinhaut.

Mrs. de Kemp: Wenn Sie es so darstellen, sieht es so aus, als wäre es das einzig Vernünftige, wenn wir versuchen würden, unser Muster zu ändern.

Mediator: Ich denke, das würde sich lohnen. Aber wenn Sie es nicht so sehen, sollten wir es lassen. Wenn Sie es nur tun, weil ich es für sinnvoll halte, dann dürften wir nicht weit kommen.

Mr. de Kemp: Denken Sie, daß wir in der kurzen Zeit ein so altes Muster ändern können?

Mediator: Sie haben schon begonnen, indem Sie darüber gesprochen haben. Ich weiß nicht, wie weit Sie gehen können, aber ich habe bei anderen schon sehr dramatische Veränderungen erlebt. Es hat damit zu tun, ob Sie die Veränderung als notwendig empfinden. Bisher haben wir festgestellt, was Sie beide tun. Der nächste Schritt wäre, daß Sie, Mr. de Kemp, Ihrer Frau sagen, was Sie ihr bisher nicht sagen wollten, vor allem über Ihr Unbehagen.

Mr. de Kemp: *(nach einer langen Stille, mich anblickend)* Was ich zu sagen hätte, ist nicht schön.

Mediator: Können ich oder Ihre Frau irgendwie dazu beitragen, daß Sie dazu bereit sind?

Mr. de Kemp: Willst du es hören, Annie?

Mrs. de Kemp: Ja, das will ich. Auf die andere Art hat es ja nicht funktioniert.

Mr. de Kemp: Ich muß sicher sein können, daß du mich für das, was ich sagen werde, nicht anschreist.

Mrs. de Kemp: Ich weiß, daß ich dich erschrecke. Aber manchmal verliere ich einfach die Kontrolle.

Mediator: Würde es Ihnen etwas bedeuten, wenn Sie Ihrem Mann einfach nur zuhören könnten?

Mrs. de Kemp: Ja, ich will es versuchen.

Mediator: Weshalb?

Mrs. de Kemp: Weil ich gerne wissen möchte, was er wirklich denkt.

Mediator: Selbst wenn es Sie verletzt?

Mrs. de Kemp: Ja. Es wird Zeit, daß wir mit den Spielchen aufhören.

Mediator: *(zu Mr. de Kemp)* Stimmen die Voraussetzungen, damit Sie reden können?

Mr. de Kemp: Okay. Ich denke, ich will es versuchen. *(Dann, zu ihr)* Ich bin schon lange sauer auf dich. Ich glaube, du hast mich nur geheiratet, weil ich Geld hatte, und als es weniger wurde, hast du mich fallenlassen wie eine heiße Kartoffel. Du hast mich im Stich gelassen, seit es nicht mehr so gut lief. Du hast mich nicht unterstützt.

Mrs. de Kemp: Das ist nicht wahr. Ich habe dich unterstützt. Ich habe versucht, dir zu helfen, aber du tust ja immer so, als wäre alles in Ordnung. Und als du dich mit diesen anderen Frauen eingelassen hast, bin ich bei dir geblieben.

Mediator: Hat Ihr Mann jemals zuvor etwas davon erwähnt?

Mrs. de Kemp: Nein.

Mediator: Wie ist das für Sie, das zu hören?

Mrs. de Kemp: Gräßlich. Er hat vollkommen unrecht.

Mediator: Vielleicht, aber glauben Sie, daß er glaubt, was er sagt?

Mrs. de Kemp: Vermutlich, aber es stimmt nicht.

Mediator: Jedenfalls aus Ihrer Perspektive. Aber es kann sein, daß die Sache anders aussehen würde, wenn Sie an seiner Stelle wären.

Mrs. de Kemp: Wie?

Mediator: Wollen Sie noch mehr hören?

Mrs. de Kemp: Hat er noch mehr zu sagen?

Mediator: Fragen wir ihn selbst. Mr. de Kemp, sind Sie bereit, noch etwas mehr zu sagen?

Mr. de Kemp: Ich weiß nicht. Es fällt schwer, Dinge zu sagen, von denen ich weiß, daß sie sie einfach abtut.

Mediator: Was brauchen Sie von ihr, damit es geht?

Mr. de Kemp: Ich weiß, daß sie jetzt nur nicht zornig ist, weil Sie hier sind. Darüber bin ich froh. Aber es würde helfen, wenn sie wenigstens einmal die Möglichkeit erwägen würde, daß mein Standpunkt auch eine gewisse Berechtigung haben könnte.

Mediator: Wie stehen Sie zu dieser Bitte?

Mrs. de Kemp: Er will, daß ich aufhöre zu kämpfen und alles so sehe wie er.

Mediator: Das glaube ich nicht. Aber ich sehe, daß Sie es so empfinden, wenn es darum geht, seinen Standpunkt aufzunehmen.

Mrs. de Kemp: Wie meinen Sie das?

Mediator: Ich stelle mir vor, daß Sie Angst haben, Ihre eigene Wahrnehmung würde ihre Gültigkeit verlieren, wenn Sie anfangen würden, die Situation einmal mit seinen Augen zu betrachten. Das heißt, entweder hat er recht oder Sie. So kommt es Ihnen vor.

Mrs. de Kemp: Ja, genau. Meistens habe ich auch recht.

Mediator: Tatsächlich ist es aber so, daß Ihrer beider Ansichten Teil der Wahrheit sind und nebeneinander bestehen können. Sie müssen sich nicht gegenseitig auslöschen. Nach meiner Erfahrung sind die Wahrnehmungen von beiden oftmals ihre persönlichen Wahrheiten. Wenn jeder seine Position ehrlich beschreibt, kann man sehen, wie es sich für den anderen darstellt, ohne deswegen die eigene Sichtweise zu entwerten. Alles, worum Ihr Mann Sie also bittet, ist, daß Sie die Situation einmal aus seiner Warte betrachten, nicht, daß Sie Ihren Standpunkt aufgeben.

Mrs. de Kemp: Okay, ich will es versuchen.

Mediator: Hören Sie ihm einfach nur so gut wie möglich zu, ohne bestimmen zu wollen, daß er unrecht hat.

Mrs. de Kemp: Ich verstehe. Ich versuche es.

Mediator: Und unterbrechen Sie ihn bitte nicht, und versuchen Sie auch nicht, ihm sofort etwas zu entgegnen.

Mrs. de Kemp: Das wird mir schwerfallen.

Mediator: Ich weiß.

Mr. de Kemp: Ich auch. Ich hatte nie eine Chance gegen dich. Also habe ich nicht gekämpft. Ich habe mich ergeben. Und ich glaube, nach einer Weile habe ich das Vertrauen in mich verloren. Und wenn du mir dann zu Hilfe kamst, fühlte ich mich noch mieser und habe dir das übelgenommen.

Mrs. de Kemp: Du wolltest deinen Fehlern einfach nicht ins Auge sehen. Du hast dich immer versteckt.

Mediator: Lassen Sie ihm Luft, Mrs. de Kemp, damit er alles sagen kann.

Mrs. de Kemp: Das kann ich nicht.

Mediator: Ich weiß, daß es Ihnen weh tut, das zu hören.

Mrs. de Kemp: *(mit Tränen in den Augen)* Ich habe mich so bemüht zu helfen. Ich wußte nicht, was ich sonst hätte tun sollen.

Mediator: Was empfanden Sie bei dieser letzten Äußerung Ihres Mannes?

Mrs. de Kemp: Es war hart, aber ich glaube tatsächlich, daß wir uns beide mißverstanden haben, vielleicht von Anfang an.

Mediator: Mir scheint, Sie haben sich also wirklich gestattet, ihm zuzuhören.

Mrs. de Kemp: Ja, das habe ich. Ich verstehe nicht, warum wir dieses Gespräch nicht schon vor langer Zeit geführt haben.

Mr. de Kemp: Wir waren sehr jung, als wir zusammenkamen. Ich glaube nicht, daß wir damals viel von uns selbst verstanden, geschweige denn vom anderen.

Mediator: Und wie war das eben für Sie, Mr. de Kemp, Ihrer Frau sagen zu können, was Sie fühlen?

Mr. de Kemp: Sehr erleichternd. Ich dachte, vielleicht bin ich doch nicht so verrückt und schiefgewickelt, wie es mir oft vorkommt.

Mediator: Das ist wichtig, denn ich habe das Gefühl, daß es Ihnen beiden zumindest kurzzeitig gelungen ist, mit Ihren selbstgeschaffenen Gewohnheiten zu brechen, die Sie daran hindern, miteinander zu sprechen. Solange Sie hier sind, gibt es noch etwas, das einer von Ihnen dem anderen mitteilen möchte?

Mrs. de Kemp: Es tut mir leid, daß wir das vorher nie versucht haben. Es tut mir leid für mich, für dich und für die Kinder. Wir haben einander so sehr verletzt, daß ich nicht glaube, daß wir die Ehe retten können, aber jetzt werde ich dich wenigstens nicht ewig hassen.

Mr. de Kemp: Und ich fühle mich besser, nachdem ich dir gesagt habe, was ich fühle. Es ist, als wäre eine Last von mir genommen.

Neue Wege?

Nachdem wir uns klargemacht hatten, wie Mr. und Mrs. de Kemp gemeinsam dazu beitrugen, ihn davon abzuhalten, irgendwelche negativen Gefühle zum Ausdruck zu bringen, ließ Mrs. de Kemp zumindest für den Moment davon ab, ihren Mann ständig herumzuschubsen. Als sie sah, daß sie ihre Wahrheit nicht aufgeben mußte, um seine anzunehmen, gestattete sie sich mehr Offenheit für seinen Standpunkt. Und als Mr. de Kemp sah, daß er offen sprechen konnte, ohne daß sie gleich in Wut geriet, war er bereit, sich zu offenbaren. Dies galt vor allem für seine negativen Gefühle, die er nur schwer zulassen und ausdrücken konnte. Nach dieser Erfahrung sahen beide auf einmal, daß es möglich war, sich zu verstehen.

Dieser Durchbruch garantierte noch nicht, daß sie künftig in der Lage sein würden, leicht miteinander zu kommunizieren. Aber immerhin hatten wir das Tor dorthin geöffnet, und sie hatten ein wenig Erfahrung darin gesammelt, ehrlicher miteinander zu reden. Diese Kommunikation aufrechtzuerhalten würde noch Arbeit erfordern. Doch es war ein Anfang und aus meiner Sicht die notwendige Voraussetzung dafür, daß sie ihre Entscheidungsmacht umsetzen konnten.

Was es dieser beiden ermöglicht hatte, den Standpunkt des anderen gelten zu lassen, war ihr beidseitiger Wunsch, sich gegenseitig zu verstehen, und ihr Glaube, daß ich sie beide verstehen konnte. Als Mr. de Kemp sah, daß ich mich vom Zorn seiner Frau nicht umwerfen ließ, fand er das nötige Selbstvertrauen, um von seinem Mißtrauen und seinem Ärger über ihre Herabsetzungen zu sprechen.

Der Dialog

Meine Hoffnung für die nächste Sitzung war, daß Mr. und Mrs. de Kemp die Situation sowohl vom eigenen Standpunkt als auch von dem des anderen betrachten und dann einen lösungsorientierten Dialog anfangen würden. Kurz nach Beginn der Sitzung fand folgendes Gespräch statt.

Mediator: Nun müssen wir uns also überlegen, wie wir mit den Schulden, dem Haus, den Einkünften der Familie und der gemeinsamen Elternschaft für Dominique und Alfred verfahren.

Mr. de Kemp: Was schlagen Sie vor? Sie haben doch schon oft gesehen, wie die Leute das machen.

Mediator: Ich verspreche Ihnen, daß ich das tun werde, wenn Sie es brauchen, aber es wäre hilfreich, wenn Sie beide sich zuerst selbst fragen würden, was Ihnen praktikabel erscheint.

Mrs. de Kemp: Ich habe schon gesagt, was ich will. Es ist schön, daß wir besser miteinander reden können, aber das ändert nichts an meinem finanziellen Bedarf.

Mr. de Kemp: Also muß ich mich entweder deinen Wünschen fügen, oder wir stecken fest.

Mediator: Das ist für Sie im Moment eine wichtige Wahrnehmungsweise. Früher hätten Sie an diesem Punkt einfach nachgegeben. Aber jetzt müssen wir von Ihnen hören, was für Sie Sinn macht. Lassen Sie einmal kurz außer acht, was Ihre Frau will, und sagen Sie uns, welche Entscheidungen Sie sich wünschen.

Mr. de Kemp hatte gezeigt, daß er versucht war, seine eigenen Bedürfnisse zu ignorieren. Letzten Endes wollte ich ihn so weit bekommen, daß er beide Seiten berücksichtigte, aber weil es neu für ihn war, sich unter dem Druck seiner Frau auf sich selbst zu konzentrieren, wollte ich ihm helfen, seinen eigenen Standpunkt zu artikulieren. Sollte es sich herausstellen, daß kein echter Konflikt zwischen seinen Wünschen und denen seiner Frau bestand, dann hätten wir eine Lösung. Wenn tatsächlich ein Konflikt bestand, würden wir den nächsten Schritt tun. Bei alledem war es wichtig für mich, daß ich nicht zum Anwalt von Mr. de Kemp wurde.

Mr. de Kemp: Ich will das Haus verkaufen, weil wir es uns wirklich nicht mehr leisten können.

Mrs. de Kemp: *(wirft die Arme hoch)* Mist, Roger. Du versuchst, mir das einzige zu nehmen, was ich noch habe.

Mediator: *(zu Mrs. de Kemp)* Warten Sie noch kurz. Ich will den Blick jetzt auf Ihren Mann gerichtet lassen, denn wenn wir das nicht tun, fürchte ich, daß wir wieder bei Ihrem alten Muster hängenbleiben.

Mrs. de Kemp: Der Gedanke, das Haus verkaufen zu müssen, macht mich rasend.

Mediator: Das ist eine wichtige Information, und wir werden uns später auch noch auf Ihre Prioritäten konzentrieren. Und wenn es ganz oben auf Ihrer Liste steht, das Haus zu behalten, dann müssen wir nach Lösungen suchen, die das berücksichtigen. Aber jetzt im Moment möchte ich sichergehen, daß wir nicht die Gelegenheit verpassen, herauszufinden, was Ihr Mann will.

Mr. de Kemp: Danke, daß Sie das sagen, denn ich ging schon davon aus, daß das Haus nicht verkauft wird.

Mediator: Vielleicht wird es auch nicht verkauft. Aber im Moment will ich einfach sehen, was passieren würde, wenn alles nur nach Ihren Wünschen ginge.

Mrs. de Kemp: Und warum machen Sie das nicht mit mir?

Mediator: Weil ich denke, daß Sie das auch so schon sehr gut können.

Mrs. de Kemp: Ich glaube, daß Roger Sie jetzt auf seine Seite zieht.

Mediator: Dann ist es ja gut, daß ich hier keinerlei Entscheidungsgewalt habe. Aber ich glaube nicht, daß das geschieht. Ich denke, wir könnten wirklich weiterkommen, wenn Sie sich jetzt einfach zurücklehnen und abwarten würden, was Ihr Mann will. Versuchen Sie, nicht zu denken, daß etwas, nur weil er es will, eher passieren wird, als wenn Sie es wollten.

Mrs. de Kemp: Das ist sehr schwierig. Ich weiß nicht, ob ich das kann.

Mediator: Es ist neu, daher werden Sie sich besonders konzentrieren müssen. Aber Sie haben bereits bewiesen, daß Sie es können, als Sie ihm beim letzten Mal bis zu Ende zuhörten.

Mrs. de Kemp: In Ordnung. Ich versuch's.

Mediator: Also, Mr. de Kemp, was hätten Sie noch gern, außer daß das Haus verkauft wird?

Mr. de Kemp: Ich möchte sicher sein können, daß Annie die Kinder nicht von hier fortnimmt.

Mediator: Das ist Ihnen wichtig?

Mr. de Kemp: Ja. Es macht mir wirklich angst, wenn sie droht, zurück nach Südafrika zu gehen.

Mediator: Da hat sie also ein echtes Druckmittel gegen Sie?

Mr. de Kemp: So scheint es.

Mediator: Sie wollen also am Leben der Kinder teilhaben. Was noch?

Mr. de Kemp: Ich möchte die Schulden abzahlen. Ich möchte Annie und die Kinder unterstützen, aber das kann ich nicht richtig, wenn ich das Haus halten und gleichzeitig noch die Schulden bezahlen soll.

Mediator: Ich kann mir vorstellen, daß das bei Ihrem unsicheren Einkommen im Moment besonders schwierig wäre.

Mr. de Kemp: Ja. Wenn ich das Geld hätte, würde ich Annie gern mit den Kindern im Haus wohnen lassen, aber diese Ausgaben, die Schulden und der Unterhalt lasten so schwer auf mir, daß ich das wohl nicht alles hinkriege.

Mediator: Wenn also das Haus verkauft würde und die Schulden abbezahlt wären, dann wären Sie zuversichtlich, Ihrer Frau die 1500 Dollar im Monat zahlen zu können, die sie möchte?

Mr. de Kemp: Ja, absolut. Das würde ich garantieren.

Mrs. de Kemp: Und was ist, wenn wir das Haus verkaufen und die Schulden bezahlen und du mir den Unterhalt nicht zahlen kannst?

Mr. de Kemp: Dann würde ich verstehen, wenn du das Land verlassen wolltest. Es wäre sehr schmerzlich für mich, aber ich weiß, daß du so viel Geld brauchst, um gut leben zu können.

Mediator: Und was würden Sie sich noch wünschen, Mr. de Kemp? Gibt es noch etwas, was Ihnen besonders wichtig wäre?

Mr. de Kemp: Falls noch Geld übrig ist, nachdem wir das Haus verkauft und die Schulden bezahlt haben, hätte ich gerne etwas davon als Reserve, damit ich den Unterhalt auch bezahlen kann, wenn ich einen schlechten Monat hatte.

Mediator: Wie kommt das alles bei Ihnen an, Mrs. de Kemp?

Mrs. de Kemp: Es macht mich wütend.

Mediator: Weshalb?

Mrs. de Kemp: *(weinend)* Ich kann das einfach nicht glauben. Das einzige, was ich habe, soll ich aufgeben.

Mediator: Das bringt die ganze Enttäuschung über Ihre Ehe und die jetzige Situation hoch.

Mrs. de Kemp: Ja. Und es ist deine Schuld, Roger. Dieser idiotische Beaujolais nouveau. Du hast dieses Geld verloren, und jetzt verliere ich alles deinetwegen.

Mediator: Sie finden also, daß er allein verantwortlich ist?

Mrs. de Kemp: Ja. Jedenfalls für das meiste. Es gab auch ein paar Dinge, mit denen ich einverstanden war, die nicht geklappt haben.

Mr. de Kemp: Und du hast das Geld auch gerne ausgegeben.

Mediator: Sie haben also beide eine gewisse Verantwortung für das Endergebnis?

Mrs. de Kemp: Eine gewisse, ja, aber er hat die meiste.
Mediator: Die Hauptfrage hier ist das Haus, richtig?
Mrs. de Kemp: Ja.
Mediator: *(zu Mrs. de Kemp)* Stellen Sie sich vor, Sie wären ein Richter, der für diese ganze Familie Gerechtigkeit üben und eine faire Lösung finden will. Was würden Sie tun?
Mrs. de Kemp: Ich weiß es nicht. Wir müssen das Haus wohl verkaufen *(beginnt zu schluchzen).*
Mediator: Und Sie, Mr. de Kemp?
Mr. de Kemp: Ich würde das Haus ja auch gerne retten, aber das kann ich mir einfach nicht leisten.
Mediator: Also ist der Gedanke, das Haus zu verlieren, auch für Sie schmerzlich?
Mr. de Kemp: Ja. Ich hätte auch nie gedacht, daß es soweit kommen würde.
Mediator: Sie sind also beide traurig und enttäuscht.
Mrs. de Kemp: Es war mir nie klar, daß du auch so empfindest. Es hilft ein bißchen, das zu wissen. Aber Sie, Herr Mediator, wo ist Ihre tolle Lösung? Sie haben doch gesagt, Sie würden Lösungen anbieten. Wie steht es damit?
Mediator: Mir scheint der Hausverkauf die einzige realistische Option zu sein. Sie sind mit Ihren Hypothekenraten bereits einen Monat im Rückstand. Ihr Einkommen ist geringer als Ihre monatliche Belastung. Sofern Sie nicht irgendeine andere Geldquelle haben – einen Freund oder Ihre Eltern oder sonst jemanden, der Ihnen aus der Patsche hilft – sieht es so aus, als würden Sie um so besser dastehen, je eher Sie es verkaufen. Ich kann also keine genialen Lösungen bieten. Ich fürchte nur, daß Sie immer mehr Geld verlieren werden, je länger Sie mit dem Hausverkauf warten, weil die Schulden jeden Monat größer werden. Beim Verkauf werden Sie auch Steuern für Ihren Gewinn gegenüber dem Kaufpreis zahlen müssen, außer wenn Sie innerhalb weniger Jahre wieder in ein anderes Haus investieren können. Aber da das Haus keine große Wertsteigerung erfahren hat, wird das wahrscheinlich kein größeres Problem sein.
Mrs. de Kemp: Sie enttäuschen mich.
Mediator: Es tut mir leid, daß ich nicht mehr tun kann. Manchmal ist es besser, einen Schlußstrich zu ziehen und etwas Neues anzu-

fangen, als sich an etwas zu klammern, was schon verloren ist. In gewisser Weise haben Sie sich bei Ihrer Ehe schon so entschieden. Vielleicht sollten Sie die gleiche Entscheidung auch in der Hausfrage treffen.

Mr. de Kemp: So schmerzlich es ist, für mich ist es auch erleichternd, das zu erwägen.

Mediator: Und Sie, Mrs. de Kemp, empfinden Sie neben der Enttäuschung auch Erleichterung?

Mrs. de Kemp: *(ärgerlich)* Nein, eigentlich nicht. Ich wünschte, Ihnen wäre etwas Besseres eingefallen.

Mediator: Ich glaube, ich kann jetzt nachempfinden, wie sich Ihr Mann fühlt.

Mrs. de Kemp: Wie meinen Sie das?

Mediator: Sie sind enttäuscht von mir. Und Sie zeigen das mit einem sehr machtvollen Ärger. Dadurch bewirken Sie, daß ich etwas tun möchte, damit Sie sich besser fühlen oder nicht mehr so zornig sind. Sie haben eine sehr wirkungsvolle Art, Ihre Enttäuschung zu zeigen.

Mrs. de Kemp: Ich weiß nicht, was ich sonst damit tun soll. *(Fängt an zu weinen.)* Ich bin nicht wirklich sauer auf Sie, aber ich hatte gehofft, daß Sie uns retten könnten.

Mediator: Es freut mich, daß Sie das sagen. Wie ist das für Sie, Mr. de Kemp, wenn Sie das hier beobachten?

Mr. de Kemp: Ich bin froh, daß jemand anders den Druck mit mir teilt.

Mediator: Und Sie, Mrs. de Kemp, wie ist das für Sie?

Mrs. de Kemp: Ich wußte gar nicht, daß ich so machtvoll wirke. Innerlich fühle ich mich so schwach und frustriert.

Mrs. de Kemp: Willkommen im Club. *(Beide lachen.)*

Bald darauf gelangten die de Kemps zu einer Vereinbarung, die den sofortigen Verkauf des Hauses vorsah. Mit dem Erlös sollten die Schulden bezahlt werden; eventuelles Restgeld würde aufgeteilt. Sie einigten sich auch darauf, daß Mr. de Kemp bis zum Verkauf die Hypothek weiter abzahlen und danach die Hälfte seines Nettoeinkommens als Unterhalt zahlen würde, bis sich sein Einkommen stabilisiert hatte. An diesem Punkt würden sie sich dann auf eine bestimmte Summe einigen. Außerdem arbeiteten sie eine Regelung für die Wahrnehmung der gemeinsamen Elternschaft für die Zwillinge aus, die Mr. de Kemps flexible Arbeitszeiten nutzte und es ihm ermöglichte, mehr Zeit mit ihnen zu verbringen. Für den Fall, daß Mrs. de Kemp sich jemals entschließen sollte wegzuziehen, vereinbarten sie, sich wieder zusammenzusetzen und zu überlegen, wie sich dies auf die Wahrnehmung der gemeinsamen Elternschaft auswirken würde. Wenn sie diese Frage allein nicht regeln könnten, würden sie wieder in die Mediation kommen.

Was nach einem festgefahrenen Konflikt zwischen beiden ausgesehen hatte, erwies sich am Ende mehr als ein innerer Konflikt von Mrs. de Kemp – sie konnte sich nicht von ihrem Zuhause trennen. Um einzusehen, daß ihr größter Wunsch unrealistisch war, mußte sie sich mit ihrer Verbitterung und Enttäuschung auseinandersetzen. Sie lernte auch, zwischen sinnvollem und weniger sinnvollem Einsatz ihres Ärgers zu trennen, und erkannte, daß er ein wirkungsvolles Instrument sein konnte, wenn sie ihn von den oft mitschwingenden Vorwürfen abgrenzte. Und Mr. de Kemp lernte, wie wichtig es ist, sich selbst behaupten zu können, besonders in einer schwierigen Situation.

Ich selbst muß zugeben, daß ich es ein wenig bedauerte, nicht den großartigen Retter spielen zu können, den sie sich in mir erhofft hatten. Diese beiden brauchten mich, um auf dem Boden der Tatsachen zu bleiben und zu lernen, daß sie die Situation so annehmen mußten, wie sie nun einmal war, nicht, wie sie sie gerne gehabt hätten. Und am Ende kamen sowohl Mrs. de Kemp als auch ich über ihre Enttäuschung über mich hinweg. Ich hoffte, daß ihr dies eines Tages auch bei ihrem Mann gelingen würde. Aber das würde Zeit brauchen. In jedem Fall hatte ich den Eindruck, daß sie die Mediation zwar nicht gerade beglückt, aber doch in der Gewißheit verließen, daß sie sich auf festem Grund bewegten. Das würde uns allen genügen müssen.

Wer bin ich ohne dich?

Nach zwanzig Jahren Ehe beschließt Dennis Thompson unvermittelt, daß er sich trennen will. Seine Frau Mimi ist schokkiert und kann sich kein anderes Leben als das an seiner Seite vorstellen. Wenn die Einstellungen der Mediationsparteien zur Trennung derart kraß voneinander abweichen – der eine will sie unbedingt, der andere auf keinen Fall –, dann werden oft Entscheidungen getroffen, die alles andere als solide sind. In diesem Fallbeispiel helfe ich Mrs. Thompson, den Wert einer eigenen Identität zu begreifen. Während sie langsam beginnt, sich die Zukunft vorzustellen, wird ihr allmählich klar, daß unerwartete Veränderungen ihrer Lebensumstände oder ihrer Einstellung dazu führen können, daß sie Entscheidungen bedauert, die getroffen wurden, bevor sie sich ausreichend auf die Trennung eingestellt hat.

Als ich Mr. und Mrs. Thompson in unserer ersten Sitzung fragte, ob sie noch zusammenlebten, antworteten sie beide gleichzeitig. Sie sagte ja, er sagte nein. Am Anfang redete hauptsächlich er. Ein paar Monate zuvor, nach zwanzig gemeinsamen Jahren, hatte er ihr erklärt, daß ihre Ehe ihn langweile und daß es vorbei sei. Mrs. Thompson hatte diesen Beschluß auf eine Midlife-Krise zurückgeführt und zu ignorieren versucht – in der Hoffnung, daß die Krise vorübergehen würde. Sie war nicht bereit, die Ehe als beendet anzusehen. Sie und ihr Mann waren zusammen auf die High-School gegangen, hatten sich im Abschlußjahr ineinander verliebt und mit zwanzig geheiratet. Seitdem hatte sich Mrs. Thompson als Ehefrau definiert. Als ihr Sohn Jeffrey geboren wurde, hatte sie ihren Lebenszweck mit Freude um das Muttersein erweitert. Jeffrey war inzwischen vierzehn.

Bis zu der Erklärung ihres Mannes hatte Mrs. Thompson ihr Leben für idyllisch gehalten. Im Laufe der Jahre hatte sie das gemeinsame Zuhause mit Liebe und Sorgfalt ausgestaltet. Mit Webstuhl, Nähmaschine und Pinsel hatte sie die Wohnung verschönert und die Familie eingekleidet. Die gleiche Kreativität floß in ihre Kochkunst und ihren Garten. Anfangs gelang es ihr noch, die Entscheidung ihres Mannes zu ignorieren, doch nach einer Weile wiederholte er sie. Sie bat ihn, ihr zu sagen, wie sie sich ändern sollte, damit die Ehe funktionierte. Sie wollte nichts unversucht lassen. Das Problem war, daß Mr. Thompson sich wünschte, daß sie weniger von ihm abhängig wäre, finanziell wie emotional. Sie setzte ihm entgegen, daß er ihr ursprüngliches Übereinkommen verriet – sie hatten sich für eine traditionelle Ehe entschieden, in der er der einzige Brötchenverdiener und sie die Ehefrau und Mutter war. Da sie nur eine High-School-Bildung hatte, ließ sie sich bei einer von Mr. Thompson als «halbherzig» bezeichneten Jobsuche rasch entmutigen und ließ die Idee wieder fallen.

Mr. Thompson gab zu, daß er das Übereinkommen änderte, doch er meinte, es bliebe ihm nichts anderes übrig – er fühle sich erstickt. Dann verkündete er, daß er sich in eine andere Frau verliebt hatte. In ihrer Verzweiflung begab sich Mrs. Thompson in eine Therapie. In den Monaten vor unserem Zusammentreffen hatte sich ihre Einstellung zu ihrer Ehe nicht geändert, aber sie hatte in der Therapie entdeckt, daß sie fähig sein würde, weiterzuleben, was auch immer passieren mochte.

Die beiden waren kein beeindruckendes Paar. Mrs. Thompsons Bewegungen waren langsam, ihre Erscheinung schwerfällig und gedrungen, aber ihre dunklen Augen waren warm und lebendig und ihr Mund entschlossen. Mr. Thompson war ein zierlicher, unathletischer Mann, der seine schwarzen Haarsträhnen über die beginnende Glatze kämmte. Er war konservativ gekleidet und sah aus wie jemand, in dessen Leben sich schon seit langem nichts mehr verändert hat. Er hatte bei jeder Sitzung dasselbe an. Ich war erstaunt, von der «anderen Frau» zu hören. Er hatte eine barsche Art, lächelte kaum und pfiff seine Frau regelmäßig an, als wäre sie ein nervendes Kind, das ihn am Hosenbein zog.

Die beiden besaßen ein Stadthaus mit zwei Wohnungen und einer umgebauten Garage. Nachdem Mr. Thompson verkündet hatte, daß er sich mit einer anderen Frau traf, war er aus der gemeinsamen Wohnung ausgezogen und lebte jetzt in der darüberliegenden anderen Wohnung. Mrs. Thompson war zu einem als prozeßsüchtig bekannten Anwalt gegangen, der ihr versprach, das ganze Haus und noch viel mehr für sie herauszuholen. Als Mr. Thompson davon erfuhr, wandte er sich an einen ebenso knallharten Scheidungsanwalt, der schon in etlichen anderen Fällen mit Mrs. Thompsons Anwalt die Klingen gekreuzt hatte. Bei ihrem Treffen hatte der Anwalt von Mr. Thompson ihnen prophezeit, daß die Sache sie 75 000 Dollar kosten würde, und eine Mediation als Alternative erwähnt. Mr. Thompson sprang sofort darauf an.

Mrs. Thompson hatte eine ambivalente Einstellung zur Mediation. Einerseits wollte sie ihren Mann zurückhaben und war ziemlich sicher, daß die Anwälte jegliche Chance darauf zerstören würden. Während also ein weniger gegnerschaftlicher Ansatz ihnen eine Chance lassen könnte zusammenzubleiben, fühlte sie sich andererseits ihrem Mann in bezug auf verbale Ausdrucksfähigkeit, selbständiges Denken und Finanzkenntnisse nicht gewachsen. Sie hatte nicht die geringste Ahnung von den Familienfinanzen und keinerlei Vorstellung, wie sie sich bilden konnte. Sie hatte niemals eigenes Geld verdient; dazu hatte keine Notwendigkeit bestanden. Eine Mediation, mit ihrer Betonung von informiertem Verhandeln, erschien ihr ganz genauso beängstigend wie ein gerichtliches Verfahren, und ich hatte nicht das Gefühl, ihr diese Angst nehmen zu können.

Mediator: *(zu Mrs. Thompson)* Wenn Sie eine Trennungsvereinbarung über die Finanzen erzielen wollen, werden Sie vieles dazulernen müssen. Zumindest müssen Sie wissen, wieviel Geld Sie und Ihr Kind zum Leben brauchen, müssen sich über Ihre Vermögenswerte und Schulden informieren und in der Lage sein, Zukunftspläne für sich und das Kind zu formulieren. Aber das gilt gleichermaßen, ob Sie nun Anwälte beauftragen oder eine Mediation machen.

Mr. Thompson: Ich finde es ganz toll, daß Mimi diesen Lernprozeß hier durchlaufen kann. Aber dazu müßte ich eigentlich gar nicht dabeisein. Ich hätte sogar nichts dagegen, wenn Sie als ihr Anwalt fungieren und mit mir verhandeln würden.

Mediator: Nein, ich bin nicht bereit, in dieser Funktion aufzutreten. Und normalerweise treffe ich mich auch nicht einzeln mit meinen Mediationsklienten, weil es besser funktioniert, wenn Sie zusammenarbeiten. Sie werden also ein wenig Geduld mitbringen müssen, Mr. Thompson, und aktiv an dem Lernprozeß Ihrer Frau teilnehmen.

Mr. Thompson: Na gut, machen wir also weiter.

Mediator: Ich würde gerne erst hören, wie Ihre Frau dazu steht.

Mr. Thompson: Schauen Sie, es macht keinen Sinn, daß wir das unseren Anwälten überlassen.

Mediator: Mir ist klar, daß das Ihr Standpunkt ist. Aber ich würde auch gerne den Ihrer Frau hören.

Mr. Thompson: Ich spreche für uns beide.

Mediator: Hier nicht, und auch nicht, wenn Sie eine Trennung wollen.

Mrs. Thompson: Ich bin mit einer Mediation einverstanden, wenn Dennis denkt, daß das der beste Weg für uns ist.

Mediator: Haben Sie eigene Gedanken dazu, unabhängig von seinen?

Mrs. Thompson: *(nach einer langen Pause)* Nun ja, ich habe natürlich Angst. Ich fürchte, daß Dennis mich ausnutzen wird. Er ist die meiste Zeit so ärgerlich mit mir.

Mediator: Was kann er oder ich tun, um Ihnen die Sache zu erleichtern?

Mrs. Thompson: Er muß Geduld haben, wie Sie gesagt haben. Ich bin langsam.

Mr. Thompson: Deswegen habe ich ja vorgeschlagen, daß Sie sich getrennt mit ihr treffen. Ich bin ungeduldig. Ich möchte das hier hinter mich bringen.

Mediator: Dann gäbe es eventuell noch eine andere Möglichkeit für Sie. Vielleicht könnten Sie gemeinsam einen Anwalt suchen, der Mrs. Thompson vertritt und direkt mit Ihnen, Mr. Thompson, verhandelt. Dann müßten Sie beide sich überhaupt nicht gemeinsam treffen. Den Anwalt direkt mit Ihnen verhandeln zu lassen könnte Mrs. Thompson den Schutz geben, von dem Sie beide denken, daß sie ihn brauchen könnte.

Mr. Thompson: Nein, wir können genausogut hier weitermachen. Ich will versuchen, geduldig zu sein.

Mediator: Und wie steht es mit Ihnen, Mrs. Thompson?
Mrs. Thompson: Ich bin bereit, Dennis zuzustimmen.
Mediator: Das könnte ein größeres Problem werden.
Mrs. Thompson: Wie meinen Sie das?
Mediator: Sie sollten bereit sein, anderer Meinung zu sein als er und selbst zu entscheiden, was Sie wollen. Sonst werden Sie nur absegnen, was er will, und ich denke, auf lange Sicht wären Sie damit nicht glücklich.

Der Grad ihrer Abhängigkeit von ihrem Mann machte mir Sorgen. Was steckte dahinter? Aber ganz unabhängig davon schien es, als würde dies zu einem Knackpunkt bei der Entscheidung werden, ob eine Mediation das richtige war oder nicht. Wenn Mrs. Thompson versuchte, ihren Mann durch Kooperationswilligkeit zurückzulocken, dann würde sie sich niemals auf ein eigenes, von ihm unabhängiges Leben konzentrieren. Sie mußte die Tatsache der Trennung und die daraus für sie entstehenden Konsequenzen annehmen. Sie hatte bereits einen wichtigen Schritt getan, indem sie sich einen Therapeuten gesucht und erkannt hatte, daß sie das in jedem Fall überstehen würde. Aber es waren noch mehr Voraussetzungen zu erfüllen. In naher Zukunft würde sie entscheiden müssen:

- wo sie leben wollte,
- welche Regelung der gemeinsamen Elternschaft für sie und ihren Sohn am geeignetsten wäre,
- wieviel Unterhalt sie brauchten.

Aber war eine Mediation der geeignete Weg? Mir schien, daß es für beide leichter sein könnte, wenn jeder seinen Anwalt hätte. Dann müßte Mrs. Thompson sich nicht direkt mit der herrischen Ungeduld ihres Mannes auseinandersetzen und könnte etwas Abstand von ihm gewinnen – sofern sie das überhaupt wollte. Obwohl deutlich entmutigt von den Ereignissen der letzten Zeit und verzweifelt über seine ständigen Anpfiffe, schien sie doch gerne in seiner Gegenwart zu sein. Dachte sie wirklich, die Ehe sei noch zu retten? Hatte sie recht? Wenn sie lange genug am Ball blieb, würde er seinen Entschluß ändern? Ich fragte mich, ob das ein schlechter Grund für eine Mediation war.

Aus meiner Sicht stand Mrs. Thompson trotz ihres schwachen Selbstbildes in vielerlei Hinsicht besser da als ihr Mann. Ihre Lebenseinstellung war positiv, seine war pessimistisch. Das war vermutlich immer so gewesen und würde auch immer so bleiben. Aber sie hatte ihr gesamtes Erwachsenenleben in einer von ihm definierten Wirklichkeit verbracht. Sie schien sich überhaupt nicht als eigenständiges Individuum wahrzunehmen.

Das offenkundige Ungleichgewicht bei diesen beiden konfrontierte mich mit meinen eigenen Gefühlen zu Ehe und Scheidung. Nach einer Scheidung und einer neuen Heirat bin ich sehr stark davon überzeugt, daß es für beide Partner ungesund ist, wenn der eine emotional vom anderen abhängig ist. Die besten Ehen, die ich kenne, sind Partnerschaften zwischen unabhängigen Menschen, die ihr Leben gerne miteinander teilen, dabei aber ihre eigene Identität bewahren. Mrs. Thompsons Abhängigkeit schien sowohl dem Funktionieren der Ehe als auch dem Durchleben einer Scheidung entgegenzustehen. Selbst wenn sie und ihr Mann wieder zusammenkommen sollten, hielt ich es für wünschenswert, daß sie unabhängiger würde. Mr. Thompson selbst wollte deutlich mehr Autonomie. Vielleicht würde die Ehe funktionieren, wenn Mrs. Thompson von ihrer Abhängigkeit loskäme. Und wenn nicht, so würde ihr das ermöglichen, ohne ihn zurechtzukommen.

Dieser Gedanke erschien mir zwar schlüssig, aber ich war mir nicht sicher, ob er auch für Mrs. Thompson richtig war. Und was meinte ich mit Autonomie? Meinte ich finanzielle Unabhängigkeit, eigene Freunde und Entschiedenheit in bezug auf das Kind, oder ging es um mehr – um ein weniger eingrenzbares, allgemeineres Lebensgefühl? Wenn es mir um Autonomie im weiteren Sinne ging, machte das wirklich Sinn für Mrs. Thompson? Vielleicht war ihre Abhängigkeit von ihm für sie ja gesund? Durfte ich sagen, daß es falsch von ihr war, die Ehe retten zu wollen, was immer ich auch darüber dachte? Vielleicht war ihre Abhängigkeit einfach eine Strategie, um die Ehe zu erhalten.

Wenn dies zutraf, so schien die Strategie nicht zu funktionieren. Mr. Thompson brachte sehr deutlich zum Ausdruck, daß er sich eine Ehefrau mit einem eigenen Leben wünschte, für die er sich nicht so stark verantwortlich fühlen mußte. Letztlich ging es also nicht nur um meine eigene Vorstellung von einer gut funktionierenden Ehe. Mr. Thompson wollte die Scheidung, also würde Mrs. Thompson wohl oder übel lernen müssen, unabhängig zu sein. Würde eine Mediation ihr dabei helfen? Vermutlich ja, wenn sie wirklich bereit war, ihr Leben zu ändern.

Ich wollte Mrs. Thompson meine Ansichten über ein unabhängiges Leben nicht aufdrängen. Es war schon schlimm genug für sie, daß einer der beiden anwesenden Männer entschlossen schien, sie dazu zu zwingen. Was ich tun konnte, war, ihr wachsendes Selbstwertgefühl zu unterstützen, und zwar ohne ihre emotionale Abhängigkeit zu fördern und zu einem Ersatz für Mr. Thompson zu werden. Ich mußte ihr helfen, ihre Entscheidungen richtig einzuschätzen, deren Konsequenzen zu begreifen und sich eine eigene, unabhängige Meinung zu bilden, selbst wenn ihr Mann sich dagegenstellte. Doch dabei mußte ich aufpassen, damit ich nicht die Grenze übertreten und zu ihrem Anwalt gegen Mr. Thompson werden würde.

Mrs. Thompsons Unabhängigkeit war vermutlich nicht nur in ihrem Interesse, sondern auch in seinem. Bald würden wir darüber sprechen müssen, wie sie ihren Lebensunterhalt verdienen wollte, und mir war klar, daß seine Ungeduld und ihre geringe Selbstachtung die Sache zusätzlich erschweren würden. Ich sah auch, daß es, strategisch gesehen, für Mr. Thompson auf lange Sicht besser wäre, wenn er sich kurzfristig zurückziehen und seiner Frau Raum zum Erstarken lassen könnte.

Alles in allem schien eine Mediation für das Ehepaar Thompson nicht die optimale Wahl zu sein. Sie war zwar nicht unbedingt unmöglich, aber vermutlich weniger ihren Bedürfnissen entsprechend als eine Vertretung durch Anwälte. Diese könnten eine vorläufige Vereinbarung aushandeln, die es Mrs. Thompson erlauben würde, sich mit der Situation abzufinden. Das Problem war, daß sie beide sehr mißtrauisch gegenüber Anwälten waren und dem Klischee vom gierigen Rechtsverdreher anhingen, der Streit und Probleme schafft, wo vorher keine waren. Ich kannte Anwälte, die ihre Situation einfühlsam und mit einem Minimum an Ärger hätten regeln können, aber die beiden waren absolut dagegen. Ihnen schien es sicherer, die Beziehung fortzuführen, die wir drei aufgebaut hatten, als sich wieder ins Ungewisse zu stürzen.

Eine Übergangslösung

Nun galt es zu sehen, ob Mrs. Thompson sich von ihrem Mann lösen konnte, um eigene Entscheidungen zu treffen. Einige kurzfristige Entscheidungen standen sofort an – vor allem, wieviel Mr. Thompson zahlen würde, zumindest vorübergehend, bis Mrs. Thompson auf eigenen Füßen stehen konnte.

Mr. Thompson hatte auch nach seinem Umzug in die obere Wohnung weiterhin die Hypothekenzahlungen, Steuern und Versicherungen für ihr gesamtes Eigentum getragen. Dazu gehörten die zwei Wohnungen und die umgebaute Garage, die sie vermietet hatten, sowie Mrs. Thompsons Autoversicherung, die Krankenversicherung für die Familie, Mrs. Thompsons Therapierechnungen sowie weitere 1200 Dollar monatlich für ihren und Jeffreys Lebensunterhalt.

Da Mrs. Thompson nicht arbeitete und kurzfristig auch keine beruflichen Perspektiven hatte, benötigte sie eindeutig weiterhin diese Unterstützung ihres Mannes. Er verdiente als Angestellter im mittleren Management einer großen Druckerei 50000 Dollar im Jahr und bekam die Miete für den Garagenbau. Somit konnte er es sich leisten, Unterhalt zu zahlen. Was ihm Sorgen bereitete, war weniger die Höhe des Unterhalts als seine Dauer. Er wollte wissen, wann seine Frau arbeiten gehen und ihr eigenes Geld verdienen würde.

Mr. Thompson: Kommt sie damit durch, nicht zu arbeiten, während ich mich abrackere und sie voll unterhalten muß?
Mrs. Thompson: Ich habe im Moment genug damit zu tun, mein Leben geregelt zu kriegen und für Jeffrey zu sorgen.
Mr. Thompson: Aber er ist die Hälfte der Zeit bei mir.
Mrs. Thompson: Nur weil du es so willst. Ich wäre bereit, ihn die ganze Zeit zu nehmen.
Mr. Thompson: Und die meiste Zeit des Tages ist er in der Schule. Warum sitzt du mir auf der Tasche und suchst dir keinen Job?
Mrs. Thompson: Weil ich noch nicht soweit bin. Im übrigen warst du derjenige, der darauf bestanden hat, daß ich nicht arbeite, also habe ich keine Ausbildung. Du bist es, der unsere Abmachung bricht.

Mr. Thompson: Na gut. Ich werde dich durchfüttern, wie ich es immer getan habe. Aber wenn du dir nicht in ein paar Monaten einen Job suchst, werde ich sehr böse.

Es war uns allen klar, daß Mrs. Thompson noch nicht soweit war, ihre Abhängigkeit aufzugeben. Es war Mr. Thompson, der ihre ursprüngliche Vereinbarung revidierte, und sie wollte ihn nicht vom Haken lassen. Ihre Übergangsregelung schien also praktikabel, solange Mrs. Thompson bereit war, zusammen mit dem monatlichen Scheck auch den Ärger ihres Mannes zu akzeptieren.

Ex-Eheleute als neue Nachbarn

Die Frage ihrer Besitztümer schien ebenfalls einfach zu sein. Sie besaßen zusammen das Haus und den Garagenbau mit einem Gesamtwert von über 600000 Dollar.

Mr. Thompson: Von mir aus kann Mimi bleiben, solange sie will. Ich möchte nur sicherstellen, daß der gesamte Besitz am Ende in meiner Familie bleibt. Meine Eltern wohnen nebenan.
Mrs. Thompson: Ich liebe das Haus. Ich war mir immer sicher, daß ich den Rest meines Lebens darin verbringen würde, und unsere Trennung ändert daran nicht das geringste.
Mediator: So empfinden Sie jetzt.
Mrs. Thompson: Und so werde ich immer empfinden.
Mediator: Ich wünschte, ich wüßte, wie ich in der Zukunft empfinden werde.
Mrs. Thompson: Wie meinen Sie das?
Mediator: Ich will Ihren Blick für die Möglichkeit öffnen, daß Ihre Gefühle sich ändern könnten. Sie machen einen großen Wandel durch, von Ehemann und Ehefrau zu gemeinsam sorgenden Eltern und Nachbarn. Es würde mich wundern, wenn das so leicht wäre.
Mrs. Thompson: Es ist allerdings hart, diese Frau oben ein und aus gehen zu sehen. Und Dennis kommt einfach in meine Wohnung, wie er Lust hat. Das gefällt mir nicht.

Mr. Thompson: Wenn du nicht immer herumschnüffeln würdest, würdest du gar nicht sehen, wer zu mir kommt. Aber ich bin die meiste Zeit allein. Ich bin gern allein.
Mrs. Thompson: Du stellst diese Frau zur Schau. Es ist hart für mich und auch nicht schön für Jeffrey, sie morgens weggehen zu sehen.
Mr. Thompson: Ich stelle sie nicht zur Schau, in Gottes Namen. Du spionierst mir nach! Aber jetzt dazu, daß ich in deine Wohnung komme – es ist schließlich immer noch genauso mein Haus wie deins.
Mediator: Wollen Sie jederzeit in die untere Wohnung können?
Mr. Thompson: Nein, aber Sie müssen verstehen, die Wohnung unten ist viel größer als die oben. Ich habe nur etwa halb soviel Platz wie Mimi und keinen Stauraum. Ich muß aber mein Werkzeug irgendwo unterbringen. Und ich muß auch noch ein paar andere Sachen unten aufbewahren, wenigstens bis ich die obere Wohnung ausbauen kann.
Mediator: Diese Diskussion begann damit, daß ich Sie bat, sich zu überlegen, was es für Sie bedeutet, als Nachbarn zu leben. An Ihrer beider Stelle würde mich diese Situation irritieren. Es ist schwer genug, eine Trennung zu vollziehen, auch ohne die Komplikationen Ihrer Nachbarschaft.
Mr. Thompson: Das hört sich an, als ob Sie nicht wollten, daß wir Nachbarn sind.

Er hatte recht. Ihre räumliche Nähe behagte mir aus folgenden drei Gründen nicht:
1. Ich fürchtete, daß Mrs. Thompson weiter in der Illusion leben würde, es hätte sich nichts geändert und er würde irgendwann wieder zu ihr nach Hause kommen.
2. Noch mehr Sorgen bereitete mir, daß sie davon ausging, daß sich ihre Gefühle gegenüber dem Haus und Mr. Thompson niemals ändern würden. Ich sah die Gefahr, daß sie sich auf eine Regelung einlassen würde, die es ihr sehr schwer machen würde, so zu handeln, als würden sich ihre Gefühle doch ändern.
3. Mein dritter Vorbehalt war nicht minder beunruhigend: Bedeutete womöglich die Tatsache, daß Mr. Thompson nicht weiter weggezogen war, daß hier eine gegenseitige Abhängigkeit bestand? Viel-

leicht war Mrs. Thompson nicht die einzige, die die Trennung noch nicht akzeptiert hatte. Mr. Thompson schien ehrlich erfreut darüber, daß seine Frau in der unteren Wohnung bleiben wollte, und sein Ausdruck, als sie von «dieser Frau» sprach, verriet mehr als nur ein wenig Vergnügen daran, sie eifersüchtig gemacht zu haben. Vielleicht war ihre Wunschvorstellung der Realität näher, als ich es erfassen konnte. Vielleicht war diese Ehe nicht zu Ende. Vielleicht würde er nach Hause zurückkommen.

Ich wußte, daß ich meine Bedenken über ihre Regelung als Mediator zu sehr einbrachte. Sie waren sich einig, sie schienen es beide definitiv zu wollen. Aber ich wollte sicherstellen, daß dies für Mrs. Thompson auf lange Sicht nicht eine unnötige Fortsetzung ihres Kummers bedeutete. Die Vereinbarung mußte so flexibel sein, daß sie nicht benachteiligt würde, wenn sich ihr Leben änderte. Um meine Bedenken loszuwerden, daß ich meine Grenzen überschreiten könnte, mußte ich ihnen meine Vorbehalte klarmachen. Sonst, so fürchtete ich, könnte ich in die Rolle des Anwalts von Mrs. Thompson hineinrutschen. Sie darin zu unterstützen, eigenständig zu denken, und das Denken für sie zu übernehmen lag gefährlich nahe beieinander.

Mediator: Es ist nicht so, daß ich nicht wollte, daß Sie Nachbarn sind. Ich möchte nur, daß Sie Lösungen wählen, die für Sie alle drei tragfähig sind. Es scheint Sie beide zu stören, daß Sie keine Privatsphäre haben, doch Sie wollen beide da wohnen, wo Sie jetzt sind. Auf kurze Sicht ist es klar, daß Sie das tun werden. Aber es macht mich nervös, wenn ich höre, daß Sie annehmen, Sie würden beide auch künftig nicht anders empfinden.
Mr. Thompson: Ich dachte, wir würden hier die Entscheidungen treffen, nicht Sie. Wir möchten beide unbegrenzt so weiterleben wie jetzt, und Sie scheinen uns das nicht tun lassen zu wollen.
Mediator: Natürlich, wenn Sie das beide wirklich wollen, dann werden Sie das auch tun. Ich möchte nur sicherstellen, daß diese Lösung Ihnen in einem halben Jahr noch genauso sinnvoll erscheint wie heute. Und ich finde, Sie sollten beide einmal die Möglichkeit erwägen, daß sich Ihre Einstellung dazu ändern könnte, vor allem wenn Sie erst geschieden sind.

Mr. Thompson: Dann lassen Sie uns also überlegen, was wäre, wenn einer von uns umziehen wollte.

Mediator: Wie stehen Sie dazu, Mrs. Thompson?

Mrs. Thompson: Ich will gerne zuhören.

Mediator: Wie ist das zu verstehen?

Mrs. Thompson: Ich habe eigentlich nicht über die weitere Zukunft nachgedacht, aber ich bin bereit, mir anzuhören, wie Dennis darüber denkt.

Mr. Thompson: Nun, ich habe darüber nachgedacht, und ich würde es gern folgendermaßen machen. Wir sollen beide das Recht haben, für immer dort zu bleiben, wo wir sind. Keiner von uns kann den anderen zwingen zu gehen. Aber wenn einer von uns beschließt wegzuziehen, soll der andere die Möglichkeit haben, ihn auszuzahlen. Wenn Mimi geht, zahle ich ihr die Hälfte des aktuellen Eigentumswertes abzüglich der Hälfte unserer jetzigen Hypothekenschuld. Ich würde auch die Grundstücksprovision abziehen, die im Falle eines Verkaufs für ihre Hälfte anfiele, und weiterhin die Hälfte aller von mir geleisteten Hypotheken- und Grundsteuerzahlungen vom Zeitpunkt der Trennung bis zum Verkauf oder dem Zeitpunkt, an dem ich Mimis Anteil dieser Zahlungen nicht mehr übernehme. Ich würde ihr auch die Hälfte der Mieteinnahmen anrechnen.

Mrs. Thompson: Was soll das heißen?

Mr. Thompson: Du erwartest doch nicht, daß meine Zahlungen deines Hypothekenanteils ein Geschenk an dich sind, oder? Dein Anteil beträgt monatlich 750 Dollar nach Anrechnung der Mieteinnahmen.

Mrs. Thompson: Dann wird mein Geld ja immer weniger.

Mr. Thompson: Du willst doch sowieso nie wegziehen, also was macht das für einen Unterschied?

Mrs. Thompson: Wahrscheinlich hast du recht.

Mediator: *(zu Mrs. Thompson)* Hatten Sie sich das mit den Zahlungen anders vorgestellt?

Mrs. Thompson: Ich dachte, er würde für mich sorgen.

Mr. Thompson: Das tue ich doch. Ich will das nur angerechnet bekommen, falls du jemals weggehst. Und ich möchte das Haus als Sicherheit für einen Kredit zum Ausbau der oberen Wohnung einsetzen. Ich habe ausgerechnet, daß wir weitere 50000 Dollar aufnehmen können und die monatliche Belastung nur um 250 Dollar steigt.

Mrs. Thompson: Und ich soll auch die Hälfte der erhöhten Schuld mittragen?

Mr. Thompson: Nur, wenn du jemals wegwillst.

Meine ursprünglichen Bedenken hatten sich jetzt in echte Besorgnis verwandelt. Meine ärgste Befürchtung bewahrheitete sich. Mrs. Thompson schien bereit zu sein, sich auf Bedingungen einzulassen, die sie entweder für immer an das Haus fesseln oder sie zwingen würden, eine erhebliche Verminderung ihres Vermögensanteils in Kauf zu nehmen. Eine solche Strafe konnte die Trägheit, die bereits jetzt ein Problem in ihrem Leben war, nur noch verstärken. Ich hatte schon oft erlebt, daß Leute es sich anders überlegten und doch nicht in einem Haus blieben. Mrs. Thompson war erst 41. Sie hatte noch ein langes Leben vor sich. Und selbst wenn sie wirklich immer in dem Haus bleiben wollte, würde sie auch immer ihren Ex-Mann als Nachbarn haben wollen? Und was wäre das für ein Gefühl für sie, zu wissen, daß ihr einziges wirkliches Vermögen mit der Zeit immer weniger wert wurde, während der Wert des Hauses selbst ständig stieg? Bildete sie sich immer noch ein, daß sie wieder zusammenkommen würden? Konnte ich mit meinen Bedenken überhaupt zu ihr durchdringen?

Mediator: Wir wollen diesen Vorschlag näher betrachten. Mr. Thompson, sagen Sie mir, was Sie von so einer Regelung hätten.

Mr. Thompson: Ich habe den Eindruck, Ihnen gefällt dieser Vorschlag nicht, also sollten Sie vielleicht erst etwas dazu sagen.

Mediator: Was ich denke, zählt sehr viel weniger, als was Sie beide denken, daher macht es mehr Sinn, wenn Sie mir sagen, welche Vorteile Sie darin sehen.

Mr. Thompson: Mir gefällt die Regelung. Sie gibt uns beiden die Sicherheit, daß wir nicht von dort vertrieben werden können, und sie hält den Besitz zusammen. Außerdem erlaubt sie uns beiden, an einem Ort zu leben, den wir kennen und lieben. Jeffrey würde eindeutig davon profitieren, wenn seine Eltern so nahe beieinander wohnen würden. So kann er zwischen uns hin- und herpendeln, wie er möchte. Und für den Fall, daß einer von uns ausziehen will, wird es bezahlbar, daß einer den anderen abfindet, ohne daß eine Wohnung verkauft werden müßte.

Mediator: Aber derjenige, der auszieht, würde bestraft...

Mr. Thompson: Da kann man nichts machen. Ansonsten müßte, wenn der eine weg will, auch der andere gehen. Und das fände ich nicht fair.

Mediator: Wie sollte Ihre Frau Sie auszahlen, wenn Sie beschließen würden, gleich wegzugehen?

Mr. Thompson: Ich sage Ihnen etwas, was ich ganz sicher weiß. Ich werde diesen Besitz niemals verlassen wollen, daher ist das eine rein theoretische Frage.

Mediator: Die einzige reale Möglichkeit wäre also, daß Ihre Frau vielleicht eines Tages wegwill?

Mrs. Thompson: Das ist auch nicht sehr wahrscheinlich. Aber was müßte ich tun, wenn Dennis ginge? Könnte ich eine der Wohnungen verkaufen, um ihn abzufinden?

Mr. Thompson: Das würde vermutlich reichen, ja.

Mrs. Thompson: Aber warum soll für dich nicht das gleiche gelten?

Mr. Thompson: Weil ich derjenige bin, der für sie bezahlt, sie unterhält. Und weil ich sie zusammenhalten will.

Mediator: Und das ist Ihnen eigentlich am wichtigsten.

Mr. Thompson: Jetzt kommen Sie auf den Trichter.

Mediator: Wie sehen Sie das, Mrs. Thompson?

Mrs. Thompson: Mein Problem ist, daß ich mir nicht vorstellen kann, jemals von dort wegzuwollen.

Mediator: Ich weiß. Von dort fortzuziehen, scheinen Sie für ähnlich abwegig zu halten, wie Sie vermutlich während Ihrer Ehe eine Scheidung stets für abwegig hielten.

Mrs. Thompson: Stimmt. Und ich will immer noch keine Scheidung.

Mediator: Glauben Sie irgendwo in Ihrem Innern noch, daß Sie eines Tages aufwachen und feststellen, daß alles nur ein böser Traum war und Sie beide wieder zusammenkommen?

Mrs. Thompson: Ja, ich denke, ich halte das schon noch für möglich.

Mediator: *(zu ihm)* Ist es das?

Mr. Thompson: Möglich ist alles, aber ehrlich gesagt, glaube ich nicht, daß wir jemals wieder zusammenkommen.

Mediator: *(zu ihr)* Glauben Sie ihm?

Mrs. Thompson: *(mit Tränen in den Augen)* Allmählich schon. Ich habe wohl geglaubt, daß wir selbst nach einer Scheidung wieder zusammenfinden könnten.

Mr. Thompson: Das bezweifle ich.

Mediator: Was fühlen Sie, wenn Sie das hören, Mrs. Thompson?

Mrs. Thompson: Ich weiß nicht. Es erschreckt mich ein wenig. Und es macht mich traurig. Ich frage mich ständig, was ich falsch gemacht habe.

Mr. Thompson: Es ist eigentlich nicht deine Schuld. Es liegt an mir. Ich weiß nicht, warum, aber ich habe einfach das Gefühl, daß in meinem Leben etwas gefehlt hat. Es stimmt, daß ich oft sauer auf dich bin, aber nicht, weil du irgend etwas getan hättest. Ich hasse es einfach, daß dein Leben so sehr von meinem abhängig ist.

Mrs. Thompson: *(zu mir)* Was soll ich also tun?

Mediator: Sie haben verschiedene Möglichkeiten. Es steht fest, daß Sie beide dort leben möchten, wo Sie jetzt sind. Für eine finanzielle Übereinkunft, die als Grundlage einer Scheidung dienen könnte, würde das einstweilen genügen. Somit wäre eine Möglichkeit, sich erst dann zu überlegen, was mit dem Eigentum geschieht, wenn tatsächlich eines Tages einer von Ihnen wegwollte. Eine andere Möglichkeit wäre eine längerfristige Vereinbarung, die alles von vornherein festlegt. Und schließlich hätten Sie noch die Möglichkeit, jetzt nur das zu entscheiden, worüber Sie sich im klaren sind, und alles andere auf später zu verschieben.

Mr. Thompson: Für mich ist es unannehmbar, keine langfristige Vereinbarung zu haben. Wenn wir jetzt nicht das Grundsätzliche klären, könnte ein Gericht den Verkauf des Besitzes anordnen, wenn wir uns nicht einig wären, was damit passieren soll.

Mediator: Das stimmt. Dieses Risiko hätten Sie jetzt, und sofern Sie nichts Gegenteiliges vereinbaren, hätten Sie es auch in der Zukunft, wenn Sie sich dann nicht einigen könnten.

Mrs. Thompson: Aber dann könnten wir uns sicher einigen. Warum machen wir es nicht so, Dennis?

Mr. Thompson: Weil ich mich dagegen schützen will, daß du mich eines Tages da rausschmeißen kannst. Das Haus ist mir zu wichtig.

Mediator: Also wollen Sie in erster Linie zu Ihrem Schutz eine Vereinbarung?

Mr. Thompson: Und um den Besitz zu schützen – für unseren Sohn, damit er immer dort leben kann.

Mediator: Mr. Thompson will also jetzt eine Vereinbarung. Dann ist die nächste Frage, welche Art der Vereinbarung für Sie, Mrs. Thompson, Sinn machen würde. Ihr Mann hat dargestellt, was für ihn und – seiner Ansicht nach – für Jeffrey in Ordnung wäre. Jetzt müssen Sie entscheiden, was für Sie praktikabel wäre. Aber dazu müssen Sie davon ausgehen, daß es eine Scheidung geben wird und daß Sie eines Tages vielleicht sogar umziehen wollen. Wenn die Vereinbarung dafür fair erscheint, dann wären Sie für alle Fälle abgesichert. Sie hätten die Regelungen, auch wenn Sie nie Gebrauch davon machen sollten.

Mrs. Thompson: Aber Dennis weiß doch schon, was er will.

Mediator: Richtig. Also müssen wir uns etwas einfallen lassen, was für Sie beide funktioniert.

Mr. Thompson: Entweder wir haben eine Vereinbarung, oder wir haben keine.

Mediator: Sie brauchen eine Vereinbarung, die genügend Voraussagbarkeit schafft, damit Sie zufrieden sind, und genügend Flexibilität läßt, damit Ihre Frau zufrieden ist.

Mr. Thompson: Die würde ich gerne sehen.

Mediator: Das ist es, wonach wir suchen müssen. Aber zuerst muß sich Mrs. Thompson darüber klarwerden, was sie für richtig halten würde.

Ein Schreck als Katalysator

Mrs. Thompson kam sehr erregt in die nächste Sitzung. Sie schilderte ein für sie schockierendes Ereignis, das sich am letzten Wochenende abgespielt hatte. Ein Mann, den sie unlängst in einer Kirchengruppe kennengelernt hatte, hatte bei ihr vorbeigeschaut, während sie und Jeffrey Besorgungen machten und Mr. Thompson unten «Werkzeug holte». Als er ihren Freund sah, betrachtete er ihn als Eindringling und bestand darauf, daß er gehen solle, andernfalls würde er die Polizei holen. Mrs. Thompson war am Ende der Auseinandersetzung, die fast zu einer Schlägerei ausgeartet wäre, dazugekommen und hatte ihren Mann zum ersten Mal im Leben angeschrien. Jeffrey hatte alles mitbekommen und sich auf die Seite seiner Mutter gestellt.

Ich war fast ebenso schockiert über die Geschichte wie Mrs. Thompson. Bis zu diesem Augenblick hatte ich niemals an die Möglichkeit gedacht, daß Mrs. Thompson Männerbekanntschaften, geschweige denn einen Freund haben könnte. Während sie sichtlich erregt war, zeigte sie jetzt aber auch deutliche Zeichen von Stärke, die ich zuvor nicht an ihr bemerkt hatte. Waren sie neu, oder hatte ich sie die ganze Zeit falsch eingeschätzt?

Auch Mr. Thompson wirkte verändert. Zwar behielt er seine aggressive Haltung bei, doch sah er gleichzeitig irgendwie nervös aus, als hätte er eine tiefe innere Stütze plötzlich verloren. Was hatte dieser Vorfall in ihm ausgelöst? Als er seine Version der Geschichte erzählte, verteidigte sich zwar, doch ich hörte auch heraus, daß er Eifersuchtsgefühle in sich entdeckt hatte, die ihm zuvor nicht bewußt gewesen waren.

Mediator: Mr. Thompson, sagen Sie mir, was für Sie an diesem Vorfall letztes Wochenende wesentlich war.
Mr. Thompson: Ich hatte keine Ahnung, daß er ein Bekannter von Mimi war.
Mrs. Thompson: O doch, das hattest du! Ich denke nicht, daß du das Recht hast, darüber zu bestimmen, wer mich besucht.
Mr. Thompson: Ich wollte dich nur beschützen.
Mediator: Wovor?
Mr. Thompson: Ich weiß es nicht. Ich dachte, er wäre ein Einbrecher.
Mediator: Wirklich?
Mr. Thompson: *(seufzend)* Nein. Vermutlich hat es mir nicht gepaßt, daß sie sich mit jemand anderem einlassen könnte.

Mediator: Wie hätten Sie es denn gern?

Mr. Thompson: *(mit Blick zu Mrs. Thompson)* Ich möchte dich nicht länger als meine Frau. Aber die Vorstellung, daß du mit jemand anderem zusammen bist, ist hart.

Mediator: Was empfinden Sie, wenn Sie das hören, Mrs. Thompson?

Mrs. Thompson: Es tut gut, endlich die Wahrheit zu hören. Jetzt kannst du vielleicht nachvollziehen, wie es für mich ist, all diese Flittchen bei dir ein und aus gehen zu sehen.

Mr. Thompson: Wer hat gesagt, daß du mich beobachten sollst?

Mediator: Mr. Thompson, Sie hören nicht, was sie Ihnen sagen will.

Mr. Thompson: Was denn?

Mediator: Mir scheint, es ist für Sie beide hart zu sehen, daß der andere eine neue Beziehung eingeht.

Mr. Thompson: Ich glaube, das ist ganz natürlich.

Mediator: Für manche, ja. Aber mir stellt sich dabei die Frage, wie es für Sie sein wird, als Nachbarn zu leben?

Mrs. Thompson: Ich bin immer noch der Meinung, daß das funktionieren kann. Nur müssen wir uns darüber verständigen, wann Dennis meinen Besitz betreten darf. Ich werde ihm nicht gestatten, in meine Wohnung zu kommen, ohne daß er vorher anruft und um Erlaubnis fragt.

Mr. Thompson: Außer um Werkzeug zu holen und die Rosen im Garten zu pflücken.

Mrs. Thompson: Wie – die Rosen pflücken? Sie gehören zu meinem Eigentum.

Mr. Thompson: Und wer hat dafür geschuftet, daß sie wachsen? Wer hat sie geschnitten, gedüngt, gegossen?

Mrs. Thompson: Aber du sprichst von meinem Garten. Da hätte ich ja gar keine Privatsphäre.

Mr. Thompson: Ich bin nicht bereit, nur um deiner Privatsphäre willen meine ganze Arbeit aufzugeben.

Mrs. Thompson: Deine Aufdringlichkeit geht mir auf die Nerven.

Mr. Thompson: Nun, und mir geht dein Schmarotzertum auf die Nerven.

Mediator: Für dieses Problem finden wir sicher eine Lösung. Aber ich möchte Ihnen sagen, daß es mich sehr wundern würde, wenn Sie beide lange gemeinsam in dem Haus bleiben würden. Es wäre sehr viel Arbeit und Kooperationswille nötig, damit das für alle Beteiligten tragbar wird, besonders wenn neue Partner in Ihr Leben treten.

Mr. Thompson: Genau aus diesem Grund machen wir ja eine Abfindungsvereinbarung.

Mediator: Und Ihnen ist beiden wohl dabei?

Mrs. Thompson: Ich denke schon. Aber mich besorgt, daß der Wert des Eigentums steigt, aber ich nicht mehr bekomme, wenn ich ausziehe. Das scheint mir nicht richtig zu sein.

Mr. Thompson: Aber ich will nicht, daß ich dich eines Tages nicht auszahlen kann.

Mediator: Ist das Ihre einzige Sorge?

Mr. Thompson: Ja sicher, weil der Wert schneller steigt als mein Einkommen.

Mediator: Wenn das Ihre einzige Sorge ist, dann gäbe es andere Lösungsmöglichkeiten, bei denen Ihre Frau trotzdem ihren gerechten Anteil bekommen würde.

Mr. Thompson: Zum Beispiel?

Mediator: Zum Beispiel, wenn Sie ausmachen würden, daß nicht die ganze Abfindungssumme in bar geleistet werden muß, könnten Sie Zahlungsbedingungen vereinbaren, die für Sie machbar wären.

Mr. Thompson: Aber ich müßte das Geld trotzdem irgendwann zahlen.

Mediator: Ja.

Mr. Thompson: Das stinkt also.

Mrs. Thompson: Warum soll es mir nicht möglich sein, mein Geld herauszubekommen?

Mr. Thompson: Weil es mich finanziell ruiniert.

Mrs. Thompson: Aber wenn wir uns etwas ausdenken, was für dich machbar ist, wo ist das Problem?

Mr. Thompson: Das Problem ist, daß ich dich erst gar nicht hätte heiraten sollen.

Mrs. Thompson: *(weinend)* Warum mußt du nur so gemein sein?

Mediator: Das hier muß für Sie beide schrecklich sein.

Mr. Thompson: *(mit wäßrigen Augen)* Es ist schrecklich. Es macht mir keinen Spaß, so schwierig zu sein, aber ich weiß nicht, wie ich sonst damit umgehen soll. Was schlagen Sie vor, was sollen wir tun?

Mediator: Ich sehe, daß Sie wirklich mit sich kämpfen, Mr. Thompson. Das meiste, was Sie sagen, klingt bitter oder verärgert, aber Sie zeigen weder Ihre Verwirrung noch Ihren Schmerz. Wie empfinden Sie das alles, Mrs. Thompson?

Mrs. Thompson: Ich hasse es, daß er dauernd so zornig mit mir ist.

Mediator: Mir scheint, Sie waren neulich auch kurz zornig, als er Ihren Bekannten rausschmeißen wollte.

Mrs. Thompson: Allerdings. Es war das erste Mal, daß ich ihm wirklich gezeigt habe, wie sauer ich bin.

Mediator: Und was ist das für ein Gefühl für Sie?

Mrs. Thompson: Ich fühle mich stärker. Nicht, daß ich es wieder tun wollte, aber wenn er es noch mal so weit treibt, würde ich nicht zögern, es ihm zu zeigen.

Mr. Thompson: Aber nicht vor Jeffrey.

Mrs. Thompson: Möglichst nicht, aber du solltest lieber nicht versuchen, mich herumzukommandieren.

Mediator: Mrs. Thompson, wie ist Ihre Position in der Frage einer Vereinbarung für den Fall, daß einer von Ihnen umziehen will?

Mrs. Thompson: Ich bin noch nicht soweit, eine langfristige Vereinbarung über das Eigentum einzugehen.

Mr. Thompson: Was?

Mrs. Thompson: Schau mal, Dennis, ich bin nicht unbedingt gegen deine Bedingungen, aber ich bin einfach noch nicht soweit, ihnen jetzt zuzustimmen. Wir müssen zuerst eine bessere nachbarschaftliche Beziehung entwickeln.

Mr. Thompson: Sicher, aber ich wette, an der Unterhaltsvereinbarung willst du festhalten.

Mrs. Thompson: Ja, aber zu gegebener Zeit werde ich auch bereit sein, eine langfristige Unterhaltsvereinbarung zu erarbeiten.

Mr. Thompson: Das macht mich rasend. Ich habe das Gefühl, daß ich manipuliert werde.

Mediator: Weil es nicht so geht, wie Sie es wollten.

Mr. Thompson: Und wie üblich nimmt sie keine Rücksicht auf mich.
Mrs. Thompson: Ich glaube, eines meiner Probleme ist, daß ich immer Rücksicht auf dich genommen habe. Aber wenn wir uns scheiden lassen, muß ich für mich selbst sorgen.
Mediator: *(zu Mr. Thompson)* Gute Neuigkeiten für Sie.
Mr. Thompson: Also was können wir tun?
Mediator: Wie gesagt, Sie haben sich etwas sehr Schweres vorgenommen – Ihre Beziehung als Mann und Frau zu einer als gemeinsam sorgende Eltern und auch noch Nachbarn zu verwandeln. Ich glaube, es wäre wichtig, daß Sie einen Weg finden, konstruktiv miteinander zu arbeiten. Der Anfang dazu scheint schon gemacht. Mr. Thompson, Sie wollen, daß Ihre Frau unabhängiger von Ihnen wird. Und das tut sie schon. Sie ist bereit, nein zu Ihnen zu sagen und sich nicht nur Ihrem Willen zu fügen. Ich würde vorschlagen, daß wir jetzt eine vorläufige Unterhaltsvereinbarung aufsetzen und alle Fragen klären, die Jeffrey und Ihre Beziehung als Nachbarn betreffen. Dann testen Sie eine Weile, wie das funktioniert, bevor Sie eine langfristige Vereinbarung zu Unterhalt und Haus ausarbeiten.
Mrs. Thompson: Ich wäre damit einverstanden.
Mr. Thompson: Bleibt mir etwas anderes übrig?
Mediator: Sicher. Sie können zum Anwalt gehen oder versuchen, Ihre Frau umzustimmen. Oder Sie können versuchen, Geduld zu haben und Ihrer Frau die Chance geben, sich an die Realität der Trennung und Scheidung genauso zu gewöhnen wie Sie.

Mrs. Thompson schien immer noch etwas instabil zu sein, aber sie hatte einen großen Schritt nach vorn getan. Die Gefühle der Stärke, die aus ihrer Wut erwachsen waren, hatten es ihr ermöglicht, sich ein wenig von Dennis abzugrenzen. Und sie hatte die Möglichkeit zugelassen, daß sie vielleicht nicht für immer in dem Haus würde bleiben wollen. Das freute mich, wenn wir auch eindeutig weiter von einer dauerhaften Vereinbarung entfernt waren als am Anfang. Wieder mußte ich mich fragen, ob meine Betonung ihrer Unabhängigkeit mit ihren eigenen Wünschen im Einklang stand. Ich war mir immer noch nicht sicher, ob sie entschlossener auftrat, weil es für sie Sinn machte oder weil sie wußte, daß ich es für so wichtig hielt.

Wenn sie sich entschieden hätte, auf Mr. Thompsons Bedingungen für eine Auszahlung einzugehen, wäre ich nicht bereit gewesen, diese Vereinbarung zu akzeptieren und sie in Schriftform zu bringen – nicht nur, weil sie auf seinen Druck hin entstanden wäre, sondern auch, weil sie nicht Mrs. Thompsons eigenständiges Urteil widergespiegelt hätte. Die Vereinbarung, die Mr. Thompson wollte, widersprach meiner Vorstellung von Fairneß, und so war ich erleichtert, als Mrs. Thompson sich weigerte, darauf einzugehen. Diese Weigerung schien tatsächlich ein eigenständiges Urteil zu sein und war als solches wirklich ein großer Schritt nach vorn – für die ganze Familie.

Es konnte jedoch sein, daß ich Mr. Thompson dauerhaft abgeschreckt hatte und daß er nicht wieder in die Mediation zurückkommen würde. Ich empfand zwar eine grundsätzliche Anteilnahme an seiner Situation, besonders als ich seinen Schmerz und seine Verwirrung sah, aber ich hatte nicht das Gefühl, daß er Mrs. Thompson genug Achtung erwies, damit sie eine beiderseitig akzeptable Lösung erreichen konnten. Obwohl er in seinem Scheidungswunsch festblieb, hatte der zweideutige Vorfall mit Mrs. Thompsons Freund Gefühle der emotionalen Verbundenheit in ihm wachgerufen, deren er sich nicht bewußt gewesen war.

Mrs. Thompson schrieb mir etwa ein Jahr später einen Brief, in dem sie erzählte, daß sie in einem Garnladen arbeitete, sich verliebt hatte und heiraten wollte, wenn ihre Scheidung durch war. «Es wird Sie sicher nicht überraschen, daß Bob von der Idee nicht sehr begeistert ist, mit Dennis im selben Haus zu leben. Daher verhandeln Dennis und ich jetzt über eine Abfindung. Es geht uns viel besser, und Jeffrey scheint sehr erleichtert, daß ich umziehen will. Er sagt, es würde weniger verwirrend für ihn. Er hat noch nie so etwas geäußert. Wahrscheinlich hat er etwas von meiner Zaghaftigkeit geerbt. Dennis geht es auch viel besser, und er pflückt die Rosen nicht mehr. Ich bin froh, daß wir es mit der Mediation versucht haben, weil ich jetzt das Gefühl habe, mein Leben selbst in der Hand zu haben. Aber ich überlasse Bob die Abfindungsverhandlungen, denn er scheint mit Dennis einigermaßen klarzukommen.»

Der letzte Satz besorgte mich, erinnerte mich aber gleichzeitig daran, daß meine Rolle darin bestand, eine Vereinbarung zu ermöglichen, mit der wir alle drei leben konnten. Auch wenn ich nicht sicher war, ob Mrs. Thompson sich wirklich einen Gefallen tat, indem sie die Verhandlungen an Bob abgab, hatte ich auch nicht erwartet, daß sie ein Fels der Unabhängigkeit werden würde, und freute mich, daß sie glücklich war. Es freute mich auch, daß die Entscheidung, die Sache hinauszuzögern, sich als gut erwiesen hatte.

Der «Knauser» wehrt sich

In diesem Fall werde ich mit meinen eigenen subjektiven Reaktionen auf die Einstellungen und Entscheidungen meiner Klienten konfrontiert. Diese können, wenn sie unkontrolliert sind, das erforderliche gegenseitige Vertrauen zerstören. Meine Beurteilung von Mr. Rowland ist nicht nur verletzend, sondern zeigt auch den schmalen Grat zwischen Neutralität, der richtigen Haltung des Mediators, und Fürsprache für den einen Klienten gegenüber dem anderen, einer Haltung, die den Prozeß garantiert untergräbt. In diesem Fallbeispiel habe ich Mühe zu verhindern, daß meine persönlichen Gefühle die Mediation stören. Außerdem analysiere ich meine persönliche Einstellung zum Recht und merke dabei, wie sehr meine Subjektivität meine rechtlichen Voraussagen verzerren kann.

Das Ehepaar Rowland kam in der Erwartung zu mir, daß ich für sie zaubern würde. Sie hatten mich beide verschiedentlich empfohlen bekommen und waren von mir und dem Mediationsprozeß absolut begeistert, bevor wir uns überhaupt getroffen hatten. Sie hatten eine so optimistische Einstellung zur Mediation, daß sie vor ihrem Termin noch zusammen essen gingen und bei ihrer Ankunft eher wie Jungvermählte als wie Trennungswillige aussahen. Mr. Rowland war Anfang vierzig, seine Frau Mitte dreißig, doch sie sahen beide wesentlich jünger aus. Sie waren ein klassisches «kalifornisches Paar»: blond, braungebrannt, adrett und modisch, aber bequem gekleidet. Alles an ihnen wirkte frisch, aber als wir ihre Differenzen aufdeckten, verbreitete sich schon bald eine drückende Atmosphäre.

Mr. Rowland machte sofort sehr deutlich, daß er keine Trennung wollte. Er glaubte, daß sie ihre Probleme lösen und ihre Ehe stärken könnten, wenn sie mit der Paarberatung fortfahren würden, in die sie seit einem Jahr gingen. Mrs. Rowland hingegen war ganz sicher, daß sie eine Trennung brauchte, um Abstand zu gewinnen und sich über ihre Situation klarzuwerden. Sie schloß die Möglichkeit, daß die Ehe doch noch funktionieren könnte, nicht völlig aus, aber sie war der Meinung, daß eine Trennung ihr die nötige Klarheit verschaffen würde, um zu entscheiden, wie sie weitermachen wollte. Außerdem wollte sie eine finanzielle Übereinkunft, die ihr Unabhängigkeit gab, da ihre Ehe – in ihren Augen – daran krankte, daß sie sich ihrem Mann gegenüber oft verloren und von ihm überwältigt fühlte.

Mrs. Rowland hatte jahrelang als Produktionsleiterin bei einem kleinen Spielzeughersteller gearbeitet. Vor ein paar Jahren hatte sie beschlossen, sich etwas Kreativeres zu suchen. Wenige Jahre nach der Geburt ihrer Tochter Karen, die mittlerweile sieben Jahre alt war, hatte sie den Versuch gestartet, Modeberaterin zu werden. Ihre Ambitionen waren von dem Wunsch getrieben, die Abhängigkeit von ihrem Mann zu durchbrechen – zumindest auf der emotionalen Ebene. Weil ihre Arbeit nur ein «Job» war, hatte sie das Gefühl, zuviel von ihrer Identität würde von ihrer Rolle als Ehefrau und Mutter geschluckt. Sie beneidete ihren Mann um das persönliche Engagement, das er in seine Arbeit als Fotograf steckte. Er war sowohl persönlich als auch beruflich ganz auf sein eigenes emotionales und kreatives Wachstum fixiert. Seit dem College war er oft in Therapie gewesen, wirkte sehr verletzlich und weinte bei der ersten Sitzung leicht und oft. Er fühlte sich von seiner Frau sexuell zurückgewiesen, sagte aber, daß er alles tun würde, um die Ehe zu kitten. Angesichts seiner emotionalen Offenheit war ich sehr überrascht, als er regelrecht dichtmachte, sobald die Sprache auf die Finanzen kam, und sich beinahe weigerte, die Einzelheiten seiner Situation preiszugeben. Er sprach langsam und sehr sorgfältig.

Mr. Rowland: Mein Vater ist vor acht Jahren gestorben und hat mir einiges Geld hinterlassen. Wenn ich die Rechtslage richtig verstehe, ist das mein getrenntes Vermögen, und Becky hat keinerlei Anspruch darauf. Wenn das so stimmt, müssen wir gar nicht erst ins Detail gehen.

Mediator: Doch, das müssen wir. Sie haben recht mit der Erbschaft – wenn Sie Vermögen geerbt und es getrennt und auf Ihren Namen geführt haben, hat Ihre Frau keinen gesetzlichen Anspruch darauf. Aber das bedeutet nicht, daß es für Ihre Vereinbarung nicht von Belang wäre. Zu Ihrem eigenen Schutz müssen diese Vermögenswerte in der Übereinkunft genannt und spezifiziert werden, und es muß festgelegt sein, was mit ihnen geschieht. Sonst könnte Ihre Frau Ihr alleiniges Anrecht darauf zu einem späteren Zeitpunkt anfechten. Zweitens, und das ist für mich noch wichtiger, bin ich nur unter der Bedingung zur Mediation bereit, daß Sie alle Fakten offenlegen. Ich glaube, daß keiner von Ihnen beurteilen könnte, ob eine Vereinbarung fair ist, ohne den gesamten Hintergrund zu kennen. Und um eine Unterhaltsregelung zu treffen, müssen wir drittens nicht nur wissen, was das Vermögen wert ist, sondern auch, wieviel Einkommen es hervorbringt. Auch wenn dieses Einkommen rechtlich Ihnen gehört, würde ein Richter es zur Festlegung der Unterhaltshöhe für relevant halten.[13]

Mr. Rowland: Das paßt mir aber nicht. Die Erbschaft gehört mir. Sie hat immer mir gehört, und so wird das auch bleiben.

Mrs. Rowland: Das ist einer der Gründe, warum ich eine Trennung will. Ich wüßte nicht, was nur mir gehören würde. Alles scheint entweder deins oder unseres zu sein.

Mr. Rowland: Tatsache ist, daß ich nie gewußt habe, wie ich mit dieser Erbschaft umgehen soll. Sie hat immer nur zu Problemen zwischen uns geführt, und deswegen habe ich sie aus unseren Diskussionen rausgelassen. Am besten verlassen wir uns wohl einfach auf das Recht.

Mediator: Das könnte hier durchaus hilfreich sein. Aber auch um Ihnen das erklären zu können, müssen Sie uns sämtliche Informationen liefern. Wenn aber einer von Ihnen das Recht als unfair empfinden würde, würde ich die Diskussion sicher nicht an diesem Punkt enden lassen wollen.

Mr. Rowland: Okay. Wenn ich Ihnen die Informationen geben muß, damit Sie die rechtliche Lage klären können, meinetwegen. Was mich betrifft, wenn etwas geltendes Recht ist, dann ist es fair.

Mediator: Sie haben sehr viel mehr Vertrauen in das Recht als ich. Was sagen Sie dazu, Mrs. Rowland?

Mrs. Rowland: Ich will nur tun, was richtig ist. Ich habe keine besondere Einstellung zum Recht. Wenn es mir richtig vorkommt, würde ich mich vermutlich daran halten wollen. Meine größte Sorge ist, daß Eric mich manchmal einfach niederredet und daß es schwer ist, sich ihm gegenüber durchzusetzen.

Mediator: In diesem Fall ist das Recht vielleicht eine nützliche Kontrolle. Aber Sie sollten sich beide klarmachen, daß das Recht nicht immer so klar ist, wie Sie vielleicht denken. Ich werde Ihnen nach bestem Wissen und Gewissen sagen, was ein Gericht tun würde, aber Sie müssen diese Information dem gegenüberstellen, was Sie selbst als fair empfinden. Wenn Sie das Recht so nutzen, daß Sie sich darüber klarwerden, dann hilft es uns weiter.

Fairneß und die Rolle des Rechts

Es ist keine leichte Aufgabe, ein Paar mit Hilfe des Rechts darin zu unterstützen, seine eigene Vorstellung von Fairneß zu klären. Jeder entscheidet nach einer anderen Methode, was richtig ist. In diesem Fall hatten Mr. und Mrs. Rowland verschiedene Verwendungen für das Recht im Sinn. Mr. Rowland schien sich, im Moment wenigstens, das Recht als klar und unpersönlich und somit fair vorzustellen. Ich nahm an, daß er so dachte, weil er genug über die gesetzlichen Bestimmungen zu gemeinschaftlichem und getrenntem Eigentum zu wissen glaubte und sicher war, daß sie ihm die gesamte Erbschaft von seinem Vater bewahren würden. Es ist leicht, das Recht für fair zu halten, wenn es die eigene Position unterstützt. Aber wie würde er reagieren, wenn wir zu einem Bereich kommen würden, in dem das Recht nicht zu seinem Vorteil ausfiel? Würde er es auch dann noch für fair erachten, wenn es im Widerspruch zu seinen eigenen Werten stand?

Bei Mrs. Rowland stellte sich ein anderes Problem. Sie fürchtete, durch die Überredungsgabe ihres Mannes könnte sie aufgeben, was sie als richtig empfand. Ich konnte zwar keinerlei Hinweis darauf entdecken, doch wenn dies tatsächlich der Fall war, dann konnte ihr das Recht helfen, es konnte aber auch einen Bumerangeffekt haben.

Wenn es ihre Position unterstützte, dann würde sie gestärkt durch die Gewißheit, sich auf Prinzipien berufen zu können, die von den Gerichten so festgelegt sind. Wenn das Recht jedoch zugunsten ihres Mannes ausfiel und gegen sie sprach, würde es wohl so gut wie aussichtslos sein, ihn davon überzeugen zu wollen, eine davon abweichende Vereinbarung zu treffen.

Ich sah meine Aufgabe darin, den Fokus der beiden weg vom Recht und hin zu ihren eigenen Vorstellungen von Fairneß umzulenken. Die daraus entstehende Diskussion könnte schwierig werden, doch es war mir wichtig, sie zu ermöglichen. Ich mußte auch aufpassen, nicht mit Hilfe des Gesetzes zum Anwalt einer Seite zu werden. Und schließlich mußte ich mein eigenes Fairneßempfinden in diese Mischung einbringen. Erschwerend war dabei, daß ich mich über Mr. Rowland ärgerte. Er schien mir nicht nur eine naive Rechtsgläubigkeit zu haben, sondern auch knauserig zu sein. Er behauptete, seine Frau zurückhaben zu wollen, aber er war nicht bereit, großzügig zu ihr zu sein. So machte er nicht nur ihr, sondern auch mir Probleme. Das Ergebnis würde ein sehr komplexes Feld möglicher Einflußgrößen und Lösungen sein.

Einen Monat später kamen sie zur zweiten Sitzung. Sie berichteten, daß Mrs. Rowland und Karen in eine Wohnung gezogen waren, für die Mrs. Rowland 800 Dollar Miete im Monat bezahlte.

In der Unterhaltsfrage waren sie keinen Schritt vorangekommen. Mrs. Rowland wollte monatlich 2500 Dollar für die nächsten drei Jahre (sofern sie sich in dieser Zeit nicht versöhnten) und danach nur noch Kindesunterhalt in Höhe von 750 Dollar im Monat. Mr. Rowland hatte ein monatliches Bruttoeinkommen von rund 3500 Dollar; die Einkünfte aus seinem geerbten Vermögen betrugen weitere 6500 Dollar. Mrs. Rowlands Bruttoeinkommen lag bei rund 1000 Dollar im Monat.

Mr. Rowland: Wie würde ein Gericht vorgehen?
Mediator: Ein Richter würde sich vermutlich anschauen, wieviel Sie beide durch Ihre Arbeit verdienen, wieviel Sie aus der Erbsumme beziehen und wieviel Zeit Sie beide jeweils mit Karen verbringen wollen. Auf dieser Grundlage würde er mit Hilfe einer Berechnungsformel einen vorläufigen Unterhalt bestimmen. Ich kann Ihre Zahlen

durch ein Computerprogramm laufen lassen und Ihnen ziemlich genau sagen, was diese Berechnungsformel ergeben würde.

Mr. Rowland: Angenommen, ich würde meine Erbschaft weggeben?

Mediator: Wenn Sie Ihre Erbschaft nicht hätten und das Gericht überzeugt wäre, daß das kein Trick war, um der Unterhaltspflicht zu entgehen, dann würde die Berechnung auf der Grundlage Ihrer beider Einkommen und der Zeit, die Karen bei jedem von Ihnen verbringt, erfolgen.

Mr. Rowland: Würde ein Richter berücksichtigen, daß Becky jederzeit wieder in der Produktion arbeiten könnte, wo sie mindestens 25 000 Dollar im Jahr verdienen würde?

Mediator: Vermutlich nicht für eine einstweilige Verfügung, aber langfristig, ja, könnte das berücksichtigt werden. Möglicherweise aber auch nicht, weil Ihre Frau den Beruf gewechselt hat.

Mrs. Rowland: Eric, du versuchst doch nur, mir sowenig wie möglich zu zahlen. Du bist so ein gemeiner Mistkerl. *(Bricht in Tränen aus.)*

Mr. Rowland: Hör mal, ich habe mir angeschaut, wieviel wir in den letzten vier Jahren so ausgegeben haben. Becky, wenn du so weiterlebst, brauchst du im Monat höchstens 1500 Dollar von mir.

Mrs. Rowland: Ich brauche 2500. Wir sind meinen Haushalt durchgegangen. Du kannst es dir leisten, und ich brauche es.

Mr. Rowland: Würde sie von einem Richter 2500 bekommen?

Mediator: Ich kann Ihnen eine präzisere Antwort darauf geben, wenn Sie wollen, aber ich glaube mit Sicherheit sagen zu können, daß sie mehr als das bekommen würde.

Mr. Rowland: Das ist unglaublich. Warum würde ein Gericht mich dazu verdonnern? Schließlich will sie doch raus, und wenn sie mehr Geld braucht, kann sie in ihren alten Job zurück. Das erscheint mir nicht richtig.

Mediator: Ich habe nie gesagt, daß es richtig sei. Tatsächlich waren Sie es doch, der sagte, wenn etwas Recht sei, dann sei es fair. Das Recht hat hier nicht mehr und nicht weniger Kraft, als Sie beide ihm zugestehen wollen. Ein Richter würde bei der Unterhaltsentscheidung nicht berücksichtigen, wer wen verläßt. Das Gesetz würde in Ihnen ganz einfach denjenigen erkennen, der auf seinem Geld sitzt –

der es sich leisten kann, seiner Frau soviel zu zahlen, wie sie braucht. Ich bin ziemlich sicher, daß Sie mehr als 2500 Dollar zahlen müßten, wenn Sie einen Richter darüber entscheiden ließen.

Die Sitzung endete kurz darauf, da Mr. Rowland offensichtlich sehr verärgert war. Ich machte mir Gedanken, ob ich in meinem Eifer, seine Fixierung auf das Recht als Quelle aller Fairneß zu durchbrechen, vielleicht zu hart mit ihm umgegangen war. Meine Erfahrung hatte mich gelehrt, daß das Recht oft nicht mit dem übereinstimmt, was viele für fair halten, und ich wußte, daß diese Erkenntnis schokkieren kann. Mr. Rowland war überrascht, ja sogar schockiert, aber seine neuen Kenntnisse darüber, wie das Gesetz greifen würde, würden ihn vielleicht von seiner einseitigen Fixierung befreien.

Mr. Rowlands Einstellung zum Recht hatte sich ein wenig geändert, aber wie es weitergehen würde, war noch unklar. Wie würde Mrs. Rowland auf die Tatsache reagieren, daß in der Unterhaltsfrage das Recht auf ihrer Seite war? Würde sie weiterhin so handeln, als sei das nicht wichtig, oder würde sie jetzt, da es so deutlich zu ihrem Vorteil ausfiel, Mr. Rowlands frühere Position beziehen und sich darauf berufen, um sich durchzusetzen?

In meinen Augen ging es hier nicht primär darum, was das Recht besagte, sondern eher um eine Kombination aus Mrs. Rowlands Fairneßempfinden, ihrem erklärten Bedarf und der praktischen wirtschaftlichen Realität, der sie gegenüberstand. Es erschien mir ziemlich eindeutig, daß sie mindestens 2500 Dollar im Monat brauchte, um ihren bisherigen Lebensstandard auch nur annähernd halten zu können. Ihr Haushaltsplan ergab, daß ihr nach Abzug von Steuern, Miete und Kinderbetreuungskosten nur 800 Dollar zur freien Verfügung blieben, von denen sie noch die Nahrungsmittel für sich und Karen bezahlen müßte.

Offene Worte

Bei der nächsten Sitzung machte Mr. Rowland eingangs einen sehr traurigen und ernsten Eindruck.

Mr. Rowland: Ich war beinahe entschlossen, nicht wieder hierherzukommen. Es hat mich tief verletzt, was Sie letztes Mal getan haben. Ich hatte das Gefühl, daß Sie sich von Beckys Tränen gegen mich manipulieren ließen. Genauso hat sie es mit unserem Therapeuten gemacht, und jetzt macht sie es mit Ihnen so. Als Sie sagten, ich «säße auf meinem Geld», konnte ich es nicht fassen. Ich hatte Sie nach Ihrer unparteiischen Einschätzung dessen gefragt, was ein Gericht tun würde. Statt dessen hatte ich den Eindruck, als wollten Sie mir meine Zahlungsfähigkeit unter die Nase reiben. Ich habe nach dieser Sitzung mit meinem Anwalt gesprochen, und er sagte, daß Sie damit, wie ein Gericht vorgehen würde, vermutlich recht hätten. Aber Sie könnten sich durchaus auch irren. Ich müßte eventuell nicht soviel Unterhalt zahlen, vor allem wenn ich nachweisen kann, daß wir in den letzten vier Jahren zu dritt kaum mehr verbraucht haben als das, was Becky an Unterhalt fordert. Ein Richter könnte außerdem die Tatsache berücksichtigen, daß Becky wieder mehr Geld verdienen könnte. Zumindest haben Sie die Situation also übertrieben dargestellt. Und als ich dem Anwalt erzählte, daß Sie gesagt haben, ich säße auf meinem Geld, konnte er es nicht glauben. Ich fühle mich von Ihnen doppelt verletzt, weil ich Ihnen vertraut habe, und ich fühle mich verraten.

Ich fühlte mich sehr unwohl in meiner Haut. Ich merkte, wie ich rot wurde. Mr. Rowland fühlte sich sichtlich verletzt, und er beschuldigte mich der Voreingenommenheit. Mein erster Impuls war, mich zu verteidigen, zu erklären, daß ich nur geschildert hatte, wie ein Richter ihn sehen würde, und daß ich sonst nichts mit dem Ausdruck «auf dem Geld sitzen» gemeint hatte.

Aber ich wußte auch, daß er recht hatte. Er fühlte sich getroffen von einem Urteil, das ich über ihn gefällt hatte – nämlich, daß er knauserig war. Dieses Urteil ließ eine Mauer zwischen uns entstehen, und er hatte das gespürt. Wenn ich sonst in der Mediation über jemanden urteile, dann registriere ich das gleich und versuche, die Mauer abzubauen, damit sie unsere Zusammenarbeit nicht stört. Es ist wichtig, daß ich neutral bleibe und daß mich die Parteien so empfinden. Mr. Rowland hatte mich ertappt. Er hatte meine Mißbilligung gespürt, und ich mußte etwas unternehmen. Doch was konnte ich tun? Ich dachte daran, ihn zu überzeugen, daß er sich irrte, aber das würde mein Vergehen nur noch verschlimmern. Ich mußte mir erst darüber klarwerden, was in mir passierte. Dann mußte ich schauen, ob ich sein angeknackstes Vertrauen in mich wiederherstellen konnte. Geiz bei anderen macht mich oft wütend, und zwar weil ich glaube, daß die Welt eine bessere wäre, wenn die Menschen großzügiger miteinander umgingen. Aber diese Wut hat noch einen anderen Hintergrund, nämlich, daß ich selbst noch mit dem Bemühen kämpfe, großzügig zu sein. Nachdem ich mir das eingestanden hatte, konnte ich versuchen, Mr. Rowland aus einer mitfühlenden anstatt aus einer verurteilenden Perspektive zu verstehen.

Ich wußte, daß ich meine momentane tiefe Gefühlsbewegung erst auf mich wirken lassen mußte, bevor ich darauf reagierte. Also schwieg ich eine scheinbare Ewigkeit lang, die in Wahrheit vermutlich nicht länger als eine halbe Minute dauerte. Ich ging gedanklich meine möglichen Antworten durch. Es gab viel zu sagen, aber als erstes mußte ich ehrlich auf Mr. Rowlands Gefühle reagieren. Dies war für uns alle ein Augenblick der Wahrheit, und alles Folgende hing vermutlich davon ab, wie wir ihn jetzt bewältigten. Ich mußte versuchen, gleichzeitig etwas Abstand vom Geschehen zu gewinnen und aus dem Innersten zu sprechen.

Mediator: Mr. Rowland, ich bin froh, daß Sie den Mut hatten, zu sagen, was Sie eben gesagt haben. Ich weiß, daß es Ihnen nicht leichtgefallen ist – mir an Ihrer Stelle wäre es jedenfalls nicht leichtgefallen. Ich bin auch dankbar, daß Sie so offen und ehrlich zu mir waren. Ich hoffe, ich kann den Gefallen erwidern. Zu Ihrem Eindruck, daß ich kein Mitgefühl für Sie hätte oder voreingenommen gegen Sie wäre, kann ich aufrichtig sagen, daß das nicht so ist. Ich merke, daß Sie (und Ihre Frau genauso) in der festen Absicht hierhergekommen sind, sich mit Hilfe dieses Prozesses den anstehenden Entscheidungen zu stellen. Irgendwo hoffe ich auch noch, daß Sie wieder zusammenkommen, sobald Sie Ihre Vereinbarung erreicht haben. Ich habe auch Verständnis für Ihre Probleme hinsichtlich der Erbschaft. Ich glaube nicht, daß es *einen* richtigen Weg gibt, damit umzugehen.

Nun zum schwierigeren Teil. Als ich sagte, Sie säßen auf Ihrem Geld, wollte ich Ihnen einen Eindruck vermitteln, wie ein Richter Sie sehen würde, und ich habe offensichtlich einen Nerv getroffen. Ich war ziemlich überzeugt und bin es weiterhin, daß Ihre Frau von einem Gericht mehr als 2500 Dollar im Monat zugesprochen bekäme, aber darauf komme ich später noch. Von außen betrachtet ist klar, daß Sie genug Geld haben, um sich selbst zu unterhalten und Ihrer Frau monatlich 2500 Dollar zu zahlen, vor allem, da Ihr Haus hypothekenfrei ist. Mrs. Rowland muß 800 Dollar Miete im Monat bezahlen, daher fühle ich in dieser Hinsicht mit ihr mit. Wenn ich mich in Ihre Lage versetze, würde es mich sicher auch sehr ärgern, so viel Geld an jemanden zahlen zu müssen, der beschlossen hat, mich zu verlassen. Aber ich glaube, was es für mich so kompliziert gemacht hat, war Ihre anfängliche nachdrückliche Erklärung, daß etwas fair sei, wenn es Recht sei. Das ist eine Aussage, mit der ich nicht übereinstimme, daher wollte ich Ihnen wohl sagen: «Na, sehen Sie jetzt, daß das Recht nicht immer fair ist?» Mein Ziel ist, daß Sie hier mit einer Vereinbarung rausgehen, die Sie beide als fair empfinden, unabhängig davon, was ein Gericht tun würde. Daher war es mir wichtig, Ihnen meine Sichtweise nahezubringen.

Es kann sein, wie Ihr Anwalt Ihnen gesagt hat, daß ich mich irre, was die Summe anbelangt, die ein Richter Ihrer Frau zusprechen würde. Aber sehen Sie, jede Unsicherheit in bezug auf das Recht macht es um so wichtiger, daß Sie eine Übereinkunft erzielen, die Ihnen beiden fair erscheint. Ich möchte nochmals klarstellen, daß ich, wenn ich Ihnen sage, wie ein Gericht meiner Meinung nach verfahren würde, damit nicht meine persönliche Meinung darüber zum Ausdruck bringe, was Sie tun sollten, und auch nicht sage, daß ich das für fair halte. Das Recht ist nur das Recht, und es auszulegen gehört zu meinem Job.

Mr. Rowland: Ja, aber ich glaube, daß Sie mich als knauserig verurteilt haben.

Mediator: Da könnte etwas dran sein. Sie haben vielleicht einen emotionalen Unterton mitschwingen hören, der meine eigenen Probleme mit dem Thema Geld widerspiegelt.

Mr. Rowland: Es hilft, Sie das sagen zu hören. Vielleicht liege ich doch nicht so daneben.

Mrs. Rowland: Ich finde schon. Ich weiß, daß ich von einem Richter weit mehr als 2500 bekommen würde, aber ich wollte nie, daß du mir das Geld erzwungenermaßen gibst. Ich hoffte, daß du uns das, was wir zum Leben brauchen, freiwillig würdest geben wollen. Ich weiß, daß wir unterschiedliche Einstellungen zum Geldausgeben haben. Das war immer ein großer Streitpunkt zwischen uns. Aber ich brauche dieses Geld, damit ich genügend Freiraum habe, um ohne Druck zu entscheiden, ob ich getrennt oder gemeinsam weiterleben will. Ich möchte nicht durch die wirtschaftliche Lage zu etwas genötigt werden. Ich glaube, du wärst ziemlich unglücklich, wenn ich nur zu dir zurückkommen würde, weil ich mir ein Leben allein nicht leisten kann.

Mr. Rowland: Da hast du recht. Aber ich bin sicher, daß du mit 1500 Dollar genügend Freiraum hättest, und wenn du mehr brauchst, mußt du eben deine Modeberatung ausbauen. Ich weiß, daß du das kannst. Oder Karen könnte bei mir leben. Du hast gesagt, du willst mehr Freiheit. Von mir aus können wir es gerne andersherum machen – daß sie bei mir lebt und dich am Wochenende besucht. Dann hättest du weniger Ausgaben.

Mrs. Rowland: *(versteift sich am ganzen Körper, und ihre Augen füllen sich mit Zornestränen)* Du bist wohl komplett übergeschnappt. Du würdest alles tun, um den Unterhalt zu drücken, selbst wenn deine Tochter dabei leidet.

Mr. Rowland: Nein, ich glaube nicht, daß meine Tochter leiden würde, wenn sie mehr mit mir zusammen wäre. Das würde ich nicht zulassen.

Mediator: Ich denke, es wäre sinnvoll, wenn wir die Gelddiskussion erst mal von der Frage trennen könnten, wieviel Zeit jeder von Ihnen mit Karen verbringt. Welchen dieser beiden Punkte wollen Sie jetzt lieber weiterverfolgen?

Mrs. Rowland: Wir sollten besser über Karen sprechen. Eric, ich muß sagen, deine Schäbigkeit erstaunt mich. Du kannst meine Tochter nicht haben.

Mr. Rowland: Sie ist auch meine Tochter.
Mediator: Wenn ich Ihnen hierbei helfen soll, muß ich wissen, was Sie seit Ihrer Trennung diesbezüglich unternommen haben und wie gut das für Sie alle drei geklappt hat.
Mr. Rowland: Karen ist die Woche über bei Becky und am Wochenende bei mir.
Mrs. Rowland: Und so wird es auch bleiben. Es ist mir völlig egal, was du sagst, Eric. Ich will nicht einmal weiter darüber reden. *(Beginnt zu weinen.)*

Ich merkte, wie sich mein Magen von der Spannung im Raum zusammenzog. Ich hatte mit Mrs. Rowland mitgefühlt, als wir über das Geld sprachen, aber jetzt ärgerte ich mich über sie und fühlte mit Mr. Rowland. Mich ärgerte, daß sie Mr. Rowland von dieser Entscheidung ausschließen wollte. Sie schien Karen als ihr Eigentum zu betrachten. Ich bin selbst Vater und habe mich oft daran gestört, wie leicht manche Frauen die Bedeutung der Vater-Kind-Beziehung abtun. Aber bevor ich ihnen helfen konnte, würde ich meinen Ärger verstehen müssen und durfte Mrs. Rowland nicht zurückstoßen. Ich mußte meine Reaktion als Aufforderung nehmen, sie besser zu verstehen, anstatt eine Mauer zwischen uns aufzubauen. Das war harte Arbeit für mich, aber es war notwendig, um mit beiden in Verbindung zu bleiben. Ich wandte mich an Mrs. Rowland und sprach extra ein wenig leiser, um uns alle zu beruhigen.

Mediator: Ich sehe, wie sehr Sie das aufregt, aber irgendwann müssen wir darüber sprechen. Sind Sie bereit, jetzt mit mir darüber zu sprechen, oder wollen Sie lieber warten?
Mrs. Rowland: Es regt mich wirklich auf, aber wir werden wohl nicht umhinkommen, darüber zu sprechen. Also bitte.
Mediator: Was regt Sie auf?
Mrs. Rowland: Eric weiß genau, wie wichtig Karen mir ist. Ich habe das Gefühl, er benutzt sie, um mich dazu zu bringen, in der Geldfrage nachzugeben.
Mediator: Und was ist aus Ihrer Warte das Wesentliche an der Entscheidung, wieviel Zeit jeder von Ihnen mit Karen verbringt?
Mrs. Rowland: Karen ist das wichtigste in meinem Leben. Es

stimmt, daß ich das Muttersein manchmal leid bin, besonders wenn ich das Gefühl habe, ihretwegen irgendwelche Chancen zu verpassen. Ich wäre mit meiner Modeberatung bestimmt schon sehr viel weiter, wenn ich mich nicht soviel um sie kümmern würde. Aber die Flexibilität einer Beratungstätigkeit war einer der Gründe, warum ich diesen Bereich gewählt habe – so habe ich viel mehr Zeit für sie.

Mediator: Es macht Ihnen also angst, andere Möglichkeiten als die Regelung, die Sie jetzt haben, auch nur zu erwägen?

Mrs. Rowland: Eric weiß das.

Mr. Rowland: Was denkst du, was es für mich bedeutet, Karen nur noch sowenig zu sehen? Es fühlt sich an, als hätte ich nicht nur meine Frau verloren, sondern auch meine Tochter. Dieser letzte Monat war so hart. *(Fängt an zu schluchzen.)*

Mediator: Also hat das Zusammensein mit Karen für Sie eigentlich nichts mit der Geldfrage zu tun.

Mr. Rowland: Ich habe das Thema hier vielleicht ungeschickt aufgebracht, aber es stimmt, daß ich mehr Zeit mit Karen verbringen will. Ich brauche das, und ich glaube, sie auch.

Mrs. Rowland: Darüber können wir reden. Nur nicht, wenn du das vom Geld abhängig machst.

Mediator: Deswegen habe ich ja vorgeschlagen, die beiden Punkte getrennt zu behandeln, auch wenn sie in einer gewissen Beziehung zueinander stehen.

Mr. Rowland: Sie meinen, wir sollen die Unterhaltshöhe nicht davon abhängig machen, wieviel Zeit sie mit jedem von uns verbringt?

Mediator: Ja.

Mr. Rowland: Ich sehe, daß das seine Vorteile hätte. Ich möchte nicht jedesmal über Geld diskutieren müssen, wenn wir die Zeitaufteilung ändern wollen.

Mrs. Rowland: Ich wäre damit einverstanden.

Mediator: Gut. Ich möchte Ihnen noch eine andere Übereinkunft vorschlagen, die uns sowohl bei der Elternverantwortung als auch bei den Finanzen weiterhelfen könnte. Wir sollten davon ausgehen, daß keiner von Ihnen in der einen oder der anderen Frage mehr Entscheidungsrecht hat als der andere. Ich habe das Gefühl, Sie gehen beide davon aus, daß Mrs. Rowland eher berechtigt ist, die Elternfrage zu entscheiden und Mr. Rowland die finanzielle Frage. Wenn das zutrifft, dürften wir ein besseres Ergebnis erzielen, wenn wir von einer anderen Annahme ausgehen – nämlich, daß keiner von Ihnen dem anderen in einem der Bereiche unterlegen ist.

Mrs. Rowland: Aber ich weiß wirklich besser, was gut für Karen ist.

Mr. Rowland: Und ich verstehe mit Sicherheit mehr von finanziellen Dingen als Becky.

Mediator: Wir können doch von Ihrer Sachkenntnis profitieren und trotzdem dem anderen eine andere Meinung zugestehen.

Mrs. Rowland: Das ist okay. Aber ich will dennoch sichergehen, daß Karen mehr bei mir ist.

Mediator: Glauben Sie, daß sie das braucht?

Mrs. Rowland: Ja.

Mr. Rowland: Ich bin einverstanden, daß Karen mehr Zeit mit Becky verbringt als mit mir. Aber ich will mehr mit ihr zusammensein als jetzt. Ich möchte ihr bei den Hausaufgaben helfen. Und ich würde gerne darauf hinarbeiten, daß sie irgendwann die halbe Zeit bei jedem von uns ist. Ich kann mir meine Arbeit ziemlich frei einteilen.

Mrs. Rowland: Ich auch. Aber ich stimme dir zu, Eric. Ich glaube, es würde ihr guttun, jetzt mehr Zeit mit dir zu verbringen. Ich denke, das würde ihr gefallen. Sie spricht ständig von dir.

Mr. Rowland: *(beginnt zu weinen)* Ich habe solche Angst, sie zu verlieren.

Mrs. Rowland: Das wird nicht passieren.

Mediator: Und wie stehen Sie dazu, daß sie am Ende gleich viel Zeit bei Ihnen beiden verbringen soll, Mrs. Rowland?

Mrs. Rowland: Ich weiß nicht. Das wäre schwer.

Mediator: Es ist wirklich schwierig, Ihre eigenen Bedürfnisse von denen Ihres Kindes zu trennen. Wenn Ihnen das gelingt, wird es Ihnen sicher zu Entscheidungen verhelfen, die für Karen und für Sie gleichermaßen in Ordnung gehen.

Mrs. Rowland: Ich habe mit Karen absichtlich noch nicht viel über das hier gesprochen. Vielleicht können wir uns mit ihr zusammensetzen und herausfinden, was sie denkt. Aber ich will trotzdem in dieser Sache das letzte Wort haben.

Mediator: Wie wär's mit einem Vetorecht? Würde das genügen?

Mrs. Rowland: Ich denke, das ist okay, solange das gleiche auch in der Gelddiskussion gilt.

Mr. Rowland: Abgemacht. Können wir zur Gelddiskussion zurückkehren?

Mrs. Rowland: Sobald ich mit meinem Geschäft mehr verdiene, bin ich bereit, weniger Unterhalt zu bekommen, aber das geht nicht über Nacht. Und im Moment brauche ich das Geld.

Mr. Rowland: Wann könnte ich damit rechnen, die Zahlungen reduzieren zu können?

Mrs. Rowland: Ich weiß es nicht genau, aber ich denke, in anderthalb Jahren könnten wir zumindest noch mal darüber reden.

Mr. Rowland: Und wann würden sie ganz enden?

Mrs. Rowland: Die Unterhaltszahlungen für mich? Ich habe dir doch schon gesagt, daß drei Jahre genügen müßten. Aber das möchte ich jetzt noch nicht endgültig festlegen.

Mr. Rowland: Das kann ich nicht akzeptieren. Ich möchte, daß wir jetzt eine Höchstdauer festlegen.

Mrs. Rowland: Dann müßte ich dir einen Zeitraum nennen, der länger ist, als ich es vermutlich brauchen werde.

Mr. Rowland: *(zu mir)* Ich frage Sie wohl besser nicht, was ein Gericht tun würde. Sie würden mir vermutlich sagen, daß ein Richter die Laufzeit für den Unterhalt nicht begrenzen würde.

Mediator: Wollen Sie, daß ich Ihnen die Rechtslage erläutere?

Mr. Rowland: Nein, lassen Sie es uns diesmal anders machen. Wir vereinbaren erst etwas, und Sie erläutern dann.

Mediator: *(zu Mrs. Rowland)* Was meinen Sie dazu?

Mrs. Rowland: Ja, gern. Eric ist doch derjenige mit dem Rechtstick. Mich interessiert es nicht besonders.

Mr. Rowland: Ich bin sogar erleichtert, es so zu machen. Sie haben recht. Ich denke, daß wir das schaffen, ohne unbedingt wissen zu müssen, wie andere es machen.

Mediator: Aber bevor Sie sich verbindlich festlegen, sollten Sie doch wissen, wie ein Gericht verfahren würde. Das ist nötig, um die Vereinbarung solide und rechtsverbindlich zu machen.

Mr. Rowland: Sie waren es doch, der gesagt hat, das Recht sei nicht immer fair.

Mediator: Ja. Aber ich bin auch der Meinung, daß Sie aufnehmen sollten, was das Recht besagt, um Ihre eigenen Vorstellungen von Fairneß zu festigen. Es ist paradox: Um sich vom Recht zu lösen, muß man es kennen und wissen, daß es, zumindest hier, weniger wichtig ist als das, was Sie beide denken.

Die beiden vereinbarten schließlich, daß Mr. Rowland zunächst für anderthalb Jahre monatlich 2500 Dollar nach Steuerabzug an seine Frau bezahlen würde; danach wollten sie die Unterhaltshöhe erneut prüfen. Ferner würden sie die Zahlungen so gestalten, daß sie sich bei beiden sowenig wie möglich auf die Einkommensteuer auswirken. Der Ehegattenunterhalt sollte spätestens nach vier Jahren enden, wobei sie allerdings beide mit einem früheren Ende rechneten. Weiterhin regelten sie ihre gemeinsame Elternschaft dergestalt, daß Karen ein paarmal in der Woche bei Mr. Rowland schlafen würde und den Rest bei Mrs. Rowland; am Wochenende würden sie sich abwechseln. Sie legten fest, daß Karen allmählich immer mehr Zeit bei ihrem Vater verbringen würde, bis sie schließlich zur Hälfte bei jedem Elternteil lebte. Sie kamen auch überein, daß die Höhe des Kindesunterhalts unabhängig von der Zeit sein würde, die Karen mit jedem Elternteil verbrachte, daß sie aber anhand der tatsächlichen Kosten für ihren Lebensunterhalt neu verhandelt werden könnte. Mrs. Rowland sagte, der Mediationsprozeß habe ihr zu mehr Klarheit darüber verholfen, daß die Ehe tatsächlich zu Ende war. Mr. Rowland hatte ebenfalls den Eindruck, viel dazugelernt zu haben, wovon manches ziemlich schmerzlich war. Traurig gestand er, daß er auch aus dem Grund versucht hatte, den Unterhalt zu drücken, weil er gehofft hatte, seine Frau würde eher zu einer Versöhnung bereit sein, wenn sie das Leben ohne ihn als zu schwer empfunden hätte. Als er sah, daß diese Strategie sie nur von ihm entfernte, erkannte er, daß er lieber eine gute Freundschaft als eine schlechte Ehe mit ihr wollte.

Reaktionen

Beide brachten eine Art trauriger Zufriedenheit mit der Vereinbarung zum Ausdruck. Ich selbst sah die Sache mit gemischten Gefühlen. Als positiv empfand ich, daß wir über Mr. Rowlands Eindruck, ich fände ihn knauserig, hinweggekommen waren. Ich freute mich auch, daß ich die Verbindung zu Mrs. Rowland hatte wiederherstellen können, nachdem ich sie wegen ihrer besitzergreifenden Art in bezug auf ihre Tochter verurteilt hatte. Aber etwas besorgte mich immer noch: Hatte ich mich nicht selbst auf das Recht verlassen, indem ich beschloß, daß Mrs. Rowland «recht» hatte und Mr. Rowlands Ansicht im Prinzip nicht zählte? Schließlich unterstützte das Recht tatsächlich Mrs. Rowlands Position. Vielleicht hatte ich mich selbst vom Recht leiten lassen, während ich versuchte, die Parteien von seinem Einfluß zu befreien. Außerdem hatte ich bei meiner Auslegung angenommen, daß der Richter nicht von der Standardformel abweichen würde. Dabei gibt es das durchaus. Aufgrund der allgemeinen Überlastung der Gerichte widmen die Richter Scheidungsprozessen zwar wenig Zeit und weichen immer seltener von den Standardformeln ab, doch vielleicht wäre dies ja so ein Fall gewesen. Und ich hatte diese Möglichkeit überhaupt nicht angesprochen. Ich hatte das Recht viel klarer erscheinen lassen, als es tatsächlich ist, weil ich mich zu dem Zeitpunkt emotional mit Mrs. Rowland identifizierte und den Kontakt zu Mr. Rowland verloren hatte. Kurz gesagt, ich hatte es zugelassen, daß meine Interpretation des Rechts von meinen subjektiven Erfahrungen und vorgefaßten Meinungen beeinflußt wurde – ein verbreitetes, wenn auch selten diskutiertes Problem des kontradiktorischen, also gegnerschaftlichen Systems, wo die Anwälte ständig auf der Basis ähnlicher Einflußfaktoren Voraussagen treffen; das gleiche gilt für die Richter bei der Umsetzung des Rechts.

So schlecht es ist, wenn sich ein Anwalt von persönlichen Gefühlen beeinflussen und leiten läßt, in der Mediation kann das eine Todsünde sein. Während es viele Gründe geben kann, weshalb ein Mediator das Recht vielleicht nicht richtig auslegt, wäre es unverzeihlich, wenn er zuließe, daß seine Voraussage dadurch verzerrt wird, daß er sich mit einer Partei allein identifiziert. Mr. Rowlands Eindruck, daß ich ihn tadelte, reflektierte mein begrenztes Einfühlungsvermögen in ihn. Der Gedanke, das zugelassen zu haben, ist mir peinlich.

Während mir der Fall Anlaß zur Unzufriedenheit mit mir selbst bot, verdeutlichte er auch, welches Potential die Mediation zur Korrektur verzerrter Sichtweisen hat. Nicht viele haben soviel Format und Mut wie Mr. Rowland, der sein Gefühl, daß ich ihn ungerecht beurteilte, einfach äußerte. Doch wenn das passiert, dann läßt sich der Bruch kitten. Ein weiteres Korrektiv ist ein externer Berater. Wenn der beratende Anwalt eine ausgewogene und einigermaßen objektive Voraussage darüber treffen kann, wie ein Gericht einen Fall entscheiden würde (wie es Mr. Rowlands Anwalt tat), so kann dies zu einem vollständigeren Erfassen der vorhandenen Möglichkeiten führen. Selbst wenn seine Voraussage derjenigen des Mediators widerspricht, ist die Erfahrung einer solchen Diskrepanz ein wichtiger Schritt hin zu einem umfassenden Verständnis des Rechts und seiner Fehlbarkeit.

Alle diese «Korrektive» tragen bei zu dem Bemühen, das Recht eher in den Hinter- als in den Vordergrund zu stellen. Es soll die Vorstellungen von Fairneß bei beiden Parteien fördern, sie aber nicht bestimmen. Angesichts dessen, wie schwierig es sein kann, zu entscheiden, was fair ist, kann das Recht als eine Art Spiegel dienen, der die kollektive Vorstellung von Fairneß reflektiert.

Und doch blieb bei diesem Fall am Ende eine problematische Frage offen. Welche Kraft sollte das Recht in der Mediation haben? Bis zu welchem Grad sollte eine Seite der anderen mit dem Gericht drohen, um sie zur Einigung zu zwingen? Diese Frage ist deshalb so schwierig, weil es ein Unterschied ist, wer von beiden sich auf das Recht beruft. Oft ist das Recht da, um einer schwächeren Partei gegen die stärkere zu helfen, wie es beim Ehegattenunterhalt der Fall ist. Wie viele Menschen würden ihren geschiedenen Ehepartnern freiwillig mehr Unterhalt zahlen als das, wozu sie gesetzlich verpflichtet sind? Das Recht zwingt die stärkere Partei praktisch dazu, sich an die Vorstellungen von Fairneß in einer Gesellschaft zu halten. Zerstört dieser Zwang die Möglichkeit eines gegenseitigen Einvernehmens, das Ziel der Mediation?

Beim Ehepaar Rowland ist mir bis heute nicht klar, ob ihre Übereinkunft aus ihrem eigenen Fairneßbegriff oder aus meiner Darstellung der Rechtslage resultierte. Mr. Rowland hatte sich nie dagegen gewehrt, Ehegattenunterhalt zu zahlen; kam das, weil er es für richtig hielt oder weil er die Rechtslage kannte und sich genötigt fühlte? Und als er sich schließlich damit einverstanden erklärte, seiner Frau 2500 Dollar zu zahlen, tat er das, weil er die Höhe für fair hielt oder weil er wußte, daß sie sich nicht mit weniger zufriedengeben und die Sache notfalls rechtlich erzwingen würde?

Wie sehr war Mrs. Rowland auf der anderen Seite von dem Wissen beeinflußt, daß sie das Recht auf ihrer Seite hatte? Auch wenn sie maßvoll auftrat und niemals großes Interesse an der rechtlichen Seite zeigte, kann man sicher kaum behaupten, dieses Wissen hätte sich nicht auf ihre Standfestigkeit gegenüber dem Widerstand ihres Mannes ausgewirkt.

Unter traditionellen Verhandlungsgesichtspunkten konnte man es so sehen, daß Mr. Rowland nachgegeben hatte. Sicher, er hatte Mrs. Rowlands Position schließlich akzeptiert und in dem Sinne tatsächlich nachgegeben. Gleichzeitig hätten Mrs. Rowland und ihr Rechtsvertreter bei einem traditionellen Scheidungsverfahren mit Sicherheit deutlich mehr als die 2500 Dollar verlangt und wohl auch bekommen. Die Tatsache, daß sie am Ende das bekam, womit sie angefangen hatte, ist weniger ein Zeichen dafür, daß sie «gewonnen» hatte, als daß sie ihre Position als richtig und fair empfand. Was ihre Haltung noch bestärkte, war der Umstand, daß sie sich nicht auf das Recht berufen hatte. Vielmehr hatte sie für sich entschieden, was sie brauchte und für fair hielt, und nicht versucht, das Maximum herauszuschlagen. Mr. Rowland akzeptierte ihren Standpunkt schließlich, und das schlug sich in ihrer Vereinbarung nieder. Was gab es daran auszusetzen?

Mediation bei körperlicher Mißhandlung?

Mediation bei Beziehungen, in denen es zu Mißhandlungen kommt, ist ein umstrittenes Thema. Abhängigkeit und ungleiche Machtverhältnisse sind eine Sache, weitaus problematischer sind körperliche Bedrohung und Gewalt. Als das Ehepaar Dunstan seine Situation schildert, wird klar, daß es eine Vorgeschichte körperlicher Gewaltanwendung gibt, die jede verbale Auseinandersetzung unmöglich gemacht hat. Mit der Zeit erkenne ich eine zweifache Aufgabe für mich. Zum einen will ich Mr. Dunstan helfen, die Unausweichlichkeit der Trennung, gegen die er sich so heftig wehrt, zu akzeptieren und die Ernsthaftigkeit des Problems zu erfassen. Gleichzeitig muß ich Mrs. Dunstan helfen, ihre Bedürfnisse trotz ihrer Angst zum Ausdruck zu bringen und Maßnahmen zu ergreifen, um sich vor seinen gewalttätigen Ausbrüchen zu schützen. Dieser Fall bietet auch Gelegenheit zu vergleichen, welchen Grad des Schutzes vor Mißhandlung die Mediation gegenüber dem juristischen Streitverfahren bietet.

Ich hatte schon mehrmals Fotos von Mr. Dunstan in unserer Lokalzeitung gesehen, bevor ich ihn kennenlernte. Er war ein korpulenter Mann, dessen Hosen und Gürtel nur mit Mühe einen Bauch zusammenhielten, der kurz vor dem Platzen schien. Er besaß zwei Pizzaschnellrestaurants, war ein hochangesehener Trainer beim örtlichen Football-Club und in der Kommunalpolitik aktiv. Er und seine Frau Christine hatten vor 23 Jahren geheiratet, waren kinderlos und besaßen ein schuldenfreies Haus. Beide hatten ehrenamtliche Tätigkeiten innerhalb der Gemeinde übernommen.

Mrs. Dunstan, eine zierliche und energische Frau, hatte eine Organisation ins Leben gerufen, die Zugezogene in der Gemeinde willkommen hieß, und leitete sie weiterhin. Außerdem war sie eine leidenschaftliche Hundeliebhaberin und hatte ihren Gartenschuppen im Laufe der Jahre zu einer Art Tierheim umfunktioniert. Sowohl Mr. Dunstan als auch Mrs. Dunstan hatten auch schon Jugendgruppen in ihrer Kirchengemeinde betreut.

So hatte ich das Gefühl, diese beiden, schon lange bevor sie in mein Büro kamen, zu kennen. Ich war völlig unvorbereitet auf die Probleme, die sich schon bald auftaten. Mrs. Dunstan wirkte ganz anders als sonst. Ihre Augen verrieten Resignation, und sie wirkte sehr angespannt. Sie begann langsam, wobei sie mich fest anschaute, als wollte sie dem Blick ihres Mannes entgehen.

Mrs. Dunstan: Ich möchte eine Trennung auf Probe, und ich möchte es gern gemeinsam angehen. Dazu brauchen wir Ihre Hilfe.

Mediator: Haben Sie das gemeinsam besprochen?

Mrs. Dunstan: Ja. Ich denke schon lange darüber nach, und Les weiß, daß ich das will.

Mediator: Seit wann wissen Sie, daß Sie sich trennen wollen?

Mrs. Dunstan: Schon lange – bestimmt schon ein paar Jahre.

Mr. Dunstan: *(mit dröhnender Stimme)* Ein paar Jahre?

Mediator: Ist Ihnen das neu, Mr. Dunstan?

Mr. Dunstan: Allerdings. Diese Frau ist übergeschnappt. Willst du mir etwa erzählen, daß ich mit dir verheiratet war in dem Glauben, wir würden ganz gut miteinander leben, während du schon seit Jahren eine Trennung willst?

Mrs. Dunstan: Du weißt, daß ich schon lange nicht mehr glücklich bin, Les.

Mr. Dunstan: Aber ich habe nicht gewußt, daß du aus der Ehe flüchten willst.

Mrs. Dunstan: Wir haben doch darüber gesprochen, Les. Ich sage nicht, daß ich flüchten will. Aber ich brauche einfach eine Weile etwas Abstand zwischen uns.

Mr. Dunstan: Und dann können wir wieder zusammenkommen? *(ungläubig)* Ich kapier das nicht!

Mrs. Dunstan: Und dann werden wir sehen. Ich würde gerne darauf hoffen.

Mr. Dunstan: Das ist kompletter Blödsinn. Warum sagst du nicht einfach, daß du die Scheidung willst?

Mr. Dunstans Stimme war allmählich immer lauter geworden. Er war sichtlich wütend und kurz davor, die Beherrschung zu verlieren. Mrs. Dunstan beeilte sich, ihn zu beschwichtigen.

Mrs. Dunstan: Nein, Les, das sage ich nicht. Ich bin mir sogar ziemlich sicher, daß ich möchte, daß wir wieder zusammenkommen.
Mr. Dunstan: *(ruhiger)* Warum dann überhaupt erst ausziehen? Laß uns doch lieber zu dem Eheberater gehen, von dem du soviel hältst.
Mrs. Dunstan: Zu dem zu gehen du dich seit zwei Jahren konsequent weigerst? Ich bin bereit, das zu tun – nach der Trennung.
Mediator: Lassen Sie mich sehen, ob ich recht verstehe, was los ist. Mrs. Dunstan, Sie haben offenbar beschlossen, daß eine Trennung nötig ist. Ebenso klar scheint mir zu sein, daß Sie, Mr. Dunstan, gegen diese Idee sind.
Mr. Dunstan: Wie kann sie mir das antun? Uns das antun? Wir sind seit fast 25 Jahren zusammen.
Mrs. Dunstan: Les, du weißt, daß es seit Jahren schwierig ist.
Mr. Dunstan: Ich weiß, aber ich verspreche, daß sich das ändern wird, wenn du nur bleibst.
Mrs. Dunstan: Les, ich will das gemeinsam angehen. Deswegen sind wir hier. Ich will eine Trennung. Ich brauche etwas Zeit für mich, um einiges zu ändern. Bitte gib mir diese Zeit. Und – ich dachte, du hättest das verstanden – ich möchte, daß du ausziehst.
Mr. Dunstan: Was? *(Er wurde rot im Gesicht und seine Stimme klang drohend.)* Ich soll ausziehen?
Mrs. Dunstan: Das habe ich dir gesagt, als ich die Mediation vorgeschlagen habe.
Mr. Dunstan: Ich kann es nicht fassen. Was zum Teufel tue ich hier mit dir? Du willst mein Leben ruinieren.
Mediator: Es scheint zwei Streitpunkte zu geben. Der erste ist, ob es eine Trennung geben wird, und der zweite, wer in diesem Fall auszieht. Wir müssen uns nun die Frage stellen, ob Sie diese Streitigkeiten auf dem Mediationsweg lösen können.

Mr. Dunstan: Ich möchte eines wissen, Christine, bevor wir weitermachen. Hast du dich bereits für eine Scheidung entschieden?
Mrs. Dunstan: *(mit zitternder Stimme)* Nein. Ich will sehen, was geschieht, wenn wir getrennt sind.
Mediator: *(zu Mr. Dunstan)* Ich weiß, daß Sie das schmerzt, aber als Sie diese Frage stellten, habe ich mich gefragt, ob es, wenn es zuträfe, für Sie leichter wäre zu wissen, daß Ihre Frau die Scheidung will und nicht nur eine Trennung auf Zeit?
Mr. Dunstan: Ich weiß es nicht.

Im Laufe unseres Gesprächs beschäftigten mich drei Dinge. Erstens hatte ich das Gefühl, daß Mrs. Dunstan nur deshalb von einer vorübergehenden Trennung sprach, weil sie es nicht fertigbrachte, ihrem Mann zu sagen, daß sie sich eigentlich scheiden lassen wollte. Zweitens war offenbar noch keiner von beiden bereit, das explizit auszusprechen, obwohl sie beide zu wissen schienen, daß die Trennung nur ein Schritt auf dem Weg war, der unvermeidlich zur Scheidung führte. Und drittens hatte ich das düstere Gefühl, daß Mr. Dunstans Ärger auf gewalttätige Weise ausbrechen konnte.

Mißhandlung und Schutz

Als ich den Mediationsprozeß erläuterte und versuchte, die Beweggründe für ihr Kommen ans Licht zu bringen, begann Mr. Dunstan sich so zu verhalten, als ob er nichts zu verlieren hätte. Er führte meine Beschreibung des Prozesses als eine Möglichkeit, gemeinschaftlich zu fairen Lösungen zu gelangen, ad absurdum.

Mr. Dunstan: Wie kann es ein faires Ergebnis geben, wenn ich keine Trennung will?
Mediator: Das ist das einzige, worüber Sie sich nicht einigen müssen. Ihre Frau kann sich von Ihnen trennen, wenn sie das will – auch wenn Sie das nicht wollen.
Mr. Dunstan: Warum sollte ich mich also an einem Prozeß beteiligen wollen, der dazu führt?

Mediator: Gute Frage. Vielleicht wollen Sie es nicht. Dennoch ist es Sinn und Zweck dieses Prozesses, daß Sie beide alle übrigen Entscheidungen gemeinsam treffen. Wenn Sie das wollen, könnte eine Mediation Sinn machen, doch wenn Sie die Tatsache der Trennung nicht akzeptieren, werden Sie auch diese Entscheidungen noch nicht fällen können. Ich verstehe durchaus, was Sie meinen. Wenn ich an Ihrer Stelle wäre und diese Trennung nicht wollte, würde es mir auch sehr schwerfallen, mich zu beteiligen. Schließlich führt dieser Prozeß zwangsläufig zu einem Ergebnis, das Sie nicht wollen.

Mr. Dunstan: *(beginnt zu weinen)* Diese Frau ist der einzige Mensch, dem ich jemals vertraut habe. Es ist schrecklich für mich. Ich würde alles tun, um uns zusammenzuhalten.

Mediator: *(zu Mrs. Dunstan)* Sind Sie sicher, daß Sie die Trennung wollen?

Mrs. Dunstan: *(den Kopf senkend)* Ich will etwas Zeit für mich allein haben. Ich hoffe, daß die Zeit kommt und wir wieder zusammenfinden. Ich will Les wirklich nicht noch mehr Kummer bereiten, als ich es schon getan habe.

Mediator: Dann lautet die Frage, die Sie, Mr. Dunstan, vor sich selbst beantworten müssen: Sind Sie bereit, eine Trennung zu akzeptieren und gemeinsam mit Ihrer Frau die dann nötigen Entscheidungen zu treffen? Das wird in jedem Fall sehr hart, wenn nicht ganz scheußlich für Sie.

Mr. Dunstan: Sagen Sie mir, warum ich kooperieren sollte, wenn ich sie sowieso nicht zurückbekomme?

Mediator: Ich denke, Sie sollten sinnvollerweise davon ausgehen, daß sie keine Versöhnung wollen wird. Wollen Sie unter dieser Voraussetzung also gemeinsam entscheiden, wie Sie sich trennen?

Mr. Dunstan: Ich würde es schon gerne können, weil ich keine Lust habe, irgendwelche Anwälte reich zu machen, und weil es mir nicht gefällt, keinen Einfluß auf die Trennungsbedingungen zu haben.

Mediator: In der Mediation müssen Sie fähig sein, Entscheidungen gemeinsam zu treffen.

Mr. Dunstan: Nun, eines weiß ich gewiß. Sie kann ihre Trennung haben, aber ich werde den Teufel tun und aus unserem Haus ausziehen.

Mrs. Dunstan: Du weißt, daß ich wegen der Hunde nicht ausziehen kann. Eine Wohnung käme nicht in Frage. Oh, Les, bitte. Bitte. Du weißt, daß ich mit ihnen nicht umziehen kann.
Mr. Dunstan: Warum sollte ich aus dem Haus rausmüssen? Schließlich willst du doch die Trennung.
Mrs. Dunstan: *(zögernd)* Sieh mal, Les. Ich werde darüber nachdenken, aber du solltest wissen, daß mir ein Anwalt gesagt hat, ich könnte dich durch eine richterliche Verfügung innerhalb weniger Tage aus dem Haus werfen lassen.

Diese Äußerung von Mrs. Dunstan alarmierte mich. In Kalifornien wirft kein Richter einen Ehegatten aus dem gemeinsamen Heim, wenn er nicht davon überzeugt ist, daß dem anderen Ehepartner unmittelbare körperliche Gefahr droht, meist aufgrund zurückliegender Gewalttätigkeiten. Hatte es hier in der Vorgeschichte solche Gewalttätigkeiten gegeben? Es gab einige Anzeichen, die darauf hindeuteten.

Mrs. Dunstan schien sich vor ihrem Mann zu fürchten – jedenfalls zu sehr, um ehrlich zuzugeben, daß sie eigentlich die Scheidung wollte. Sie hatte jeden Augenkontakt mit ihm vermieden, seit sie den Raum betreten hatten, und die Art von Wut, die von Mr. Dunstan ausging, war an sich schon mißhandelnd. Mr. Dunstan versuchte scheinbar mit allen Mitteln, seine Frau einzuschüchtern, und es schien möglich, daß er die Beherrschung verlieren und physische Gewalt anwenden würde, wenn seine Frustration auf demselben Level anhielt. Und auf Mrs. Dunstan paßte die Charakteristik eines Mißhandlungsopfers: Sie war sehr entgegenkommend, ihre geringe Selbstachtung war offensichtlich, und sie machte u. U. bei der Geheimhaltung der Mißhandlungen mit. Was dann folgte, bestätigte meine Befürchtungen.

Mr. Dunstan: Kann sie wirklich einen Richter dazu bringen, mich aus meinem eigenen Haus zu werfen?
Mediator: Nur, wenn Sie in der Vergangenheit gewalttätig gegen Ihre Frau geworden sind und wenn zu befürchten ist, daß das wieder vorkommen könnte.
Mrs. Dunstan: Davon hatten wir schon mehr als genug.

Mediator: Mr. Dunstan, ich muß Näheres darüber wissen, um Ihnen die Rechtslage zu erläutern. Was ist passiert?
Mr. Dunstan: Nicht viel.
Mrs. Dunstan: *(leise)* Nicht viel? Ein paar Fahrten ins Krankenhaus, ein paar gebrochene Rippen, blaue Augen und einmal ein gebrochener Arm.
Mediator: Wann war der letzte Vorfall?
Mrs. Dunstan: Vor zwei Wochen. Und gestern abend hat er gesagt, daß er es mir zeigen würde, wenn ich ihn aus dem Haus werfen lasse.

Wenn das stimmte, war Mrs. Dunstan vermutlich in akuter Gefahr. Was tat dieses Paar in der Mediation? Ich hatte genug Erfahrung mit Mißhandlungsfällen, um zu wissen, daß die Gewalttätigkeiten ohne Zweifel weitergehen würden, solange Täter wie Opfer ihre jeweiligen Rollen spielten. Ich hatte das Gefühl, daß hier genau diese Dynamik zum Vorschein käme, wenn man ein wenig an der Oberfläche kratzte: Mr. Dunstan als Peiniger und Mrs. Dunstan als Opfer. Wenn sie diesen Rollen in der Mediation folgten, konnten viele von Mrs. Dunstans Bedürfnissen übersehen werden, und ich selbst würde eine zentrale Rolle dabei spielen, indem ich es zuließ.

Angesichts dessen schien es das beste zu sein, ihnen von einer Mediation abzuraten und sicherzustellen, daß Mrs. Dunstan einen Anwalt gefunden hatte, der ihr den Schutz bieten würde, den sie brauchte. Doch das juristische Streitverfahren kann nur ein begrenztes Maß an Schutz bieten. Wenn Mrs. Dunstan ihren Mann per Gerichtsbeschluß aus dem Haus weisen und am Betreten des Grundstücks hindern würde, fühlte Mr. Dunstan sich unter Umständen so ohnmächtig, frustriert und erniedrigt, daß es zu weiteren Gewalttätigkeiten kommen konnte. Gerichtsbeschlüsse reichen nicht aus, um irrationale Menschen zurückzuhalten, die glauben, man habe ihnen Unrecht getan und sie hätten nichts mehr zu verlieren. So konnte für Mrs. Dunstan eine echte Gefahr aus ihrem Entschluß entstehen, sich rechtlich zu «schützen».

Der begrenzte Schutz, den das kontradiktorische System bieten kann, war auch für mich von Belang. Meine Sorge galt hier nicht meiner physischen Sicherheit, sondern meiner Verantwortung.

Diese beiden einem Streitverfahren auszusetzen, das sich als gefährlich erweisen konnte, würde mich nicht weniger belasten als eine schlechte Vereinbarung in der Mediation. Ich fühlte mich wie in einer Falle, und es behagte mir wohl ebensowenig wie ihnen. Der einzige Ausweg schien mir die Suche nach einem Weg, wie wir über all dies sprechen konnten. Entscheidungen, die auf Verständnis beruhen, sind immer besser als solche, die auf Macht beruhen.

Falls wir die Mediation fortsetzen würden, mußte ich sehr genau auf die Dynamik zwischen Mr. und Mrs. Dunstan achten. Mr. Dunstan konnte den Mediationswunsch seiner Frau als Schwäche interpretieren und sich den Prozeß zunutze machen, um sie zu einer Übereinkunft zu zwingen, die sie später bereuen würde. Ihre entgegenkommende Haltung konnte dazu beitragen, Mißhandlungen stillschweigend zuzulassen.

Dennoch, Mrs. Dunstan hatte diesen Mediationsprozeß initiiert, strebte trotz Mr. Dunstans Protest eine Trennung an und versuchte, ihn zum Auszug zu bewegen – alles Anzeichen, daß sie nicht länger sein Opfer sein wollte. Sicher, sie war der Frage, ob eine Scheidung ihr Ziel war, ein wenig ausgewichen und führte ihren Mann vielleicht sogar ein bißchen in die Irre, aber wenn diese Anstrengungen verhinderten, daß er explodierte, wer wollte dann sagen, daß sie sich nicht optimal schützte?

Es war auch ein gutes Zeichen, daß sie bereits einen Anwalt zu Rate gezogen hatte. Das hieß, daß sie sich sowohl Unterstützung für ihren Trennungsentschluß als auch Rechtsbeistand zur Stärkung ihrer Position gesichert hatte. Ich hoffte nur, daß sie sich einen Anwalt ausgesucht hatte, der für die Mißhandlung empfänglich war und sie mit Mitgefühl und Einfühlungsvermögen beraten würde. Ich hoffte vor allem, daß der oder die Betreffende Mrs. Dunstans Entscheidung respektieren würde. Dies waren besonders wichtige Anforderungen, weil ich selbst Mrs. Dunstan dabei wirklich nur begrenzt schützen konnte. Als Mediator konnte und wollte ich nicht als ihr Anwalt auftreten. Wenn ich zu dem Eindruck gelangen würde, daß sie zu einer Vereinbarung kamen, die ihr gefährliches Interaktionsmuster widerspiegelte, würde ich die Mediation abbrechen oder mich weigern müssen, die Vereinbarung aufzusetzen.

Welche Möglichkeiten gibt es?

Um fortfahren zu können, mußten wir zunächst einiges klären. Zuallererst mußten wir feststellen, ob sich Mrs. Dunstan in körperlicher Gefahr befand, und wenn ja, wie groß diese war. Würde sie sicher sein, wenn sie weiter im Haus wohnte?

Zweitens gab es etwas, was Mrs. Dunstans Wunsch, dort zu bleiben, sehr vertrackt machte: Ihr Mann wußte, daß er ihr so viel Angst einjagen konnte, bis sie es sich anders überlegte – er konnte sie praktisch aus dem Haus jagen. Wenn Mrs. Dunstan in diesem Punkt beharrlich blieb, bestand die Möglichkeit, das destruktive Schema zwischen ihnen zu durchbrechen. Aber ihre Haltung konnte genausogut seinen Zorn auslösen – einen Zorn, der es nötig machen konnte, sie rund um die Uhr zu beschützen. Das würde die örtliche Polizei nicht tun. Mrs. Dunstan konnte es sich auch nicht leisten, private Schutzdienste zu bezahlen.

Wenn Mrs. Dunstan nachweisen konnte, daß es in der Vergangenheit zu Gewalttätigkeiten gekommen war und sie in der Gegenwart bedroht wurde, konnte sie ihren Mann tatsächlich per Gerichtsbeschluß aus dem Haus weisen lassen. Die Frage war, ob sie dieses Machtmittel einsetzen würde, um ihn hinauszubekommen. Sie hatte diese Frage implizit beantwortet, indem sie auf ihre Rechte hinwies, aber sie hatte gleichzeitig zu verstehen gegeben, daß sie gesetzliche Zwangsmaßnahmen vermeiden wollte. Einen wichtigen Einfluß auf diese Entscheidung mochte ihr Gefühl gehabt haben, daß die gegenwärtige Wut ihres Mannes ein körperlicher Ausdruck seiner Ohnmacht angesichts ihres Trennungsentschlusses war. In diesem Fall würde ein Gewaltausbruch seinerseits um so unwahrscheinlicher, je eher er bereit war, freiwillig auszuziehen. Also tat Mrs. Dunstan vermutlich gut daran, den Einsatz der ihr zu Gebote stehenden rechtlichen Mittel auf ein Minimum zu beschränken.

Bedingungen zur Fortsetzung der Mediation

Wieviel davon konnten wir in der Mediation offen diskutieren? Normalerweise ist es mein Ziel, das Gespräch über Dinge anzuregen, die unter der Oberfläche verborgen liegen. Ein offenes Gespräch führt zu den fairsten Ergebnissen – sofern damit auf beiden Seiten die Bereitschaft einhergeht, stark zu sein. Aber in diesem Fall wollte ich Mr. Dunstans Fähigkeit einschränken, die Stärke seiner Frau zu untergraben.

Mrs. Dunstan sagte jetzt, daß sie nicht ausziehen und nötigenfalls auf das Gesetz zurückgreifen würde. Sie hatte ihr Limit gesetzt, und ich unterstützte sie in ihrem Bemühen, stärker zu werden. Soweit schien es in Ordnung. Doch ich mußte aufpassen, daß ich sie nicht stärker unterstützte, als sie es brauchte, sonst würde ich sie am Ende nur schwächen, indem ich ihre Stärke durch meine ersetzte.

Außerdem mußte ich Mr. Dunstans Version hören. Würde er die Anschuldigungen seiner Frau zurückweisen? Hatte ich bereits beschlossen, daß er dann lügen würde? Ich mußte mich jetzt öffnen, um ihn zu verstehen. Ich mußte direkt und zugleich mitfühlend sein.

Mediator: Stimmt es, daß Sie Ihrer Frau gedroht haben?
Mr. Dunstan: Ich habe es nicht so gemeint. Übrigens war die Gewalt nicht einseitig. Sie hat zurückgeschlagen.

Ich betrachtete die beiden. Er war weit über ein Meter achtzig groß und dürfte gut und gerne zwei Zentner gewogen haben. Mrs. Dunstan, eine schlanke, etwa ein Meter sechzig große Frau, wirkte wie die Hälfte von ihm.

Mediator: Sie erwarten sicher nicht, daß ich das ernst nehme, oder? Sie sind ihr doch körperlich total überlegen.
Mr. Dunstan: Aber sie provoziert mich.
Mediator: Wollen Sie damit sagen, daß Sie es gerechtfertigt finden, sie zu schlagen?
Mr. Dunstan: Es gibt Zeiten, wo sie es verdient.

Ein weiterer wichtiger Faktor, der sich auf meine Fähigkeit auswirkte, in diesem Fall mediativ tätig zu sein, war meine persönliche Einstellung zu Gewalt und ihrer Rolle in der Mediation. Ich bin persönlich wie politisch ein überzeugter Anhänger von Gewaltlosigkeit. Und wenn, wie in diesem Fall, das Opfer körperlich unterlegen ist, finde ich Gewaltanwendung um so abscheulicher. Ich mußte mir darüber klarwerden, wo für mich die Grenzen waren. So wußte ich beispielsweise, daß ich es nicht tolerieren würde, wenn er versuchte, seine Frau einzuschüchtern, und daß ein tatsächlicher Übergriff während einer Sitzung die Mediation beenden würde.

Es war leicht, sich mit Mrs. Dunstan zu identifizieren und sich von Mr. Dunstan soweit wie möglich zu distanzieren. Es war leicht, ihn als total im Unrecht oder als krank zu sehen. Doch wenn eine Mediation funktionieren soll, muß der Mediator in der Mitte bleiben, sowohl mit seiner eigenen Sicht als auch aus der Sicht beider Parteien. Hat eine der beiden Seiten das Gefühl, daß der Mediator zum Anwalt des anderen geworden ist, so ist die Mediation in Schwierigkeiten. Wenn ich effektiv mit den Dunstans arbeiten wollte, dann mußte Mr. Dunstan wissen, daß ich mich auch in ihn hineinzufühlen vermochte. Konnte ich seine Gewaltanwendung verurteilen, ohne ihn selbst mitzuverurteilen? Die Herausforderung lautete hier, die weniger zugänglichen nicht gewalttätigen Seiten an ihm zu entdecken – seine Qualitäten als öffentlich und kirchlich engagierter Mensch – und mit diesen zu sympathisieren. Dabei mußte ich seine Neigung zur Gewalttätigkeit zumindest zeitweilig als einen verzerrten Ausdruck irgendeines frustrierten oder verwirrten Teiles seines Inneren sehen.

Was das Recht anbelangte, wollte ich dieselbe Haltung wie Mrs. Dunstan einnehmen – eine Haltung, die ihm soviel Wahlfreiheit wie möglich bot und es ihm ermöglichte, seine Vorstellung von Gerechtigkeit zu artikulieren –, ihm aber gleichzeitig zu verstehen geben, daß seine Frau sich nötigenfalls auf das Recht berufen und seine Entscheidungsfreiheit beschneiden konnte. Ihm diese Position zu vermitteln würde nicht leicht sein; er konnte sie leicht so auslegen, daß ich ihn als Person verurteilte.

Mediator: Angesichts Ihrer Gewalttätigkeit in der Vergangenheit würde ich davon ausgehen, daß ein Richter Sie aus dem Haus weisen würde. Dazu müßte Ihre Frau natürlich den Richter davon überzeugen können, daß es Gewalttätigkeiten gegeben hat.
Mrs. Dunstan: Es gibt Arzt- und Krankenhausberichte.
Mediator: Das würde vermutlich reichen.
Mr. Dunstan: Aber es ist auch mein Haus.
Mediator: Ich spreche nur von einer zeitweiligen Lösung.
Mr. Dunstan: Und danach könnte ich nach Hause zurück?
Mediator: Nur wenn Ihre Frau entscheiden würde, daß Sie können. In dieser Situation hätte sie die Macht.
Mr. Dunstan: Das ist ja toll. Du willst die Trennung, und ob ich sie will oder nicht, du bekommst sie. Du willst mich aus dem Haus werfen, und du kriegst das durch, ob ich will oder nicht. Willst du auch noch meinen Tod? Den wirst du nämlich bekommen.
Mediator: Ich kann ihren Ärger verstehen, aber ich muß Ihnen sagen, daß ich es nicht zulassen werde, daß Sie hier versuchen, Ihre Frau einzuschüchtern.
Mrs. Dunstan: *(weinend)* Genau deswegen brauche ich diese Trennung. Nachdem er mir den Arm gebrochen hatte, riet mir mein Arzt, in eine Beratung zu gehen. Nach mehreren Terminen mit der Beraterin bin ich nun hier bei Ihnen. Nicht, daß sie mich dazu ermuntert hätte, in eine Mediation zu gehen. Sie wollte, daß ich zur Polizei gehe und dann zu einem Anwalt, der mich beschützen würde. Aber ich habe Les gern. Ich verstehe, daß er krank ist, daß er in einem schrecklichen Zuhause aufgewachsen ist, wo er von beiden Eltern geschlagen wurde. Er hat sich so sehr bemüht, ein gutes Leben zu führen. Doch ich bin müde. Ich kann nicht länger damit leben. Ich gehe weiter in die Beratung. Es hilft mehr als meine Gebete.
Mr. Dunstan: Ob durch Beten oder Beratung, es sieht so aus, als würdest du deine gottverdammte Trennung kriegen. Alles wirst du kriegen.
Mediator: Ich kann mir vorstellen, wie frustrierend das für Sie sein muß. Ich glaube, der Mediationsprozeß wird für Sie sehr hart, wenn nicht gar unmöglich sein.
Mrs. Dunstan: Aber ich möchte alles hier regeln. Bitte helfen Sie uns.

Mediator: Ich fürchte, Sie brauchen vielleicht mehr Schutz, als ich bieten kann.

Mrs. Dunstan: Ich glaube nicht, daß die Gerichte mich schützen können. Ich habe Angst davor, was passieren könnte, wenn ein Richter ihn aus dem Haus werfen würde, und ich will nicht wieder im Krankenhaus landen.

Mr. Dunstan: Warum ziehst du dann nicht einfach aus? *(Steht auf und macht eine Drohgebärde.)*

Mediator: *(zu Mrs. Dunstan)* Was empfinden Sie bei diesen Worten?

Mrs. Dunstan: Ich habe Angst, aber ich möchte es wirklich mit einer Mediation versuchen.

Mediator: Und was ist, wenn es nicht geht?

Mrs. Dunstan: Dann muß ich vor Gericht gehen.

Mediator: Es ist wichtig, daß Sie wissen, daß Ihnen diese Möglichkeit bleibt. Paradoxerweise sind die Erfolgschancen der Mediation besser, wenn Sie bereit sind, vor Gericht zu gehen, falls sie scheitert. Sie treffen dann eine freiere Wahl. Aber wenn wir das hier fortsetzen wollen, müssen Sie sich sofort trennen. Ich glaube, es wäre zu problematisch für Sie, noch zusammenzuleben, während Sie diese Entscheidungen fällen.

Mr. Dunstan: Welche Wahlmöglichkeiten habe ich denn?

Mediator: Weniger als Ihre Frau. Da sie eine Trennung will, wird sie sie bekommen. Und wenn sie bereit ist, vor Gericht zu gehen, um Sie aus dem Haus zu bekommen, kann sie auch das tun. Sie haben die Wahl, entweder hierzubleiben, sich zu beherrschen und die Entscheidungen zu akzeptieren, oder sich einen Anwalt zu nehmen, um gegen ihre Entscheidungen anzukämpfen.

Mr. Dunstan: Tolle Wahlmöglichkeiten.

Mediator: Nicht gerade attraktiv, nicht wahr? Aber ich weiß ehrlich nicht, was ich Ihnen sonst noch sagen sollte, außer daß ich mir nicht sicher bin, ob ich es akzeptieren würde, wenn Sie Ihre Frau tatsächlich zum Auszug überreden könnten, vor allem dann nicht, wenn ich das Gefühl hätte, sie hätte dem nur aus Angst zugestimmt.

Mr. Dunstan: Aber warum?

Mediator: Weil ich in der Gewalt ein Problem für Sie beide sehe und möchte, daß Sie beide frei davon werden. Es ist keinem von

Ihnen geholfen, wenn Ihre Frau aus Angst vor Ihnen kapituliert. Und Sie sollten sich professionelle Hilfe suchen. Ich werde Ihnen drei Psychologen nennen, die mit Mißhandlern arbeiten. Sie leiten auch Selbsthilfegruppen.

Mr. Dunstan: Ich will ihre Namen nicht. Und ich habe auch keine Lust, mit einem Haufen jämmerlicher Typen herumzusitzen.

Mediator: Dann wird das hier wohl nichts werden. Ich bin mir zwar keineswegs sicher, ob es etwas wird, wenn Sie sich helfen lassen, aber Sie davon zu überzeugen, zu einem Psychologen zu gehen, scheint mir das einzig Verantwortungsvolle zu sein.

Mr. Dunstan: Sie wollen mich also zwingen, zu einem Seelenklempner zu gehen?

Mediator: Primär sollten Sie das aus eigener Überzeugung tun. Sicher ist, daß Ihnen niemand helfen kann, solange Sie sich nicht helfen lassen wollen. Aber wenn ich Sie dazu drängen kann und Sie dann Ihre eigenen Motive entdecken, weshalb Sie es tun möchten, dann war es mein Drängen wert. Und ich glaube nicht, daß wir hier zu einem Erfolg kommen, wenn Sie sich nicht helfen lassen.

Mr. Dunstan: Was soll ich also tun?

Mediator: Sie können nein zu mir sagen. Wenn ich Sie wäre und so fühlen würde, wie Sie es offenbar tun, würde ich vielleicht gehen.

Mr. Dunstan: Ich respektiere Ihre Direktheit. Ich weiß, daß ich mich zeitweise wirklich wie ein Idiot benommen habe. Vielleicht würde eine Trennung tatsächlich helfen. *(Fängt an zu weinen.)*

Mediator: Was ist für Sie das schlimmste daran? Wovor haben Sie am meisten Angst?

Mr. Dunstan: Ich habe Angst vor dem Alleinsein. Ich weiß, daß wir keine tolle Ehe haben, aber sie bedeutet mir alles. *(Er schluchzt, wobei sein großer Körper scheinbar minutenlang rhythmisch erbebt.)* Sie ist mein Leben, alles, was mir je wichtig war. Ich habe dreiundzwanzig Jahre lang versucht, sie glücklich zu machen. Und ich kann es nicht. *(schreiend)* Ich kann es nicht! *(flüsternd)* Sie soll mich nicht verlassen. Sie soll nicht ausziehen. Ich brauche sie. Ich will noch eine Chance.

Mediator: Ihre Frau sagt, daß sie eine Trennung braucht. Und Sie brauchen Hilfe. Wenn Sie dazu bereit sind, will ich sehen, ob ich Ihnen beiden helfen kann, eine Vereinbarung zu erarbeiten. Sie haben also einiges zu überdenken, bevor Sie sich entscheiden, ob wir weitermachen. Im besten Falle wird das hier sehr hart für Sie werden und für mich ebenfalls.

Mr. Dunstan: *(resignierend)* Ich ziehe zu meinem Kumpel, und ich lasse mich beraten.

Wichtige Bedingungen oder Bevormundung?

Damit beendeten wir die Sitzung. Ich war niedergeschlagen und pessimistisch im Hinblick auf unsere Chancen, gemeinsam eine tragfähige Vereinbarung zu erarbeiten. Für Mr. Dunstan waren die Bedingungen zur Fortsetzung der Mediation wirklich denkbar ungünstig. Da war zunächst die Trennung, die er nicht wollte; dann sein Auszug von zu Hause, den er nicht wollte; und schließlich meine Forderung, daß er sich beraten ließ, was er ebenfalls nicht wollte. Dies zu schlucken wäre für jeden hart, aber ich fürchtete, daß es Mr. Dunstan extrem schwerfiel, weil ihm nur vage bewußt war, daß er wirklich in Schwierigkeiten war. Ich hatte versucht, die Bedingungen weniger zwingend erscheinen zu lassen, aber damit wollte ich wohl vor allem mein Gewissen beruhigen. Innerlich versuchte ich verzweifelt, die von außen vorgegebenen Bedingungen mit einem zentralen Ziel der Mediation zu vereinbaren: Verantwortung für das eigene Leben zu übernehmen.

Doch es blieb mir nicht viel anderes übrig. Ich konnte die Mediation immer noch jederzeit beenden, aber abgesehen davon war es meine oberste Priorität, das Mißhandlungsmuster mit Hilfe des Mediationsprozesses zu durchbrechen. Mrs. Dunstan war nicht das einzige Opfer von Mr. Dunstans Mißhandlungen; auch er selbst war ein Opfer. Er war gefangen in einem Verhaltensmuster, das er als Kind erlernt hatte, und würde es nur mit Hilfe von außen überwinden können. Ich wußte, daß ich ihn nicht zwingen konnte, sich zu ändern – die Entscheidung lag allein bei ihm. Eines konnte ich allerdings tun: eine Atmosphäre schaffen, die ihn dazu ermutigen würde, sich zu ändern.

Hatte ich das getan? Ich fragte mich, ob ich nicht übers Ziel hinausgeschossen war – indem ich von ihm verlangte, sich bei etwas helfen zu lassen, was er selbst nicht als großes Problem ansah. War das nicht ein Beispiel für übelste professionelle Bevormundung? Benutzte ich nicht meine ganze mir gegebene Macht, um ihn zu etwas zu drängen, was ich für richtig hielt? Sagte ich damit nicht, daß ich es eben besser wußte? Und widersprach diese Haltung nicht vollkommen dem Grundgedanken von Mediation?

Ich mußte all diese Fragen mit ja beantworten, aber mit einem qualifizierten Ja. Ich fand, daß ich das Recht hatte, zu tun, was ich tat, weil Mrs. Dunstan Schlimmes erlitt. Es bestand die Möglichkeit, daß sie ernsthaft verletzt oder sogar getötet werden könnte, wenn ich nichts unternahm. So übernahm ich in diesem Fall – berechtigtermaßen, wie ich glaube – anstatt der Mediatorenrolle eine andere: die Rolle desjenigen, der weitere körperliche Mißhandlungen verhindert. Am Ende der Sitzung war ich ziemlich gespannt, ob Mr. Dunstan mich in dieser Rolle akzeptieren würde. Seine Offenheit zum Schluß war ein Hoffnungsschimmer; vielleicht würde dies der Beginn einer großen Wende für Mr. Dunstan sein. Aber mir war auch klar, daß es bestenfalls der Beginn eines langen, harten Weges für ihn sein würde.

Um ein Haar

Eine Woche später kamen die Dunstans wieder. Sie sah noch nervöser und abgespannter aus als beim letzten Mal. Er, leger gekleidet in khakifarbener Hose und Sporthemd, das seinen Bauch nicht ganz bedeckte, berichtete, daß er bei einem Therapeuten gewesen war, ihn nicht mochte und nun einen Termin bei einem anderen hatte. Zwischen Resignation und kaum zu bezähmender Wut schwankend, erklärte er auch, daß er bereit war, auszuziehen und eine vorläufige Vereinbarung auszuarbeiten, sofern Mrs. Dunstan bestimmte Bedingungen erfüllte. Bevor ich die Möglichkeit hatte, herauszufinden, von welchen Bedingungen er sprach, unterbrach uns Mrs. Dunstan.

Mrs. Dunstan: Ich freue mich, daß du dazu bereit bist, Les. Aber ich möchte sichergehen, daß du auch das Auto, das du reparierst, vom Gelände entfernst, damit ich das Gefühl einer echten Trennung haben kann.

Mr. Dunstan: *(mit rotem Gesicht)* Du wolltest die Trennung – du hast sie bekommen. Du wolltest mich aus dem Haus haben – du hast es bekommen. Du wolltest, daß ich mich therapieren lasse – das mache ich. Jetzt willst du auch noch, daß mein Auto verschwindet. Ich kann es nicht glauben.

Mrs. Dunstan: Ich habe Angst, daß du sonst dauernd kommst, um daran zu arbeiten. Wenn du bereit bist, dich davon fernzuhalten, dann kann es wohl auch da stehen bleiben.

Mr. Dunstan: Wie wär's, wenn du es einfach verbrennen würdest. Dann könnte ich es unmöglich als Vorwand nehmen, um nach Hause zu kommen.

Ich spürte, wie sein Ärger mit jedem Wort wuchs, und ich hatte zunehmend das Gefühl, er würde die Kontrolle über sich verlieren. Am Schluß seiner Äußerung nahm er einen Briefbeschwerer aus Keramik, den mein Sohn gemacht hatte, und schleuderte ihn in Mrs. Dunstans Richtung. Er traf sie am Fuß. Der Briefbeschwerer zerbrach, und Mrs. Dunstan schrie auf vor Schmerz.

Mediator: Mein Gott, Mr. Dunstan, das können Sie nicht tun!

Fassungslos begab ich mich an Mrs. Dunstans Seite. Sie versuchte aufzustehen, und es gelang ihr, humpelnd aufzutreten. Dann ließ sie sich in den Sessel zurückfallen und fing heftig an zu schluchzen.

Mediator: Sind Sie in Ordnung?
Mrs. Dunstan: Ich denke, er ist nicht gebrochen. Ich kann ihn bewegen. Aber ich glaube nicht, daß wir hier weitermachen sollten.
Mr. Dunstan: Was redest du da? Wir haben uns fast geeinigt.
Mrs. Dunstan: Ich komme mit dir nicht mehr klar.
Mr. Dunstan: Ich verstehe das nicht. Du bekommst alles, und das reicht dir immer noch nicht.
Mediator: Haben Sie überhaupt gemerkt, was gerade passiert ist?

Mr. Dunstan: Das war ein Versehen.
Mediator: Das war kein Versehen. Das war ein Gewaltakt. So etwas ist weder für Ihre Frau noch für mich in Ordnung. *(zu Mrs. Dunstan)* Wollen Sie Anzeige erstatten?
Mrs. Dunstan: Wie meinen Sie das?
Mediator: Ich meine, daß derartige Übergriffe gegen das Gesetz verstoßen.
Mr. Dunstan: Schauen Sie, ich wollte sie nicht treffen. Ich war einfach aufgebracht.
Mediator: Sie haben beide Glück, daß sie nicht schlimmer verletzt ist. Ich bin entsetzt über Ihre Gewalttätigkeit und mindestens ebenso aufgebracht darüber, daß Sie sie leugnen.
Mr. Dunstan: Sie machen aus einer Mücke einen Elefanten.
Mediator: Was wollen Sie tun, Mrs. Dunstan?
Mrs. Dunstan: Ich möchte zu dieser Tür rausgehen und das Ganze meinem Anwalt übergeben.
Mr. Dunstan: Das kannst du nicht tun.
Mediator: Doch, das kann sie. Dieser Weg steht Ihnen beiden jederzeit offen. Keiner zwingt den anderen, hierzubleiben.
Mrs. Dunstan: Aber wir sind wirklich ziemlich nah an einer Vereinbarung dran.
Mediator: Das stimmt, aber Sie müssen das tun, was Sie für das richtigste halten. Wenn das bedeutet, zu gehen, dann sollten Sie gehen.
Mrs. Dunstan: *(zu mir)* Was denken Sie, daß ich tun sollte?
Mediator: Was erscheint Ihnen am richtigsten?
Mrs. Dunstan: Zu gehen.
Mediator: Was hält Sie davon ab?
Mrs. Dunstan: Ich weiß es nicht. *(Erhebt sich.)*

Mr. Dunstan stand auf, wandte sich Mrs. Dunstan und mir zu und setzte zum Sprechen an. Doch dann murmelte er zu sich selbst: «Es hat ja doch keinen Sinn», verließ den Raum und schlug die Tür hinter sich zu. Mrs. Dunstan sah mich an und sagte: «Danke. Macht es Ihnen etwas aus, wenn ich noch ein bißchen hierbleibe, bis ich sicher sein kann, daß er weg ist?»

Mediator: Aber bitte, bleiben Sie. Sie müssen sich wirklich vor ihm fürchten. Sie müssen etwas unternehmen, um sich zu schützen. Ich würde vorschlagen, Sie rufen Ihren Anwalt an, bevor Sie hier weggehen, und sorgen dafür, daß Sie die Nacht nicht im selben Haus verbringen. Vielleicht sollten Sie auch die Polizei informieren und sich beim Frauenhaus weiteren Rat holen.

Mrs. Dunstan: Ich glaube, mir war bis eben nicht klar, wie ernst die Lage ist.

Ich war erleichtert, daß sie in Ordnung war, daß Mr. Dunstan weg war und daß der Fall zumindest für mich beendet war. Ich war aber auch ärgerlich und aufgewühlt. Ich merkte, daß ich selbst den Drang verspürt hatte, Gewalt anzuwenden. Ich hasse diese Gefühle, denn sie erinnern mich daran, daß ich bei meiner selbstgerechten Verurteilung von Gewalt immer so tue, als hätte ich selbst keine gewalttätigen Impulse. Doch der wesentliche Unterschied zwischen Mr. Dunstan und mir ist, daß ich meine Handlungen kontrollieren kann, wenn ich frustriert bin, indem ich sie in harmlose Ausdrucksformen wie Sport oder gelegentliches Brüllen kanalisiere. Das ist ein großer Unterschied, aber nicht groß genug, um mich in seiner Gegenwart wohl zu fühlen. Obwohl ich mir in aller Regel sagen kann, daß ich ein friedfertiger Mensch bin, erinnerte mich Mr. Dunstan an meine eigenen Aggressionen.

Manche Kollegen halten eine Mediation für unangemessen, sobald Gewalt im Spiel ist. Sie weisen darauf hin, daß Gewalt die gegenseitige Achtung vernichtet, die nötig ist, um gemeinsam zu entscheiden. Besonders gefährlich wird es, wenn das Opfer ein Anpassungsmuster entwickelt hat, das mit dem für eine erfolgreiche Mediation nötigen Kooperationsgeist verwechselt werden kann.

Andere befürworten die Mediation bei Vorliegen von Gewalt. Sie sind überzeugt, daß das kontradiktorische System solche Fälle unbefriedigend handhabt und daß es das Opfer auch nicht besser schützt als Mediationssitzungen von Angesicht zu Angesicht, in denen das Problem angegangen wird und sich vielleicht sogar Vereinbarungen ergeben.

Ich selbst bin der Ansicht, daß Fälle von tatsächlicher oder angedrohter Gewalt sich grundsätzlich von allen anderen Situationen un-

terscheiden und anders behandelt werden müssen. Ich würde eine Mediation in Mißhandlungsfällen nicht automatisch ausschließen, sondern zuerst die konkrete Situation genau analysieren. Vieles hängt davon ab,
- welche Absichten Mißhandelnder wie auch Mißhandelte haben,
- wie gut sie verstehen, was zwischen ihnen passiert,
- ob sie bereit sind, etwas zu ändern, um die Mißhandlungen dauerhaft zu beenden.

Der Schlüssel zur Mediation eines potentiell gewaltsamen Konflikts liegt für mich in einer informierten Entscheidung der Parteien. Bei den Dunstans konnten wir nicht weitermachen, weil Mr. Dunstan wenig Neigung zeigte, das Mißhandlungsmuster zu beenden, hauptsächlich deshalb, weil er nicht einmal anerkennen wollte, daß er seine Frau mißhandelte. Auch wenn wir nicht bis zu einer Übereinkunft kamen, hatte Mrs. Dunstan doch Gelegenheit, ihren Standpunkt klarzumachen. Indem sie nämlich den Prozeß beendete, machte sie deutlich, daß sie das Muster nicht länger tolerieren würde. In meinen Augen war dies für sie eine notwendige Voraussetzung dafür, sich nicht von ihm überwältigen zu lassen.

Woran es ihnen beiden fehlte, war Selbstachtung. Wenn Mr. Dunstan den Mut entwickelt hätte, tief genug in sich hineinzublicken, um das zu erkennen, und wenn Mrs. Dunstan ihren Eigenwert als Mensch erkannt und dasselbe auch von anderen verlangt hätte, hätte man vielleicht noch etwas retten können, allerdings vermutlich nicht im Rahmen einer Mediation und – aufgrund meines eigenen Unbehagens – wohl auch nicht mit mir.

Ich berechnete Mr. Dunstan 15 Dollar für den Briefbeschwerer. Das Geld gab ich meinem Sohn. Ich sah weder Mr. Dunstan noch Mrs. Dunstan jemals wieder. Sie schienen aus ihrer früheren exponierten Stellung in der Gemeinde plötzlich verschwunden zu sein.

Du bist schuld!

Die zentrale Frage in diesem Fallbeispiel lautet, wie man eine festgefahrene Vorwurfshaltung überwinden kann, um einander wieder zuhören und miteinander verhandeln zu können. Mrs. Delaney hat ein Kind bekommen, das Mr. Delaney unter gar keinen Umständen wollte und dem er nun die Schuld am Scheitern ihrer Ehe gibt. Die beiden greifen sich nur noch an; zwischen ihnen findet praktisch keine wirkliche Kommunikation mehr statt. Ich bemühe mich, ihnen bei der Änderung ihres Kommunikationsmusters zu helfen. Nur dann können sie zumindest so viel Verständnis füreinander entwickeln, daß sie eine Übereinkunft erzielen können, mit der jeder seiner eigenen Wege gehen kann. Ich selbst lerne erneut eine Lektion, die mich schon viele meiner Fälle gelehrt haben: Einfühlung ist das einzige Mittel gegen Schuldzuweisungen.

Eine Woge der Explosivität schwappte in mein Büro, als die Delaneys das erste Mal zu mir kamen. Hank Delaney, ein kleiner, muskulöser Mann mit beginnender Glatze, rang nervös die Hände und schwitzte stark. Allison Delaney war sehr klein, aber ihr zierlicher Körper steckte voller Energie. Sie wippte ständig auf und ab und sprang gelegentlich auf, um im Zimmer umherzugehen. Sie waren beide Anfang Dreißig und, wie sich später herausstellte, leidenschaftliche Mountainbike-Fahrer. Beide sprachen sehr schnell und unterstrichen ihre Worte mit Gesten. Um ehrlich zu sein, als sie hereinkamen, war mein erster Impuls, die Flucht zu ergreifen.

Fast unisono verkündeten sie: «Wir wollen das hier beenden, sofort!» Beide hatten es eilig, rückgängig zu machen, was sie einmütig als einen schweren Fehler betrachteten, den sie vor nur vierundzwanzig Monaten begangen hatten: zu heiraten. Erschwert wurde die Situation dadurch, daß nach einem Jahr ein Kind gekommen war. Drei Monate nach der Geburt hatten sich die beiden getrennt und sich sofort Anwälte genommen. In einem halben Jahr hatten sie über 25 000 Dollar Rechtskosten bezahlt, ohne etwas gelöst zu haben. So war es nicht verwunderlich, daß beide das Kapitel möglichst schnell abschließen wollten.

Ich begann wie üblich, indem ich versuchte, den Kontakt herzustellen und die Motivation für ihr Kommen zu ergründen. «Ich würde Ihnen gerne zunächst das Konzept der Mediation erläutern und dann sehen, ob wir uns über das weitere Vorgehen einig werden.» Doch Mr. Delaney wollte von meinem Programm nichts wissen.

Mr. Delaney: Hören Sie, ich sage Ihnen, was wir wollen. Sie sagen uns, was wir entscheiden müssen. Dann treffen wir die Entscheidungen und hauen hier ab.

Mediator: Mit der Betonung auf «hauen hier ab»?

Mr. Delaney: *(leicht amüsiert)* Richtig. Sie haben es erfaßt.

Mediator: Ich will Ihnen gerne entgegenkommen, aber Sie sollten beide wissen, worauf Sie sich hier einlassen.

Mr. Delaney: Bitte die Kurzfassung.

Mrs. Delaney: *(zu mir)* Wie würde es Ihnen gefallen, mit so was verheiratet zu sein?

Mediator: Sie scheinen es beide sehr eilig zu haben, die Sache hinter sich zu bringen.

Mr. Delaney: Brillant gefolgert.

Mrs. Delaney: Es ist mir zuwider, mit ihm im selben Raum zu sein.

Mediator: Warum sind Sie dann hier?

Mrs. Delaney: Weil die Anwälte offenbar alles nur noch schlimmer machen, als es schon ist, und ich mir das, ehrlich gesagt, nicht länger leisten kann.

Mediator: Ich muß hier ganz deutlich sagen, daß die Mediation nur funktionieren kann, wenn Sie einen Weg finden, zusammenzuarbeiten.

Mr. Delaney: Mit Allison kann man nicht zusammenarbeiten. Sie ändert ständig ihre Meinung – ständig!

Mrs. Delaney: Das ist ja wohl die Höhe! Du kannst mich wohl immer nur schlechtmachen.

Mediator: Ich sehe, Sie scheinen beide eine wichtige Grundvoraussetzung für eine Mediation mitzubringen: die Fähigkeit, sich selbst zu schützen. Sie scheinen gut im Streiten zu sein.

Mrs. Delaney: Wir haben viel Übung.

Mr. Delaney: *(sich die Stirn mit dem Taschentuch abtupfend)* Was bleibt einem übrig, wenn man wirklich ständig attackiert wird?

Mediator: Hier ginge es darum, einen Weg zu finden, wie Sie beide miteinander reden und nicht nur streiten können. Sind Sie daran interessiert?

Mr. Delaney: Ich tue alles, um diese Angelegenheit hinter mich zu bringen.

Mrs. Delaney: *(unverbindlich)* Mmmm.

Mediator: Dann müssen Sie zu zweierlei bereit sein: ehrlich zu sagen, was Sie denken, und gut genug zuzuhören, um den anderen richtig zu verstehen.

Mrs. Delaney: Das kann er unmöglich. Er hat mir in den letzten zwei Jahren nicht einmal zugehört.

Mr. Delaney: Allison, du unterbrichst mich andauernd. Du hörst mir nie zu.

Mrs. Delaney: Ha! Du bist der Spezialist im Unterbrechen, Hank.

Mediator: Mir scheint, Sie haben keine Probleme mit dem ersten Teil – Ihre Meinung zu sagen –, aber das mit dem Zuhören ist wohl keinem von Ihnen beiden jemals gelungen, stimmt's?

Beide zugleich: Ja, das stimmt wohl.

Mediator: Hat einer von Ihnen den Wunsch, daran zu arbeiten?

Mr. Delaney: Ich tue alles, um die Scheidung über die Bühne zu kriegen. Am liebsten hätte ich sowenig wie möglich mit Allison zu tun.

Mrs. Delaney: Hör zu, Hank, ich habe genausowenig Lust, mit dir zusammenzusein, wie du mit mir. Aber ich bin bereit, deine Meinung zu respektieren, wenn du bereit bist, meine zu respektieren.

Mr. Delaney: Dann mußt du dich respektabel benehmen.

Mediator: Diese Art von scharfer Replik ist hier nicht gerade hilfreich.

Mr. Delaney: Ich weiß, tut mir leid. Aber manchmal kann ich einfach nicht anders.
Mediator: Für Sie, Mr. Delaney, ist das Streiten also so eine Art Sport?
Mrs. Delaney: Ja – ich bin der Punchingball.
Mediator: Ich habe selten einen Punchingball zurückschlagen sehen. *(Beide lachen.)*
Mrs. Delaney: Ehrlich, ich habe mir lange gewünscht, daß es anders sein könnte, aber ich habe die Hoffnung aufgegeben. Wir scheinen uns immer nur streiten zu können. So war es am Anfang, und es hat sich nie geändert.

Bewegung in festgefahrene Muster bringen

Es entmutigt mich, wenn ich ein Paar wie dieses sehe, das sich leidenschaftlich bekriegt, aber keine guten Zeiten miteinander erlebt hat, auf die es zurückgreifen könnte. Ich frage mich dann: Wenn sie einander noch nie zuhören konnten, warum sollten sie jetzt damit anfangen? Wie komme ich darauf, daß ich ihnen helfen könnte, ihre wichtigen Entscheidungen gemeinsam zu treffen, wenn es ihnen schon zuwider ist, miteinander in einem Raum zu sein?

Auf diese Fragen gibt es durchaus Antworten, wenngleich oft sehr komplexe. Einige Aspekte der Mediation ermöglichen es den Teilnehmern, mit alten Streitmustern zu brechen und miteinander kommunizieren zu lernen. Erstens kann der gemeinsame Entschluß für die Mediation ein Signal der Parteien sein, daß sie die alten Rollen ablegen wollen. Es ist, als würde man zu ihnen sagen: «Pause – ihr braucht nicht auf euren alten Positionen weiterzuspielen. Du spielst nicht den Ehemann und du nicht die Ehefrau. Ihr könnt ohne den Balast miteinander reden, der euch einander nicht richtig sehen und hören läßt.»

Zweitens hat die Mediation ein exakt umrissenes Ziel (nämlich eine beidseitig zufriedenstellende Übereinkunft), das als Leitfaden dient. Von beiden Parteien zu Beginn vereinbart, ist dieses Ziel ein nützlicher Bezugspunkt, auf den Mediator oder Konfliktpartner zurückgreifen können, wenn sie das Gefühl haben, wieder in ein altes Muster zu rutschen.

Und schließlich – was besonders erstaunlich ist –, kann die Anwesenheit des Mediators, eines von beiden Seiten beauftragten Dritten, eine Kommunikation erleichtern helfen, die zwischen den beiden allein hoffnungslos unterbrochen war. Jeder Zeuge der Interaktion eines Paares verändert die Paardynamik; das Wissen, daß da ein Beobachter ist, verändert bei beiden die Perspektive. Der Mediator wird in der Regel als neutraler oder unparteiischer Dritter bezeichnet, doch meines Erachtens trifft keines dieser Wörter jene Eigenschaft, auf die es ankommt. Wie schon an anderer Stelle betont, ist Anteilnahme die entscheidende Eigenschaft der Person in der Mitte.

Natürlich kann es immer sein, daß das nicht funktioniert – daß sich keine Veränderung vollzieht. Bei manchen haben sich die kontraproduktiven Muster des Umgangs miteinander so sehr festgesetzt, daß es ihnen schlicht unmöglich ist, zusammenzuarbeiten. Sie werden nie aus ihrem festgefahrenen Konflikt herausfinden und eine Lösung erzielen. Für einen Mediator ist es schwer, dies zu erkennen und zuzulassen, und noch schwerer, diese Erkenntnis einem Paar mitzuteilen, das vergebens auf eine Lösung seines Konfliktes hofft.

Mr. und Mrs. Delaney waren beide Architekten und arbeiteten in der Stadt. Er hatte sich drei Jahre vor der Heirat selbständig gemacht, sie ein Jahr davor. Nach dem Gesetz hatten sie beide einen Anspruch auf den während der Ehe erfolgten Wertzuwachs des Geschäfts des jeweils anderen. Als ihr Sohn Morgan geboren wurde, hatte Mrs. Delaney ihr Geschäft aufgegeben und erst bei der Trennung wiederaufgenommen. Außerdem hatte Mr. Delaney einen Teil des Gewinns, den sein Büro abwarf, in eine Grundstücks-Kommanditgesellschaft investiert, die sehr schwer zu taxieren war. Nach der Trennung hatte sich Mr. Delaney ein großes Hausboot gemietet, um näher an seinem geliebten Radsportgebiet zu sein, während seine Frau in der Mietwohnung in der Stadt geblieben war.

Vor der Geburt des Kindes hatte Mrs. Delaney etwa 3000 Dollar im Monat verdient. Als sie zu mir kamen, arbeitete sie Teilzeit und hatte ein monatliches Einkommen von rund 2000 Dollar. Mr. Delaney verstand sehr wenig von der wirtschaftlichen Seite seines Geschäfts. Als sie heirateten, verdiente er rund 4000 Dollar im Monat, zum Zeitpunkt der Trennung waren es 6500 und bei Aufnahme der Mediation rund 8000. Natürlich wollten sie als erstes über den Unterhalt sprechen.

Mediator: Wie möchten Sie bei der Diskussion über diesen Punkt vorgehen?
Mr. Delaney: Ich will sowenig wie möglich darüber diskutieren. Ich finde, daß Allison keinen Unterhalt braucht, und Punkt.
Mrs. Delaney: Du hast gut reden. Ich würde keinen Unterhalt brauchen, wenn ich 100 000 Dollar im Jahr verdienen würde und nicht für ein Kind zu sorgen hätte. Ich zahle allein 1000 Dollar Miete im Monat.
Mediator: Wenn wir so weitermachen, ist das Desaster vorprogrammiert.
Mr. Delaney: *(ärgerlich)* Hören Sie, Mr. Friedman, Allison will mich ausnehmen. Was erwarten Sie also von mir – daß ich ihr brav alles gebe, was sie will?
Mediator: Sie scheinen zu glauben, daß Sie nur die Alternative haben, sich entweder zu ducken und von ihr unterbuttern zu lassen oder aber hart zu bleiben und nichts zu geben. Es gibt auch andere Möglichkeiten.
Mr. Delaney: Wenn ich ihr den kleinen Finger gebe, nimmt sie die ganze Hand.
Mediator: Ist das Ihre Erfahrung mit Ihrer Frau?
Mr. Delaney: Allerdings. Das ist meine Erfahrung mit ihr.
Mrs. Delaney: *(indem sie mit der Faust auf die Armlehne schlägt)* Muß ich mir das gefallen lassen?
Mediator: Ich suche immer noch nach einem Weg, wie wir das hier angehen können. Bisher habe ich nur solche gefunden, die definitiv nicht weiterführen.
Mrs. Delaney: Schauen Sie, ich bin bereit, vernünftig über alles zu reden, aber er ist völlig unmöglich. Er tut so, als wäre er niemals verheiratet gewesen und hätte auch kein Kind. Ich glaube, es wäre ihm lieber, wenn wir uns in Luft auflösten, als daß er und ich versuchen, eine Lösung auszuarbeiten.

Mr. Delaney: Keine schlechte Idee.

Mrs. Delaney: Das wird aber nicht geschehen, Hank. Es wird Zeit, daß du dich deiner Verantwortung stellst.

Mr. Delaney: Und für dich wird es Zeit, daß du für dich selbst sorgst.

Die Wut entschärfen

Ich kann auf einen solchen Wortwechsel verschieden reagieren. Eine Möglichkeit ist, ihn nicht zu unterbrechen und zu hoffen, daß sich durch den Akt des Streitens an sich etwas Wut entlädt. Für Paare, die sich selten miteinander auseinandergesetzt haben, kann Abreagieren der richtige Weg zum Erschließen von Wahrheiten sein.

Als zweite Möglichkeit kann ich den Wortwechsel unterbrechen. Manche Paare (wie die Delaneys) sind so sehr an wütende Worte gewöhnt, daß sie den Schmerz, den sie sich dadurch zufügen, kaum noch spüren. Den Streit zu unterbrechen kann bewirken, daß sie aufhören, nur aufeinander zu reagieren, und sie dazu bringen, sich wieder auf eine positivere Kommunikation zu konzentrieren.

Doch es ist auch möglich, daß die Parteien auf ihrem Streitkurs Fortschritte erzielen und es nicht gut wäre, sie zu unterbrechen. Nur die Streitpartner selbst können wirklich beurteilen, ob eine bestimmte Art des Austauschs produktiv ist oder nicht. Eine potentiell fruchtbare Interaktion zu unterbrechen ist auch aus einem anderen Grund riskant – es macht den Mediator zum Kontrolleur des Prozesses. Das kann dazu führen, daß die Parteien in eine passive Rolle verfallen und vom Mediator die Lösung erwarten.

Drittens kann der Mediator ein Streitgespräch genau verfolgen, sowohl hinsichtlich dessen, was gesagt wird, als auch, wie es gesagt wird, und dann gemeinsam mit den Parteien prüfen, was da zwischen ihnen passiert und wie man weiter vorgehen kann. Sich selbst einmal aus dem Abstand zu betrachten kann für die Konfliktparteien sehr wirkungsvoll sein, doch ein solcher Moment des Nachdenkens kann unter Umständen auch nur das Feuer weiter schüren.

Eine vierte und von mir in diesem Fall gewählte Alternative besteht in einer weniger riskanten Variante der dritten: einfach zu kommentieren, was zwischen den Parteien abläuft. Dieser Ansatz hat den Vorteil, daß die Parteien vermittelt bekommen, wie ein Außenstehender ihre Interaktion sieht, ohne daß dieser tatsächlich eingreift. Die Gefahr besteht darin, daß der Mediator die Situation falsch einschätzt, doch in diesem Fall glaubte ich sicher zu wissen, was los war.

Mediator: Sie klingen beide, als wüßten Sie genau über den anderen Bescheid. Jeder von Ihnen weiß, was der andere tun sollte.
Mr. Delaney: Sie hat schon immer so getan, als wäre ich der schlechteste Mensch auf Erden.
Mediator: Wenn Ihr Dialog hier ein Beispiel ist, dann hat sie auf diesem Markt kein Monopol.
Mr. Delaney: Aber natürlich nicht! Ich muß mich doch verteidigen, oder?
Mediator: Das ist eine natürliche Reaktion, aber wenn Sie sich beide weiterhin durch Angriff verteidigen, dann stehen wir irgendwann kurz vorm dritten Weltkrieg. Alle Ihre Ansichten enthalten zumindest ein Körnchen Wahrheit, aber sie sind nur ein Teil des Gesamtbildes.
Mrs. Delaney: Ich habe einfach keine Lust, mich diesem Mann gegenüber noch mal verwundbar zu machen.
Mediator: Das kann ich verstehen, und ich vermute, es beruht auf Gegenseitigkeit. Aber wozu führt das im Umgang mit ihm?
Mrs. Delaney: Wir reden nie wirklich miteinander, außer um uns anzugreifen oder zu verteidigen. Da haben Sie schon recht.
Mediator: *(zu ihm)* Sehen Sie das auch so?
Mr. Delaney: Ja, aber sie fängt meistens an.
Mediator: Wenn Sie sich angegriffen fühlen, verteidigen Sie sich also und greifen Ihrerseits an.
Mr. Delaney: Genau.
Mrs. Delaney: Nein, das ist es, was ich tue, weil er meistens anfängt.
Mediator: Sie glauben also beide, daß der andere anfängt.

Von gegenseitigen Vorwürfen zum Verstehen

Viele glauben, ein Paar wie die Delaneys, die sich gegenseitig vorwerfen, schuld am Scheitern der Ehe zu sein, wären keine Mediationskandidaten. Das trifft nicht unbedingt zu. Manchmal können die Streitparteien durch Mediation von ihren gegenseitigen Vorwürfen loskommen und die Perspektive des anderen verstehen lernen.

Den anderen Vorwürfe machen ist ein defensiver Mechanismus; wir benutzen ihn, um uns selbst vor einem Problem oder vor Schmerz zu schützen. Für Hank und Allison Delaney war es einfacher, das Versagen des anderen zu sehen, als die eigene Mitverantwortung für ihre Probleme zu erkennen. Und indem sie sich gegenseitig wegstießen, forderten sie den anderen auf, gleichermaßen zurückzuschlagen, anstatt sich zu überlegen, ob nicht vielleicht etwas Wahres an dem Vorwurf war.

Doch Vorwürfe sind nicht nur schlecht. In manchen Fällen können sie Menschen, die versuchen, sich voneinander zu befreien, zu einem gewissen notwendigen Abstand verhelfen. Und gesellschaftlich gesehen, ist die Zuweisung von Verantwortung für Probleme – kurz gesagt: Vorwürfe machen – elementar und notwendig für die Herstellung von Gerechtigkeit.

Eines sei klargestellt: Es ist nicht Zweck der Mediation, Schuld zu eliminieren, ebensowenig wie jeden Begriff der individuellen Verantwortung auszulöschen oder alles Geschehene auf eine gemeinsame Verantwortung zu reduzieren. Vielmehr versucht Mediation, Schuldzuweisungen zu einer Station auf dem Weg zu gegenseitiger Einfühlung zu machen. Ziel ist eine erweiterte Sicht der Situation, eine Sicht, die die Perspektiven beider Parteien umfaßt. Leider bleiben die Menschen allzuoft bei gegenseitigen Vorwürfen hängen. Dies hinter sich zu lassen und zu gegenseitigem Mitgefühl zu gelangen öffnet die Tür zu mehr Verständnis füreinander, welches wiederum zu einer gerechten Lösung führen kann.

Mediator: Aus meiner Sicht ist es weniger wichtig, zu ergründen, wer anfängt. Wichtig ist, daß Sie beide sich entscheiden, ob Sie Ihr Kommunikationsschema ändern wollen.

Mrs. Delaney: Wenn wir etwas ändern könnten, wären wir vermutlich noch zusammen.

Mediator: Vielleicht können Sie wirklich nichts machen, aber ehrlich gesagt, fällt es mir schwer, das zu glauben. Wenn Sie doch etwas ändern könnten, wäre es Ihnen die Mühe wert?

Mr. Delaney: Was ist die Alternative? Schauen Sie, wir verschwenden unsere ganze Zeit damit, darüber zu reden, wie wir miteinander reden. Lassen Sie uns in der Sache weitermachen. *(zu Mrs. Delaney)* Wieviel Unterhalt willst du?

Mediator: Wir können versuchen, weiterzumachen, ohne die Frage zu beantworten, wie Sie miteinander reden. Aber ich vermute, daß wir dann genau da enden, wo Sie angefangen haben.

Mr. Delaney: Also sagen Sie uns, was wir tun sollen.

Mediator: Das ist nicht meine Aufgabe. Was ich Ihnen sagen kann, ist, was ich Sie tun sehe. Da Sie beide so geübte Streiter sind, scheinen Sie sich davor zu scheuen, einander zu sagen, was Sie wirklich denken – aus Angst davor, wie der andere darauf reagieren wird. Wissen Sie, eine Funktion des Streitens ist, den anderen herabzusetzen, aber eine andere ist, sich selbst zu schützen. Mit diesem Muster könnten wir hier weiterkommen, doch ich bezweifle es. Sie haben durchaus auch andere Möglichkeiten.

Mrs. Delaney: Zum Beispiel? Mich von ihm unterbuttern lassen? Vergessen Sie's.

Mediator: Es erfordert viel Mut, den Angriff des anderen nicht mit einer Verteidigung oder einem Gegenangriff zu beantworten. Aber selbst wenn nur einer von Ihnen seine Reaktion auf den anderen ändert, könnte sich dadurch Ihr gesamtes Interaktionsschema wandeln. Ich will damit nicht sagen, daß Sie einfach die Waffen strecken und sich vor dem anderen ergeben sollen. Aber Sie können beschließen, sich nicht mehr anzugreifen.

Mr. Delaney: Ich soll ihr also vertrauen?

Mediator: Irgendwann, wenn Sie eine neue Form des Umgangs miteinander gefunden haben, könnten Sie durchaus auch zu mehr Vertrauen finden. In der momentanen Atmosphäre wäre es jedoch verrückt, dem anderen zu vertrauen.

Mrs. Delaney: Ich weiß nicht, ob ich mich ändern kann. Dieser Mann hat mich total aufgerieben.

Mediator: Dann können Sie sich dagegen entscheiden. Ob Sie etwas ändern oder nicht, liegt ganz bei Ihnen. Wenn Sie ihm nicht trauen, führen Sie Krieg, um sich zu schützen. Wenn Sie ihm trauen, riskieren Sie, von ihm übervorteilt zu werden. Das Beste, was ich vorzuschlagen habe, ist wohl, daß Sie, bevor Sie sich verteidigen oder angreifen, überlegen, ob es nicht auch anders ginge.

Mrs. Delaney: Ich würde das gerne tun, aber ehrlich gesagt, glaube ich nicht, daß Hank dazu in der Lage ist.

Mr. Delaney: Das bin ich sehr wohl. Mit anderen mache ich das immer so, aber mit ihr will das einfach nicht klappen. Sie macht mich so wütend, daß ich schreien möchte.

Mediator: Was Sie auch sagen, Sie beide scheinen emotional sehr stark miteinander verbunden zu sein. Manche Scheidungswillige können sehr ruhig und beherrscht miteinander umgehen, aber Sie beide fallen sichtlich in eine andere Kategorie. Sie können zwar nicht miteinander leben, aber die Bande zwischen Ihnen sind stark.

Mr. Delaney: Das ist wahr. *(Tränen steigen ihm in die Augen.)* Ich will dir wirklich nicht schaden, Allison. Ich hasse die Vorstellung, daß wir Feinde werden.

Mrs. Delaney: Ich will doch nur die Gewißheit, daß du uns finanziell hilfst. Ich will dich nicht ruinieren. Ich würde keinen Pfennig von dir wollen, wenn wir Morgan nicht hätten. Aber ich brauche deine Hilfe.

Mr. Delaney: Du bist eine gute Mutter, Allison. Aber für mich ist es besser, nicht mit dir zusammenzusein. Damit fühle ich mich wohler.

Eine Veränderung

In der Art und Weise, wie Allison und Hank miteinander redeten, hatte sich etwas bewegt. Es war ein schöner Augenblick, als sie ihre Schutzmechanismen ein wenig lockerten und offener miteinander sprachen. Es ist schwer zu sagen, was geschehen war – die Veränderung ließ sich nicht vollkommen logisch analysieren. Doch gewisse Aspekte davon waren mir ziemlich klar.

Der Vorgang lief in drei Stufen ab: Als erstes machte ich sie auf ihr Gesprächsmuster aufmerksam; als zweites benannten wir Risiken und Vorteile eines Fortfahrens nach demselben Schema; und drittens suchten wir nach Alternativen. Insgesamt schien es, als würden beide um so offener, je mehr sie die Wahrheit anerkannten. Aber ich war immer noch nicht sicher, wohin diese neue Offenheit sie führen würde.

Die Überwindung kontraproduktiver Muster scheint bei jedem Paar anders abzulaufen. Manche brauchen sehr viel mehr Anleitung, um ihre Muster und ihre Schranken zu erkennen. Manche empfinden diese Muster, wenn sie sie sehen, als zu tiefsitzend, um sie zu ändern. Bei den Delaneys war es der Hinweis auf ihre starke Verbundenheit, der die Veränderung ermöglichte. Ich weiß zwar nicht genau, warum, aber wenn man Menschen explizit darauf stößt, wie stark sie miteinander verbunden sind, scheint es ihnen schwerer zu fallen, an dem festzuhalten, was sie voneinander trennt.

Die Gefühle hinter den Worten erspüren

Wenn ich eine Veränderung der Dynamik wie bei diesem Paar analysieren soll, wird mir bewußt, daß sich schwer beschreiben läßt, was ich bei einer Mediation eigentlich tue. Ich habe die Worte wiedergegeben, die Mr. und Mrs. Delaney austauschten, aber neben dem Gespräch spielte sich noch viel mehr ab. Das ist immer so: Unser Handeln wird stets von emotionalen Reaktionen und vernünftigen Überlegungen geleitet. Ich weiß nicht, was im einzelnen bei Mr. und Mrs. Delaney ablief, aber ich kann sagen, wie es in mir aussah.

Zuerst beobachtete ich mich, um sicherzustellen, daß ich nicht versuchte, sie in Richtung eines weniger defensiven Verhaltens zu manipulieren. Mein Ziel ist, die wahre Situation offenzulegen, aber ich muß auch bereit sein, zu akzeptieren, daß die Leute eventuell nicht bereit oder in der Lage sind, sich mehr zu öffnen. Schließlich kann ihr mangelnder Veränderungswille sie vor allzu großem Schmerz über das, was sie als Scheitern ihrer Beziehung sehen, schützen. Das schwierigste für mich ist, die Grenzen der Parteien zu respektieren und dabei gleichzeitig die Möglichkeit zu erwägen, daß die scheinbaren Grenzen in Wahrheit nur Schranken auf dem Weg zur Wahrheit sind, die geöffnet werden wollen.

Wie kann ich den Unterschied erkennen? Die Erfahrung hat mich gelehrt, meine Intuition zu nutzen, indem ich die emotionalen Realitäten hinter den Worten erspüre. Das kann ich nur, wenn ich mich so gut wie möglich in meine Klienten hineinfühle. Dazu muß ich meine eigenen Vorstellungen vom Ablauf der Gespräche, meine Hoffnungen und Erwartungen aufgeben. Auch das bedeutet wiederum nicht, daß ich meine Gefühle, Wertvorstellungen, Ansichten oder Kenntnisse unterdrücke – ganz und gar nicht. Es ist unmöglich, zwischen zwei Ehepartnern zu sitzen, die über ihre Scheidung sprechen, und keinerlei Reaktion darauf zu haben.

Aber ich achte auf Signale in mir – körperliches Unbehagen, Gefühle, Gedanken –, die darauf hindeuten, daß ich mich von einer Person oder von beiden distanziert habe. Unbeachtet kann eine solche Distanz die Vertrauensbasis zwischen uns gefährden. Außerdem suche ich nach Anzeichen dafür, daß ich die Situation gern unter meine Kontrolle bringen würde. Ich bemühe mich sehr, meinem natürlichen Impuls, meine eigenen Auffassungen aufzudrängen, entgegenzuwirken, indem ich mir ins Gedächtnis rufe, daß das primäre Ziel dieses Prozesses ist, die Parteien zu eigenständigem Handeln zu befähigen. Und schließlich bitte ich beide Seiten, mich auf meine eventuellen Vorurteile anzusprechen und meine Kommentare, die sie einschränken, nicht widerspruchslos hinzunehmen. Leider kommen nicht viele darauf zurück – entweder weil sie zu sehr mit sich selbst beschäftigt sind, um derlei Dinge zu bemerken, oder weil sie mich nicht beleidigen wollen – und geben mir auf diese Weise eine Macht, die auszuüben ich mich hüten muß.

Im Endeffekt dient diese innere Überwachung einem paradoxen Ziel: Um mich voll in die Schwierigkeiten meiner Klienten hineinzufühlen, muß ich meine eigene Gefühlswelt äußerst aufmerksam und streng verfolgen.

Hank und Allison Delaney hatten begonnen, ein gewisses Mitgefühl füreinander zu zeigen. Die Vorwurfshaltung, an die sich beide so fest geklammert hatten, lockerte sich ein wenig – nicht so weit, daß sich an ihren Grundhaltungen etwas geändert hätte, aber immerhin so weit, daß ein produktiver Dialog beginnen konnte. Dies war ein heikler Scheideweg. Beide Seiten konnten leicht zu ihrer Vorwurfshaltung zurückkehren, besonders da diese ihnen den Abstand voneinander verschaffte, den sie beide brauchten. Doch eben dieser Abstand gab ihnen – mit etwas Hilfe und ihrer bleibenden Bereitschaft – eine flüchtige Chance, sich auf neuem Boden zu treffen. Sie hatten ihren Dialog nicht allein eröffnet; ich war der Katalysator gewesen. Und es war auch zu früh, um anzunehmen, sie könnten ihn allein fortführen, denn sie verstanden den Mechanismus noch nicht, durch den der Mitgefühl die Vorwurfshaltung lockert. Und es zeigte sich, daß sie wirklich noch nicht soweit waren.

Den Standpunkt des anderen nachvollziehen

Mediator: Sieht jemand von Ihnen eine Veränderung in der Art und Weise, wie Sie miteinander reden?
Mr. Delaney: Ja, es ist anders. Aber ich bin nicht hier, um eine Selbsterfahrungsgruppe zu veranstalten. Ich möchte jetzt zu den konkreten Zahlen kommen.
Mrs. Delaney: Ich auch. Es ist hilfreich, Hank angehört und offener miteinander gesprochen zu haben. Es ist sogar eine Erleichterung. Aber jetzt sollten wir zu den Einzelheiten kommen.
Mediator: Okay. Ich glaube, es wäre sinnvoll, zunächst festzustellen, wieviel Zeit jeder von Ihnen mit Morgan verbringen möchte, um dann zu sehen, wie die Ausgaben für ihn bezahlt werden.
Mrs. Delaney: Hank kann Morgan natürlich sehen, sooft er will, aber er ist die meiste Zeit bei mir. Hank hat ihn so gut wie nie gesehen.
Mr. Delaney: Ich war zu beschäftigt. Außerdem ist er meistens bei deiner Mutter.

Mrs. Delaney: Du tust gerade so, als wäre Mutter sein Kindermädchen. Sie ist mir eine große Hilfe, aber sie ist nicht diejenige, die Morgan hauptsächlich betreut, und das weißt du!
Mediator: Wir sollten also, um die Höhe des Kindesunterhalts zu bestimmen, davon ausgehen, daß Mrs. Delaney hundert Prozent der Ausgaben für Morgan tragen wird.
Mr. Delaney: Ja. Das kann sich später ändern, aber im Moment trifft das zu.
Mrs. Delaney: Ich will gleich zum Kern der Sache kommen. Ich weiß, daß du mir keinen Unterhalt zahlen willst, und ich bin bereit, auf Ehegattenunterhalt zu verzichten, solange ich nicht krank werde, verunglücke oder sonst etwas Schlimmes passiert.
Mr. Delaney: Ich weiß das zu schätzen, Allison.
Mrs. Delaney: Aber ich will 1500 Dollar Kindesunterhalt im Monat.
Mr. Delaney: Bist du verrückt? Das Baby kostet nicht annähernd soviel Geld. Du willst mich ausnehmen. Ich gehe. *(Wutentbrannt steht er auf und geht zur Tür hinaus.)*
Mrs. Delaney: *(schreit ihm aufgebracht hinterher)* Willst du wieder vor Gericht gehen?

Als Mr. Delaney sich erhob, um zu gehen, war ich versucht, ihn aufzuhalten. Ich wußte nicht, ob er der Mediation endgültig oder nur für den Moment den Rücken kehrte, aber ich wußte, daß mein Versuch, ihn aufzuhalten, zur Folge hätte, daß wir alle noch stärker erwarten würden, daß ich die Sitzung leitete und die Lösung fände. Also hielt ich mich an unsere ursprüngliche Abmachung – daß jeder von ihnen jederzeit gehen konnte. Wenn Mr. Delaney zurückkam, dann aus eigenem Antrieb. Mrs. Delaney schaute mich fragend an.

Mrs. Delaney: Was machen wir jetzt?
Mediator: Erst einmal warten, ob er zurückkommt, sofern Sie nicht selbst gehen wollen.
Mrs. Delaney: Er kommt zurück. Er muß immer das letzte Wort haben.

Sie sah fast ein bißchen selbstgefällig aus, als sie das sagte. Sie genoß diesen Augenblick. Mir war nicht wohl dabei, aber ich beschloß, einfach abzuwarten, was als nächstes passieren würde. Nach ein oder zwei Minuten kam Mr. Delaney zurück. Sein Gesicht war nicht mehr so hochrot, aber er kochte immer noch.

Mr. Delaney: Ich will nicht wieder vor Gericht gehen. Du weißt das, aber ich würde das immer noch eher tun, als mich schröpfen lassen. Du weißt verdammt genau, daß Windeln, Babynahrung und Babysitten nicht mehr als ein paar hundert Dollar im Monat kosten. Du sagst, du willst keinen Ehegattenunterhalt, aber das ist es doch, was du in Wahrheit verlangst. Nur, wenn du es als Kindesunterhalt bezeichnest, kann ich es nicht von der Steuer absetzen, und du brauchst es nicht als Einkommen anzugeben.

Mrs. Delaney: Du verdienst 100000 Dollar im Jahr. Davon kannst du doch wenigstens 18000, also weniger als ein Fünftel deines Einkommens, für den Unterhalt deines Sohnes abgeben. Du tust nichts für ihn. Ich ziehe ihn ganz allein groß. Also solltest du froh sein, daß ich nur 1500 im Monat verlange. Eigentlich müßte es noch mehr sein.

Mr. Delaney: Du bist einfach nicht ehrlich, wenn du sagst, daß du keinen Ehegattenunterhalt willst.

Mrs. Delaney: Jetzt nennst du mich also eine Lügnerin? Du gemeiner, verantwortungsloser Mistkerl!

Mediator: Ist das produktiv?

Mr. Delaney: Nein. Wir kommen keinen Schritt weiter. Allison macht jetzt genau das, was sie während unserer Ehe auch gemacht hat. Sie versucht mich zu manipulieren, und ich mache da nicht mit.

Mrs. Delaney: Und er versucht, so zu tun, als ob unser Kind nicht auch seines wäre. Ich verlange das Geld nicht für mich. Wenn wir kein Kind hätten, würde ich keinen Pfennig wollen.

Mediator: Sie haben also beide den Eindruck, einen vernünftigen Standpunkt zu vertreten und der andere nicht? Mrs. Delaney, was ist es, das Ihr Mann nicht versteht und das seine Meinung ändern würde, wenn er es verstünde?

Diese Intervention ist nützlich, wenn beide Parteien unfähig zu sein scheinen, den Standpunkt des anderen auch nur ansatzweise nachzuvollziehen. Sie werden aufgefordert, die Perspektive des anderen mit zu berücksichtigen, und tun somit einen ersten Schritt in Richtung Einfühlung. Das Ziel ist, die Frage, wer recht und wer unrecht hat oder wer vernünftig ist und wer nicht, zu überwinden und das Ganze in einem größeren Rahmen zu sehen.

Indem ich die Parteien dazu anhalte, ihre Perspektive zu erweitern, versuche ich also, sie dazu zu bringen, dasselbe zu tun, was ich versuche – beide Standpunkte zu sehen. Das ist nicht leicht; sie empfinden zwangsläufig eine gefühlsmäßige Nichtübereinstimmung angesichts ihrer scheinbar entgegengesetzten Ansichten. Aber die Perspektive des Ehepartners erschließt sich einem eher, wenn man weiß, daß jemand anders – idealerweise der Ehepartner, aber wenigstens der Mediator – den Standpunkt, den man selbst vertritt, versteht.

Ich hatte bei Mrs. Delaney angefangen, weil ich das Gefühl hatte, daß sie etwas weniger defensiv war als ihr Mann und ihre Position etwas besser erklären konnte.

Mrs. Delaney: Er hat niemals verstanden und auch nicht versucht zu verstehen, wie es für mich war. Als ich im Beruf gerade Fuß gefaßt hatte, kam das Baby. Ich bereue es nicht, daß wir ihn bekommen haben. Er bedeutet mir alles. Aber so bald nach Morgans Geburt plötzlich wieder in die harte Geschäftswelt zurückgeworfen zu werden war schwer. Und es ist gleich doppelt schwer, wenn ich ihn ganz allein großziehen muß, während ich versuche, meine Karriere wiederaufzunehmen.

Mediator: *(zu Mr. Delaney)* Was meinen Sie dazu? Ist das neu für Sie?

Mr. Delaney: Ist was neu?

Mediator: Was haben Sie verstanden von dem, was Ihre Frau gesagt hat?

Mr. Delaney: *(in ärgerlichem Tonfall)* Ich habe verstanden, daß es hart für sie ist, Mutter zu sein und gleichzeitig zu arbeiten. Aber sie wollte das Baby. Ich fand es noch zu früh für uns. Ich war jedenfalls noch nicht soweit, und ich bin nach wie vor überzeugt, daß das einer der Gründe ist, warum unsere Ehe gescheitert ist.

Mediator: Lassen Sie einmal die Frage der Verantwortung für die Entscheidung beiseite. Können Sie nachvollziehen, was es für Ihre Frau im Moment bedeutet, im Beruf wieder Fuß fassen zu müssen und Ihren Sohn aufzuziehen?

Mr. Delaney: Also gut, ich zahle 1500 Dollar im Monat, aber nur bis du selbst mehr verdienst.

Mediator: Moment mal. Was ist jetzt passiert?

Mr. Delaney: Ich finde das alles sehr unangenehm.

Mediator: Das verstehe ich, aber wenn wir dieses Gespräch noch ein klein wenig weiterführen könnten, glaube ich, würde uns das zu etwas führen, was für Sie beide sehr wichtig sein könnte.

Mr. Delaney: Ich bin sehr enttäuscht, daß unsere Ehe gescheitert ist. Das Baby hat unser beider Leben so kompliziert gemacht, daß wir einfach nicht damit klargekommen sind. Und es kam mir vor, als sei das Baby von Anfang an dagewesen.

Mediator: Es fällt Ihnen also schwer, positive Gefühle für das Baby zu entwickeln, weil Sie beide ohne es vielleicht noch zusammensein könnten.

Mr. Delaney: So sehe ich das nicht.

Mediator: Wie sehen Sie es?

Mr. Delaney: Ich fühlte mich einfach überwältigt. Das ist alles. In unserem Leben war kein Platz für Spaß mehr.

Mediator: Können Sie sich einen Moment in die Lage Ihrer Frau versetzen und sich vorstellen, wie es für sie jetzt sein muß?

Mr. Delaney: Das will ich eigentlich nicht.

Mediator: Weil?

Mr. Delaney: Meine Lage ist auch nicht so einfach.

Mediator: Ich weiß. Dazu kommen wir noch. Im Augenblick, denke ich, würde es helfen, wenn Sie sehen könnten, wie das Ganze aus ihrer Sicht aussieht. Aus meiner Warte sieht es so aus, als wollte keiner von Ihnen beiden wahrnehmen, was der andere durchmacht. Ich glaube, es wäre hilfreich, wenn Sie das tun könnten.

Mr. Delaney: Ich glaube, ich zahle ihr lieber die 1500.

Mit dieser Äußerung machte Mr. Delaney einen letzten verzweifelten Versuch, sich davor zu drücken, den Schmerz seiner Frau anzuerkennen. Er befürchtete, daß dieser Schmerz ihn überwältigen würde, wenn er sich ihr gegenüber öffnete. Er brauchte meine Unterstützung, um sich nicht nur ihr gegenüber, sondern auch gegenüber einer Ebene in ihm selbst zu öffnen, die seine Perspektive verändern konnte.

Mediator: Ich weiß, es ist hart, aber ich fürchte, wenn wir hier bei Ihrer Einwilligung, die 1500 Dollar zu zahlen, aufhören, werden Sie es schon morgen früh bereuen.
Mr. Delaney: Mag sein. Aber ich weiß, daß sie es jetzt nicht leicht hat.
Mediator: Was macht es ihr schwer?
Mr. Delaney: Der Konkurrenzkampf unter den Architekten ist sehr groß. Sie wird ein bißchen brauchen, bis sie den Anschluß wiedergefunden hat, aber sie ist gut. Sie hat zu einer Zeit aufgehört, als sie ihr Geschäft gerade erst aufbaute, daher wird es eine Weile dauern. Das weiß ich durchaus.
Mediator: Und für ein kleines Kind zu sorgen wird das nicht leicht machen.
Mr. Delaney: Ich weiß, verdammt, aber es war ihre Entscheidung.
Mediator: Das macht es nicht einfacher. Wir können uns später mit der Frage beschäftigen, wer für die Entscheidung, Morgan zu bekommen, verantwortlich ist. Im Moment wäre es wichtig, wenn Sie einfach nur zur Kenntnis nehmen würden, womit Ihre Frau konfrontiert ist.
Mr. Delaney: Das ist schwer, solange ich so überzeugt bin, daß sie selbst daran schuld ist.
Mediator: *(zu Mrs. Delaney)* Gibt es noch mehr, was Ihr Mann darüber wissen sollte, wie es für Sie im Moment ist?
Mrs. Delaney: Ich bin überrascht, daß er überhaupt irgend etwas versteht. Es macht mich rasend, wenn er mir für alles die Verantwortung zuschiebt. Es gab mehr Einvernehmen darüber, das Baby zu bekommen, als er behauptet.
Mediator: Dazu kommen wir noch, aber gibt es noch einen Aspekt Ihrer jetzigen Situation, den er verstehen sollte?
Mrs. Delaney: Er ist finanziell abgesichert. Er lebt auf seinem tollen Hausboot, verdient viel Geld und wird auch noch mehr verdienen. Ich werde das nie schaffen, weil Morgan zuviel von meiner

Zeit beansprucht und ich keine Rücklagen habe. Ich lebe von einem Monat zum anderen.

Mediator: Und wie ist das für Sie?

Mrs. Delaney: Einerseits bin ich froh, daß er all das hat. Aber es ist hart, wenn ich mir überlege, was für ein Kampf es dagegen für mich ist. Und dann werde ich wütend bei dem Gedanken, daß er mich und Morgan am liebsten verschwinden lassen würde, als ob es uns nie gegeben hätte.

Mediator: Und ich kann mir vorstellen, daß es Ihnen auch sehr wichtig ist, in Ihrem Leben weiterzukommen.

Mrs. Delaney: Richtig.

Mediator: Also egal, wie wir es nennen – Ehegattenunterhalt oder Kindesunterhalt –, es geht für Sie jetzt darum, von Ihrem Mann Hilfe zu bekommen, um diese Phase zu bewältigen. Und dann stellt sich auch die Frage, wie es langfristig laufen soll.

Mrs. Delaney: Langfristig werde ich für mich selbst sorgen. Er soll mir mit Morgan helfen, aber für mich sorge ich selbst. Glauben Sie mir, ich hasse es, überhaupt auf seine Hilfe angewiesen zu sein. Und wenn ich Morgan nicht hätte oder wenn er ihn nehmen würde, was er nicht kann oder will, dann würde ich gar keine Hilfe von ihm brauchen.

Mediator: *(zu Mr. Delaney)* Was sagt Ihnen dieses Gespräch?

Mr. Delaney: Ich werde nicht dafür zahlen, daß sie in ein schickeres Haus ziehen kann. Es hat ihr gut gefallen, als wir eingezogen sind.

Mediator: Sie haben sie ein neues Haus verlangen hören?

Mr. Delaney: Ich habe ein schönes Zuhause, weil ich viele Jahre Arbeit in mein Geschäft gesteckt habe, bevor ich Allison überhaupt kannte.

Mediator: Und Sie glauben, daß sie so leben will wie Sie?

Mr. Delaney: Ja.

Mrs. Delaney: Du spinnst, Hank. Ich habe nur gesagt, daß du in einer Lage bist, in der ich wohl nie sein werde. Ich habe kein Haus verlangt. Aber ich denke, ich habe durchaus Anspruch auf das, was wir erwirtschaftet haben, während wir zusammen waren.

Mr. Delaney: Okay. Das ist fair.

Mediator: Mr. Delaney, wie sieht das Ganze aus Ihrer Warte aus? Was, glauben Sie, versteht Ihre Frau an Ihrer Position nicht?

Mr. Delaney: Sie denkt, ich wollte einfach vor den Problemen davonlaufen. Es stimmt, daß ich mein eigenes Leben leben und die Vergangenheit hinter mir lassen will. Ich bin bereit, das Kind zu unterstützen, aber ich finde, daß Allison für sich selbst verantwortlich sein sollte.
Mediator: Was heißt das?
Mr. Delaney: Es ist eigentlich ihr Baby. Ich habe keine richtige Beziehung zu ihm. Ich wollte es eigentlich nie haben, jedenfalls nicht schon so früh.
Mediator: Wie kam es zu der Entscheidung, das Kind zu bekommen?
Mr. Delaney: Wir haben eigentlich nie richtig entschieden. Sie wollte ein Kind. Sie wußte, daß ich noch nicht soweit war.
Mediator: Haben Sie verhütet?
Mr. Delaney: Nein, aber das war ihre Sache.
Mediator: Wie kamen Sie zu dem Schluß, daß Verhütung ganz allein Sache der Frau ist?
Mr. Delaney: Ich weiß nicht. So bin ich erzogen worden. Aber darum geht es jetzt nicht. Sie haben mich gefragt, was Allison nicht versteht. Sie begreift nicht, daß ich für mein Geld hart arbeite. Es macht mir nicht etwa Spaß, 16-Stunden-Tage einzulegen, und ich will ihr nicht mehr zahlen müssen, als es kostet, das Kind aufzuziehen.
Mediator: Hängt das damit zusammen, daß Sie sich nicht verantwortlich für die Schwierigkeiten fühlen, die sie in ihrem Beruf haben könnte, weil sie sich um Morgan kümmert?
Mr. Delaney: Sie gibt ihn ständig zu ihrer Mutter. Sie kann soviel arbeiten, wie sie will.
Mediator: Lassen Sie mich also sehen, ob ich Sie verstehe. Sie sagen, Sie wollen Ihr eigenes Leben leben. Sie sind durchaus bereit, Unterhalt für Morgan zu bezahlen, aber nicht für Ihre Frau, und zwar primär deswegen, weil sie es war, die sich für das Kind entschieden hat.
Mr. Delaney: Richtig. Ich will zumindest nicht rechtlich verpflichtet sein, mehr als das zu tun.
Mediator: Warum?
Mr. Delaney: Ich will beim Unterhalt für das Kind großzügig

sein, aber nicht aus einem Gefühl der Verpflichtung heraus. Und auch nicht, weil Allison mir sonst an die Gurgel geht, wenn ich es nicht bin.

Mediator: Für die Mediation sollte das keinen Unterschied machen, weil wir auf eine Vereinbarung hinarbeiten, die das von Ihnen gewünschte Minimum darstellen wird. Und für Sie, Mrs. Delaney, ist es wichtig, daß Sie die letztlich erreichte Vereinbarung als das Maximum betrachten und nicht noch mehr erwarten. Also, Mr. Delaney, haben Sie alles erklärt, was hinter Ihrer Sichtweise steht?

Mr. Delaney: *(lockert seine Krawatte und öffnet den obersten Kragenknopf)* Ja.

Mediator: *(zu Mrs. Delaney)* Was haben Sie verstanden von dem, was Ihr Mann eben gesagt hat?

Mrs. Delaney: Daß er vor seiner Verantwortung gegenüber mir und Morgan davonlaufen will.

Mediator: Sie haben verstanden: sowohl Morgan als auch Ihnen gegenüber?

Mrs. Delaney: Er ist genauso dafür verantwortlich, daß es Morgan gibt, wie ich, und er will das abstreiten. Sicher, ich wollte ein Kind, aber ich habe nicht mit dem Postboten geschlafen, um es zu produzieren. Er ist der Vater. Ich kann mich nicht daran erinnern, daß er dagegen protestiert hätte, mit mir zu schlafen.

Mediator: Sind Sie beide der Überzeugung, daß diese Frage nach der Verantwortung für die Existenz des Kindes der entscheidende Streitpunkt zwischen Ihnen ist?

Mr. Delaney: Eigentlich nicht. Ich glaube, das Problem ist eher, daß Allison von mir abhängig sein will, und ich das nicht will.

Mediator: Und für Sie besteht kein Zusammenhang zwischen ihrer Abhängigkeit von Ihnen und der Unterbrechung ihrer Karriere, um Morgan zur Welt zu bringen und für ihn zu sorgen?

Mr. Delaney: Richtig. Und ich glaube auch nicht, daß das hier etwas bringt.

Mediator: Gilt das auch für Sie, Mrs. Delaney? Machen wir auch in Ihren Augen keine Fortschritte?

Mrs. Delaney: Ich finde das alles sehr schwierig, aber mir hilft es, der Wahrheit auf den Grund zu kommen. Und ich denke, wir sind auf dem Weg dorthin.

Mediator: Ist für Sie etwas Neues dabei herausgekommen?

Mrs. Delaney: Es war mir nicht klar, wie sehr Hank es mir zum Vorwurf macht, daß wir Morgan bekommen haben, und wie sehr Morgans Dasein in seinen Augen unsere Beziehung gestört hat. Ich bin da anderer Meinung, aber ich sehe, daß er das wirklich glaubt.

Mr. Delaney: Ich glaube es, weil es wahr ist.

Mediator: Können Sie erkennen, daß Sie es aus Sicht Ihrer Frau vielleicht anders einschätzen würden?

Mr. Delaney: Ja, das kann ich schon, aber das ändert nichts an meiner Sichtweise.

Mediator: Das ist schön. Es ist ein großer Schritt, den Standpunkt eines anderen als berechtigt gelten zu lassen, wenn er dem eigenen widerspricht.

Mr. Delaney: *(traurig nickend)* Aber was nützt uns das? Wir sehen es anders und verabschieden uns, aber was machen wir in der Unterhaltsfrage?

Sich um Einfühlung bemühen

Wir waren nun an einem kritischen Punkt der Mediation angelangt. Jede der Parteien verstand jetzt die Sicht der anderen Seite besser, und wir hatten den grundlegenden Konflikt offengelegt – die Entscheidung, ein Kind zu bekommen. Doch im Verlauf unseres Gesprächs spürte ich, daß wir den zentralen Konflikt zwar beleuchtet, aber nicht wirklich angesprochen hatten. Dies lag vielleicht daran, daß ich mich nur schwer in Mr. Delaney hineinfühlen konnte. Ich hatte das Gefühl, daß ihm nur seine Freiheit wichtig war und daß Mrs. Delaney recht hatte: daß er sich tatsächlich vor seiner Verantwortung ihr gegenüber drücken wollte – als ihr Ehepartner und auch als Vater von Morgan. Doch bei näherem Hinsehen schien dieses Urteil nicht fair. Es war ja nicht so, als ob er überhaupt nicht bereit gewesen wäre, Morgan zu unterstützen. Dennoch war mir bewußt, daß ich zwar intellektuell neutral bleiben konnte, ihn aber innerlich für sein mangelndes Interesse an seinem Sohn verurteilte.

Damit die Mediation fair weitergehen konnte, mußte ich meine

Vorurteile überwinden und mich in Mr. Delaneys Lage versetzen. Ich versuchte, seine ambivalente Haltung gegenüber einem Leben mit Kindern zu verstehen, seinen Schmerz über den Zusammenbruch der jungen Ehe und seine Enttäuschung darüber, daß er keinen Bezug zu seinem Sohn fand. Allmählich spürte ich, wieviel Angst er davor hatte, in einer unglücklichen Situation gefangen zu sein, und wie sehr er sich wünschte, frei zu sein, das alles hinter sich zu lassen und von vorn anzufangen. Ich vermutete, daß Morgan für ihn die Qualen einer defekten Ehe verkörperte und daß er seinen Sohn auf Distanz hielt, um sich nicht mit der schmerzlichen Beziehung zu seiner Frau auseinandersetzen zu müssen.

Mein Versuch, mich einzufühlen, zeigte mir, daß Mr. Delaney eine Tatsache noch nicht erkannte, die für mich ganz klar war: Es war unmöglich, seine Ehe mit Allison und seine Vaterschaft für Morgan einfach auszulöschen. Wie sein künftiger Lebensweg auch verlaufen mochte, er würde nie mehr zum ersten Mal verheiratet sein, und er würde immer der Vater seines Sohnes sein, ob er nun eine Beziehung zu ihm aufbauen wollte oder nicht.

Ich fragte mich, warum ich es nicht gut sein lassen und seine schon zweifach signalisierte Bereitschaft, 1500 Dollar im Monat zu bezahlen, nicht einfach akzeptieren konnte. Die Antwort war, daß ich mich davor scheute, weil diese Bereitschaft nur auf Angst begründet zu sein schien. Vielleicht war es falsch, aber ich zielte auf etwas Dauerhaftes und Verläßlicheres ab – eine Lösung, bei der er auf festem Grund stand – und Mrs. Delaney vielleicht auch.

Sorge bereitete mir unter anderem, daß zwar Mr. und Mrs. Delaney ihre Positionen und Ansichten recht gut artikulieren konnten, daß aber die Sicht des Kindes nicht vertreten war. Obwohl die hier anstehenden Entscheidungen drastische Auswirkungen auf sein Leben haben würden, waren seine Bedürfnisse nicht klar festgestellt oder besprochen worden. Wie wichtig war es für ihn, daß sein Vater in seinem Leben eine aktive Rolle spielte? Das würde für uns alle schwer zu beurteilen sein. Die Ansichten der Ehepartner zu dieser Frage würden wahrscheinlich von ihren eigenen Bedürfnissen gefärbt sein. Und selbst wenn Morgans Bedürfnisse im Moment klar wären, würden sie sich zweifellos ändern, wenn er älter wurde. Dennoch konnte ich mir unschwer vorstellen, daß ich an Morgans Stelle nicht nur die Gewißheit haben wollte, daß mein Vater mich finanziell unterstützt, sondern auch eine echte Beziehung mit ihm haben und ihn als Teil meines Lebens erfahren wollte.

Ich mußte den beiden irgendwie den Unterschied zwischen ihrer Perspektive und der von Morgan bewußt machen. Gelang mir das nicht, würden wir eventuell einen Experten für Fragen der Kindesentwicklung hinzuziehen müssen, um ihnen Morgans Bedürfnisse nahezubringen.

Kooperation oder Verhandlung?

Kommunikation ist nur ein wichtiger Aspekt des Mediationsprozesses; ein weiterer ist Verhandeln. Für manche bedeutet das, klassische Verhandlungspositionen im Sinne einer Maximierung ihres wirtschaftlichen Vorteils zu beziehen. Für Mr. Delaney hieße das, sowenig wie möglich zu bezahlen; für Mrs. Delaney, soviel wie möglich zu bekommen. Das andere Ende des Spektrums bilden Menschen, die sich bemühen, über eine Verständigung zu einer ihr Gerechtigkeitsempfinden befriedigenden Lösung zu gelangen. Obwohl auch dazu Verhandlungen nötig sind, ermöglicht das eine Erfahrung, in der mehr Zusammenarbeit und weniger Gegnerschaft spürbar sind.

Die meisten Mediationen enthalten Elemente beider Ansätze, wobei der jeweilige Anteil vom Charakter der Beziehung und den individuellen Voraussetzungen bestimmt wird. Als Mediator versuche ich, die Parteien sanft in Richtung des zweiten Ansatzes zu bewegen und dabei den Kuchen um immaterielle Werte ebenso wie um rein wirtschaftliche zu vergrößern.

Am schwierigsten wird es für den Mediator, wenn die eine Partei offen für eine Lösung auf der Grundlage ihres Fairneßempfindens ist, während die andere nur daran interessiert ist, finanziell möglichst viel für sich herauszuschlagen. In einer solchen Situation läuft die offenere Seite Gefahr, ausgebeutet zu werden. Es ist Aufgabe des Mediators, auf diese Dynamik hinzuweisen und den Parteien bewußt zu machen, daß in diesem Prozeß außer Geld auch noch andere, weniger greifbare Größen von Bedeutung sind.

Im Falle der Delaneys würden beide von einer Ausweitung ihrer Perspektiven und einem Übergang zu einem kooperativeren Verhalten profitieren. Was beispielsweise den Unterhalt betraf, konnte es jedem von beiden nutzen, daß sie verschiedene Steuerprogressionen hatten. Mit etwas Phantasie bei der Gestaltung des Ehegatten- und Kindesunterhalts konnte für sie beide nach Abzug der Steuern mehr übrigbleiben. Außerdem konnte Mrs. Delaney mehr Geld verdienen, würde also weniger Unterhalt brauchen, wenn Mr. Delaney seiner Vaterrolle mehr Zeit und Raum geben würde. Dies würde ihnen nicht nur finanziell nutzen, sondern auch einen besseren Kontakt zwischen Morgan und seinem Vater herstellen, und das konnte für alle drei positiv sein.

Mediator: Wir müssen eine tragfähige Basis für eine Vereinbarung zwischen Ihnen beiden finden, einen Gedanken oder ein Gedankengebäude, das die Standpunkte von beiden umfaßt.
Mrs. Delaney: Wie sollen wir das machen, wenn sich unsere Ansichten gegenseitig widersprechen?
Mediator: Indem Sie Ihre jeweiligen Prioritäten bestimmen und nach Lösungen suchen, die sie so gut wie möglich berücksichtigen.
Mr. Delaney: Das ist mir zu abstrakt. Darunter kann ich mir nichts vorstellen.
Mediator: Okay, ich will versuchen, es konkreter zu machen. Sie haben verschiedene Entscheidungen zu treffen. Erstens müssen Sie entscheiden, wieviel monatlichen Unterhalt Mr. Delaney jetzt an Mrs. Delaney bezahlen wird. Zweitens müssen Sie entscheiden, wie dieser Unterhalt aufgeteilt wird – soll es Kindes- und Ehegattenunterhalt sein, und wenn ja, zu welchen Anteilen? Drittens müssen Sie eine Elternvereinbarung darüber treffen, wieviel Zeit Sie jeweils mit Morgan verbringen werden und wie die ihn betreffenden Entscheidungen getroffen werden. Viertens müssen Sie die Bedingungen bestimmen, unter denen die Unterhaltshöhe erneut überprüft oder geändert wird, und schließlich das Ende der Unterhaltszahlungen festlegen. Aber um irgendeine dieser Entscheidungen treffen zu können, müssen Sie sich zuerst über Ihre individuellen Prioritäten klarwerden.
Zum Beispiel scheint mir eine Priorität von Mrs. Delaney zu sein,

in der jetzigen Situation ausreichend Unterhalt zu bekommen, um sich angemessen um Morgan kümmern und gleichzeitig ihr Geschäft aufbauen zu können. Bei Mr. Delaney kann ich mir vorstellen, daß die Kenntnis der Grenzen seiner Verpflichtung ihm ein Gefühl der Freiheit geben würde und seine Angst vor ewigen, ihm unfair erscheinenden Unterhaltszahlungen zerstreuen könnte. Und für Sie beide scheint es eine Prioriät zu sein, den Kontakt miteinander auf ein Minimum zu beschränken. Was Morgan betrifft, so ist nicht klar, welche Prioritäten er hat, aber wir müssen auch seine Bedürfnisse berücksichtigen. Wird Ihnen klar, was ich meine?

Mrs. Delaney: Ja, das ist sehr hilfreich. Danke.

Mediator: Aber es wäre mir sehr viel lieber, wenn das nicht von mir käme, sondern von Ihnen. Ich kann ja nur vermuten, wie Ihre Wünsche und Vorstellungen aussehen. Es liegt eigentlich bei Ihnen, sie zu benennen, denn Sie wissen viel besser über sich Bescheid als ich.

Mr. Delaney: Wie werden wir dann die Entscheidungen treffen, die Sie dargelegt haben, eine nach der anderen oder alle auf einmal?

Mediator: So oder so. Bevor sie nicht alle gefällt sind, läßt sich schwer sagen, ob Sie sich bei den einzelnen Entscheidungen wirklich sicher sind.

Mr. Delaney: Okay, Allison will also 1500 Dollar im Monat. Ich finde das zuviel, wäre aber bereit, ihr das zu zahlen, wenn ich bestimmte Dinge bekomme, die ich will.

Mrs. Delaney: Zum Beispiel?

Es war zwar wichtig für die beiden, daß sie ihre Prioritäten deutlich machten, aber ich war besorgt, daß sie den von mir «verordneten» Weg zur Erreichung einer soliden Lösung – nämlich das Verhandlungsterrain auszudehnen – abbrechen würden. Zwar nahmen sie die Dinge jetzt selbst in die Hand, aber sie schienen versucht, die recht schwierige und heikle Aufgabe der Benennung ihrer Prioritäten zu überspringen und bei dem für eine rein gegnerschaftliche Beziehung charakteristischen Verhandlungsmodus zu bleiben. Auf dem Spiel standen für beide die Vorteile, die eine Vergrößerung des Kuchens mit sich bringt. Oder sie konnten an den Endpunkt einer effektiven, aber oberflächlichen Strategie gelangen und mit einer oberflächlichen

Lösung hinausgehen, die sich später rächen könnte. Dennoch war ich im Moment geneigt, meinen Impuls, es auf meine Art zu machen, zu unterdrücken und zu schauen, ob sie einen eigenen Weg finden würden. Wenn nicht, würde ich mich in ihren Modus einklinken, nach Möglichkeiten suchen, die Dinge offenzuhalten und auf mögliche Vorteile für beide hinweisen. Was sie an diesem Punkt am meisten brauchten, war eine Unterstützung des offensichtlichen Schwungs, den sie in ihrem eigenen Fahrwasser bekamen, nicht eine Umlenkung auf etwas, was mir lieber war.

Mr. Delaney: *(sich zum ersten Mal zurücklehnend)* Zum Beispiel, daß ich die Steuervorteile erhalte und der Unterhalt in regelmäßigen Abständen reduziert wird.
Mediator: Erklären Sie mir, wovon Sie sprechen.
Mr. Delaney: Ich gebe ihr jetzt die 1500 Dollar im Monat, aber ich möchte mir dabei den maximalen Steuervorteil sichern, und ich möchte, daß die Summe regelmäßig alle paar Monate oder so verringert wird, bis wir bei einem Regelunterhalt für das Kind angelangt sind.
Mrs. Delaney: Was würde das für mich bedeuten? Mein Anwalt sagt, wenn er den Unterhalt absetzen kann, muß ich ihn versteuern. Dann bekomme ich gar keine 1500 Dollar.
Mediator: Das stimmt. Wenn Sie 1500 netto haben wollen, muß es alles Kindesunterhalt sein. Wenn es teils als Ehegatten- und teils als Kindesunterhalt läuft, müssen Sie es versteuern. Damit Sie monatlich 1500 Dollar nach Steuerabzug bekommen, muß Ihr Mann die Summe, die an Steuern fällig wird, ebenfalls bezahlen.[15]
Mr. Delaney: Warum sollte ich diese Steuern zahlen müssen?
Mediator: Ich sage nicht, daß Sie sie zahlen müssen. Ich habe nur gesagt, daß das passieren müßte, wenn Ihre Frau 1500 Dollar netto braucht.
Mr. Delaney: Ich will nicht 1500 Dollar und ihre Steuern zahlen.
Mediator: Ich denke, es wird klarer, wenn wir uns anschauen, wie hoch die Kosten für Sie sind und wieviel Ihre Frau tatsächlich auf die Hand bekommt. Mir scheint, es geht Ihnen beiden eher darum als um die tatsächliche Summe, die vom einen zum anderen fließt.
Mrs. Delaney: Richtig.

Mediator: Also, damit Mrs. Delaney 1500 Dollar netto bekommt, zahlt Mr. Delaney 2000 Dollar Ehegattenunterhalt, weil sie in der 25-Prozent-Steuergruppe ist. Mrs. Delaney bekommt dann 1500 Dollar netto, doch die tatsächlichen Kosten für Mr. Delaney nach Berücksichtigung seines Steuerabzugs betragen 1300 Dollar, weil er in seiner Steuergruppe 37 Prozent bezahlt. Die Differenz Ihrer Steuerspannen erklärt sich aus den voraussichtlich im nächsten Jahr für Sie geltenden Steuerprogressionen.

Mr. Delaney: Aber das würde ja bedeuten, daß ich Allison einen monatlichen Scheck über 2000 Dollar geben würde. Das ist glatter Wahnsinn.

Mediator: Mr. Delaney, Sie fixieren sich mehr auf die Summe, die Sie ihr geben würden, als auf Ihre tatsächlichen Kosten. Wenn Sie Ihrer Frau 1500 Dollar Kindesunterhalt geben würden, würde Sie das netto mehr kosten als die 2000 Dollar Ehegattenunterhalt.

Mr. Delaney: Das macht für mich keinen Sinn.

Mediator: Es liegt an dem Steuervorteil, der sich ergibt, wenn man die Zahlungen als Ehegatten- und nicht als Kindesunterhalt deklariert. Vielleicht wollen Sie es aus anderen Gründen nicht so machen, aber vom reinen Kostenstandpunkt her wäre es billiger für Sie, wenn Sie Ihrer Frau die geforderte Summe als Ehegattenunterhalt zahlten.

Mr. Delaney: Welche Gründe sprächen dagegen, es so zu machen?

Mediator: Es wäre schwieriger, die Zahlen rechtlich festzuschreiben, da der Unterhalt für Morgan nicht unveränderlich sein darf und kein Unterschied zwischen Ihrer Frau und Morgan gemacht wird.

Mr. Delaney: Nein, das wäre nicht gut.

Mediator: Somit wären wir wieder bei der Aufgabe, Ihre Prioritäten zu definieren. Sie müssen sich entscheiden, ob Sie Geld sparen oder die Zahlen festschreiben wollen, was Sie bei Ihrer Frau tun können, aber nicht bei Morgan.

Mrs. Delaney: Ich möchte auch gerne, daß die Zahlen feststehen.

Mediator: Gut, in Ordnung. Damit wären wir wieder bei der Priorität, die Sie beide haben – künftige finanzielle Verhandlungen zwischen Ihnen zu begrenzen.

Mr. Delaney: Wie würde ich dies am besten sicherstellen?
Mediator: Indem Sie die gesamte Summe, die Sie an Ihre Frau zahlen, als Kindesunterhalt bezeichnen und sie auf ihren Ehegattenunterhalt verzichten lassen. Erhöhungen wären dann nur durch Aufzeigen des Bedarfs von Morgan, nicht dem Ihrer Frau, möglich.

Bei diesem Punkt mußte ich vorsichtig sein. Die Anwälte beider Seiten, vor allem aber der von Mrs. Delaney, würden Bedenken dagegen anmelden, daß sie diesen wichtigen Verhandlungspunkt so leicht aufgab. Bei einem richterlichen Entscheid würde Mrs. Delaney mit Sicherheit Ehegattenunterhalt erhalten, vermutlich bis ihr Geschäft richtig lief. Auf Ehegattenunterhalt zu verzichten würde für sie ein gewisses Risiko bedeuten – wenn sie zum Beispiel krank würde oder einen Unfall hätte, so hätte sie nur die Möglichkeit, das Gericht um eine Erhöhung des Kindesunterhalts zu bitten. Andererseits, wenn der Kindesunterhalt hoch genug ausfiel und in Wirklichkeit eine Art getarnter Ehegattenunterhalt war, dann würde die Unterhaltshöhe mit der Zeit nur steigen, zumindest um die Inflation auszugleichen, selbst wenn Mrs. Delaney wieder heiraten sollte. Diese Möglichkeit würde natürlich Mr. Delaneys Anwalt alarmieren. Strategisch gesehen, war dies somit ein ziemlicher heikler Teil der Mediation.

Mich beschäftigte die Frage, wieviel davon Mr. und Mrs. Delaney bereits klar war und wie weitgehend ich dafür sorgen mußte, daß beide sämtliche Implikationen dessen, was sie taten, verstanden. Außerhalb unserer Sitzung konnten ihnen ihre Anwälte viel helfen, aber im Augenblick war es an mir, ihnen alles klarzumachen, auch wenn das bedeuten konnte, daß es zu keiner Vereinbarung kam. Doch diese Gefahr wurde dadurch wettgemacht, daß der Austausch um so offener und weniger von Strategien bestimmt sein würde, je besser sie die möglichen Optionen verstanden. Meine eigene oberste Priorität war immer noch, Offenheit zu fördern. Dazu mußte ich sicherstellen, daß ich nicht selbst an einer bestimmten Lösung hängenblieb, selbst wenn mir eine am besten für sie alle drei erschien.

Eine letzte Komplikation

Mr. Delaney: Okay. Ich möchte, daß alles Kindesunterhalt ist.
Mediator: Selbst wenn es Sie effektiv mehr als 1500 Dollar kostet?
Mr. Delaney: Mmmm. Das kümmert mich nicht.
Mrs. Delaney: Wenn ich 1500 Dollar ausbezahlt kriege, dann ist es abgemacht.
Mediator: Und das ist in Ordnung für Sie?
Mrs. Delaney: Nein, das ist es nicht. Ich hätte lieber Ehegatten- und Kindesunterhalt, aber ich sehe, daß er partout keinen Ehegattenunterhalt zahlen will. Also akzeptiere ich einen reinen Kindesunterhalt, aber es müssen 1500 Dollar sein und nicht ein Pfennig weniger.
Mediator: Sie müssen es nicht so machen, wenn es für Sie nicht in Ordnung ist.
Mrs. Delaney: Ja, aber ich will wirklich nicht wieder vor Gericht gehen.
Mediator: Es stimmt, daß das eine Möglichkeit wäre, aber Ihr Mann will das ebensowenig wie Sie.

Was geschah hier? Mrs. Delaney schien eine Opferhaltung einzunehmen, eine Position, mit der sie bei mir garantiert Alarm auslöste. Mit dieser Haltung läßt es sich vielleicht am schwersten arbeiten, und hier mußte ich abschätzen, wie echt sie bei Mrs. Delaney war. Wenn sie sich wirklich machtlos fühlte, dann würde es ihr zu mehr Selbstbewußtsein verhelfen, wenn ich darauf hinwies, daß sie die Position ihres Mannes nicht zu akzeptieren brauchte. Wenn sie aber versuchte, was mir wahrscheinlicher erschien, mich oder ihren Mann zu manipulieren, dann mußte ich sie zu einer ehrlicheren Haltung bewegen. Falls sie jedoch Opfer spielen mußte, um ihren Mann zu dem zu bewegen, was sie wollte, dann sollte ich mich vielleicht einfach heraushalten. Ich beschloß, meinen bereits eingeschlagenen Kurs weiterzufahren und sicherzustellen, daß sie die Implikationen ihres Tuns verstanden.

Mrs. Delaney: Also okay – die 1500 Dollar Kindesunterhalt sind akzeptabel.
Mediator: Warum macht das Sinn für Sie, Mrs. Delaney?
Mrs. Delaney: Weil es bedeutet, daß Hank seine Nase aus meinem Geschäft heraushält und garantiert, daß für Morgan gesorgt ist.
Mediator: Sie müssen noch klären, was der Kindesunterhalt abdeckt. Manchmal wird unterschieden zwischen regelmäßigen Unterhaltszahlungen und «Sonderausgaben» wie Krankenversicherung, Privatschule, nicht abgedeckten medizinischen Kosten und anderen Ausgabenarten.
Mr. Delaney: Hören Sie, wenn ich mich an irgendwelchen dieser Kosten beteiligen soll, dann können Sie sich darauf verlassen, daß ich keine 1500 Dollar Kindesunterhalt im Monat zahlen werde.
Mrs. Delaney: Du zahlst bereits die Krankenversicherung für ihn. Es ist eine gute Versicherung, und es kostet dich fast nichts. Ich werde die anderen Extras bis auf die Kosten fürs College übernehmen, die zahlst du.
Mr. Delaney: Kommt überhaupt nicht in Frage. Zunächst habe ich noch nicht in die 1500 eingewilligt, aber falls ich das tue, sollen die Krankenversicherungsbeiträge davon abgezogen werden. Und bis Morgan aufs College geht, solltest du genausogut wie ich in der Lage sein, die Kosten zu tragen, also werden wir sie uns teilen.
Mrs. Delaney: Also gut, aber ich will eine jährliche Anpassung der Unterhaltshöhe gemäß Lebenshaltungsindex und Inflation. Dann werde ich mit nichts weiter zu dir kommen.
Mr. Delaney: Abgemacht.
Mediator: Und nun, Mr. Delaney, wie soll Ihr Verhältnis zu Morgan im Laufe der nächsten Jahre aussehen?
Mr. Delaney: Ich weiß es nicht. Ich habe schon jetzt so gut wie kein Verhältnis zu ihm. Ich würde ihn gerne gelegentlich sehen, aber um ehrlich zu sein, ist mir im Moment meine Freiheit wichtiger.
Mediator: Haben Sie irgendein Interesse daran, an Entscheidungen über sein Leben beteiligt zu sein?
Mr. Delaney: Eigentlich nicht. Ich denke, daß diese Entscheidungen von der Person getroffen werden sollten, die die meiste Zeit mit ihm verbringt, und das ist Allison. Ich vertraue ihr da vollkommen.

Mediator: Denken Sie, daß es so am besten für Morgan ist?
Mr. Delaney: Woher soll ich das wissen?

Im weiteren Gesprächsverlauf festigten wir die Entscheidungen und einigten uns auf eine Pauschalsumme, die Mrs. Delaney für ihren Vermögensanteil erhalten sollte. Nachdem wir die Vereinbarung nochmals auf ihre Praxistauglichkeit abgeklopft hatten, war's das, zumindest für Mr. und Mrs. Delaney. Sie schienen beide zufrieden zu sein. Für mich war ebenfalls alles okay – bis auf die Regelungen für Morgan. Würde es das beste für ihn sein, wie sie vereinbart hatten, daß sein Vater so gut wie gar nicht an seinem Leben Anteil nahm? Es schien klar, daß Mr. Delaney jetzt ebensowenig an seiner Vaterrolle interessiert war wie seit jeher. Und Mrs. Delaney schien zwar einerseits dafür offen zu sein, ihrem Mann den Kontakt mit Morgan zu gewähren, andererseits wirkte sie aber auch erleichtert, daß sie nicht viel mit Mr. Delaney zu tun haben mußte. Die Mediation hatte sie also ans Ziel gebracht – sie hatten eine Vereinbarung erzielt, von der sie beide glaubten, damit leben zu können. Aber ich fragte mich, ob nicht einer von ihnen das in Zukunft doch bereuen würde, wenn nicht im eigenen, so doch in Morgans Interesse. Als Vater war mir bewußt, was Mr. Delaney entging, indem er sich so von seinem Sohn zurückzog, und ich fand es schade für sie alle.

Diese Mediation war zu einer traditionellen Verhandlungsrunde geworden, bei der allein das Geld im Mittelpunkt stand. Sie waren sich finanziell einig geworden, was ja durchaus etwas war; aber das war weniger, als ich mir für sie erhofft hatte. Letztlich hatte sich trotz meiner Bemühungen um gegenseitige Einfühlung praktisch nichts an ihrer Beziehung geändert. Und sie hatten die Chance nicht genutzt, die Vereinbarung so zu gestalten, daß beide etwas gewannen. Am meisten besorgte mich, was Mr. Delaneys Rückzug für Morgans Zukunft bedeuten würde. Ich brauche nach jeder Mediation eine Weile, um sie innerlich abzuschließen, aber wenn alle so liefen wie diese, würde ich wohl aufhören.

Getrennte Trauer

Zermürbt durch den Tod ihres Kindes und die Wut, die Mrs. Prey danach empfindet, ist dieses Paar nicht mehr in der Lage, miteinander zu kommunizieren – ja, sie können es nicht einmal mehr ertragen, zusammen in einem Raum zu sein. Deshalb fragen sie mich, ob die Möglichkeit besteht, die Mediation getrennt durchzuführen. Trotz meiner Überzeugung, daß der Mediator zuviel Macht erhält, wenn er sich abwechselnd mit jeder Partei einzeln trifft, stimme ich diesmal doch zu, weil mich ihre Verzweiflung berührt. Indem ich zwischen den Räumen hin- und herpendele, vertrete ich beide Seiten abwechselnd und versuche so, eine Vereinbarung zu erreichen. Dieser auf Einzelgesprächen basierende Prozeß wird auch als *Pendelmediation* bezeichnet. Der Fall von Jake und Claudia Prey bietet Gelegenheit, diese Form der Pendelmediation der von mir bevorzugten Dreieckssitzung gegenüberzustellen und beide zu vergleichen.

Als Mr. und Mrs. Prey mein Büro betraten, veränderte sich augenblicklich die Atmosphäre. Ich merkte, wie sich meine Nackenmuskeln anspannten, und ahnte gleich, daß es eine außergewöhnliche Mediation werden würde. Mrs. Preys früher sicher hübsche Gesichtszüge waren leidverzerrt. Mr. Preys Gesicht dagegen wirkte wie eine Maske, die wenig von seiner momentanen Verfassung erkennen ließ. Keiner von beiden bemühte sich um ein Lächeln oder um Blickkontakt, als ich mich vorstellte, und nur er brachte ein kaum vernehmbares «Guten Tag» über die Lippen. Die Stille im Raum war bedrückend.

Beide waren Anfang Vierzig. Sie trug ein klassisches Kostüm; er war etwas legerer in Kordhosen, kariertem Hemd und Sweatshirt gekleidet. Mit monotoner Stimme erklärte er, daß sie seit fast einem Jahr getrennt waren und sich kürzlich für eine Mediation als den schnellsten Weg zur Scheidung entschieden hatten. Plötzlich stand Mrs. Prey mit zitternder Miene auf und flüsterte: «Ich kann das nicht.»

Mediator: Was ist es, was Sie nicht können?
Mrs. Prey: Ich kann nicht mit ihm in einem Raum sein. Ich kann es einfach nicht. Gibt es nicht eine Möglichkeit, getrennt mit Ihnen zu sprechen, in verschiedenen Räumen?
Mediator: Ich sehe, wie sehr Sie leiden, aber ich glaube, daß dieser Prozeß von größerer Echtheit und Unverfälschtheit ist, wenn wir alle in einem Raum miteinander arbeiten.
Mrs. Prey: Das kann ich nicht. Bitte entschuldigen Sie mich. Ich muß nach draußen.

Sie verließ das Zimmer.

Mr. Prey: Sie sehen ja, wie erregt sie ist, und ehrlich gesagt, ist ihre Gegenwart für mich auch nicht viel leichter. Wir haben uns nicht gesehen, seit wir uns vor zehn Monaten getrennt haben, und auch kaum miteinander gesprochen. Vor fast einem Jahr haben wir unser einziges Kind durch den Plötzlichen Säuglingstod verloren. Wir waren beide bei der Arbeit, als die Babysitterin ihn fand. Claudia ist total verzweifelt und gibt uns beiden die Schuld. Die Ärzte sagen zwar, daß wir nicht dafür verantwortlich sind, aber sie glaubt, daß es nicht passiert wäre, wäre einer von uns dagewesen. Sie ist in einer Therapie, aber vermutlich ist schon mein Anblick extrem schmerzlich für sie. Wir würden beide gern eine Mediation versuchen – wir wollen es so schnell und so einfach wie möglich hinter uns bringen. Wir haben schon genug gelitten. Keiner von uns will dem anderen noch mehr Schmerz zufügen. Könnten Sie sich nicht getrennt mit jedem einzeln treffen?

Das Problem von Einzelsitzungen

Die Pendelmediation, sich also mit den Parteien einzeln zu treffen, ist unter Mediatoren ein umstrittenes Thema. Bei arbeitsrechtlichen Konflikten oder anderen Streitfällen, an denen viele Parteien beteiligt sind, wird sie traditionell als unverzichtbares Instrument angesehen. Diese Methode hat zahlreiche Vorteile. Erstens geht man davon aus, daß die Streitparteien in Abwesenheit des «Feindes» offener sind und Informationen preisgeben, die sie sonst vielleicht verbergen würden. Zweitens können Lösungswege im «Zwiegespräch» mit einem vertrauenswürdigen «Freund», dem Mediator, besser und freier erkundet werden. Und schließlich erhält der Mediator in Einzelgesprächen die Chance, die Sichtweisen der Parteien besser zu verstehen.

Doch die Pendelmediation hat auch erhebliche Nachteile. Dadurch, daß sich der Mediator einzeln mit den Parteien trifft, wird er für den Mediationserfolg wichtiger – seine Sicht hat einen größeren Einfluß auf die Streitpartner – als bei einer Zusammenarbeit zu dritt. Bei einer Pendelmediation hat der Mediator auch eher die Möglichkeit, das Ergebnis zu manipulieren, da die Parteien nur aufgrund seiner Aussagen wissen, was für den anderen akzeptabel ist. Tatsächlich wird, wenn nicht beide Parteien anwesend sind, die Subjektivität des Mediators zum entscheidenden Element, das mehr Gewicht erhält als das Fairneßempfinden der Konfliktpartner. Stimmt das Fairneßempfinden des Mediators mit dem der Parteien überein, so macht das nicht viel. Wenn sein Begriff von Fairneß aber mit dem der beiden anderen in Widerspruch steht und sie nicht selbstsicher genug sind, um ihre eigene Position durchzusetzen, oder nicht sicher genug wissen, was sie wollen, dann können sie am Ende mit einem Ergebnis dastehen, das sie später bereuen werden.

Aber die Frage geht noch tiefer. Ich bin fest davon überzeugt, daß die Mediation vom direkten Kontakt der Parteien in Gegenwart des Mediators lebt – der Mediator bildet eine Brücke zu einer Verständigung, die sonst nicht möglich wäre. Bei einer Pendelmediation gehen wichtige Informationen, die durch Körpersprache, Mimik und Tonfall übermittelt werden – Nuancen, die nur die Parteien selbst kennen – vollkommen verloren, und es wird ungleich schwieriger, eine Verständigung zu schaffen.

Schließlich bin ich generell gegen die Pendelmediation, weil sie dem Mediator zuviel Macht verleiht, besonders wenn dieser zugesagt hat, Geheimnisse zwischen den Parteien zu bewahren. In dem Fall muß der Mediator sowohl die Geheimnisse der Parteien bewahren als auch ihrem (oft unausgesprochenen) Wunsch nachkommen, ihnen explizit zu raten, was sie tun sollen. Dem Mediator als der einzigen Person, die ein Gesamtbild von der Situation hat, fällt es leicht, zu einer Meinung zu gelangen, was die Parteien tun sollten. Da aber ihre Übereinkunft, um erfolgreich zu sein, in ihrem eigenen Fairneßempfinden begründet sein sollte, muß er davon absehen, ihnen zu sagen, was er denkt.

In diesem konkreten Fall hatte ich anscheinend nur die Alternativen, eine Pendelmediation durchzuführen oder den Fall von Anwälten regeln zu lassen. Ich war berührt von ihrem offensichtlichen Kummer und ihrem Wunsch, weiteres Leid so gering wie möglich zu halten, und so beschloß ich, zu sehen, ob ich ihnen helfen konnte. Um die Sache zu beschleunigen, schlug ich vor, daß sie zwar beide gleichzeitig in mein Büro kommen sollten, aber in verschiedene Räume, zwischen denen ich hin- und herpendeln würde. Ich hatte die Hoffnung, daß wir vielleicht an einen Punkt kommen würden, wo wir uns wieder alle zusammensetzen konnten, und sei es nur für die Entscheidungen am Schluß.

Stück für Stück Informationen sammeln

Ich fing mit Mr. Prey an. Er erzählte, daß er, ermutigt und finanziell unterstützt von seiner Frau, vor drei Jahren seinen lukrativen Verkäuferjob in der Industrie aufgegeben und noch einmal studiert hatte, um Lehrer zu werden. Als das Baby starb, war er im ersten Jahr als Geschichtslehrer an einer örtlichen High-School tätig. Sein Jahreseinkommen betrug 20 000 Dollar, kaum genug, um einen angemessenen Lebensstil halten zu können und seine beiden Töchter aus erster Ehe zu unterstützen, die im Teenageralter waren und hauptsächlich bei ihrer Mutter lebten. Doch Mrs. Prey, deren Job gut bezahlt wurde, hatte die Veränderung vorgeschlagen, weil sie wußte, daß er als Lehrer viel glücklicher sein würde, auch wenn dies bedeutet hatte, daß sie während seines Studiums ihre Ersparnisse opfern mußten und allein auf ihr Einkommen angewiesen waren.

Mr. Prey berichtete auch, daß sie vor der Schwangerschaft seiner Frau jahrelang versucht hatten, ein Kind zu bekommen. Sie hatten sich einer schwierigen Fruchtbarkeitsbehandlung unterzogen, die zunächst zwei Fehlgeburten mit sich gebracht hatte. Die Geburt des Kindes hatte schließlich das Glück in die Beziehung zurückgebracht, doch als es starb, schien die Ehe mit ihm zu sterben.

Als ich mit Mrs. Prey sprach, war deutlich, daß der Verlust ihres Kindes sie regelrecht auffraß. Die Freude über das Baby war angesichts der vorangegangenen Empfängnisprobleme um so größer gewesen. Jetzt, nach zehn Ehejahren, mit Zweiundvierzig, war sie sicher, daß sie kein Kind mehr bekommen konnte. Ihr Leben erschien ihr leer. Das einzige, was sie noch am Rande interessierte, war ihre Arbeit als Marketingleiterin bei einer kleinen Computerfirma, wo sie 80 000 Dollar im Jahr verdiente.

Mediator: Haben Sie Freunde oder Verwandte, an die Sie sich wenden können, die Ihre Situation verstehen?
Mrs. Prey: Nein. Ich bin ganz allein.
Mediator: Haben Sie je daran gedacht, zu einem Psychotherapeuten zu gehen, der Ihnen hilft, über diese Zeit hinwegzukommen?
Mrs. Prey: Ich bin eine Zeitlang bei einem gewesen, aber es hat eigentlich nichts geholfen, und so habe ich das abgebrochen.
Mediator: Sie wissen also nicht recht weiter.
Mrs. Prey: Ganz so ist es nicht. Noch vor einem halben Jahr dachte ich fast täglich an Selbstmord. Verglichen damit ist es inzwischen leichter. Wenn ich diese Scheidung hinter mir habe, läuft ja vielleicht alles besser.
Mediator: Und was wäre dazu nötig?
Mrs. Prey: Wir haben unser Haus. Nachdem wir unser Baby verloren hatten, konnte ich es nicht mehr ertragen, dort zu leben, und zog in eine Wohnung. Zu meiner Überraschung zog Jake einen Monat später auch aus, und seitdem haben wir es vermietet. Die Miete deckt gerade einmal die Unkosten. Wir versuchen es zu verkaufen. Wenn das gelungen ist und Jake mir die Hypothekenzahlungen er-

stattet, die ich übernommen habe, seit er seinen Job aufgegeben hat, dann werde ich wohl mit alledem abschließen und mein Leben neu aufnehmen können.

Als ich wieder zu Mr. Prey zurückkehrte, war ich nicht überrascht, daß er die Dinge ziemlich anders sah als seine Frau.

Mr. Prey: Seit wir uns getrennt haben, konnte ich meine Töchter nicht mehr unterstützen. Ich lebe in einem kleinen Apartmentkomplex, wo ich gegen Mietreduzierung Hausmeisterarbeiten verrichte. Doch diese Zeit geht von meinen Wochenenden mit Allie und Natalie ab. Ohne Claudias finanzielle Unterstützung hätte ich niemals erwogen, den Beruf zu wechseln. Das Haus steht seit meinem Auszug zum Verkauf, aber es beißt keiner an, obwohl wir den Preis schon zweimal runtergesetzt haben. Bis wir es verkauft haben, soll Claudia mir helfen, die Mädchen zu unterstützen, wie ursprünglich vereinbart. Ich könnte wieder in den Verkauf zurück, wenn es sein müßte, aber allein der Gedanke ist schrecklich. Ich arbeite gern als Lehrer, es liegt mir wirklich, und es war vor allem Claudias Idee, daß ich Lehrer werde. Ich finde nicht, daß es unangemessen ist, wenn sie mich in dieser Lage unterstützt.

Angesichts dieses erheblichen Unterschieds in ihren Sichtweisen mußte ich mir überlegen, wie ich die Situation am besten gestalten konnte, um ihnen die Position des jeweils anderen so akzeptabel wie möglich zu machen. Ich wollte als erstes versuchen, bei Mrs. Prey den Geist ihrer ursprünglichen Abmachung wieder zu wecken. Doch als ich ihr seine Seite darlegte, wurde sie wütend.

Mrs. Prey: Wie kann er es wagen, jetzt von mir Geld zu wollen! Wenn er in seinem Verkaufsjob geblieben wäre und anständig verdient hätte, hätte ich mindestens ein halbes Jahr pausieren können, um mich um das Baby zu kümmern. Aber ich mußte schon nach zwei Monaten wieder anfangen, weil er unbedingt als Lehrer arbeiten wollte. Bei ihm läuft doch alles prima. Er hat einen Beruf, den er liebt und den ich ihm ermöglicht habe, und er hat zwei gesunde, liebende Töchter.

Mediator: Sie sind also nicht bereit, ihn finanziell zu unterstützen.
Mrs. Prey: Keine Chance! Er bekommt seinen Anteil, wenn wir das Haus verkaufen. Ich habe ihn lange genug unterstützt.

Als ich die durch den gemeinsamen Verlust entstandene Distanz zwischen den beiden sah, wurde mir klar, daß es für Mrs. Prey wichtig war, ihren Mann verantwortlich zu machen, um selbst mit der Tragödie fertig zu werden. Wut zu artikulieren konnte Mrs. Preys Energie wiederaufbauen, und da die Vorwürfe gegen ihren Mann diese Wut nährten, konnten sie nützlich sein. Aber nur in Grenzen. Der problematischste Aspekt an einer solchen Schuldzuweisung ist ihre verurteilende Qualität. Wer andere verurteilt, legt meist bei sich selbst sehr hohe Maßstäbe an und behält sich die härteste (obgleich oft unbewußte) Verurteilung für sich selbst vor. Daher vermutete ich, daß sich Mrs. Prey ebensosehr selbst die Schuld am Tod ihres Kindes gab, wie sie ihren Mann beschuldigte.

Das Gegenmittel gegen Vorwürfe ist Mitgefühl, doch der Weg vom einen zum anderen ist nicht leicht. Vorwürfe können eine Etappe auf dem Weg zu einem umfassenderen Verständnis einer Situation sein, aber allzuoft sind sie ein Endpunkt. Diese Etappe hinter sich lassen und Mitgefühl empfinden zu können kann es einem ermöglichen, sich gründlicher mit der Wahrheit auseinanderzusetzen, und das wiederum kann zu einer gerechten Lösung führen.

In der Mediation können zu Wut gewordene Vorwürfe jemandem, der sich selbst geißelt, helfen, sich zu behaupten. Wenn Mrs. Prey ihre Wut nutzen konnte, um den Abstand von ihrem Mann zu gewinnen, den sie brauchte, dann könnte sie anschließend darangehen, ihr Leben neu aufzubauen. Und wenn sie noch ein wenig weitergehen und Mitgefühl empfinden konnte, würde sie vielleicht weniger hart mit ihm und letztlich mit sich selbst sein.

Paradoxerweise stieß sie ausgerechnet den Menschen von sich, der sich am meisten mit ihrem Schmerz identifizieren konnte. Ich wußte nicht, was ich dagegen machen sollte, aber ich hatte das Gefühl, daß hierin der Schlüssel zur Schaffung einer Basis für gegenseitiges Verständnis lag. Ich hatte einige Ideen, wie ich dieses Problem angehen könnte, wenn wir zusammen in einem Raum wären, aber als ihr Bote empfand ich die Entfernung zwischen den Räumen wie ein Symbol für jene zwischen ihnen, und sie belastete mich.

Als ich wieder zu Mr. Prey kam, erkannte er sofort meine Besorgtheit.

Mr. Prey: Der Vorschlag hat ihr nicht gefallen, stimmt's?
Mediator: Nein, er hat ihr nicht gefallen.
Mr. Prey: Was hat sie gesagt?
Mediator: Ich weiß, daß Sie ihren Schmerz verstehen. Scheinbar ist es für Ihre Frau noch schwerer, weil sie den Eindruck hat, daß Sie einen Beruf haben, der Ihnen Spaß macht, und umgeben sind von Ihren Kindern, die Sie lieben.
Mr. Prey: Herrgott noch mal! Sie könnte auch von liebenden Kindern umgeben sein. Ich weiß, daß sie nicht mit mir zusammensein will. Aber die Mädchen! Warum hat sie den Kontakt zu ihnen abgebrochen? Sie lieben sie wie eine Mutter, aber nach dem Tod des Babys wollte sie nichts mehr von ihnen wissen, als ob es sie nie gegeben hätte. Sie haben erst ihren kleinen Bruder verloren und dann eine geliebte Stiefmutter, aber daran denkt Claudia wohl gar nicht. Sie waren – und sind – sehr verwirrt darüber, daß Claudia sie aus ihrem Leben ausschließt.
Mediator: Denken Sie, daß ihr die Gefühle der Mädchen bewußt sind?
Mr. Prey: Keine Ahnung. Wir reden nicht miteinander.
Mediator: Ich kann mir vorstellen, daß der Tod des Babys auch für Sie sehr schmerzlich ist, obwohl Sie noch die Mädchen haben.
Mr. Prey: Ich kann Ihnen gar nicht sagen, wie schlimm es immer noch für mich ist. Ich wache mitten in der Nacht schweißgebadet auf und denke, ich muß nach dem Baby schauen. Und dann fällt mir ein, daß das Baby tot ist, und ich spüre diesen Schmerz, der einfach nicht aufhört. Ich habe mit unserem Pfarrer gesprochen und die Mädchen auch, aber es ist ein unsäglicher Verlust für uns alle.
Mediator: Glauben Sie, daß Claudia eine Ahnung davon hat, wie sehr Sie leiden?
Mr. Prey: Sie ist zu sehr mit ihrem eigenen Schmerz beschäftigt, um den anderer zu beachten. Und es macht es nicht leichter, zu wissen, daß sie mir die Schuld am Tod des Babys gibt.

Mediator: Könnten Sie sich vorstellen, solche Gefühle zu haben, wenn Sie an ihrer Stelle wären?

Mr. Prey: Sicher kann ich mir vorstellen, daß ich mich selbst bemitleiden würde, denn das tue ich oft. Aber ich kann nicht verstehen, wie sie mich so sehr verantwortlich machen kann. Es fühlt sich an, als würde sie mich bestrafen – und Allie und Natalie auch.

Mediator: Indem sie Sie alle zurückstößt?

Mr. Prey: Genau. Und zu alledem hält sie sich nicht an unsere Abmachung, mich zu unterstützen. Ich brauche das Geld doch für die Mädchen, nicht für mich. Sieht das für Sie nicht nach Bestrafung aus?

Mediator: Möglich, aber ich vermute, daß sie mehr daran interessiert ist, sich selbst zu schützen, als jemand anderen zu verletzen.

Mr. Prey: Ich weiß, wie sehr es mir hilft, daß ich die Mädchen habe. Ich fände es schön, wenn Claudia das auch an sich selbst erfahren könnte.

Mediator: Und die finanzielle Unterstützung?

Mr. Prey: Die brauche ich. Ich will den Lehrerberuf nicht wieder aufgeben, und ich kann den Mädchen sonst nicht helfen.

Da Mrs. Prey in keinem rechtlichen Verhältnis zu den Mädchen stand, war sie nicht gesetzlich verpflichtet, sie zu unterstützen. Aber Mr. Preys Unterhaltsbedarf würde vor Gericht höchstwahrscheinlich anerkannt. Zumindest theoretisch wird Ehegattenunterhalt für Männer nicht anders behandelt als für Frauen. Doch wenn Mrs. Prey den Richter davon überzeugen konnte, daß ihr Mann in einem anderen Job mehr verdienen konnte, würde er möglicherweise nur wenig oder gar keinen Unterhalt erhalten. Aber da Mr. Prey den Beruf gewechselt hatte, würde das schwer sein.

Ich erkannte bald, daß wir alle drei so vorgingen, als würde die gesamte Verantwortung für die Lösung dieses Konflikts auf meinen Schultern lasten. Ich überlegte schon, «was sie tun sollten», und mir war klar, daß es sehr schwer sein würde, diese Verantwortung wieder auf sie zu übertragen. Schließlich war ich der einzige, der alles hörte, und somit würde es schwerfallen, nicht entscheiden zu wollen, wie die Einigung aussehen sollte, und nicht zu versuchen, sie zu einer Zustimmung zu bewegen. Mich bedrückte das Gefühl, gleichzeitig zuviel Verantwortung und zuviel Freiheit zu haben.

Meine Assistentin, die mich zwischen den Büros hin- und herflitzen sah, äußerte sich etwas besorgt über den Streß, den das für mich bedeutete. Und ich gebe zu, daß ich zwischendurch versucht war, das ganze Problem einfach verschwinden zu lassen. Da ich als einziger über alles Bescheid wußte, konnte ich die wunden Punkte der beiden ausfindig machen, beschließen, was sie vereinbaren sollten, und das dann einfach umsetzen. Ich konnte der Held sein, der große Problemlöser.

Doch dann meldete sich der Mediator in mir wieder zu Wort. Wie würde es sich anfühlen, so fragte ich mich, wenn die von mir gezimmerte Vereinbarung scheiterte oder einen oder beide meiner Klienten die Mediation bereuen ließ? Ich mußte einen Weg finden, Mr. und Mrs. Prey in die Lage zu versetzen, ihre eigene Vereinbarung zu erzielen. Und offen gesagt, es schien mir die einzige Möglichkeit zu sein, sie zusammenzubringen. Ich setzte vorsichtig bei Mrs. Prey an.

Mrs. Prey: Hat er seine Meinung geändert?
Mediator: Es gibt neue Informationen, die wichtig für die Lösung sein könnten.
Mrs. Prey: Also hat er seine Meinung nicht geändert.
Mediator: Ich habe den Eindruck, daß Ihrem Konflikt eine Frage zugrunde liegt, mit der Sie sich auseinandersetzen sollten, bevor Sie zu einer Lösung kommen können.
Mrs. Prey: Was soll das sein?
Mediator: Es hat mit Allie und Natalie zu tun.
Mrs. Prey: Sie haben nichts hiermit zu tun. Ich stehe in keinem rechtlichen Verhältnis zu ihnen.
Mediator: Das stimmt, aber so wie ich es verstanden habe, waren und sind Sie eine wichtige Person in ihrem Leben.
Mrs. Prey: Sie sind seine Kinder, nicht meine.
Mediator: Haben Sie das immer so empfunden?
Mrs. Prey: *(Sie zieht sich zurück und schaut mich an. Nach einer langen Pause richtet sie sich auf.)* Ich sehe nicht, was das mit dem zu tun hat, weshalb wir hier sind.
Mediator: Wenn das so ist, lasse ich es beiseite. Sie entscheiden, was besprochen werden muß. Es kommt mir nur so vor, als landeten wir bei allen Fragen immer wieder bei den Mädchen.

Mrs. Prey: Sagen Sie mir, was Sie meinen.

Mediator: Nun, zumindest laut Ihrem Mann war die Beziehung zwischen Ihnen und den Mädchen vor dem Tod des Babys für alle wichtig. *(Lange Pause.)* Sie sollten wissen, daß ich mich in dieser Botenrolle sehr unwohl fühle. Ich fürchte, daß ich der Bedeutung dieses Gesprächs nicht gerecht werde, und außerdem möchte ich Ihre Trauerarbeit respektieren. Um die Wahrheit zu sagen, ich glaube, es wäre wichtig, daß Ihr Mann Ihnen das direkt sagt.

Mrs. Prey: Mir was direkt sagt?

Mediator: Was mit den Mädchen los ist.

Mrs. Prey: Was hat das mit den finanziellen Fragen zu tun?

Mediator: Vielleicht nichts. Aber es könnte bedeutsam sein.

Mrs. Prey: Wenn Sie glauben, daß wir nur so zu einer Einigung kommen, bin ich noch mal zu einem gemeinsamen Treffen bereit.

Als ich Mr. Prey sagte, daß seine Frau auf meine Bitte hin mit einer gemeinsamen Sitzung einverstanden war, reagierte er überrascht.

Mr. Prey: Das will sie wirklich?

Mediator: Ich weiß nicht, ob ich so weit gehen würde. Sie ist bereit dazu.

Mr. Prey: Also okay, versuchen wir's. Können Sie mir etwas raten?

Mediator: Sprechen Sie offen aus, was Sie auf dem Herzen haben.

Wir verabredeten ein Treffen für die kommende Woche. Mrs. Prey kam eine halbe Stunde zu spät.

Mediator: Ich bin es, der dieses Treffen einberufen hat. Mir schien, daß Sie an einem Punkt angelangt waren, an dem ich die Kommunikation eher störte als erleichterte. Bei meinem letzten Treffen mit Mr. Prey hatte ich das Gefühl, daß er das, was er mir sagte, Ihnen direkt mitteilen sollte, Mrs. Prey. Ich weiß es zu schätzen, daß Sie sich zu diesem gemeinsamen Treffen bereit erklärt haben. Ich weiß, daß das wirklich schwer für Sie ist.

Mr. Prey: Claudia, auch ich weiß deine Bereitschaft zu schätzen.

Ich weiß, daß wir uns in der Unterhaltsfrage nicht einig sind. Ich weiß auch, daß du dich bei diesem Gespräch von mir manipuliert fühlen könntest. Damit du mir also glaubst, daß ich nicht nur wegen des Geldes hier bin, bin ich bereit, auf jeglichen Unterhalt zu verzichten und nur den Erlös aus dem Verkauf des Hauses aufzuteilen. Wie du weißt, war mir Geld nie sehr wichtig. Wir wissen beide, daß ich sehr viel mehr verdienen könnte als jetzt, und ich werde es tun, wenn es das ist, was du willst. Aber ich möchte dir einige Dinge sagen, die zu sagen ich bisher noch keine Chance hatte.

Mrs. Prey: Ich bin nicht sicher, ob ich das verkrafte.

Mr. Prey: Bitte. Gib mir nur ein paar Minuten.

Mrs. Prey: Ich werde es versuchen.

Mr. Prey: Du weißt, wie glücklich ich war, als das Baby kam. Endlich ein Kind mit dir zu haben, meinen ersten Sohn. Aber am rührendsten fand ich, wie du Natalie und Allie in die Schwangerschaft, die Geburt und die wunderbare Zeit danach einbezogen hast. Ich weiß, wie unerträglich der Schmerz für dich war, als das Baby starb. Ich habe so sehr versucht, dir zur Seite zu stehen, aber du hast dich zurückgezogen und mir die Schuld gegeben. Ich habe mich damit abgefunden, daß du mir niemals verzeihen wirst. Aber womit ich nicht klarkomme, ist, daß du die Mädchen im Stich gelassen hast. Sie haben dich so sehr gebraucht. Und tun es immer noch. Es ist wahr, daß du nicht ihre Mutter bist, aber in vielerlei Hinsicht warst du genauso wichtig für sie wie ihre richtige Mutter.

Mrs. Prey: *(sichtlich berührt)* Warum haben sie sich nach der Beerdigung nie bei mir gemeldet?

Mr. Prey: Sie wußten nicht, was sie tun sollten. Sie hatten Angst. Allie hat dir mehrere Briefe geschrieben, die sie nie abgeschickt hat. Sie wollten deine Trauer nicht stören.

Mrs. Prey: *(leise)* Ich kann es nicht ertragen, noch mehr zu hören. Ich glaube, das war ein Fehler.

Sie stand auf und ging.

Mr. Prey: Vielleicht hat sie recht.

Auch ich dachte, daß es ein Fehler gewesen sein könnte. Ich mußte meine eigenen Beweggründe genauer erforschen. Hatte ich aus dem Wunsch heraus, die Bürde der Verantwortung für ihre Kommunikation loszuwerden, die Augen vor Mrs. Preys erklärter Grenze verschlossen? Würde der Schutzwall, den sie so mühevoll errichtet hatte, nun zusammenbrechen und wäre sie damit noch weiterem Schmerz ausgesetzt? Wenn ja, so wäre ich dafür entscheidend mitverantwortlich. Außerdem hatte ich womöglich auch Mr. Preys Zukunft gefährdet. Wenn sich Mrs. Prey schmerzerfüllt zurückzog, konnte es durchaus passieren, daß sie sein Angebot, seinen geliebten Beruf aufzugeben, annahm.

Zu meiner Erleichterung rief Mrs. Prey zwei Wochen später an, um einen neuen Termin auszumachen. Als meine Assistentin mir sagte, daß wir nicht beide Büros brauchen würden, war ich sehr gespannt auf das gemeinsame Treffen.

Diesmal kam Mrs. Prey nicht zu spät. Obwohl sie immer noch traurig und abgehärmt aussah, wirkte sie entspannter.

Mrs. Prey: Jake, ich habe viel darüber nachgedacht, was du bei unserem letzten Treffen gesagt hast. Ich würde gerne ausführlich mit Allie und Natalie reden. Ich habe sie aus meinem Leben gestoßen, ohne daß es mir bewußt war.

Mr. Prey: Oh, Claudia, ich bin so froh. Das wird den Mädchen viel bedeuten – und mir auch.

Mrs. Prey sprach eine Weile über ihre Verzweiflung seit dem Tod des Babys. Sie hatte das Gefühl, daß ihr Mann ihr bei der letzten Sitzung geholfen hatte, an etwas in ihrem Innern heranzukommen, wozu sie alleine den Zugang nicht gefunden hatte. Während sie jetzt sicher war, daß sie die Beziehung zu den Mädchen wiederaufnehmen wollte, wußte sie ebenso bestimmt, daß die Beziehung mit ihrem Mann vorüber war. Doch die Vorwurfshaltung schien sich aufgelöst zu haben. Da sie erkannte, wie wichtig es für Mr. Prey war, in seinem Lehrerberuf zu bleiben, zog sie die Forderung nach Rückzahlung der Hypothekenraten zurück und erklärte sich bereit, die Mädchen mitzuunterstützen, bis das Haus verkauft war. Sie wollte sich auch gern an den Collegekosten beteiligen.

Mr. Prey war sichtlich begeistert. Als wir die Sitzung beendeten, konnte er gar nicht aufhören, mir zu danken. Ich freute mich, daß ich meine Bedenken gegen eine Pendelmediation zurückgestellt und die

Mediation übernommen hatte, insbesondere da sich meine Vorbehalte gegen dieses Verfahren im Falle der Preys nicht bestätigt hatten. Tatsächlich war es so, daß ich in der Botenrolle zwar übermäßig viel Macht besaß, aber letztlich den Ausgang weder bestimmte noch manipulierte. Und während die wichtigste Arbeit stattfand, als Mr. und Mrs. Prey zusammen waren, war der Weg dorthin durch die Einzelgespräche Schritt für Schritt geebnet worden. Ich fand es beängstigend, wie sehr die Parteien dabei von der subjektiven Interpretation des Mediators abhingen, und war froh, daß der Fall so gut ausging.

Mrs. Prey hatte in den vierzehn Tagen unserer Zusammenarbeit eine wichtige Veränderung vollzogen. Sie hatte erkannt, daß sie nicht allein war, und war nun bereit, an jenen beiden wichtigen Beziehungen zu arbeiten, die sie sonst vielleicht verloren hätte. Es war nicht ausgeschlossen, daß sie sich eines Tages auch für eine weniger distanzierte Beziehung zu ihrem Mann öffnen würde.

Der geplatzte Ballon

In der Mediation, wie ich sie praktiziere, vereinbaren die Parteien zu Beginn, daß sie ihre endgültige Vereinbarung, den Abschluß der Mediation, vor Unterzeichnung von Beratungsanwälten prüfen lassen. Das Ehepaar Moore gelangt schon nach zwei Mediationssitzungen zu einer Vereinbarung, doch ihr Abkommen fällt auseinander, als die Anwältin des Ehemannes es überprüft. In diesem Kapitel analysiere ich die Rolle des Beratungsanwalts und zeige auf, was passieren kann, wenn zwischen den rechtlichen Voraussagen des Mediators und denen des jeweiligen Anwalts Diskrepanzen bestehen. Ferner untersuche ich das Verhältnis zwischen dem Recht und dem Fairneßempfinden der Parteien.

Tom Moore war ein in der Bay Area bekannter Physiotherapeut, dessen Ruf davon profitierte, daß er mehrere bekannte Sportler sehr erfolgreich behandelt hatte. Sein kräftiger Händedruck bei unserer Begrüßung fiel mir auf. Er hatte außergewöhnlich lange, schlanke und elegante Finger. Während unserer Gespräche schien er ständig an seinen Fingern zu ziehen, als wollte er sie noch länger machen. Komischerweise erregten auch die Hände seiner Frau Lainie, einer Töpferin, meine Aufmerksamkeit. Sie waren rauh, und unter den Fingernägeln steckte Ton. Bei unseren Sitzungen knetete sie die ganze Zeit ihre Handflächen, wie eine Künstlerin, die ihr Werkzeug pflegt.

Mr. Moore sah sich als einen großen Anhänger der Mediation und kannte einige Leute, mit denen ich gearbeitet hatte. Seine Frau hingegen mißtraute der Sache, weil sie ihrem Mann nicht traute. Im wesentlichen fürchtete sie, daß ihr Mann und ich sie schröpfen wollten. Doch sie hatte mit einem Anwalt gesprochen und war sicher, daß Rechtsanwälte genau das gleiche im Sinn hatten.

Mrs. Moore: Der Anwalt nimmt sich erst sein Geld und dann meins.
Mediator: Also kann es Ihnen so oder so passieren, daß Sie ausgenommen werden. Es ist nur die Frage, wem Sie das gestatten.
Mrs. Moore: Darauf läuft es in etwa hinaus.
Mediator: Wenn Sie sich für die Mediation entscheiden, glauben Sie, es bestünde die Gefahr, daß Sie in etwas einwilligen, was Ihnen unfair erscheint?
Mrs. Moore: Sie kennen mich nicht. Das ist völlig ausgeschlossen. Im Laufe der Jahre mit Tom und seinen Täuschungen und Affären habe ich gelernt, ihm so gründlich zu mißtrauen, daß ich heute sehr viel umsichtiger bin als früher.
Mediator: Nun, ich kann Ihnen versichern, daß hier nichts ohne Ihre Zustimmung geschehen wird.

Die Streitpunkte

Mrs. Moore, die mit ihren Tränen und ihrer Wut freizügig umging, schien ihrem Mann in der Mediation durchaus das Wasser reichen zu können. Er gab sich sehr fürsorglich, hatte es aber auch faustdick hinter den Ohren.

Beide waren beredt und sehr direkt. Sie waren in New England auf Privatcolleges gegangen und später nach Kalifornien gezogen, wo sie einen abgehobenen New-Age-Lebensstil entwickelt hatten. Beide trugen Kleidung aus losen, handgewebten Naturfasern und hatten lange Haare. Sie waren seit neun Jahren verheiratet, waren Anfang dreißig und hatten zwei Söhne, Brian mit acht Jahren und Eli mit sieben. Zwei Wochen vor unserem Zusammentreffen hatte Mr. Moore, beschleunigt durch Mrs. Moores Entdeckung seiner jüngsten Affäre, sich bereit erklärt, aus dem gemeinsamen Haus auszuziehen, hatte aber in einem Flügel des Hauses sein Büro behalten. Dadurch sahen sie sich weiterhin täglich, was Mrs. Moore sehr störte.

Es mußten vier Punkte geregelt werden: was es Mrs. Moore kosten würde, ihrem Mann seinen Anteil am Haus auszuzahlen; wieviel Unterhalt Mrs. Moore und die Jungen bekommen würden; wie mit

Mr. Moores physiotherapeutischer Praxis als Bestandteil des gemeinsamen Vermögens zu verfahren war; und wie eine Elternvereinbarung aussehen sollte.

Bei unserer ersten Sitzung äußerten sich beide verächtlich über jede Art von Fachleuten einschließlich Rechtsanwälten. Mr. Moore hatte mit einem Anwalt gesprochen, den er auch beauftragen wollte, die Vereinbarung am Ende der Mediation zu prüfen. Mrs. Moore war sich noch nicht schlüssig, ob sie es genauso machen würde, wollte aber auf keinen Fall jemanden hinzuziehen, bevor wir eine Vereinbarung erzielt hatten. Beide hielten es ebenso für überflüssig, einen Schätzer den Wert des Hauses oder der Praxis bestimmen zu lassen. Die Ehe war eindeutig auch für beide zu Ende, aber es war deutlich, daß Mrs. Moore diejenige war, der es mit der Scheidung drängte. Ein Betrug zuviel hatte bei ihr das Faß zum Überlaufen gebracht. Mr. Moore fühlte sich offenkundig unwohl in ihrer Gegenwart, doch ihre bissigen Wortgefechte schienen ihm auch Spaß zu machen.

Rangeleien

Mrs. Moore kam sehr erzürnt über ihren Mann zur nächsten Sitzung.

Mrs. Moore: Ich glaube, ich sollte die Mediation abbrechen. Ich kann ihm jetzt überhaupt nicht mehr trauen. Er hat mir eine Vase gestohlen, die ich vor ein paar Jahren von einem meiner Lieblingslehrer bekommen habe.

Mr. Moore: Es stimmt, daß ich sie genommen habe, aber aus Versehen, als ich meine Sachen packte. Sobald mir klarwurde, daß es ihre war, habe ich ihr Bescheid gesagt. Ich wollte sie ihr zurückgeben.

Mrs. Moore: Wann? Du hast sie immer noch nicht zurückgegeben.

Mr. Moore: Sobald wir uns über alles einig geworden sind.

Mrs. Moore: Das ist unannehmbar. Ich will sie sofort wiederhaben.

Mediator: *(zu Mrs. Moore)* Was wollen Sie hier in dieser Sache unternehmen?

Mrs. Moore: Bevor wir hier weitermachen, will ich erst diese Vase zurück.

Mediator: Mr. Moore, wie sehen Sie das?

Mr. Moore: Ich will nur sicher sein, daß sie mich fair behandelt. Die Vase gehört ihr. Ich werde sie ihr zurückgeben.

Mediator: Wann?

Mr. Moore: Sobald wir uns über alles andere einig geworden sind.

Mediator: Warum bis dahin warten?

Mr. Moore: Damit sie fair zu mir ist.

Mediator: Sie haben also das Gefühl, Sie müßten die Vase als Faustpfand behalten, um sicherzugehen, daß sie sich Ihnen gegenüber fair verhält?

Mrs. Moore: Wollen Sie mich auf den Arm nehmen? Sorgen Sie dafür, daß er mir diese Vase zurückgibt.

Mediator: Das kann ich nicht.

Mr. Moore: Okay, ich gebe sie dir heute noch.

Mediator: Warum?

Mr. Moore: Hauptsächlich, weil ich unsere Zeit hier nicht damit verschwenden will, darüber zu diskutieren.

Mediator: Okay. Ich habe nur noch eine Frage. Empfinden Sie es als richtig, ihr die Vase zurückzugeben?

Mr. Moore: Ja. Ich wollte wohl nur irgendeine Sicherheit, daß sie mich nicht herumschubst.

Mrs. Moore: Du weißt, daß ich fair zu dir sein werde. Aber ich will keine Spielchen spielen, und ich will nicht, daß du mehr herauszuholen versuchst als deinen gerechten Anteil.

Mediator: Gibt es noch irgend etwas, was einer von Ihnen vom anderen erwartet, um weitermachen zu können?

Mrs. Moore: Ich denke, Sie können sehen, wie heimtückisch er ist. Nach außen hin zieht er diese Show der Fürsorglichkeit und des Wohlwollens ab, aber in Wahrheit ist er ein ganz verschlagener Kerl. Die Jungs bewundern ihn, und es macht mich ganz krank, daß sie dieses unehrliche Verhalten von ihm lernen.

Mr. Moore: Oh ja, Frau Perfekt. Sie hat ja keine Fehler. Sie hat

immer recht, und sie hat auf alles eine Antwort. Sie ist die perfekte Mutter.
Mediator: Ist das die Art, wie Sie normalerweise miteinander sprechen?
Mr. Moore: So war es in den letzten Jahren. Sie verstehen sicher, warum ich andere Beziehungen brauchte.
Mrs. Moore: So kommen wir nicht weiter. Laß uns mit der Mediation fortfahren.

Was lief bei diesem Gespräch ab? Die Geschichte mit der Vase warf einiges Licht auf ihre Beziehungsdynamik. Mir kamen sie eher vor wie Bruder und Schwester, die sich um ein Spielzeug streiten, als wie ein erwachsenes Elternpaar. Doch sie schienen beide stark genug, um direkte Aussagen zu machen und zu tolerieren. Ich fragte mich, ob sie auch fähig waren, einander zuzuhören.

Langsames Einfühlen

Während der Ehe hatte das Paar von Mr. Moores Einkünften, ergänzt durch Geld von Mrs. Moores Familie, gelebt. Mrs. Moore hatte noch niemals ihren Lebensunterhalt selbst verdient, auch wenn sie bisweilen einige ihrer Töpferarbeiten verkaufte. Ihre Eltern hatten ihr 100000 Dollar für die Anzahlung auf das Haus geschenkt sowie einige andere einträgliche Vermögenswerte, die ihr monatlich rund 1500 Dollar einbrachten. Um ihren Lebensstil aufrechterhalten zu können, hatten sie in den letzten fünf Jahren von Mrs. Moores Vermögen jährlich etwa 20000 Dollar aufgebraucht. Mr. Moore nahm im Jahr etwa 95000 Dollar an Honoraren ein. Seine Einkommensteuererklärung ergab, daß sein Einkommen nach Steuerabzug bei rund 45000 Dollar lag. Wir gingen Mr. Moores Betriebsausgaben gemeinsam durch, um festzustellen, wieviel Einkommen für den Unterhalt der Familie zur Verfügung stand.

Mediator: Wie viele dieser Ausgaben sind echt?
Mr. Moore: Alle.
Mediator: Viele strecken ihre Ausgaben für die Steuererklärung. Sie müssen ehrlich mit uns sein.
Mr. Moore: Okay. Etwa 40000 sind echt.
Mediator: Gehen wir sie durch, damit wir alle im Bilde sind. Sie haben etwas von 500 Dollar Miete im Monat angedeutet.
Mr. Moore: So viel wird es mich kosten, wenn ich mein Büro verlege.
Mrs. Moore: Wann wird das geschehen?
Mr. Moore: In ein paar Jahren.
Mrs. Moore: So lange will ich nicht warten.
Mr. Moore: Dann bekommst du weniger Unterhalt.
Mrs. Moore: Das ist okay, weil ich nämlich nicht glaube, daß es irgendeinem von uns guttut, wenn du so oft aufkreuzt. Du treibst dich ständig im Haupthaus herum.
Mr. Moore: Meine Bücher sind dort.
Mrs. Moore: Dann schaff sie weg.
Mr. Moore: Es ist immer noch auch mein Haus.
Mrs. Moore: Nur über meine Leiche!
Mediator: Sie werden zwei Fragen entscheiden müssen. Erstens, wie sich die Auszahlung des Hausanteils auf Mr. Moores Benutzung des Büros auswirken wird, und zweitens, wie hoch und von welcher Art der Unterhalt sein soll. Die beiden Fragen hängen zusammen, aber ich denke, wir erhalten mehr Klarheit, wenn wir uns eine nach der anderen vornehmen.
Mr. Moore: Ich möchte über den Unterhalt sprechen.
Mrs. Moore: Ich möchte über seinen Auszug aus dem Büro sprechen.
Mediator: Wir müssen über beides sprechen. Die Frage ist nur, in welcher Reihenfolge.
Mrs. Moore: Ich spreche über den Unterhalt, wenn er zusagt, das übrige Haus nicht zu betreten.
Mr. Moore: Ich muß das nur, um meine Bücher zu holen.
Mrs. Moore: Ich helfe dir, deine Bücher in dein Büro zu schaffen.
Mediator: Sind wir also wieder beim Unterhalt?
Mrs. Moore: Als erstes müssen wir einen Weg finden, seine

unechten Ausgaben von den echten zu trennen. Er ist wirklich verschlagen.

Mr. Moore: *(mit einem Lächeln)* Das gefällt mir nicht.

Mediator: Wir müssen das tun, um zu sehen, wieviel Einkommen für den privaten Bedarf der Familie zur Verfügung steht. Außerdem wird das helfen, über den Wert der Praxis zu entscheiden.

Mr. Moore: Wenn wir über den Unterhalt sprechen, müssen wir auch darüber reden, was Lainie verdienen könnte.

Mrs. Moore: Jetzt reicht's aber! Das ist ja wohl die Höhe! Nach all dem Geld von meinen Eltern, das du ausgegeben hast, werde ich ganz bestimmt nicht überlegen, was ich verdienen könnte, wenn ich einen Job annähme, den ich hassen würde. Ich habe keine Lust mehr auf deine Spielchen, Tom. Sag mir Bescheid, wenn du soweit bist, ernsthaft mitzuarbeiten.

Der Ballon war geplatzt. Sie ging hinaus, warf mir an der Tür noch einen kurzen Blick zu und schlug dann die Tür hinter sich zu.

Mr. Moore: Und was mache ich jetzt?
Mediator: Mit ihr reden und klären, ob sie weitermachen will. Ich brauche Sie beide hier.

Mrs. Moore rief ein paar Tage später an, um einen Termin für die nächste Woche zu vereinbaren. Nach so vielen Jahren als Mediator war ich nicht überrascht, als sie mir eröffneten, daß sie sämtliche Bücher von Mr. Moore in sein Büro geräumt und darüber hinaus selbst eine komplette Vereinbarung ausgearbeitet hatten. Diese sah vor, daß Mr. Moore das Büro innerhalb eines halben Jahres räumte. Mrs. Moore würde die elterliche Anzahlung auf das Haus angerechnet bekommen und Mr. Moore mit 60 000 Dollar abfinden, was der Hälfte der Wertsteigerung seit dem Kauf entsprach. Mr. Moore würde seine Frau für ihren Besitzanteil an seiner Praxis auszahlen. Deren Wert setzten sie einvernehmlich mit 40 000 Dollar an, Mrs. Moores Hälfte war also 20 000 Dollar wert. Mrs. Moore würde also eine Ausgleichszahlung in Höhe von 40 000 Dollar an ihren Mann leisten. Sie verzichtete auf Ehegattenunterhalt zugunsten eines Kindesunterhalts in Höhe von 2000 Dollar bei Fortsetzung der gemeinsamen Elternschaft für die Jungen. Die Kinder würden bei jedem Elternteil jeweils die Hälfte der Zeit verbringen, und Mr. und Mrs. Moore würden die wichtigsten Ausgaben für sie zu gleichen Teilen übernehmen.

Beide schienen in Hochstimmung zu sein. Ich half ihnen noch dabei, manches genauer festzulegen, klärte die Grundlagen ihrer Abmachungen und brachte Fragen zu unbehandelten Punkten auf. Die Vereinbarung schien klar und praktikabel zu sein und ihren erklärten Bedürfnissen zu entsprechen.

Mediator: Bevor Sie dieser Vereinbarung zustimmen, möchte ich sicherstellen, daß Sie beide verstehen, wie sie zum geltenden Recht steht.
Mrs. Moore: Was macht das für einen Unterschied? Wir haben das abgemacht. Es ist fair, und mir ist egal, was ein Richter entscheiden würde. Deswegen sind wir schließlich hier.
Mediator: Das verstehe ich. Natürlich können Sie Ihre eigene Übereinkunft treffen, aber um sie rechtsverbindlich zu machen, muß Ihnen beiden klar sein, wie der rechtliche Hintergrund Ihrer Abmachungen aussieht.
Mrs. Moore: Okay, schießen Sie los.

Ich erläuterte ihnen etwa eine Dreiviertelstunde lang die Rechtslage. Die zwei Bereiche, die am wenigsten klar waren, waren der Ehegattenunterhalt und das Haus. Was den ersten anbelangte, hätte ein Gericht Mrs. Moore mit Sicherheit zumindest einen vorläufigen Unterhalt zuerkannt. Für das Haus galt folgendes: Wenn das Gericht entschied, daß die Anzahlung von Mrs. Moores Eltern ein Geschenk an sie beide war, oder wenn es auf einen Vertrag oder eine Abmachung stieß, daß das Haus ihnen beiden gehören würde, könnte es das Haus als beider Besitz zu gleichen Teilen betrachten.

Mr. Moore: Es war immer klar zwischen uns, daß die Anzahlung ihr Geld war, da sie von ihrer Familie kam.
Mediator: Wenn Sie das vor Gericht sagen würden, würde es die Sache entscheiden.

Keiner von beiden hatte das Gefühl, daß das Recht etwas an ihrer Meinung über die Vereinbarung änderte.

Das Thema Beratungsanwälte

Mediator: Das einzige, was Sie beide jetzt noch tun sollten, ist, die Vereinbarung von einem Rechtsanwalt überprüfen zu lassen, bevor Sie sich rechtlich daran binden.

Mrs. Moore: Ich sehe immer noch nicht, warum das nötig sein soll. Was würde ein Anwalt tun, das Sie nicht tun?

Mediator: Vielleicht nicht viel, aber wenn Sie sie prüfen lassen, wird sie weniger anfechtbar, falls einer von Ihnen später ein Gericht dazu bewegen will, sie umzuwerfen. Und weil das hier sehr schnell ging, ist es wichtig, daß Sie beide noch einmal sorgfältig darüber nachdenken. Dabei kann jemand, der allein Ihre Interessen vertritt, sehr hilfreich sein.

Mrs. Moore: Das ist ja das Problem. Sie werden uns nur aufhetzen und unsere ganze Arbeit ruinieren.

Mediator: Das passiert nur, wenn die Beratungsanwälte etwas ansprechen, was wir außer acht gelassen haben, oder wenn diese Vereinbarung so wackelig ist, daß sie leicht zusammenbricht.

Mrs. Moore: Sie kennen Tom nicht.

Mediator: Wenn ich ihn kennen würde, was könnte ich dann verstehen, was ich jetzt nicht verstehe?

Mrs. Moore: Daß er nur darauf aus ist, soviel wie möglich für sich herauszuschlagen.

Mediator: Hier hat er das nicht getan, soweit ich es beurteilen kann.

Das schien sie zu überzeugen. Sie erklärten sich beide einverstanden, einen Anwalt zu konsultieren. Doch in der nächsten Woche erhielt ich einen Notruf von Mrs. Moore.

Mrs. Moore: Dieser Mistkerl ist zu einem Anwalt gegangen, und jetzt will er die Hälfte vom Haus. Muß ich jetzt also meinen eigenen Killer anheuern, um mich dagegen zu wehren?

Mediator: Ich weiß nicht. Wollen Sie beide herkommen und darüber reden, was geschehen ist?

Mrs. Moore: Mal sehen, aber ich bin so verdammt sauer auf ihn, daß ich kaum einen klaren Gedanken fassen kann.

Der Knall

Die Sitzung begann mit Vorwürfen von Mrs. Moore. Sie zeigte energisch auf ihren Mann.

Mrs. Moore: Du einigst dich mit mir, und dann versuchst du, dich herauszustehlen. Darum kann ich dir nicht vertrauen. Genau das hatte ich befürchtet.

Mr. Moore: Die Anwältin hat mir gesagt, daß ich mich ausnehmen lasse, wenn ich mich mit weniger als der Hälfte des Hauses zufriedengebe.

Mrs. Moore: Wir beide haben uns zusammengesetzt und uns auf etwas geeinigt, das wir beide als fair empfanden. Wir sind hierhergekommen, und Mr. Friedman hat uns das Recht erläutert, und du fandest es immer noch fair.

Mr. Moore: Ich habe das anders in Erinnerung. Er hat nicht gesagt, daß mir das halbe Haus zustünde – *(mit Blick zu mir)* oder?

Mediator: Nein. Was ich gesagt habe, war, daß ein Gericht entscheiden könnte, daß Ihnen die Hälfte des Hauses zusteht, sofern es keine gegenteilige Vereinbarung oder Abmachung zwischen Ihnen gibt. Und Sie haben daraufhin gesagt, daß zwischen Ihnen immer klar gewesen ist, daß die Anzahlung Mrs. Moore gehörte.

Mr. Moore: Aber die Anwältin hat gesagt, daß Lainie das niemals beweisen kann.

Mediator: Wenn nichts Schriftliches vorliegt, gibt es zwei Wege, wie sie es beweisen könnte. Erstens könnte sie es bezeugen, und zweitens könnten Sie selbst es bezeugen.

Mr. Moore: Ich? Warum sollte ich das tun?

Mrs. Moore: Ich kann Ihnen sagen, was er vor Gericht sagen würde: was auch immer ihm seine Anwältin zu sagen geraten hat, nur um zu gewinnen. Ich muß hier raus, bevor ich verrückt werde.

Mediator: Es steht Ihnen natürlich frei, zu gehen, aber es könnte sich lohnen, noch ein paar Minuten zu investieren, um dahinterzukommen, was hier vorgeht.

Mrs. Moore: Ich weiß genau, was hier vorgeht, und es gefällt mir ganz und gar nicht. Das ist der Grund, warum diese Ehe vorbei ist.

Mediator: Ich verstehe es nicht, und ich bin mir nicht sicher, ob Sie es tun. Ich fände es hilfreich, von Mr. Moore genauer zu hören, was passiert ist, seit Sie beide das letzte Mal hier waren.

Mr. Moore: Als wir von hier weggegangen sind, hatte ich ein gutes Gefühl. Ich verstand, was wir besprochen hatten, und hatte den Eindruck, alles sei geregelt. Aber dann sagte mir die Rechtsanwältin, daß ich Anspruch auf die Hälfte des Hauses hätte – ganz ohne Frage. Sie wollte wissen, warum ich Lainie etwas schenkte. Plötzlich fühlte ich mich wie ein Idiot. Warum sollte ich auf 50 000 Dollar verzichten? Als ich ihre Kanzlei verließ, war ich sicher, daß ich mich ausnehmen ließ.

Mediator: Und wie sieht es jetzt aus?

Mr. Moore: Ich weiß nicht. Ich bin verwirrt.

Mediator: Nehmen wir an, Ihre Anwältin hätte recht und es wäre ein glasklarer Fall, daß Sie noch 50 000 Dollar für Ihren Anteil am Haus bekommen würden. Wenn Ihre Frau dem zustimmen würde, wäre das dann ein fairer Handel für Sie?

Mr. Moore: Ich bin mir nicht sicher. Einerseits dachte ich, ich hätte keinen Anspruch darauf, weil das Geld von ihren Eltern stammte. Aber wenn ein Gericht befinden würde, daß ich es bekommen sollte, prima. Ist es an mir, zu entscheiden, was fair ist?

Mediator: Gute Frage. Schauen wir mal, ob das Recht diese Denkweise unterstützt. Das Hauptargument, das Sie gegenüber einem Richter anführen könnten, lautet, daß jedem von Ihnen die Hälfte des Erlöses zusteht, weil Sie beide Eigentümer des Hauses sind. In dieser Frage ist zwar momentan einiges im Umbruch, aber zur Zeit lautet das Gesetz so, daß, wenn das Haus auf Ihrer beider Namen eingetragen ist, jeder Anspruch auf die Hälfte hat, außer wenn eine gegenteilige Vereinbarung oder Absprache besteht. Ihre

Anwältin würde also argumentieren, daß Ihre Frau Ihnen effektiv die Hälfte der Anzahlung geschenkt hat bzw. daß ihre Eltern das getan haben, als das Haus auf Sie beide eingetragen wurde.
Mr. Moore: Aber so war es nicht.
Mediator: Haben Sie das der Anwältin gesagt?
Mr. Moore: Ich kann mich nicht erinnern. Ich glaube nicht. Wir haben nicht darüber gesprochen.
Mediator: Wenn ein Gericht zu Ihren Gunsten entscheiden würde, dann deshalb, weil der Richter glaubt, daß Sie beide nicht vereinbart hatten, daß die Anzahlung allein Ihrer Frau gehörte.
Mrs. Moore: Das ist unerhört!
Mediator: Warten Sie einen Moment. Wenn wir noch ein bißchen dranbleiben, müßten wir mehr Klarheit erhalten. Ein Gericht könnte deshalb zu dem Schluß kommen, daß es eine Schenkung an Mr. Moore gegeben hat – auch wenn es nicht so war –, weil Verheiratete, wenn sie etwas kaufen und auf beide eintragen, damit eine Gemeinschaft bilden und gleiches Besitzrecht erhalten.
Mrs. Moore: Aber wir hatten ein klares Einvernehmen, daß das Geld von meinen Eltern meines ist. Tom hatte keinerlei Anteil daran.
Mediator: Warum haben Sie das Haus auf Sie beide als gemeinsame Eigentümer eintragen lassen?
Mr. Moore: Der Immobilienmakler sagte, daß wir es so machen müßten.
Mediator: Haben Sie das der Anwältin gesagt?
Mr. Moore: Nein, darauf sind wir nicht zu sprechen gekommen.
Mediator: Mr. Moore, ich glaube, die Informationen, mit denen Ihre Anwältin arbeiten mußte, wichen von dem ab, was Sie mir gesagt haben. Das dürfte auch der Grund sein, warum wir zu unterschiedlichen Voraussagen einer möglichen gerichtlichen Entscheidung gelangt sind. Ich bin mir ziemlich sicher, daß ein Richter, der die letzten zehn Minuten unseres Gesprächs gehört hätte, Ihnen nicht die Hälfte des Hauses zusprechen würde. Ich glaube, er würde viel eher entscheiden, daß Ihre Frau ein Anrecht auf Rückerstattung der Anzahlungssumme, sogar mit Zinsen, hat.
Mr. Moore: Warum erzählt mir dann die Anwältin, daß ich die Hälfte kriegen könnte?
Mediator: Ich bin mir nicht vollkommen sicher, aber ich denke, es

ist eine Frage fehlender Informationen. Wenn sie gewußt hätte, daß Sie vereinbart hatten, daß das Geld Ihrer Frau gehört, hätte sie Ihnen wohl nicht erzählt, daß es zur Hälfte Ihnen gehört. Aber es könnte auch noch einen anderen Grund geben. Sie war vielleicht unsicher, was Sie von ihr wollten. Wenn sie dachte, sie sollte Ihre Rechtsvertretung übernehmen, hat sie die Situation vielleicht aus einem Blickwinkel betrachtet, der Sie begünstigt, und zwar aufgrund der Art, wie Sie sich dargestellt haben. Zumindest muß sie gewollt haben, daß Sie innehalten und sich die Implikationen Ihrer Übereinkunft mit Ihrer Frau genau überlegen, bevor Sie sich daran binden.

Mr. Moore: Das hat sie erreicht.

Mediator: Es kann auch sein, daß sie recht hat, daß Sie vor Gericht gewinnen könnten. Aber ich denke, dazu müßten Sie etwas anderes behaupten, als Sie es hier getan haben. Und wenn Sie das täten, könnten wir Sie nicht widerlegen, da, wie Sie sich erinnern werden, wir schriftlich vereinbart haben, daß alles hier Gesagte vertraulich ist und nicht vor Gericht verwendet werden darf.

Es gibt noch eine andere Möglichkeit: daß ihr ein neuer Fall bekannt ist, von dem ich nichts weiß. Das Recht in dieser speziellen Frage hat sich innerhalb der letzten drei Jahre dreimal entscheidend geändert, es könnte sich also durchaus schon wieder geändert haben, ohne daß ich davon wüßte. Aber das halte ich für eher unwahrscheinlich, da ich mich auf dem laufenden halte, was die Gerichte tun. Am wahrscheinlichsten ist, daß die Anwältin Ihre rechtliche Position übertrieben dargestellt hat, damit Sie keine Vereinbarung eingehen, die Sie später bereuen könnten. Insbesondere ist ihr natürlich daran gelegen, sicherzustellen, daß Sie sie nicht später zur Verantwortung ziehen, weil sie Sie nicht darauf aufmerksam gemacht hat, daß Sie gewinnen könnten.

Mr. Moore: Aber könnte ich sie nicht auch deswegen verklagen, weil sie mir eine falsche Einschätzung gegeben hat?

Mediator: Falls sie einen Fehler macht, so ist es sicherer für sie, zu übertreiben, als zu untertreiben, was Sie wirklich bekommen könnten. Indem sie den Handel mit Ihrer Frau durch allzu großen Optimismus zunichte macht, geht sie ein geringeres Risiko ein, als wenn sie ihn unterstützt und sich später herausstellt, daß sie sich geirrt hat.

Mr. Moore: Sicher habe ich sie nach ihrer rechtlichen Auffassung gefragt, aber das war es eigentlich nicht, was ich von ihr wollte.

Mediator: Was wollten Sie denn von ihr?

Mr. Moore: Ich wollte wissen, ob man mich ausnimmt oder nicht.

Mediator: Und das hat sie Ihnen gesagt.

Mr. Moore: Ganz so war es nicht. Ich fing an zu erzählen, aber sie wollte die Vereinbarung sehen. Nachdem sie sie gelesen hatte, stellte sie mir ein paar Fragen, und rasch kamen wir vom einen aufs andere. Als ich ging, hatte ich mich genauso festgebissen wie sie.

Mrs. Moore: Und ich hätte dich am liebsten umgebracht.

Mr. Moore: Ich finde das alles sehr verwirrend. Jetzt weiß ich nicht mehr, was ich wirklich will.

Mediator: Sie haben verschiedene Alternativen. Zunächst müssen Sie sich entscheiden, ob Sie das Recht besser verstehen wollen. Sie könnten wieder zu Ihrer Anwältin gehen und unser Gespräch hier mit ihr diskutieren. Oder Sie könnten einen anderen Anwalt aufsuchen, um eine weitere Meinung einzuholen. Und wenn diese von meiner abweicht, könnten Sie den Anwalt bitten, seine Überlegungen zu präzisieren, und wir könnten hier darüber sprechen. Was ich letzten Endes will, ist, daß Sie sich über das Recht und sich selbst im klaren sind, bevor Sie eine Entscheidung treffen.

Mr. Moore: Das ist so verwirrend.

Mediator: Versuchen Sie es mit folgendem Bezugsrahmen: Wenn Sie sich vor Gericht durchsetzen würden, würden Sie den Sieg dann für fair oder für unfair halten? Und wie wäre es, wenn Sie verlieren würden?

Mr. Moore: Ja, das hilft tatsächlich. Ich glaube nicht, daß es fair wäre, wenn ich gewinnen würde. Das Geld ist das ihrer Familie. Ich werde selbst irgendwann Geld von meinen Eltern bekommen.

Mediator: Welches Gefühl haben Sie, wenn Sie das sagen?

Mr. Moore: Es ist okay.

Mediator: Was ist Ihre Reaktion auf dieses Gespräch, Mrs. Moore?

Mrs. Moore: Ich bin sauer auf Sie, Mr. Friedman. Hätten Sie uns nicht gezwungen, zum Anwalt zu gehen, wäre das alles nicht passiert.

Mr. Moore: Ich bin froh, daß ich beim Anwalt war, weil es ein gutes Gefühl ist, zu wissen, daß ich vor Gericht zwar besser abgeschnitten hätte, aber dies sich einfach fairer anfühlt.

Mrs. Moore: Du hättest vor Gericht nicht besser abgeschnitten, und ich denke nicht daran, dich jetzt für Herrn Großmut zu halten. Das kannst du getrost vergessen.

Sie unterschrieben die ursprüngliche Vereinbarung.

Rechtsanwälte und das Recht

Die Rolle des beratenden Anwalts ist haarig, besonders für jene, die es zur Mediation zieht, weil sie eine Alternative zum juristischen Streitverfahren suchen. Die Rechtslage oder auch Rechtsanwälte ins Spiel zu bringen löst oft Widerstand aus, wie bei Mrs. Moore. Wenn der Zweck der Mediation die eigenständige Entscheidungsfähigkeit ist, wie passen dann Elemente hinein, die das Primat der Parteien als Entscheidungsträger bedrohen?

Dieser Fall veranschaulicht eine praktische Lösungsmöglichkeit: Der Mediator kann den Streitpartnern helfen, ihr persönliches Fairneßempfinden als primären Bezugspunkt der Entscheidung, inwieweit sie sich nach dem Gesetz richten wollen, zu nutzen.

Im konkreten Fall darf man sich fragen, ob Mr. Moores Entscheidung, seiner Frau die Anzahlung zurückzuzahlen, aus seinem Fairneßempfinden resultierte oder aus der Erkenntnis, daß er vor Gericht vermutlich verlieren würde. Ich vermute, daß beide Faktoren eine Rolle spielten. Ich denke, daß seine ursprüngliche Reaktion auf die Frage tatsächlich auf seiner Vorstellung von Fairneß beruhte und daß er die Anzahlung niemals als sein Geld angesehen hatte. Doch ich glaube auch, daß er von der Frage seiner Chancen vor Gericht beeinflußt war. Wenn ich mit beiden Vermutungen recht hatte, dann hatte das Recht im Mediationsprozeß genau die Rolle gespielt, die ich mir erhofft hatte – es hatte Mr. Moores Sinn für Fairneß aktiviert und ihn gleichzeitig auf seine rechtliche Verwundbarkeit aufmerksam gemacht.

Wäre es schlecht gewesen, wenn Mr. Moore nur deshalb so entschieden hätte, weil er erfahren hatte, daß er vor Gericht verlieren würde? Auf diese Frage fallen mir zwei Antworten ein. Erstens war es gar nicht sicher, daß er vor Gericht verloren hätte. Mit einem guten Anwalt und etwas Verstellung hätte er tatsächlich gewinnen können, da es an Mrs. Moore gewesen wäre, die Existenz einer Vereinbarung oder Absprache über ihr Geld nachzuweisen. Oder möglicherweise hatte ich unrecht und Mr. Moores Anwältin recht, was seinen Anspruch auf das Haus anbelangte – vielleicht war das Gesetz ja zu seinen Gunsten neu ausgelegt worden. In beiden Fällen wäre ich sehr enttäuscht gewesen, wenn Mr. Moore seine Entscheidung auf meiner Auslegung des Rechts anstatt auf seinem Fairneßbegriff gegründet hätte. Das würde bedeuten, das Schlechteste aus beiden Welten zu haben: eine Mediation, bei der das Recht – und noch dazu eine ungenaue Auslegung desselben – die Oberhand hatte.

Auch bei einem gerichtlichen Verfahren kann es passieren, daß Entscheidungen auf der Grundlage falscher Informationen getroffen werden. Die Anwälte treffen Voraussagen darüber, wie ein Gericht entscheiden würde, aber sie können sich auch irren. Wenn die Entscheidung des Klienten seinem persönlichen Fairneßempfinden widerspricht und sich die Voraussage des Anwalts als falsch erweist, kann daraus viel Enttäuschung und Zynismus gegenüber dem Rechtssystem entstehen.

Aber ich wollte noch aus einem anderen Grund, daß Mr. Moore auf der Grundlage seiner Vorstellung von Fairneß entschied. Im Laufe der Jahre habe ich immer wieder erlebt, daß zwischen sich trennenden Ehepartnern ein Prozeß einsetzt, in dem alte Verletzungen heilen können – eine positive Aufarbeitung sowohl ihrer Ehe als auch ihrer Scheidung –, wenn ihr eigenes Fairneßempfinden ihre Vereinbarung bestimmt. Die Ehe mit einer Geste zu beschließen, die persönliche Gerechtigkeit widerspiegelt, ermöglicht es beiden, mit der Vergangenheit abzuschließen. Wenn dagegen eine Entscheidung auf der Angst zu verlieren anstatt auf Fairneß basiert, kann das zu Frustration und einer psychischen Fortführung des Scheidungsprozesses führen. Ich wußte und weiß nicht, ob Mr. Moore und Mrs. Moore das Gefühl hatten, Gerechtigkeit erzielt zu haben. Aber ich weiß, daß Mr. Moores Entscheidung, jeglichen Anspruch auf das Familiengeld seiner Frau aufzugeben, ihm mehr Autonomie verlieh, als zu warten, bis er und seine Frau sich im Gerichtssaal wiedersahen.

Langsam, langsam...!

In diesem Fall gerate ich in Konflikt mit einem Paar, das es kaum erwarten kann, sämtliche Entscheidungen über Vermögensaufteilung, Kindes- und Ehegattenunterhalt und gemeinsame Elternschaft zu treffen, noch bevor sie sich überhaupt getrennt haben. Ich versuche, den Mediationsprozeß zu verlangsamen, ohne die Entscheidungsgewalt an mich zu reißen, und weise auf die Einschränkungen einer bindenden Vereinbarung hin, die nicht auf der tatsächlichen Erfahrung der Trennung beruht. Daraufhin richten sie ihren Zorn gegen mich als «Überbringer der schlechten Nachricht» und versteifen sich noch mehr auf ihre Positionen. Bei den Hartfields ist es mein Anliegen, ihnen zu helfen, das zu sehen, was sie nicht sehen wollen, um ihre zukünftigen Interessen zu schützen.

Die Hartfields kamen mit einem Gefühl von großem Zeitdruck in die Mediation. Nach sechs Jahren Ehe verließ Sally Hartfield mit drei kleinen Kindern ihren Mann Jim. Sie wollte nach South Carolina in ihren Heimatort zurückkehren. Im vergangenen Juni hatte sie sich beim zehnten High-School-Klassentreffen wieder in ihre Jugendliebe verliebt.

Als die beiden das erste Mal bei mir waren, lebten sie noch zusammen. Sie hatten vor, innerhalb der nächsten Woche eine Scheidungsvereinbarung auszuarbeiten; dann würde Sally nach South Carolina ziehen, um in der Nähe ihres Freundes zu sein. Beide waren ziemlich verzweifelt, aber Mrs. Hartfield hatte sich besser im Griff als ihr Mann.

Als Sportinteressierter hatte mir Jim Hartfields Name gleich etwas gesagt. Er hatte für eine südliche Universität Football gespielt und war drei Jahre bei den Profis gewesen. Er wurde aber den Erwartungen der Sportjournalisten nicht ganz gerecht und war klug genug, diese Arena zu verlassen, bevor er sich körperlich ruiniert hatte. Zusammen mit mehreren Partnern hatte er drei Sportgeschäfte aufgezogen.

Die beiden waren ein tolles Paar. Mr. Hartfield hatte seinen großartigen Körperbau bewahrt und erinnerte an eine übergroße jüngere Version von Harry Belafonte. Mrs. Hartfield war groß, schlank und anmutig. Bei unserem ersten Treffen trug sie eine weiße Seidenhose, eine dunkelblaue Seidenbluse und einen dezent gemusterten Schal, der ihr volles schwarzes Haar aus ihrem hübschen, aber todernsten Gesicht zurückhielt.

In der Krise Entscheidungen treffen?

Wenn Menschen in einer solchen emotionalen Verfassung zu mir kommen wie Jim und Sally Hartfield, dann läuten bei mir die Alarmglocken. Sind sie absolut sicher, daß sie sich scheiden lassen wollen? War es überhaupt möglich, daß sie innerhalb einer Woche Entscheidungen über das Ende einer sechsjährigen Ehe treffen konnten, die in sechs Monaten oder sechs Jahren auch noch Sinn machten? Und bei den Hartfields kam ein weiteres Problem hinzu, das es schwermachen würde, fundierte Entscheidungen zu erzielen – die Tatsache, daß sie noch zusammenlebten.

Die Realität der Trennung verhilft den Betroffenen zu Einsichten und Wahrnehmungen, die sie davor noch nicht hatten. Viele stellen fest, daß sich durch das Getrenntleben die Gefühle gegenüber der anderen Person ändern. Bei manchen bestärkt es den Trennungsentschluß, bei anderen erzeugt es Ängste, Zweifel oder Verwirrung. Doch wenn ein Paar weiter zusammenlebt, nachdem es beschlossen hat, sich zu trennen, kann der Druck der Situation sie blind für ihren eigentlichen Wunsch machen, die Ehe zu retten. Obgleich eine Trennung nicht automatisch Klarheit über den Zustand der Beziehung verschafft, können die daraus gewonnenen Informationen doch wichtig für eine erfolgreiche Entscheidungsfindung sein. Ohne tatsächlich zwei getrennte Haushalte eingerichtet und den Schwierigkeiten der Entwicklung getrennter Elternbeziehungen begegnet zu sein, kann ein Paar nur spekulieren, wenn es versucht, die finanziellen und elternschaftlichen Vereinbarungen zu erarbeiten. Demgegenüber können die Erkenntnisse, die selbst aus einer kurzen Trennung gewonnen werden, einem Paar zu überlegten, umfassenden und langfristigen Regelungen verhelfen.

Welche Möglichkeiten hatte ich? Ich konnte die Mediation mit ihnen schlichtweg ablehnen, da es fast unmöglich schien, in ihrem emotionalen Krisenzustand eine solide Vereinbarung zu erzielen, noch dazu innerhalb einer Woche – und sollten sie es doch schaffen, könnte es nur zu ihrem Schaden sein. Oder ich konnte beschließen, ihnen zu helfen, ohne zu hinterfragen, ob es klug war, was sie taten. Zwischen diesen beiden Polen gab es diverse Abstufungen: Ich konnte sie von meiner Erfahrung profitieren lassen und sie ausreichend warnen, dabei aber ihre Basisentscheidungen respektieren; ich konnte die von ihnen erwogenen Optionen daraufhin überprüfen, ob sie realistisch waren, und so ehrlich wie möglich sagen, was ich dabei im Raum beobachtete und welche Konsequenzen ihre Entscheidungen haben würden. Natürlich wäre ich nicht bereit, eine Vereinbarung abzufassen, die ich als unfair empfand, aber darüber hinaus wollte ich sicher sein, daß Mr. und Mrs. Hartfield sich darüber klarwurden, welch schwierige Aufgabe sie übernahmen.

Mediator: Ich muß Ihnen sagen, daß ich ernsthaft bezweifle, ob Sie bis zu dem Termin, den Sie sich gesetzt haben, all das schaffen, was Sie sich vorgenommen haben. Warum muß es sofort sein?

Mrs. Hartfield: Es ist für uns beide eine sehr schmerzliche Zeit. Ich möchte es so schnell wie möglich hinter mich bringen.

Mediator: Was ist das «es»?

Mrs. Hartfield: Die Trennung, mein Umzug mit den Kindern und die Geldentscheidungen. Ich will das alles hinter mir haben.

Mediator: Nun, das wird nicht einfach sein.

Mr. Hartfield: Warum können wir es nicht schnell erledigen? *(Fängt an zu weinen.)*

Mediator: Das hat einen guten Grund. Glauben Sie, daß Sie in der Verfassung sind, Entscheidungen zu treffen, die Ihr Leben jahrzehntelang beeinflussen werden?

Mr. Hartfield: Ich weiß nur, daß ich, wenn sie auszieht, nicht mehr mit ihr zu tun haben will, als ich unbedingt muß.

Mediator: Ich verstehe, daß Sie im Moment in einer sehr schmerzlichen Lage sind. Ich kann mir vorstellen, Sie denken, daß Sie wieder mehr Kontrolle über Ihr Leben gewinnen, wenn Sie die Details Ihrer Trennung festgelegt haben.

Mr. Hartfield: Es würde mir ein wenig Seelenfrieden geben.

Mediator: Um solide, langfristige Entscheidungen zu treffen, müssen Sie in der Lage sein, Ihr Leben mit etwas Klarheit in die Zukunft zu projizieren. Aber wenn ich es richtig sehe, dann ist es für Sie im Moment schon schwierig genug, jeden einzelnen Tag hinter sich zu bringen.

Mr. Hartfield: Also, was können wir tun? Das sollten Sie uns wenigstens sagen, denn schließlich haben Sie doch schon viele das gleiche durchmachen sehen.

Mediator: Es stimmt, daß ich schon viele Menschen ihre eigene Version von Trennung und Entscheidungsfindung habe durchleben sehen, aber letztlich können nur Sie beide wissen, was Sie erleben. Offen gestanden, auch wenn ich Sie erst sehr kurz beobachte, es würde mich sehr überraschen, wenn Sie alle nötigen langfristigen Entscheidungen jetzt treffen könnten und nächstes Jahr auch noch glücklich damit wären. Aber manche Entscheidungen können, ja müssen Sie sogar jetzt treffen. Sie haben bereits beschlossen, daß Mrs. Hartfield weggeht und in South Carolina leben wird. Noch zu entscheiden wäre, ob Mr. Hartfield im Haus wohnen bleibt, wie Sie die gemeinsame Elternschaft auf die Entfernung wahrnehmen und wie Sie Ihre Einkünfte aufteilen wollen, damit sie zwei getrennte Haushalte abdecken.

Mrs. Hartfield: Diese Entscheidungen werden leicht zu fällen sein. Ich will aber noch mehr tun. Ich will unser Eigentum aufteilen und den Unterhalt festsetzen.

Mediator: Alles in der nächsten Woche?

Mrs. Hartfield: Alles in der nächsten Woche, es sei denn, es ginge noch schneller.

Mediator: Sie, Mrs. Hartfield, dürften mehr gefährdet sein als Ihr Mann, wenn Sie diese Entscheidungen jetzt treffen, da die Kinder bei Ihnen sein werden und Ihre finanzielle Zukunft vermutlich mehr

Unsicherheiten birgt als die Ihres Mannes. Mein Instinkt sagt mir, daß es am besten wäre, das Tempo zu verlangsamen.

Mrs. Hartfield: Ich fürchte, wenn wir es zu sehr verlangsamen, werde ich so frustriert, daß Jim und ich uns am Ende nur noch hassen. Sie verstehen nicht – für mich fühlt es sich so an, als ob sich das alles schon sehr lange hinziehen würde.

Mediator: Seit wann denken Sie darüber nach, zu gehen?

Mrs. Hartfield: Seit über einem halben Jahr.

Mr. Hartfield: Wie – seit einem halben Jahr? Du hast mir doch vor zwei Wochen gesagt, daß du dich gerade entschieden hättest!

Mrs. Hartfield: Hatte ich auch, aber ich habe schon sehr viel länger darüber nachgedacht. Ich bin unglücklich, seit Richard (das jüngste Kind, inzwischen zwei Jahre alt) geboren wurde. Seitdem steckst du all deine Zeit nur noch in die Arbeit und hast mich in den letzten Jahren mit den Kindern allein gelassen.

Mediator: Wie stehen Sie jetzt zu Ihrer Ehe?

Mrs. Hartfield: Wie meinen Sie das?

Mediator: Ist die Ehe für Sie vorbei? Wie sicher sind Sie sich bei dem, was Sie tun?

Mrs. Hartfield: *(nach einer langen Pause)* Ich weiß nicht. Ich weiß, daß ich raus muß und daß ich diese neue Beziehung austesten muß. Im Moment habe ich schon das Gefühl, daß die Ehe zu Ende ist. Aber auszubrechen ist mir viel wichtiger als eine Scheidung.

Mediator: Warum müssen Sie das Eigentum jetzt aufteilen?

Mrs. Hartfield: Damit es keine Spannungsquelle zwischen uns ist. Dann werden wir uns nicht darum zanken. So ist es viel sauberer. Ich habe wirklich keine Lust, zwischen South Carolina und hier hin- und herzupendeln oder das auf die Entfernung zu regeln. Und ich glaube, für Jim ist es besser, wenn wir es jetzt gleich hinter uns bringen.

Mediator: Ist es auch für Sie besser?

Mrs. Hartfield: Ja. Ich würde mich weniger schuldig fühlen, und ich würde mich freier fühlen. Und darauf kommt es mir an.

Mediator: Daß Sie Ihre Entscheidungen aus einem Schuldgefühl heraus treffen, besorgt mich, denn Schuldgefühle halten meist nicht allzu lange an. Sie könnten bereuen, was Sie jetzt tun, besonders wenn die Entscheidungen nicht mehr rückgängig zu machen sind.

Mrs. Hartfield: Sie meinen die wirtschaftlichen Entscheidungen?

Mediator: Richtig. Die Kinder können Sie nicht an Entscheidungen ketten, die für sie nicht tragbar sind. Da das Recht das Kindeswohl über alles andere stellt, sind alle die Kinder betreffenden Entscheidungen jederzeit veränderbar. Die übrigen Entscheidungen können endgültig sein.

Mrs. Hartfield: Mir lag noch nie viel an Geld, und es interessiert mich auch jetzt nicht besonders.

Mediator: Aber an Ihrer Freiheit ist Ihnen gelegen, richtig?

Mrs. Hartfield: Ja. Aber ich weiß, daß Jim für die Kinder sorgen wird, und ich bin schon immer alleine zurechtgekommen.

Mediator: Schauen Sie, ich will Sie wirklich nicht zu etwas überreden, was Sie nicht wollen, aber es ist wichtig, daß Sie zukünftige Probleme bedenken. Das erhoffte Ziel der Mediation ist es, daß Sie beide eine faire Vereinbarung erzielen, die der gesamten Familie gerecht wird. Die meisten brauchen dafür einige Zeit, weniger für den eigentlichen Mediationsvorgang als dafür, sich auf die diversen Hochs und Tiefs, die mit einer Trennung einhergehen, einzustellen. Es könnte sein, daß Sie zu den seltenen Paaren gehören, die es schaffen, alles zu regeln, bevor Sie sich überhaupt getrennt haben. Aber ehrlich gesagt, je mehr ich höre, desto mehr Sorgen mache ich mir, daß bei Ihrem Wunsch, es hinter sich zu bringen, einer der Dumme sein wird – vielleicht sogar Sie beide.

Mrs. Hartfield: Es ist gut, daß Sie das sagen, aber ich glaube, wir sind beide bereit und willens, alles jetzt sofort zu regeln.

Mr. Hartfield: Ja. Bringen wir es hinter uns.

Die Zweifel des Mediators

Mein Job als Mediator ist nicht dann am schwierigsten, wenn die Konfliktpartner sich uneinig sind und streiten, sondern wenn sie sich bei etwas einig sind, was mir Sorgen bereitet. In einem solchen Fall gilt es, das Recht der Parteien, ihre eigenen Entscheidungen zu treffen, mit meiner Wahrnehmung, daß etwas nicht stimmt, in Einklang zu bringen.

Wie konnte ich also weiterhin vorgehen? Meine Bedenken gegen ein übereiltes Vorgehen waren so stark, daß ich sie nicht einfach unterdrücken konnte. Schließlich lautet mein Auftrag unter anderem, die Situation zu beurteilen.

Das Wissen, Können und Urteilsvermögen des Mediators sind Bestandteil dessen, wofür die Parteien bezahlen. Wenn sie diese Hilfen nicht brauchen würden, könnten sie ja auch ein Selbsthilfebuch kaufen, ihre eigene Vereinbarung aufsetzen, sie einem Gericht vorlegen, und fertig. Oft erwarten sie vom Mediator, daß er ihnen seine Erfahrungen in ähnlichen Fragen mit Mitgefühl und Objektivität vermittelt.

Es ist Aufgabe des Mediators, den Kern und den Wert der Sichtweise aller Beteiligten, inklusive seiner eigenen, aufzuzeigen, auch wenn sich die Sichtweisen zu widersprechen scheinen. Doch dies ist schwierig, wenn der Mediator mit den beiden einigen Parteien nicht übereinstimmt. Eine solche Situation veranschaulicht, daß der Mediator keinerlei Macht hat, die Parteien zu irgend etwas zu zwingen. Es steht ihnen frei, zu gehen und entweder selbst eine Vereinbarung aufzusetzen oder jemand anders dafür zu suchen. Dennoch geben die Konfliktpartner dem Mediator oft Macht über sich und ihre Entscheidungen, indem sie sich nach seiner Erfahrung mit dem Weg anderer richten.

Bei den Hartfields mußte ich einen Weg finden, meine Bedenken zu vermitteln, ohne mich von ihnen zu entfernen. Je mehr ich die Leute mag, mit denen ich arbeite, desto schwieriger ist das, besonders wenn sie darauf bestehen, daß sie recht haben. Es ist ganz natürlich, daß ich möchte, daß meine Klienten mich mögen, und ich mache mich nicht gerade beliebt, wenn ich dem, was sie wollen, im Wege zu stehen scheine. Doch da ich dazu da bin, ihren Bedürfnissen zu dienen, muß ich meine Neigung, Uneinigkeit zwischen uns möglichst zu vermeiden, kontrollieren und sicherstellen, daß ich mich offen äußere. Ebenso wichtig ist es, daß ich nicht versuche, sie dahingehend zu manipulieren, daß sie meine Auffassung darüber, was sie tun sollten, akzeptieren. Im Fall von Jim und Sally Hartfield bezweifelte ich zwar, daß es klug war, alle Entscheidungen jetzt zu treffen, doch ich beschloß, mich erst mal ihrem Willen zu beugen, dabei aber geeignete Gelegenheiten zu nutzen, um die Frage wieder aufzubringen.

Vorstellungen für die Zukunft

In den sechs Jahren seit ihrer Heirat waren die drei Sportgeschäfte, die Mr. Hartfield mit seinen Partnern aufgemacht hatte, sehr erfolgreich gewesen, und sie waren dabei, ein viertes zu eröffnen. Außer den Geschäften, die Mr. Hartfield im letzten Jahr 200 000 Dollar eingebracht hatten, besaßen die beiden diverse Anlagen im Wert von rund 10 000 Dollar sowie Ersparnisse in Höhe von 80 000 Dollar. Und sie hatten ein Haus, in dem etwa 150 000 Dollar Eigenkapital steckte. Mrs. Hartfield wollte, daß ihr Mann ihr ihren Anteil an den Geschäften auszahlte. Einen fairen Wert für diesen Anteil zu bestimmen würde einer der Kernpunkte sein. Als wir begannen, über das Haus zu sprechen, spürte ich fast augenblicklich die Schwierigkeit, die ich vorausgesehen hatte.

Mediator: *(zu Mr. Hartfield)* Wie sehen Ihre unmittelbaren Pläne das Haus betreffend aus? Wollen Sie dort leben?
Mr. Hartfield: *(beginnt zu weinen)* Der Gedanke, dort ohne Sally und die Kinder zu leben, bringt mich um. Ich glaube, wir sollten es sofort verkaufen.
Mrs. Hartfield: Ich finde zwar nicht, daß das nötig ist, aber ich bin mit allem einverstanden, was du mit dem Haus machen willst.
Mr. Hartfield: Aber wenn wir aus irgendeinem Grund wieder zusammenkommen würden, täte es mir wirklich leid, wenn wir es verkauft hätten.
Mediator: Sie wissen nicht einmal, wie es sich wirklich für Sie anfühlen würde, allein dort zu wohnen, weil Sie es noch nie ausprobiert haben.
Mr. Hartfield: Nun, ich weiß, daß ich bei dem Gedanken, woanders zu leben, das Gefühl habe, als ob wir kein Zuhause mehr hätten. Aber allein dortzubleiben erscheint mir noch schlimmer. Ich bin sicher, daß ich es dort nicht aushalten werde.
Mediator: Es gibt andere Alternativen. Zum Beispiel könnten Sie es vermieten, bis Sie sicher wissen, was mit der Familie wird.
Mr. Hartfield: Ich weiß nicht. Ich weiß nur, daß die Vorstellung, daß Sally nicht dort ist und, noch schlimmer, daß die Kinder nicht dort sind, unerträglich für mich ist.

Mediator: Das verstehe ich vollkommen. Aber mir scheint es verfrüht, eine endgültige Entscheidung über das Haus zu treffen, weil Sie sich nicht sicher sind.

Mr. Hartfield: Nein, ich will es durchziehen und eine Entscheidung treffen. Wir sollten das Haus jetzt gleich verkaufen.

Mediator: Wie stehen Sie dazu, Mrs. Hartfield?

Mrs. Hartfield: Mir ist das egal. Es ist wirklich Jims Entscheidung.

Mediator: Wollen Sie damit sagen, daß Sie sich in dieser Frage nicht entscheidungsberechtigt fühlen, weil Sie weggehen?

Mrs. Hartfield: Richtig.

Mediator: Aber die Entscheidung über das Haus wird auch für Sie Konsequenzen haben. Abgesehen von eventuellen Gefühlen, die Sie damit verbinden, geht es auch darum, woher das Geld kommen wird, mit dem Sie für Ihren Anteil an den Geschäften abgefunden werden.

Mrs. Hartfield: Ich brauche das Geld jetzt nicht, also ist das eigentlich egal.

Mediator: Warum brauchen Sie das Geld nicht?

Mrs. Hartfield: Weil ich davon ausgehe, daß ich von Jim genug Unterhalt zum Leben bekommen werde.

Mediator: Was ist Ihnen in dieser Frage überhaupt wichtig, abgesehen davon, daß Sie es hinter sich bringen wollen?

Mrs. Hartfield: *(mit einem strahlenden Lächeln)* Nicht viel. Ich weiß, daß mir die Hälfte des Hauses gehört, aber es ist okay für mich, wenn Jim es verkaufen will.

Mr. Hartfield: Danke, Schatz. Wenn ich eine Chance sehen würde, daß du und die Kinder zurückkommen, würde ich es behalten. Aber das ist vermutlich eine ungesunde Einstellung. Daher ist es wohl am besten, wenn ich es gleich verkaufe, dann habe ich's hinter mir.

Mediator: Ich muß sagen, Ihre Absicht klingt nicht sehr fest.

Mr. Hartfield: Das stimmt, aber mich interessiert im Moment einzig und allein, was aus Sally und mir wird. Das Haus ist mir vollkommen egal.

Mediator: Das ist mir klar. Ich komme mir ein bißchen vor wie eine Platte mit einem Sprung, aber wenn Sie jetzt in dieser Frage eine

Entscheidung treffen, die sich nicht nach einer Weile wieder abwandeln läßt, könnten Sie das später leicht bereuen.

Mr. Hartfield: Sehen Sie, ich möchte sicher sein, daß Sally ihr Geld aus dem Haus bekommen kann, wann sie will. Nehmen wir an, wir einigen uns darauf, daß ich das Haus zum Verkauf anbiete, aber wenn einer von uns sich doch dagegen entscheidet, bevor es weg ist, behalten wir es eben noch, bis wir beide soweit sind.

Bei all der Ambivalenz, die ich bei den beiden spürte, und dem Hin und Her in der Frage des Hauses wurde ihr Wunsch, alle Entscheidungen jetzt zu treffen, immer problematischer. Alles, was mich in der ersten Sitzung beunruhigt hatte, schien sich zu bewahrheiten. Beide hatten es mit dem Entscheiden eilig, aber keiner verfügte über eine hinreichend solide Erfahrungsgrundlage, um gute Entscheidungen zu treffen. Die einzige Möglichkeit, sicher fortzufahren, schien mir darin zu liegen, genügend Flexibilität einzubauen, damit sie es sich später nötigenfalls auch noch anders überlegen konnten.

Als erstes galt es also, für das Haus eine Lösung zu finden, die sie nicht zu sehr festlegte. Sonst würde einer von beiden letztlich die Oberhand gewinnen, wenn sie sich irgendwann in dieser Frage uneinig waren. Wenn sie beispielsweise vereinbarten, das Haus jetzt gleich zu verkaufen, und Mr. Hartfield es sich dann doch anders überlegen würde, könnte seine Frau ihn immer noch zwingen, den Verkauf durchzuziehen. Oder wenn sie sich jetzt einigten, den Verkauf zu verschieben, bis sie beide die Zeit für reif hielten, hätte Mrs. Hartfield keinen Zugriff mehr auf ihr Geld aus dem Haus und den Geschäften, da Mr. Hartfield höchstwahrscheinlich seine Haushälfte verwenden würde, um seiner Frau ihren Anteil an den Geschäften auszuzahlen. Doch ich schien der einzige zu sein, der sich auf all diese berechtigten Bedenken konzentrieren konnte.

Ich vermutete, daß die Hartfields das Hausproblem so lange nicht direkt betrachten konnten, wie ihnen nicht klar war, daß sich ihr Gefühl, den anderen stützen zu wollen, legen konnte. Obwohl sie beide wütend und verletzt waren, schienen eine echte Trennung und die damit verbundenen Gefühle noch unwirklich. Noch war eigentlich nichts passiert. Meine Aufgabe war es, ihnen dabei zu helfen, sich einen Zustand der gegenseitigen Entfremdung vorzustellen.

Wie schwierig es ist, sich die Zukunft vorzustellen, sieht man oft an Paaren, die versuchen, eine voreheliche Vereinbarung zu erzielen. Sie müssen sich eine Zeit vorstellen, in der sie sich nicht mehr lieben, und dann entscheiden, was aus ihrem Eigentum wird. Wenn zwei Menschen dabei sind, sich fürs Leben zu binden, ist es schwierig und irritierend, über die Möglichkeit einer Scheidung nachdenken zu müssen. Obwohl Sally und Jim Hartfield ihre Ehe nicht begannen, sondern beendeten, konnten sie sich immer noch keine Zukunft vorstellen, in der sie nicht an das Wohl des anderen denken würden.

Mediator: Zum Haus. Sie könnten noch eine andere Möglichkeit erwägen.
Mr. Hartfield: Gut, welche?
Mediator: Sie könnten sich darauf einigen, die Entscheidung zu verschieben, bis Sie beide klarer sehen als jetzt.
Mr. Hartfield: Was würde das bringen?
Mediator: Anstatt jetzt eine Entscheidung zu erzwingen, würden Sie sie verschieben, bis Sie sich reif dazu fühlen.
Mrs. Hartfield: Aber dann hinge die Entscheidung ja in der Luft.
Mr. Hartfield: Sie hat recht. Wir wollen eine endgültige Entscheidung treffen. Verkaufen wir das Haus gleich!
Mediator: Sind Sie sicher, daß Sie das wirklich wollen?
Mr. Hartfield: Nicht ganz, aber wir können es ja so festhalten und immer noch ändern, wenn wir das beide wollen.
Mediator: Das ist schon richtig. Problematisch könnte es nur werden, wenn Sie sich nicht einig sind.
Mrs. Hartfield: Ich verstehe nicht, was Sie vorhaben. Sie tun so, als ob wir uns nicht einig sein werden, aber ich glaube nicht, daß es so kommt.
Mediator: Richtig, so tue ich. Lassen Sie mich sagen, warum. Das Ergebnis unserer Gespräche wird ein Vertrag zwischen Ihnen beiden sein, der für Sie rechtsverbindlich ist. Dieser wird an das Gericht weitergeleitet und in einen Gerichtsbeschluß verwandelt, wenn Sie sich scheiden lassen. Ein Zweck dieses Vertrags ist es, Ihre Absichten und Absprachen genau festzuhalten. Er dient aber auch dazu, Ihnen einen Anhaltspunkt für die Lösung eventueller Uneinigkeiten in der Zukunft zu bieten. Solange Sie sich einig sind, können Sie tun

und lassen, was immer Sie wollen, egal, wie die schriftliche Übereinkunft lautet. Sollten Sie sich aber nicht einig sein, wird die schriftliche Vereinbarung für Sie zumindest zum Ausgangspunkt für die Lösung Ihrer Differenzen.

Was das Haus angeht – angenommen, Sie legen schriftlich fest, daß es in naher Zukunft verkauft werden soll. Würde Mr. Hartfield dann beispielsweise beschließen, daß er den Rest seines Lebens dort wohnen möchte, müßte das Haus trotzdem verkauft werden, wenn Mrs. Hartfield darauf bestünde. Ich versuche nicht, einen Streit in der Zukunft zu erzeugen, auch wenn es sich für Sie so anfühlen mag. Ich versuche nur, Ihnen soviel Klarheit wie möglich zu entlocken, damit Sie im Falle einer künftigen Auseinandersetzung wissen, woran Sie sind.

Es ist schwer, hier eine neutrale Vereinbarung zu erzielen – etwas, das bei einer zukünftigen Uneinigkeit nicht einem von Ihnen die Oberhand gibt. Ihre Positionen sind dafür zu konträr – Mr. Hartfield bleibt, Mrs. Hartfield geht; das Geld von Mr. Hartfield ist in den Geschäften gebunden, das von Mrs. Hartfield im Haus. Es kann gut sein, daß Sie nach einiger Zeit des Getrenntlebens etwas anderes wollen.

Wer die Oberhand haben wird, hängt davon ab, wie die Vereinbarung formuliert ist. Wir können es so formulieren, daß Mr. Hartfield darauf festgelegt wird, das Haus zu einem fixen Zeitpunkt zu verkaufen; wir können sogar die Verkaufsbedingungen festlegen. Oder wir können Mrs. Hartfield über den Verkaufstermin entscheiden lassen. Wir können es auch eher vage formulieren. Aber wenn wir eine der Variablen, die das Haus betreffen, offenlassen und wenn Mr. Hartfield beschließt, nicht zu verkaufen, dann hat er vermutlich das Heft in der Hand, zumindest auf kurze Sicht.

Mr. Hartfield: Ich glaube, Sie machen aus einer Mücke einen Elefanten. Formulieren Sie es so, daß ich verpflichtet bin, es jetzt sofort zu verkaufen. Das erscheint mir nur fair. Und wenn ich will, kann ich mir vielleicht das Geld borgen, um sie abzufinden.

Mediator: Die Entscheidung über das Haus könnte anders aussehen, wenn wir über das Vorgehen bei der Auszahlung von Mrs. Hartfields Anteil an den Geschäften sprechen. Vielleicht sollten wir diese Frage daher für den Moment beiseite lassen und später darauf zurückkommen.

Mrs. Hartfield: Gut, machen wir da weiter.

Tiefer gehen

In der nächsten Sitzung lenkte ich die Diskussion auf die Sportgeschäfte – was sie wert waren und wie groß Mr. Hartfields Anteil daran war. Letzteres zu bestimmen würde nicht leicht sein und einen fachlich komplexen und gleichzeitig höchst subjektiven Vorgang beinhalten.

Mediator: Sie müssen sich überlegen, wie Sie den Wert der Geschäfte bestimmen wollen.

Mr. Hartfield: Für die drei bestehenden Geschäfte habe ich die Gewinn- und Verlustrechnungen und die Bilanzen der letzten drei Jahre von unserem Wirtschaftsprüfer. Beim vierten Laden ist es wohl das einzig Faire, ihn auf der Grundlage dessen zu taxieren, was wir in ihn investiert haben, weil wir ja noch nicht wissen, wie gut er laufen wird. Er ist noch nicht eröffnet.

Mrs. Hartfield: Ich denke, das ist fair. Wir haben 40000 Dollar hineingesteckt, somit würde ich 20000 bekommen.

Mr. Hartfield: Richtig.

Mediator: Mrs. Hartfield, Sie sollen wissen, daß ein Gericht Ihren Anteil an dem vierten Geschäft vermutlich deutlich höher ansetzen würde. Wir haben ja schon besprochen, daß hier in Kalifornien das Prinzip der Errungenschaftsgemeinschaft gilt, und demnach gehört jegliches während der Ehe durch die Anstrengungen eines Partners erworbene Eigentum beiden Eheleuten gemeinsam. Ein Gericht würde das Potential des Geschäfts genauso in Betracht ziehen wie das investierte Geld, um seinen Wert zu bestimmen.[15]

Mrs. Hartfield: Das kümmert mich nicht. Jim hat hart gearbeitet, um diesen Laden einzurichten, und ich weiß, daß ich ihm in den letzten Monaten das Leben zur Hölle gemacht habe. Ich finde, ich habe einen Anspruch auf die 20000, aber mehr nicht. Ich habe ihn bei diesem Laden nicht unterstützt. Ich war ursprünglich sogar dagegen, weil ich nicht wollte, daß für die Kinder und mich noch weniger Zeit übrigbleibt.

Mediator: Nur übungshalber: Sagen wir, ein Experte würde Ihren Anteil am Wert des Ladens auf 200 000 Dollar beziffern. Würde das etwas für Sie ändern, Mrs. Hartfield?

Mr. Hartfield: *(dazwischenplatzend)* Das ist verrückt! Ich würde ihn auf der Stelle verkaufen, wenn ich auch nur ein Viertel davon kriegen könnte.

Mediator: Es mag sein, daß es verrückt ist, aber ich will sichergehen, daß Ihre Frau versteht, was sie möglicherweise aufgibt, und zu diesem Zweck würde ich lieber zu hoch als zu niedrig greifen.

Mrs. Hartfield: Es würde nichts ändern. Ich habe Ihnen doch schon gesagt, daß mir Geld nicht so wichtig ist.

Mediator: Sind Sie deswegen bereit, sich mit einer Erstattung der Investition zu begnügen?

Mrs. Hartfield: *(mit vor Wut zitternder Stimme)* Nein! Können Sie mich nicht in Ruhe lassen? Ich will nicht mehr als die 20 000 Dollar. Ich will nur weitermachen.

Es ist eine heikle Angelegenheit, die Stichhaltigkeit einer Vereinbarung zu prüfen, die derart von dem abweicht, was ein Gericht beschließen würde. Während ich Mrs. Hartfields Recht auf eigene Entscheidungen respektierte, mußte ich sicher sein, daß ihr klar war, was sie tat. Hatte sie bedacht, welche wirtschaftlichen Folgen ihre Entscheidung für sie und die Kinder haben würde? Und – was am schwersten zu beurteilen war – würde diese Entscheidung der Zukunft standhalten? Würde Mrs. Hartfield es sich anders überlegen, sobald sie sich nicht mehr schuldig fühlte? Diese Frage nagte am meisten an mir, und sie war am schwierigsten zu erforschen.

Wenn ich mir die kühle und aristokratische Mrs. Hartfield betrachtete, war mir klar, daß sie klug war und fähig zu verstehen, was sie tat. Klar war auch, daß sie sich an diesem Punkt emotional besser in der Gewalt hatte als ihr Mann. Aber ich spürte, daß sie sich für die Trennung wenn nicht voll, so doch stärker verantwortlich fühlte als ihr Mann, vielleicht, weil sie diejenige war, die ging, vielleicht auch, weil sie eine neue Beziehung angefangen hatte und sich für die Einsamkeit schuldig fühlte, die ihr Mann nach ihrem Weggang empfinden würde. Was immer es war, ich mußte versuchen, es zu ergründen, damit wir testen konnten, ob ihre Bereitschaft, die 20 000 Dollar zu akzeptieren, zuverlässig war.

Gleichzeitig mußte ich akzeptieren, daß es für mein Verständnisvermögen der Situation Grenzen gab. Vielleicht, so dachte ich, konnte der Beratungsanwalt von Mrs. Hartfield ihr die Auswirkungen ihrer Entscheidung besser vermitteln als ich. Es passierte soviel in ihrem Leben: Sie war dabei, ihren Mann zu verlassen und weit weg zu ziehen; sie war bereits in einer neuen Beziehung; sie hatte drei kleine Kinder, die einen Großteil ihrer Aufmerksamkeit verlangten. Und sie war nie wirklich mit Geld umgegangen – ja, sie schien sogar eine Abneigung dagegen zu haben. Worauf von alledem konnte ich mit ihr zu sprechen kommen? Worauf sollte ich zu sprechen kommen?

Was immer meine Rolle war, ich wußte, daß Mrs. Hartfield sich mit der Frage ihres Anteils an dem vierten Laden so frei wie möglich auseinandersetzen mußte, auch wenn sie sich dagegen wehrte. Als Folge dieses Durchdenkens würden sich die Schlüsse, auf denen sie jetzt bestand, entweder ändern oder bestätigen, doch sie stünden in jedem Fall auf festeren Füßen. Ich fürchtete nur, sie würde nicht bereit sein, diese Themen in Gegenwart ihres Mannes zu behandeln. Manche Fragen waren ihr vielleicht zu heikel, um sich vor ihrem Mann richtig damit auseinanderzusetzen. Es war klar, daß sie sich für all den Schmerz, den sie ihm zugefügt hatte, schuldig fühlte. Ich bezweifelte, daß sie es ertragen konnte, ihm noch mehr weh zu tun. Aber wie würde sich die finanzielle Übereinkunft für Mrs. Hartfield anfühlen, wenn es mit ihrer neuen Beziehung nicht klappte? Und verbarg sich hinter ihren Schuldgefühlen nicht vielleicht auch Wut auf ihren Mann, die, wenn sie an die Oberfläche kam, ihre Denkweise ändern konnte? Was empfand sie wirklich für ihn? In solchen Fällen führen manchmal nur Sondierungsgespräche mit den einzelnen Parteien (also Pendelmediation) zum Ziel.

Wie Sie wissen, möchte ich, daß meine Klienten die Kontrolle über den Entscheidungsprozeß behalten, so daß ich für gewöhnlich keine getrennten Sitzungen mit ihnen durchführe. Doch aufgrund des Zeitdrucks und der emotionalen Aufladung wollte ich in diesem Fall, daß beide Gelegenheit hatten, sich jeder für sich mit den Fragen ihrer Trennung zu befassen.

Mediator: Ich weiß, daß Sie beide die Sache gern hinter sich hätten, aber ich mache mir Sorgen, daß wir diese immens wichtigen Entscheidungen zu schnell abhandeln, selbst wenn es Ihnen endlos lange zu dauern scheint. Es müssen noch bestimmte Kernfragen gestellt werden, um die Vereinbarung abzusichern. Es ist wichtig für mich, und ich glaube auch für Sie, daß sie Bestandteil des Prozesses hier sind.

Mr. Hartfield: Wovon sprechen Sie?

Mediator: In Ordnung – zum Beispiel: Verzichtet Mrs. Hartfield auf ihren gerechten Anteil an dem vierten Geschäft, weil sie sich für die Trennung verantwortlich fühlt? Wird Mr. Hartfield sein Einverständnis, das Haus jetzt zu verkaufen, später bereuen? Ich möchte nicht, daß diese Vereinbarung nächsten Monat oder nächstes Jahr auseinanderfällt, weil wir diese Fragen ausgelassen haben. Ich weiß auch, daß wir keine hundertprozentig sicheren Antworten bekommen werden, weil wir keine Kristallkugel haben. Aber dennoch denke ich, daß wir es besser machen müssen als bisher.

Mr. Hartfield: Woran denken Sie?

Mediator: Es gibt verschiedene Möglichkeiten, diese Fragen abzuwägen. Erstens können wir es hier gemeinsam tun. Ich weiß, daß wir schon dabei sind, aber um es richtig zu machen, müssen wir tiefer in sehr sensible Bereiche vordringen. Eine zweite Möglichkeit ist, daß ich mich getrennt mit jedem von Ihnen treffe. Manchen fällt es leichter zu sprechen, wenn der Partner nicht im Raum ist. Eine dritte Alternative wäre, daß Sie mit jemandem sprechen, dem Sie wirklich vertrauen – einem Freund oder einer Freundin, Ihrem Pfarrer, Ihrem Therapeuten. Doch egal, welchen Weg Sie wählen, ich bin der Meinung, daß Sie diese Vereinbarung unbedingt erst von einem Anwalt überprüfen lassen sollten, bevor Sie sich festlegen. Vielleicht wäre der oder die Betreffende auch ein guter Gesprächspartner. Welche dieser Alternativen Sie auch immer wählen – wobei natürlich auch nichts dagegen spricht, sie alle zu wählen –, es ist wichtig, daß wir hier ein wenig Luft lassen, um zu schauen, ob sich durch diese Gespräche etwas an der Übereinkunft ändert.

Mrs. Hartfield: Nein, halt mal! Es gibt nichts, was ich Ihnen allein sagen würde, das ich nicht auch in Jims Gegenwart sagen würde. Mit meinem Pfarrer und meinen Freunden spreche ich seit Wochen, ja Monaten. Ich habe das alles genug durchgekaut – ich weiß, was ich will. Jeder, mit dem ich gesprochen habe, hat mir geraten, mir jetzt soviel zu holen, wie ich kann, weil ich später nichts mehr kriegen werde.
Mediator: Das unterstellt, daß es von Ihrem Mann abhängt, was Sie bekommen.
Mrs. Hartfield: Ich nehme mir einen Anwalt, wenn wir eine Vereinbarung haben – damit habe ich kein Problem, obwohl ich gehofft hatte, daß wir nur zu Ihnen müßten. Aber, offen gesagt, im Moment will ich nur vorankommen. Und von Ihnen bekomme ich vermittelt, daß Ihnen nicht gefällt, was ich tue.
Mediator: Das stimmt nicht ganz. Allerdings machen mir zwei Dinge Sorgen. Erstens habe ich das Gefühl, daß Sie beide sich dagegen sträuben, Ihre Entscheidungen zu durchdenken. Das ist ganz natürlich, wenn es so viele Unbekannte gibt. Das zweite ist – ich muß es noch einmal betonen –, daß Sie hier Entscheidungen treffen, die vielleicht unumkehrbar sind, ohne auch nur die geringste Vorstellung davon zu haben, wie Ihr Leben aussehen wird.

Am Ende dieses letzten Dialogs lehnte sich Mr. Hartfield, der in der Anfangsphase ganz an den Rand seines Stuhls gerutscht war, zurück und tat einen hörbaren Seufzer. Er hatte wohl das Gefühl, daß ich des Guten zuviel tat. Ich war mir nicht sicher, ob er da so unrecht hatte.

Wie auch immer, ich glaubte nicht, daß ich bei Mrs. Hartfield noch viel weiter gehen konnte. Wenn ich sie noch weiter drängte, es sich noch einmal zu überlegen, würde sie sich womöglich auf Entscheidungen versteifen, nur um sich meiner zu erwehren. Ich war froh, daß sie einverstanden war, zu einem Anwalt zu gehen, bevor sie die Vereinbarung unterzeichnete. Doch während sie es so sah, daß ich über ihre Entscheidung urteilte, fragte ich mich, ob ich ihr Recht auf mehr Geld nicht zu sehr verteidigte und zu sehr am Gesetz als Entscheidungsmaßstab klebte. Schließlich wurde sie, soweit ich es beurteilen konnte, von ihrem Mann zu nichts gezwungen, und sie wollte eindeutig raus. Warum war ich also so besorgt?

Die Wahrheit ist, daß ich eine Mediation an der Qualität des Zusammenspiels zwischen den Parteien und der Qualität ihrer Vereinbarung messe. Falls die Vereinbarung später revidiert werden muß, so hoffe ich, daß die Parteien bei unseren Sitzungen gelernt haben zusammenzuarbeiten und die Vereinbarung als ihren Bezugspunkt verwenden. Aber da Mrs. Hartfield in meinen Augen nur an der Oberfläche ihrer Gefühle bei dem Konflikt kratzte, war ich alles andere als zuversichtlich, daß diese zwei das Zeug zu produktiven Neuverhandlungen haben würden. Gleichzeitig war mir auch bewußt, daß ich Mrs. Hartfield genug gestupst hatte, tiefer zu gehen. Ich würde es gut sein lassen und das Beste hoffen müssen.

Mrs. Hartfield: Ich denke, ich verstehe, was Sie meinen. Ich bemühe mich nach Kräften, das zu tun, was ich für richtig halte.
Mediator: Daran habe ich keine Sekunde gezweifelt. Sinn dieses Prozesses ist es, daß Sie beide das Steuer in der Hand halten. Wenn sich diese Entscheidungen für Sie beide richtig anfühlen, dann sollten Sie es auf Ihre Weise machen.

Die Vermögensaufteilung

Als nächstes sprachen wir über die finanzielle Bewertung der übrigen Geschäfte. Ich erläuterte ihnen die Methoden der Wertermittlung und die Bedeutung des Goodwill-Konzepts – die Berücksichtigung immaterieller Vermögenswerte eines Unternehmens, so zum Beispiel die Tatsache, daß es sich um gut etablierte Geschäfte handelte. Mr. Hartfield begann.

Mr. Hartfield: Ich denke, die fairste Art der Bewertung wäre, wenn wir unseren Wirtschaftsprüfer damit beauftragen würden.
Mediator: Hat er Erfahrung in solchen Dingen?
Mr. Hartfield: Ja, ich bin sicher, daß er das kann.
Mediator: *(zu Mrs. Hartfield)* Wie stehen Sie dazu?
Mrs. Hartfield: Ich habe nichts dagegen. Ich kenne ihn und bin sicher, daß er ehrlich ist.

Mediator: Diese Aufgabe erfordert allerdings mehr als nur Ehrlichkeit. Sie erfordert Können und die echte Bereitschaft, unparteiisch zu sein. Da er der Wirtschaftsprüfer der Firma ist und Mr. Hartfield weiterhin sein Kunde sein wird, wäre er in einer schwierigen Position, wenn Sie ihn beauftragen.

Mr. Hartfield: Warum?

Mediator: Aus zwei Gründen. Erstens wegen Ihrer bestehenden Beziehungen und seiner Loyalität gegenüber den Läden. Und zweitens geht es um eine komplexe und subjektive Einschätzung. Wenn wir zehn Wirtschaftsprüfer bitten würden, diese Einschätzung vorzunehmen, könnten wir drei oder vier verschiedene Meinungen bekommen. Stellen Sie sich vor, wie es für ihn wäre, den Abfindungspreis zwischen zwei Partnern festzulegen.

Mr. Hartfield: Diese Frage haben wir uns schon gestellt und beschlossen, daß, wenn einer von uns aussteigt oder stirbt, er nur das bekommt, was in den Firmenbüchern steht, nichts für den ideellen Firmenwert.

Mediator: Das ist eine Möglichkeit, das Problem zu umgehen. Viele machen es jedoch nicht so, weil sie finden, daß es unfair gegenüber dem Ausscheidenden ist, da Sie im Falle eines Verkaufs sehr viel mehr für die Läden bekommen würden.

Mr. Hartfield: Warum bitten wir ihn nicht, hierherzukommen, dann können wir ihn alle drei befragen und sehen, ob uns seine Ausführungen weiterbringen?

Mrs. Hartfield: Von mir aus gerne.

Mediator: Mrs. Hartfield, glauben Sie, daß Sie über die Läden genug wissen, um verstehen zu können, was er sagt, und genügend Fragen stellen können, die die Sache produktiv machen?

Mrs. Hartfield: Nun, es ist klar, daß Sie das nicht glauben.

Mediator: Sie haben mich ertappt. Das glaube ich wirklich nicht, aber ich hoffe, daß ich unrecht habe. Meine Bedenken gründen sich darauf, was Sie selbst mehrmals gesagt haben: daß Ihnen Geld nicht so wichtig ist.

Mrs. Hartfield: Hören Sie, Mr. Friedman, ich weiß, was ich tue. Ich traue mir das zu. Abgesehen davon würden alle Alternativen, zum Beispiel einen unabhängigen Schätzer zu beauftragen, doch länger dauern, oder?

Mediator: Das stimmt, es sei denn, Sie würden die Entscheidung auf später verschieben.

Mrs. Hartfield: Aber das wäre Jim gegenüber nicht fair, weil die Firma aufgrund seiner Arbeit nach unserer Trennung ja schon wieder mehr wert wäre und ich somit mehr bekommen würde, als mir zusteht.

Mediator: Nicht, wenn Sie sich auf einen fixen Zeitpunkt der Bewertung einigen.

Mr. Hartfield: Mir wäre das nicht recht. Aber wenn du es so willst, Sally, werde ich warten.

Mrs. Hartfield: Nein, ich möchte es auch lieber jetzt erledigen.

Mediator: Das dürfte bedeuten, daß Sie am Ende weniger bekommen, es sei denn, dieser Wirtschaftsprüfer wäre ein ganz außergewöhnlicher Mensch. Zumindest wird er dazu tendieren, in Zweifelsfällen zugunsten Ihres Mannes zu entscheiden.

Mr. Hartfield: Ich glaube wirklich nicht, daß er das machen würde. Aber wenn doch, was könnten wir da tun?

Mediator: Das beste wäre vermutlich, einen weiteren Wirtschaftsprüfer hier zu haben – jemanden, der unparteiisch ist und keinen von Ihnen kennt.

Mrs. Hartfield: Ich will das einfach nicht.

Mediator: Wie kommt das?

Mrs. Hartfield: Weil ich glaube, daß es so schon hinhauen wird, selbst wenn es bedeutet, daß ich am Ende weniger bekomme, als ich sonst vielleicht bekommen hätte.

Mediator: Wer spricht mit dem Wirtschaftsprüfer?

Mrs. Hartfield: Von mir aus kann Jim das tun.

Der Wirtschaftsprüfer kam zu unserem nächsten Treffen. Mrs. Hartfield stellte Fragen, die angesichts ihrer mangelnden finanziellen Sachkenntnis überraschend scharfsinnig waren. Mit seiner Einschätzung als Anhaltspunkt kamen sie überein, daß Mr. Hartfield ihr ihren Anteil für 150000 Dollar, Goodwill eingeschlossen, abkaufen würde. Dann ging der Wirtschaftsprüfer wieder.

Mediator: Mir scheint, wir sind jetzt wieder an einem ähnlichen Punkt angelangt wie mit dem neuen Laden. Sie beide haben eine Übereinkunft erzielt, mit der Sie glücklich zu sein scheinen, die bei mir jedoch einige Bedenken hervorruft. Erstens bin ich sicher, daß sowohl ein neutraler Schätzer als auch ein Richter den Wert der Läden höher ansetzen würde. An und für sich ist das kein wirkliches Problem, wenigstens nicht im Vergleich zu meinem Gefühl, daß Sie, Mrs. Hartfield, das hier einfach nur hinter sich haben wollen. Tempo spielt scheinbar eine größere Rolle als Fairneß. Ich habe allmählich den Eindruck, daß Sie sich so ziemlich auf alles einlassen würden, was Ihr Mann will.

Mrs. Hartfield: *(versucht angestrengt, ihre Ungeduld mit mir zurückzuhalten)* Bis zu einem gewissen Grad haben Sie recht. Ich möchte, daß es für Jim funktioniert, und mir ist Geld nicht so wichtig. Ich glaube, das habe ich schon gesagt. Aber was Sie nicht einzusehen scheinen, Mr. Friedman, ist, daß ich durchaus weiß, was ich tue, und ich möchte es so machen. Wenn für mich am Ende mehrere hunderttausend Dollar und Unterhalt dabei herauskommen, dann reicht mir das, selbst wenn Jim eine Million kriegt. Ich hoffe, das wird er, und ehrlich gesagt rechne ich damit. Also für mich ist es in Ordnung, es so zu machen.

Mediator: Wenn Sie allein darüber entscheiden könnten, wie und wann würden Sie dann Ihre Ausgleichszahlung für die Läden erhalten wollen?

Mrs. Hartfield: Aus dem Hausverkauf wäre okay.

Mediator: Und wenn sich das Haus lange nicht verkauft?

Mrs. Hartfield: Das macht nichts, solange ich Zinsen für das Geld bekomme, das er mir schuldet.

Mr. Hartfield: Hey, ich dachte, Geld wäre dir nicht so wichtig.

Mediator: Sie sind der Meinung, daß sie keine Zinsen bekommen sollte?

Mr. Hartfield: Es ist wohl in Ordnung, aber der Zinssatz muß glimpflich ausfallen.

Mediator: *(zu Mrs. Hartfield)* Welchen Zinssatz würden Sie ansetzen?

Mrs. Hartfield: Wenn ich das Geld jetzt hätte, würde ich es auf ein Sparkonto tun – diesen Zinssatz also.

Mr. Hartfield: Das ist fair. Wir lassen uns von einem Immobilienmakler einen realistischen Verkaufspreis nennen, und ich zahle darauf Zinsen nach dem Satz unserer jetzigen Bank. Ich leiste vierteljährlich Zahlungen bis zum Verkauf, nur was bedeutet das für den Unterhalt?

Mediator: Das wäre dann die nächste Entscheidung.

Mr. Hartfield: Ich möchte Sally so viel Unterhalt zahlen, wie es ein Gericht anordnen würde.

Mediator: Warum?

Mr. Hartfield: Weil ich keinen anderen Anhaltspunkt weiß. Haben die Gerichte nicht irgendwelche Richtlinien?

Mediator: Ja, aber die beziehen sich nur auf Ihr Einkommen und berücksichtigen nicht, welche Ausgaben Sie haben werden. Die Richtlinien werden auch für vorläufige Entscheidungen, im Unterschied zu langfristigen, angewandt.

Mr. Hartfield: Okay, lassen Sie uns damit anfangen.

Mediator: *(zu Mrs. Hartfield)* Wie würden Sie den Unterhalt gerne festlegen?

Mrs. Hartfield: Jims Vorschlag hört sich gut an.

Mediator: Wissen Sie, wie hoch Ihre Lebenshaltungskosten in South Carolina sein werden?

Mrs. Hartfield: Sehr viel niedriger als hier, das weiß ich.

Mediator: Wieviel geben Sie hier aus?

Mrs. Hartfield: Weiß ich nicht. Wir scheinen so ziemlich alles auszugeben, was Jim verdient.

Mediator: Und das nur für einen Haushalt.

Mrs. Hartfield: Aber in South Carolina ist es im Vergleich billig, also wird das kein Problem sein.

Mediator: Wenn wir die gerichtlichen Richtlinien anwenden wollen, müssen wir einige Annahmen über Ihre Situation treffen, etwa, wieviel Einkommen vorhanden sein wird und wieviel Zeit die Kinder bei jedem von Ihnen verbringen werden.

Mr. Hartfield: *(Sein Gesicht schien in sich zusammenzufallen.)* Das ist der härteste Teil für mich. Ich will viel mit den Kindern zusammensein.

Mrs. Hartfield: Schau, ich habe dir gesagt, daß du viel mit ihnen zusammensein sollst, aber ich weiß einfach nicht, wie wir das bewerkstelligen sollen. Sie sind noch so klein. Wenn du sie nicht in South Carolina besuchen kannst, weiß ich nicht, wie es funktionieren soll.

Mr. Hartfield: *(Er verbirgt das Gesicht in seinen Händen und beginnt zu schluchzen.)* Ich glaube, ich kann alles an der Trennung akzeptieren bis auf das. Ich kann den Gedanken nicht ertragen, nicht mehr mit den Kindern zu leben.

Mrs. Hartfield: *(lauter werdend)* Jetzt hör mal zu, Jim. Die Wahrheit ist doch, daß du kaum Zeit mit ihnen verbracht hast, seit sie auf der Welt sind.

Mr. Hartfield: Das weiß ich, aber das bedeutet doch nicht, daß ich sie nicht liebe. Ich will mit diesen Kindern zusammensein. Sie sollen wissen, wer ihr Vater ist.

Mrs. Hartfield: Genau das habe ich immer gewollt, aber du hast immer gearbeitet und dir nie Zeit für sie genommen.

Mr. Hartfield: Nun, das ändert sich jetzt, Sally. Vieles ändert sich jetzt, und das gehört dazu.

Der Kern der Sache

Ich fragte Mr. Hartfield: «Wenn es nach Ihnen ginge, was würde dann geschehen?»

Ich versuche, meine Klienten bei allen Fragen zu unabhängigem Denken zu ermutigen. Mrs. Hartfield hatte sich im finanziellen Bereich im wesentlichen nach ihrem Mann gerichtet, daher hatte ich bei der Besprechung der Finanzfragen immer zuerst sie nach ihrer Meinung gefragt, um ihrem Hang entgegenzuwirken, sich allem anzuschließen, was er vorschlug. Ich kann nicht behaupten, daß ich sehr erfolgreich war, aber ich hatte es weiter versucht. Jetzt wandte ich dieselbe Taktik andersherum an. Da die Kinder Mrs. Hartfields Kompetenzbereich darstellten, sollte Mr. Hartfield zuerst antworten. Damit wollte ich verhindern, daß er sich einfach seiner Frau anschloß, und ihm Gelegenheit geben, seine Meinung auf «ihrem» Gebiet zu äußern. Außerdem würde die Konzentration auf Mr. Hartfield bei der Entscheidung über die Kinder nicht nur seine

Sicht legitimieren, sondern ihn auch zwingen, seinen Schmerz und seine Frustration in die Lösungsfindung einzubringen.

    Mr. Hartfield: Ich würde die Kinder oft sehen.
    Mediator: Wie würde das arrangiert werden?
    Mr. Hartfield: Sie würden zwischen South Carolina und hier hin- und herfliegen.
    Mrs. Hartfield: Das ist eine tolle Idee. Warum kaufst du ihnen kein Flugzeug?

Ich war erstaunt über das Maß an Sarkasmus in Mrs. Hartfields Bemerkung. Vielleicht, so dachte ich, hatte sie das Gefühl, ihre Kompetenz in bezug auf die Kinder würde in Frage gestellt. Vielleicht versuchte sie, sich von dem Schmerz ihres Mannes zu distanzieren, möglicherweise auch von ihrem eigenen. Wie auch immer, ich beschloß, es zu übergehen, um weiterhin Mr. Hartfield im Fokus zu behalten.

    Mediator: *(zu Mr. Hartfield)* Wie sollten sie das tun? Kinder von zwei, vier und sechs Jahren brauchen eine Begleitung.
    Mr. Hartfield: Ich weiß es nicht. Ich könnte manchmal mit ihnen fliegen und vielleicht gelegentlich auch Sally. Schließlich arbeitet sie nicht.
    Mrs. Hartfield: Wenn du denkst, es sei keine Arbeit, Josh, Sarah und Richard gleichzeitig zu bändigen, dann mach dich auf eine herbe Überraschung gefaßt.
    Mr. Hartfield: So habe ich das nicht gemeint. Ich will wirklich so oft wie möglich mit den Kindern zusammensein. Sie sind meine Babys.
    Mediator: Haben Sie eine Vorstellung, was Sie mit ihnen machen würden, während Sie arbeiten?
    Mr. Hartfield: Das habe ich mir noch nicht überlegt, denn, um die Wahrheit zu sagen, ich habe nicht geglaubt, daß Sally sie mir oft lassen würde.
    Mediator: Denken Sie, daß das allein ihre Entscheidung ist?
    Mr. Hartfield: Bis jetzt habe ich so gedacht, aber ich sehe allmählich, daß es nicht so ist.

Mrs. Hartfield: *(zu mir)* Ich bin im Prinzip alleinerziehend, seit diese Kinder geboren wurden, daher weiß ich wirklich nicht, wie einer von euch Männern auf die Idee kommen kann, Jim hätte ein Recht, diese Entscheidungen zu treffen, nur weil er diese Kinder gezeugt hat.

Mr. Hartfield: Du hast recht. Ich war wegen der Arbeit nicht für meine Kinder da, aber auch, weil du alles so wunderbar mit ihnen gemacht hast. Sie brauchten mich nicht. Aber jetzt kommen sie in ein Alter, wo wir etwas zusammen unternehmen können – Ballspielen, Wandern, Sachen, die ich gerne machen würde. Bis jetzt waren sie noch zu klein. Und es stimmt, daß ich ein Esel gewesen bin. Nun, das wird mir jetzt alles klar. Ich möchte, daß diese Kinder einen Platz in meinem Leben haben, und außerdem glaube ich, daß sie mich in ihrem Leben brauchen.

Mrs. Hartfield: Ich glaube es erst, wenn ich es sehe.

Mediator: *(zu Mrs. Hartfield)* Denken Sie, es wäre wichtig für die Kinder, wenn Ihr Mann mehr an ihrem Leben teilhaben würde?

Mrs. Hartfield: *(Sie richtet sich mit wachsendem Ärger auf.)* Genau das will ich seit Jahren! Wenn er früher so gedacht hätte, wären wir vermutlich nicht da, wo wir jetzt sind.

Mediator: Das macht es also doppelt schmerzlich für Sie?

Mrs. Hartfield: *(läßt sich wieder zurückfallen)* Ja, und *(flüsternd)* jetzt ist es zu spät für uns.

Mediator: Wie finden Sie das für die Kinder?

Mrs. Hartfield: Wenn er das wirklich machen würde, wäre es wunderbar, aber es würde mich sehr überraschen. Sein Leben war immer die Arbeit.

Mediator: Angenommen, er würde sich wirklich mehr engagieren?

Mrs. Hartfield: Ich weiß es ehrlich nicht. Ich bin sicher, daß es den Kindern guttun würde. Er hat recht; sie brauchen wirklich einen Vater. Aber für mich wäre es hart, ihn plötzlich mit ihnen zu sehen, weil ich nämlich einen Mann gebraucht hätte. Warum war er nicht früher für uns da? Abgesehen davon wäre die Realisierung ein Alptraum. Ich will nicht, daß die Kinder zu häufig hin- und herpendeln. Ich glaube, das würde uns allen schaden. Ich will auch nicht sehr lang auf sie verzichten. Und wenn die Kinder in die Schule kommen, wird es nur noch schwieriger. *(Ihre Augen füllen sich mit Tränen.)* Es ist zu spät. Es ist einfach alles zu spät.

Mediator: *(zu Mr. Hartfield)* Was empfinden Sie dabei?

Mr. Hartfield: Ich kann verstehen, was sie empfindet, aber ich will trotzdem mit den Kindern zusammensein. Solange es nicht darum geht, nach South Carolina zu ziehen, bin ich bereit, alles zu tun, damit es für uns alle praktikabel wird.

Mrs. Hartfield: *(blickt mich hilflos an)* Was sollen wir tun?

Mediator: Mein Vorschlag wäre, in den nächsten Monaten zu schauen, welche Regelungen für Sie fünf am meisten Sinn machen.

Mrs. Hartfield: Und was dann?

Mediator: Sie haben verschiedene Alternativen. Sie können an dem Schema festhalten, das Sie zu Beginn aufgestellt haben, oder es an einem bestimmten Termin nochmals überprüfen und gegebenenfalls abändern. Oder Sie könnten eine Liste von Alternativplänen aufstellen und sie ausprobieren.

Mrs. Hartfield: Nein, nein, nein. Ich will das auf Dauer festlegen.

Mediator: Sie können einen so langfristigen Plan machen, wie Sie möchten, aber Sie können sich nicht auf einen Plan festlegen, der den Kindern nicht guttut. Daher kann dieser Teil der Vereinbarung nicht so unverrückbar sein wie der Rest.

Mrs. Hartfield: Sie wollen damit sagen, daß wir wohl oder übel noch miteinander zu tun haben werden.

Mediator: Solange Sie beide eine aktive Rolle im Leben der Kinder spielen, können Sie das nicht vermeiden. Dachten Sie, Sie könnten?

Mrs. Hartfield: Ich würde es gerne.

Mr. Hartfield: Weißt du, Sally, es führt kein Weg daran vorbei. Wir müssen einander vertrauen können. Ich bin, war und werde dir gegenüber stets verletzbar sein. Ich glaube, ich verstehe, was Mr. Friedman gesagt hat – daß wir jetzt nichts beschließen sollten, was einer von uns oder wir beide vielleicht später bereuen. Wir müssen miteinander reden, auch über Dinge, bei denen es uns schwerfällt. Ich bin bereit, diese ganze Vereinbarung flexibel zu gestalten, weil ich darauf vertraue, daß wir es schaffen werden, die Dinge zu regeln. Wir tun es jetzt, und wir werden es in Zukunft tun.

Mrs. Hartfield: Okay, bei den Kindern machen wir es so, aber nicht beim Geld. Ich hasse es, über Geld reden zu müssen.

Mediator: Wenn Sie ernsthaft vorhaben, mehr am Leben Ihrer Kinder teilzuhaben, Mr. Hartfield, dann werden Sie einen sehr konkreten Plan aufstellen müssen, wie Sie das machen wollen.

Die Lösung

Wir hatten die Krise überwunden und waren an einem Punkt angelangt, ab dem die beiden einen konkreten Plan ausarbeiten konnten. Sie beschlossen, daß die Kinder bei Mr. Hartfield bleiben würden, bis Mrs. Hartfield sich in South Carolina richtig niedergelassen hatte. Danach würden sie sich darum bemühen, daß Mr. Hartfield sie möglichst oft dort besuchen konnte oder Mrs. Hartfield bzw. eine von beiden akzeptierte dritte Person die Kinder nach Kalifornien begleitete, damit sie bei Mr. Hartfield sein konnten. Der Unterhalt wurde flexibel gestaltet; nur für den Fall, daß Mrs. Hartfield mit ihrem Freund zusammenzog, wurde vereinbart, dann zwar weiter Kindesunterhalt, aber keinen Ehegattenunterhalt mehr zu bezahlen. Weiterhin würde Mr. Hartfield seiner Frau einen Schuldschein über ihren Anteil an den Geschäften geben, der von seinem Anteil aus dem Verkaufserlös des Hauses zu bezahlen war. Sie rechneten mit dem baldigen Verkauf des Hauses, und bis dahin würde Mr. Hartfield seiner Frau zusätzlich zu den Unterhaltsleistungen Zinsen auf den Schuldschein zahlen. Sie schienen sich mit der Vereinbarung wohl zu fühlen – und wir hatten sogar den Termin gehalten.

Ich hatte zwar immer noch Bedenken, aber sie waren nicht stark genug, um die Vereinbarung nicht aufzusetzen. Dies lag zum Teil daran, daß sich meine Sorge bezüglich mangelnder Fairneß nicht auf ihr Verhalten zueinander bezog – nein, unheimlich war mir, daß Mrs. Hartfield gegen sich selbst so unfair war. Ich setzte die Vereinbarung auf, das Paar ließ sie von Rechtsanwälten prüfen, und ich baute dann die von ihnen vorgeschlagenen minimalen Änderungen ein. Die Hartfields unterschrieben ihre Übereinkunft, und Mrs. Hartfield zog nach South Carolina.

Ein halbes Jahr später rief mich Mr. Hartfield ratsuchend an. Seit wir uns verabschiedet hatten, hatten er und seine Frau sich einmal versöhnt und wieder getrennt, und jetzt war Mrs. Hartfield mit der ursprünglichen Vereinbarung nicht mehr einverstanden. Das neue Sportgeschäft war ein großer Erfolg, und sie wollte eine größere Summe als vereinbart für ihren Anteil ausbezahlt haben. Sie hatte sich einen Anwalt genommen, der damit drohte, die Vereinbarung vor Gericht anzufechten. Ich erklärte Mr. Hartfield, daß er und seine Frau diesen Konflikt gerichtlich oder mediativ regeln konnten, eine Mediation aber nur in Frage kam, wenn sie es beide wollten. Er sagte mir, Mrs. Hartfield sei nicht daran interessiert, noch einmal zu mir in die Mediation zu kommen.

Es war also genau das eingetreten, was meine ärgste Befürchtung gewesen war: Mrs. Hartfield hatte es sich anders überlegt. Das Recht war eigentlich auf ihrer Seite, aber Mr. Hartfield wollte die jetzt rechtsverbindliche Vereinbarung nicht ändern. Einerseits ärgerte ich mich über Mrs. Hartfield, weil sie sich während der Mediation geweigert hatte, die Möglichkeit in Betracht zu ziehen, daß sie ihre Meinung ändern könnte. Andererseits respektierte ich, daß sie sich weigerte, eine Situation zu akzeptieren, die ihr mittlerweile unfair erschien. Es tat mir leid, daß den beiden noch mehr Schmerzliches bevorstand, doch ich erinnerte Mr. Hartfield daran, daß ich nur dann eine Rolle spielen konnte, wenn sie beide für eine Mediation zu mir kämen.

Acht Monate nach diesem Gespräch mit Mr. Hartfield erhielt ich einen Brief von seiner Anwältin, in dem sie mir mitteilte, daß die Hartfields vor Gericht gingen und meine Aussage benötigt würde. Ich holte die Akte hervor und ging meine Notizen durch. Ich fragte mich, wie ich aussagen sollte. Sollte ich die Vereinbarung und meine Unterstützung dafür verteidigen oder sollte ich meine Zweifel hinsichtlich Mrs. Hartfields Fähigkeit, vernünftige Entscheidungen zu treffen, genauso offen zum Ausdruck bringen wie in der Mediation? Da Mrs. Hartfield die Übereinkunft vor der Unterzeichnung von einem Anwalt hatte prüfen lassen, vermutete ich, daß sie es schwer haben würde, einen Richter davon zu überzeugen, sie umzuwerfen, auch wenn sie sich darin mit weniger zufriedengegeben hatte, als ihr zustand. Meine Rolle im Gerichtssaal würde die gleiche sein wie im

Mediationsraum: so genau und vollständig wie möglich zu sagen, was ich wahrgenommen hatte, und den Dingen ihren Lauf zu lassen. Wenn ich die Wahl gehabt hätte, hätte ich lieber mit Mrs. Hartfield, Mr. Hartfield und dem Richter auf gleicher Basis so lange wie nötig geredet. Aber ausführliche Gespräche sind bei Gericht nicht erlaubt.

Zwei, drei Monate vergingen, ohne daß ich etwas hörte. Ich dachte schon, die Anwälte hätten den Fall unter sich geregelt. Doch dann traf ich eines Tages Mr. Hartfields Anwältin, und sie erzählte mir, daß Jim und Sally Hartfield wieder zusammengefunden hätten. Ich freute mich für sie und war für uns alle erleichtert, denn ich war immer noch besorgt über die Festigkeit ihrer ursprünglichen Vereinbarung. Vor allem aber war ich neugierig: Was war passiert? Die Anwältin wußte es nicht genau. Ich dachte daran, mich an die beiden zu wenden, aber das paßte nicht zu unserer Beziehung, und so entschied ich mich dagegen.

Ich werde oft gefragt, ob sich Mediationsklienten eher versöhnen. Manche denken sogar, es sei Zweck der Mediation, wieder zusammenzukommen. Doch in der Regel versöhnen sich die Partner nach der Mediation nicht, weil einer oder beide fest vorhatten, sich scheiden zu lassen, und weil der Prozeß für beide sehr aufwendig und kraftraubend ist. Trotzdem kommt es manchmal vor.

Hatte die Mediation bei der Versöhnung dieses Paares eine Rolle gespielt? Ich weiß es nicht. Für viele Paare ist die Mediation ein Prozeß, in dem Verletzungen heilen können – eine Zeit, in der zwei Menschen damit kämpfen, ihr Leben verantwortlich und aufrichtig voneinander zu trennen. Obwohl es stets schmerzlich ist, sich von Angesicht zu Angesicht voneinander zu trennen, ist es paradoxerweise oft auch eine Zeit der Verbundenheit. Vielleicht ermöglicht durch die Anwesenheit eines Zeugen, können sich die Parteien füreinander öffnen, können einander plötzlich klarer sehen als seit langem. Manchmal kann dieser Prozeß sie wieder zusammenbringen. Meistens ermöglicht er ihnen, sich mit einem gewissen Maß an Würde zu trennen.

Mit der Mediation hatten Jim und Sally Hartfield versucht, einander während ihres schlimmsten Traumas zu helfen. Und es war beiden klar, daß jedem auch im größten Konflikt immer noch am anderen gelegen war. Und während ich mit dem Verlauf dieses

Mediationsfalles immer noch nicht glücklich bin – besonders stört mich dieses Gefühl der Hilflosigkeit, wenn ich den Eindruck habe, daß jemand etwas tut, was er später bereuen könnte –, freut es mich doch, daß ich vielleicht eine kleine Rolle bei der Rettung ihrer Ehe gespielt hatte.

Eine Kehrtwende

Dieser Fall zeigt, wie wichtig es ist, daß die Parteien ihre wahren Gefühle ergründen und sie dann ehrlich äußern. Er zeigt auch, wie ich sie darin unterstützen kann. Mr. und Mrs. Fisher erzielen eine Vereinbarung, doch kurz vor Abschluß gesteht Mrs. Fisher, daß sie ihr nicht fair vorkommt. Als sie versuchen, neu zu verhandeln, stagniert der Prozeß nicht nur, sondern wir bleiben hoffnungslos stecken. Meine Versuche, Ihnen zu einem tieferen Verständnis ihrer Beziehung und der Probleme mit der alten Vereinbarung zu verhelfen, verstärken die Lähmung nur.

Bei unserer ersten Sitzung erläuterte mir Mrs. Fisher, daß sie und ihr Mann seit Jahren mit einem Problem gerungen hatten, das ihre Beziehung überschattete und an dem auch schon Mr. Fishers erste Ehe zerbrochen war: Mr. Fisher litt unter wiederkehrenden Anfällen von Depression. Im Laufe der Jahre hatte er es mit Therapien und Antidepressiva versucht und schon mehrmals längere gesunde Phasen gehabt, doch die Krankheit kam immer wieder. Mit ihm in seinen depressiven Phasen zusammenzuleben war extrem schwierig für Mrs. Fisher.

Darla Fisher hatte ihren Mann Larry in einer Kneipe kennengelernt, als seine erste Ehe gerade auseinanderging. Stark und mitfühlend, wie sie war, dachte sie, sie könnte diesem gutaussehenden, älteren Mann helfen. Sie war zu jung, um zu erkennen, wie töricht der Spruch «Der braucht nur eine gute Frau» ist. Doch im Laufe der Jahre ging ihr allmählich die Geduld aus. Sie fühlte sich mit hinabgezogen von seiner nihilistischen Lebenseinstellung und litt darunter, daß er nicht zu mehr fähig war, als irgendwie durch den Tag zu kommen. Nachdem sie an einer Gruppe für Partner von Depressionskranken teilgenommen hatte, hatte sie beschlossen, sich scheiden zu lassen. Sie waren seit fast einem Jahr getrennt.

Ich war überrascht, als Mrs. Fishers Anwalt sie an mich zur Mediation verwies, weil ich wußte, daß er dem Prozeß sehr skeptisch gegenüberstand. Trotzdem hatte er sich nach mehreren gerichtlichen Gefechten um Unterhalt und Sorgerecht, die mehr Probleme erzeugt als gelöst hatten, mit dem gegnerischen Anwalt in Verbindung gesetzt, und sie hatten ihre Klienten beide dazu veranlaßt, zu mir zu kommen.

Die Spannung im Raum war von Anfang an spürbar. Mr. Fisher steckte zwar nicht in einer seiner depressiven Phasen, aber aus fast jedem seiner Worte klang seine Bekümmerung heraus. Er wollte weder eine Trennung noch eine Scheidung, aber wenn seine Frau darauf bestünde, würde er sich nicht dagegenstellen. Mrs. Fisher wußte und sagte von Anfang an sehr klar, was sie wollte: Sie wollte die Scheidung, und wenn ihr Mann die Mediation als Forum für eine Versöhnung nutzen wollte, dann würde sie zum gerichtlichen Weg zurückkehren. Aber selbst unter diesem Vorbehalt sei sie nicht sonderlich optimistisch, was die Mediation anginge, da sie wisse, wie unnachgiebig er sein könne. Sie hatte während seiner ersten Scheidung, bei der er sehr schlecht weggekommen war, mit ihm zusammengelebt, und wußte, daß er sich um so mehr schützen würde, damit ihm das nicht noch einmal passierte.

Trotz ihrer Vorbehalte wünschte sich Mrs. Fisher sehr, daß es mit der Mediation klappte. Es ging ihr darum, daß ihre beiden Kinder, der vierjährige Sam und die sechsjährige Helen, nicht noch mehr litten. Vor allem wollte sie verhindern, daß die Feindseligkeiten eskalierten, um ihnen so wenig wie möglich zu schaden. Mr. Fisher war sehr optimistisch in bezug auf die Mediation. «Wenn wir beide ein bißchen nachgeben können», sagte er, «kommen wir vielleicht zu einer vernünftigen Lösung, mit der wir beide leben können.»

Die Streitpunkte benennen

Mr. und Mrs. Fisher bestätigten beide, daß sie große Differenzen hinsichtlich ihres Eigentums hatten, und zwar bezüglich dessen, was mit den zwei Immobilien geschehen sollte, die sie in den acht Jahren Ehe erworben hatten. Hier endete die Klarheit allerdings. Keiner von beiden war in finanziellen Dingen sehr versiert oder wußte richtig über die finanzielle Vorgeschichte Bescheid, und ihre Akten waren hoffnungslos unvollständig. Doch durch viele gezielte Fragen, durch ihr Durchforsten der Akten nach alten Belegen und Rechnungen im Zusammenhang mit Renovierungen sowie nach alten Bankbelegen über Bargeld, das sie in die Immobilien gesteckt hatten, gelang es uns, den Großteil des Puzzles zusammenzufügen.

Als die beiden ihr gemeinsames Leben begannen, besaß Mr. Fisher zwei Immobilien mit einem Eigenkapital von insgesamt 20 000 Dollar. Sie bewohnten eine davon, und mittels harter Umbau- und Renovierungsarbeit, Bankkrediten und guten Timings konnten sie die beiden Objekte verkaufen und zwei andere erwerben. Die Familie lebte in dem einen, das 150 000 Dollar wert war und eine Hypothek von 80 000 Dollar trug; das andere war ein Mietobjekt mit einem Wert von 180 000 Dollar und einer Hypothek von 130 000 Dollar. Die Mieteinnahmen beliefen sich auf monatlich 1250 Dollar gegenüber 1300 Dollar Ausgaben, so daß sich ein monatliches Defizit von 50 Dollar ergab.

Als sie sich trennten, ließ sich Mr. Fisher dazu bewegen, aus dem Haus auszuziehen. Dieser Umstand machte die Trennung doppelt schmerzlich für ihn, weil er damit gleichzeitig seine Frau, seine Kinder und sein Zuhause verlor. Daß er freiwillig ging, wenn auch zögerlich, tat er auch deswegen, um bei seiner Frau etwas gutzumachen und um ihr zu beweisen, daß er seine Krankheit in den Griff kriegen konnte, indem er sich in intensive Psychotherapie begab und ein neues Antidepressivum ausprobierte. Er hoffte, daß sie ihn eines Tages bitten würde, zurückzukommen.

Jetzt litt er sehr unter der Situation und war wütend auf seine Frau, aber noch wütender auf sich selbst. Er wußte, daß er die Ehe zerstört hatte. Er war fünfundvierzig (fünfzehn Jahre älter als Mrs. Fisher) und hatte das Gefühl, sein Leben sei ein Trümmerhaufen. Er wollte nur nach Hause zurückkehren können und seinen Kindern ein so guter Vater wie möglich sein.

Auch Mrs. Fisher litt. Sie hatte ihren Mann sehr geliebt, sich mit aller Kraft für ihre Ehe eingesetzt und war sehr traurig über ihr Scheitern. Sie mußte sehr hart arbeiten, um monatlich die 700 Dollar Hauszahlungen zu leisten, die sie im Gegenzug gegen Mr. Fishers Auszug übernommen hatte. Außerdem war es kein Zuckerschlecken, mit Mr. Fisher die gemeinsame Elternschaft wahrzunehmen. Er war sprunghaft mit den Kindern und hatte ganz andere Vorstellungen von Erziehung als seine Frau. Aber am schlimmsten war, daß Sam immer wieder bat, seinen Vater nicht so oft sehen zu müssen. Mr. Fisher führte dies auf den Einfluß seiner Frau und auf den Umstand zurück, daß er keine anständige Bleibe hatte. Da er mit seiner Arbeit bei einem Tischler 30000 Dollar im Jahr verdiente, seiner Frau 700 Dollar Unterhalt zahlte (und bereit war, das weiterhin zu zahlen, obwohl beide wußten, daß es mindestens 200 Dollar mehr waren, als ein Gericht verfügen würde), blieben ihm selbst etwa 1200 Dollar netto übrig. Mrs. Fisher arbeitete ganztags als Köchin in einem Schnellimbiß, wo sie 18000 Dollar im Jahr verdiente.

In seiner Enttäuschung und seinem Schmerz hatte Mr. Fisher angefangen, seine Frau ständig wegen des Hauses oder Besuchsterminen für die Kinder anzurufen. Sie empfand das als Belästigung und weigerte sich schließlich, mit ihm zu telefonieren. Nun bombardierte er sie mit Briefen, was Mrs. Fisher ebensosehr aufregte.

Als ich beide bat, ihre Prioritäten bei den anstehenden Entscheidungen aufzulisten, brachte Mr. Fisher klar zum Ausdruck, daß er in dem Haus leben und es besitzen wollte. Mrs. Fisher war bereit, woanders zu leben, wollte aber das Haus, das sie bewohnte, auch besitzen. Da die Differenz zwischen dem Eigenanteil am Haus (70000 Dollar) und an der anderen Immobilie (50000 Dollar) in etwa Mr. Fishers vorehelichem Beitrag (20000 Dollar) entsprach, war scheinbar das einzige zu lösende Problem, wie Mrs. Fisher ihr Eigentum an dem Mietobjekt in ein eigenes Haus verwandeln konnte. Beide stimmten darin überein, daß wir nur dafür eine Lösung zu finden brauchten, um eine faire und praktikable Vereinbarung zu haben. Das sagten sie zumindest – aber es lag eine Spannung in der Luft, die ihre Worte Lügen zu strafen schien.

Worte gegen Gefühle

Wenn ich in der Mediation eine Diskrepanz spüre zwischen dem, was die Parteien sagen, und dem, was sie zu fühlen scheinen, habe ich eine Reihe von Möglichkeiten. Ich kann die Aussagen einfach als korrekt behandeln, dabei aber die Diskrepanz zur Kenntnis nehmen und abwarten, ob sie kleiner oder größer wird. Das gibt mir Zeit festzustellen, ob mein Dissonanzgefühl tatsächlich stimmt oder vielleicht anders begründet ist – zum Beispiel in einer Projektion meinerseits. Oder ich kann die Diskrepanz früher und direkter angehen, indem ich sie zum Diskussionsthema mache. Der Vorteil dieser Alternative ist, daß ich damit unerkannte Gefühle ins Bewußtsein bringen kann. Der Nachteil ist, daß ich in eine direktive Rolle geraten kann, die womöglich die Initiative der Parteien untergräbt, sie verwirrt oder dazu verleitet, sich zu mißtrauen.

Bei Mr. und Mrs. Fisher erschien mir der erste Ansatz der sinnvollere. Also beschlossen wir die Sitzung mit der Verabredung, uns in vierzehn Tagen wieder zu treffen. Bis dahin würden sie die Informationen sammeln, die nötig waren, um einen Weg zu finden, wie Mrs. Fisher zu einem eigenen Haus kommen konnte.

Mrs. Fisher erkundete ihre Möglichkeiten sehr gründlich. Sie sah sich ein paar Häuser an, um ein Gefühl für den Markt zu bekommen, erkundigte sich nach dem niedrigsten verfügbaren Hypothekenzinssatz und ließ von einem Steuerberater prüfen, wie sie es umgehen konnte, bei der Transaktion Steuern zu zahlen. Sie schien erleichtert, aber ein wenig ungläubig, daß es möglich sein würde, ihr Ziel zu erreichen. Dank der gesunkenen Hypothekenzinssätze konnte sie sich ein Haus für 120 000 Dollar leisten, kaum eine Verschlechterung gegenüber dem jetzigen Haus der Familie. Zudem hatte sie von einigen Häusern in der Gegend gehört, die in dieser Preisklasse lagen. Doch während Mrs. Fisher ihre Erkenntnisse präsentierte, wurde ich das Gefühl nicht los, daß ihr erklärtes Ziel nicht dem entsprach, was sie fühlte. Ich ging sowohl bei ihr als auch bei Mr. Fisher außergewöhnlich gründlich vor, damit sie auch ja alles verstanden, was vor sich ging.

Ihre Lösung war offenkundig attraktiv für Mr. Fisher. Ihm war das Haus sehr wichtig. Er pflegte den Garten und fühlte sich mit dem

Haus sehr verbunden, nachdem er es so mühevoll umgebaut hatte. Er schien daraus ein Gefühl der Sicherheit zu beziehen, das ihm ein wenig Hoffnung für die Zukunft gab. Er freute sich auch, daß alles so schön aufging. Das Haus gegen das Mietobjekt einzutauschen würde ihn für das Geld und die Zeit entschädigen, die er in seine Immobilien gesteckt hatte, bevor sie heirateten. Selbst wenn seine Frau etwas Unterstützung von ihm brauchte, um sich ein neues Haus zu kaufen, womit sie rechnete, schien er ihr diese geben zu wollen, wenn er nur in dem Haus der Familie bleiben konnte.

Nachdem wir besprochen hatten, wie man die steuerlichen Folgen der erforderlichen Transaktionen erheblich reduzieren und die von der Bank zu leihende Summe minimieren konnte, und einige weitere Details geklärt hatten, schienen wir bei einer praktikablen Lösung angelangt, die nur davon abhängig war, daß Mrs. Fisher ein Haus nach ihrem Geschmack fand:

- Mrs. Fisher würde so lange in dem Haus wohnen bleiben, bis das neue Haus auf sie übertragen war.
- Mr. Fisher würde sofort in das Mietobjekt ziehen und es umbauen und renovieren, damit sie es möglichst teuer verkaufen konnten.
- Das Geld aus dem Verkauf würde für den Kauf eines neuen Hauses für Mrs. Fisher verwendet. Mr. Fisher würde mit ihr gemeinsam einen Kredit beantragen, damit sie auf jeden Fall als kreditwürdig eingestuft wurde. Er würde ihr auch weiterhin Unterhalt zahlen, und zwar die erhöhte Summe von 850 Dollar monatlich.
- Mr. Fisher würde in das alte Haus zurückziehen, wenn Mrs. Fisher in ihr neues zog.
- Mrs. Fisher würde das Sorgerecht für die Kinder behalten, aber Mr. Fisher würde sie oft sehen, und sie würden alle darauf hinarbeiten, daß die Kinder einen Teil der Zeit bei ihm blieben.

Ich setzte eine Vereinbarung auf, die sie von ihren Beratungsanwälten prüfen ließen, während sich Mrs. Fisher weiter nach einem Haus umsah. Sie wollten zwar beide ein paar kleinere verfahrenstechnische Änderungen an der Vereinbarung, doch das Grundgerüst blieb intakt. Trotzdem wurde ich das Gefühl einfach nicht los, daß etwas nicht stimmte.

Probleme tauchen auf

Als wir zum Abschluß der Mediation kamen, fragte ich, ob sie die Vereinbarung für fair hielten.

Mr. Fisher: Ja, obwohl es mich nicht sonderlich freut, daß ich Darla so viel Unterhalt zahle. Aber trotzdem, ich glaube schon, daß es für Sam und Helen besser ist, wenn wir beide in Häusern leben, die uns gehören.
Mediator: Wie ist das mit Ihnen, Mrs. Fisher?
Mrs. Fisher: Warum fragen Sie das jetzt?
Mediator: Weil ich mich versichern will, daß die Vereinbarung als ganze für Sie genausoviel Sinn macht, wie es die Einzelteile zu machen schienen.
Mrs. Fisher: Aber jetzt ist es doch zu spät für Änderungen.
Mediator: Nein, ist es nicht. Es wäre zwar nicht gerade leicht, aber keiner von Ihnen soll am Ende mit einem Ergebnis dastehen, das er später bereut.
Mrs. Fisher: Nun, ich bin tatsächlich nicht sehr glücklich mit dieser Vereinbarung.
Mr. Fisher: Ich bin auch nicht sehr glücklich damit. Aber Darla, du mußt realistisch sein. Wir haben jeder etwas aufgegeben.
Mrs. Fisher: *(heftig weinend)* Das ist alles falsch. Ich wollte es ja nicht sagen, aber in Wahrheit ist mir diese Vereinbarung zuwider.
Mr. Fisher: Vielleicht sollten wir unserer Ehe noch eine Chance geben.
Mrs. Fisher: Nein! Ich habe dir gesagt, daß es mir nicht darum geht. Die Ehe ist vorbei, aber ich finde es nicht fair, daß du soviel als Ausgleich für deinen vorehelichen Beitrag bekommst.
Mr. Fisher: Es kann nicht alles nach deinem Kopf gehen. Du willst die Scheidung, und du willst ein Haus. Wir haben einen Weg gefunden, wie du beides bekommst, auch wenn das bedeutet, daß ich dir zuviel Geld zahle.
Mrs. Fisher: Ich fühle mich schuldig dafür, daß ich die Familie auseinanderreiße. Aber es ist verflixt noch mal nicht meine Schuld, und ich möchte nicht schon wieder versuchen müssen, es dir recht zu machen. Ich habe mehr aufgegeben, als ich sollte.

Mediator: Wie kommen Sie darauf?

Mrs. Fisher: Als wir zusammenlebten, habe ich viel zu den Umbauarbeiten beigetragen, die den Wert des Hauses gesteigert haben. Aber das bekomme ich in keiner Weise angerechnet.

Mediator: Wie kommt es, daß Sie das nicht früher gesagt haben?

Mrs. Fisher: Ich weiß nicht.

Mr. Fisher: Wie – du weißt nicht? Wir arbeiten daran seit Monaten. Du hast bis eben nie etwas davon gesagt. Was ist denn das jetzt für ein Unfug?

Mrs. Fisher: Ich wollte dich nicht aufregen und womöglich wieder eine deiner Depressionen auslösen.

Mediator: Gibt es auch andere Gründe?

Mrs. Fisher: Ja. Ich habe mich immer unterbewertet. Als Larry daher von dem Geld anfing, daß er angerechnet haben wollte, kam ich gar nicht darauf, daß ich die Arbeit, die ich vor unserer Heirat in die Immobilien gesteckt habe, auch angerechnet bekommen sollte. Aber ich habe schwer geschuftet und sollte das genauso angerechnet bekommen wie Larry.

Mediator: Das ist Ihnen also erst vor kurzem klargeworden?

Mrs. Fisher: Ja, und erst wollte ich mir nicht eingestehen, daß ich so empfand. Also habe ich versucht, es zu unterdrücken, und gehofft, daß ich damit leben könnte, wie die Vereinbarung sich entwickelte. Aber als Sie mich fragten, ob ich sie wirklich für fair halte, störte es mich auf einmal stärker.

Mediator: Gibt es noch mehr, was Sie stört?

Mrs. Fisher: Ich will nicht aus dem Haus ausziehen.

Mr. Fisher: Was?

Mrs. Fisher: Wenn ich ausziehe, ist das wieder nur eine Kapitulation vor Larry. Das Haus gehört mir genauso wie ihm. Ich habe dauernd gedacht, ich müßte es ihm recht machen, damit er gesund bleibt. Aber ich kann nicht länger um seine Depressionen herumtanzen. Ich habe kein Haus gefunden, das Sinn machen würde. Ich glaube einfach nicht, daß ich ein anderes Haus finden werde, in dem ich leben möchte und das auch noch bezahlbar wäre.

Mr. Fisher: Ich kann nicht glauben, was ich höre. Du willst dich scheiden lassen, du willst mein Geld, und jetzt willst du mich auch noch endgültig aus unserem Haus schmeißen.

Mrs. Fisher: Du denkst, die ganze Welt dreht sich um dich. Es tut mir leid, aber ich kann deine Bedürfnisse nicht länger vorgehen lassen.

Mediator: Ich weiß, wie erregt Sie jetzt beide sind, aber es wäre gut, wenn Sie dieses Gespräch fortsetzen könnten, damit wir verstehen, was hier abläuft.

Mr. Fisher: Ich kann Ihnen sagen, was hier abläuft. Sie versucht, alles zu kriegen.

Mediator: So empfinden Sie es.

Mr. Fisher: Nein, so ist es.

Mediator: Von hier aus sieht es nicht so aus.

Mr. Fisher: Was denken Sie also, was los ist?

Mediator: Ich bin nicht sicher. Die Vereinbarung, auf die wir hingearbeitet haben, hält nicht, und es ist besser, daß das jetzt herauskommt, als wenn Sie sich beide daran gebunden hätten. Es scheint mir auch, daß Mrs. Fisher allmählich ihre Prioritäten klarer erkennt und versucht, ein altes Muster zwischen Ihnen zu durchbrechen, das es ihr schwergemacht hat, zu sagen, was sie wirklich dachte.

Mr. Fisher: Ich weiß nicht, wovon Sie sprechen. *(Zu seiner Frau.)* Du willst diese Vereinbarung nicht unterschreiben?

Mrs. Fisher: Nein.

Mr. Fisher: Wann hast du das beschlossen?

Mrs. Fisher: In den letzten paar Minuten.

Mr. Fisher: *(zu mir)* Vielen Dank, mein Freund.

Mediator: Sie sind böse auf mich.

Mr. Fisher: Allerdings.

Mediator: Das tut mir leid. Ich versuche nur, mich an das zu halten, was wir am Anfang bezüglich unserer Zusammenarbeit abgemacht haben.

Mr. Fisher: Sie haben sie glatt aus der Vereinbarung hinausgeekelt.

Mrs. Fisher: Nein, Larry, so war es nicht. Du denkst, ich hätte keinen eigenen Willen. Aber es hat mir meine Selbstachtung geraubt, dir die ganzen Jahre immer alles recht zu machen. Ich lasse das nicht mehr zu.

Mr. Fisher: Vielleicht willst du dich daran erinnern, daß nicht ich diese Ehe beenden wollte.

Mediator: Ich glaube nicht, daß Sie auf diese Weise zu der besten Lösung kommen.

Mr. Fisher: Dann sagen Sie uns, was wir tun sollen. Sie haben uns das eingebrockt.

Mediator: Ich denke, Sie sollten als erstes die Vereinbarung vergessen. Wir müssen nach einer neuen Lösung suchen.

Mr. Fisher: Aber wenn wir alle beide das Haus wollen und sie für Arbeit bezahlt werden will, die sie nicht getan hat, was können wir da tun?

Mediator: Genau hier müssen wir ansetzen und schauen, ob wir nicht eine Lösung finden können, bei der keiner von Ihnen am Ende das Gefühl hat, daß er mehr aufgibt, als ihm recht und billig erscheint.

Mr. Fisher: Wie soll das gehen, wenn wir beide das Haus wollen?

Mediator: Indem wir die Bedürfnisse feststellen, die der Besitz des Hauses bei jedem von Ihnen erfüllen würde, und versuchen, sie anders zu erfüllen.

Noch einmal von vorne

Wenn sich eine Vereinbarung auflöst, so ist das stets sehr irritierend für alle Beteiligten, einschließlich meiner eigenen Person. Ich war einerseits enttäuscht, daß unsere ganze harte Arbeit für die Katz gewesen war, und andererseits erleichtert, daß wir nicht bei einer schlechten Vereinbarung gelandet waren. Meine erste Reaktion war, den Schuldigen für das Geschehene zu suchen. Ich kam zu dem Schluß, daß wir alle unseren Teil beigetragen hatten:

- Mrs. Fisher war nicht bereit gewesen, auszusprechen, was sie dachte. Dennoch konnte man ihr kaum einen Vorwurf machen, da sie am Ende doch noch den Mut fand, das Muster zu durchbrechen und zu sagen, was sie dachte, obwohl sie wußte, daß sie damit ihren Mann vielleicht schwer ins Schleudern brachte.

- Mr. Fisher hatte – durch seine Egozentrik – seine Frau so weit manipuliert, daß sie ihr eigenes Fairneßempfinden ignorierte, damit er bekam, was er wollte.

- Ich selbst hatte nicht versucht, Mrs. Fishers Vorbehalte schon früher ans Licht zu bringen. Ich hatte ihr Zögern von Anfang an gespürt und entschieden, es nicht herauszuarbeiten. Ich konnte verstehen, daß Mr. Fisher wütend auf mich war – es war etwas dran an seinem Vorwurf, daß der Zeitpunkt für solch eine dramatische Wende reichlich spät gewählt war. Und ich war sogar noch mehr schuldig, als er wußte, da ich diese Möglichkeit schon geahnt hatte, lange bevor Mrs. Fisher ihre Gefühle äußerte. Es war nun also die Frage, ob Mr. Fisher genug Vertrauen zu seiner Frau und mir hatte, um weiterzumachen. Sie hatten einiges an Zeit und Geld aufgewendet, und es hatte uns zu keiner Vereinbarung geführt. Und mir war weniger denn je klar, was für eine Vereinbarung für ihren Fall passen würde.

Also warum nicht einfach aufgeben, statt zu versuchen, meine und Mrs. Fishers angeknackste Glaubwürdigkeit wiederherzustellen und auf eine neue Übereinkunft hinzuarbeiten? Erstens sprach meine Erfahrung dagegen: Ich hatte schon oft erlebt, daß gerade in den scheinbar hoffnungslosesten Mediationsmomenten eine Vereinbarung greifbar nahe ist. Außerdem war ihre Situation derart schmerzlich, daß sie geradezu danach schrie, einen Weg zur Heilung ihrer gegenseitigen Verletzungen zu suchen. Und schließlich waren da die Kinder, die an diesem Prozeß zwar nicht beteiligt waren, aber deren Leben sehr stark davon beeinflußt sein würde, was bei unserer gemeinsamen Arbeit herauskam.

Ich bin nie, wie manche meiner Kollegen, der Ansicht gewesen, es sei meine Aufgabe, in der Mediation als Beschützer der Kinder zu fungieren, obwohl ich ihre Bedürfnisse natürlich durchaus berücksichtige. Als Vater weiß ich, wie schwer es selbst unter den günstigsten Umständen ist, Entscheidungen über die Kinder zu treffen. Und aus professioneller Sicht gibt es zwar eine gewisse fachliche Anleitung, aber selbst unter Psychologen ist man sich oft nicht einig, was für Kinder am besten ist. Die meisten Psychologen wären sich vermutlich einig, daß für Sam und Helen die Lösung des Konfliktes ihrer Eltern wichtiger sein würde als eine besondere Elternvereinbarung. Aber dazu würden die Eltern wohl noch mehr von den Konflikten austragen müssen, zumindest kurzfristig. Von dieser Warte aus war es also vielleicht besser für die Kinder, wenn Mrs. Fisher jetzt ihren Standpunkt vertrat, anstatt einer Vereinbarung zuzustimmen, die sie mehr denn je gegenüber ihrem Mann verbittern würde. Und ich fürchtete, daß sie, wenn sie nicht aus dieser Sackgasse herauskamen, wieder zu ihren Anwälten gehen und einander massiv bekriegen würden.

Aus dieser Befürchtung heraus machte ich bei den Fishers den zweiten Fehler. An einem kritischen Punkt wie diesem ist es besonders wichtig, daß die Parteien sich von sich aus erneut für den Mediationsprozeß entscheiden. Statt dessen erwartete Mr. Fisher von mir, daß ich ihnen sagte, was sie tun sollten, und ich gab dieser Bitte nach und riet ihnen zur Mediation. Damit hatte ich die große Chance verpaßt, daß sie sich selbst dafür entschieden, so lange zusammenzuarbeiten, bis sie eine beiderseitig befriedigende Lösung gefunden hatten. Diese bewußte Wahl hätte sie vielleicht hinter die Eigentumsfragen und zu ihrem subjektiven Konflikterleben vordringen lassen. Doch ich übernahm das Ruder und versuchte, uns voranzubringen, indem ich einen Dialog über ihre jeweiligen Haltungen anregte.

Mrs. Fisher: Ich brauche das Haus.
Mr. Fisher: Ich auch.
Mediator: Dann müssen wir einen Weg finden, das zu bewerkstelligen, oder ergründen, was hinter diesen Aussagen steckt.
Mr. Fisher: Zum Beispiel?
Mediator: Wenn Sie sagen, Sie brauchen das Haus, reden Sie dann jeweils davon, dort zu leben oder es zu besitzen oder beides? Von welchem Zeitraum sprechen Sie? Gäbe es eine Möglichkeit, daß Sie das Haus so lange gemeinsam besitzen, bis einer von Ihnen oder beide das nicht mehr wollen?
Mrs. Fisher: Hören Sie, ich will eine Trennung. Ich will das Haus nicht mit Larry zusammen besitzen.
Mediator: Ich nenne nur Beispiele dafür, was sich ergeben könnte, wenn wir Ihre Positionen eingehender betrachten.
Mr. Fisher: Aber dazu haben Sie uns doch schon am Anfang aufgefordert. Das hatten wir doch bereits.
Mediator: Ja, aber die Dinge haben sich inzwischen geändert.

Mr. Fisher: Vielleicht ändern sie sich noch mal.
Mediator: Könnte sein.
Mr. Fisher: Dann hätten wir ja noch mehr Zeit verschwendet.
Mediator: Ich bin nicht sicher, ob die bisherige Zeit verschwendet war, aber es ist möglich.
Mrs. Fisher: Was tun wir, wenn wir beide unter die Oberfläche vorgedrungen sind?
Mediator: Dann fragen wir uns zu dritt, welche Lösungen möglich wären, um diesen gründlich erforschten Bedürfnissen zu entsprechen.
Mr. Fisher: Warum sollte ich mir den Kopf darüber zerbrechen, was ihr helfen könnte? Sie haben doch gesehen, was das letzte Mal dabei herausgekommen ist.
Mediator: Es mag Ihnen nicht gefallen, aber Sie müssen diese Entscheidung vor dem Hintergrund Ihrer Alternativen abwägen.
Mr. Fisher: Okay, machen wir einen letzten Versuch.
Mrs. Fisher: Ich bin nicht sicher, ob ich verstehe, was ich zu tun habe.
Mediator: Wenn Sie heute abend hier weggehen, denken Sie bitte nicht nur darüber nach, was Ihnen in dieser Sache wichtig ist und warum, sondern versuchen Sie auch, diese Gefühle zu artikulieren.

Ein letzter Versuch

Bei der nächsten Sitzung begann ich:

Mediator: Ist Ihnen das gelungen, was wir besprochen haben?
Mr. Fisher: Ich weiß nur, daß ich dieses Haus will und das Geld, das ich in die Ehe eingebracht habe. Und Darla, du mußt die Tatsache akzeptieren, daß du für deine Leistung dadurch entschädigt wirst, daß dir das Haus und alles zur Hälfte, bis auf 20000 Dollar vom Mietobjekt, gehört, ohne daß du auch nur einen Pfennig eigenes Geld hineingesteckt hättest.
Mrs. Fisher: Ich will das Haus, weil ich fürchte, daß ich nicht genug Geld haben werde, um mit einer neuen Situation fertig zu wer-

den, selbst wenn ich Unterhalt von Larry bekomme. Im übrigen gefällt es mir nicht, von ihm abhängig zu sein. Deswegen will ich nur Kindesunterhalt, das Haus und etwas Bargeld als Sicherheitspolster.

Mr. Fisher: Ich wäre froh, wenn ich das selbst hätte. Das ist wirklich ein fairer Handel. Weißt du, wenn du so redest, vergißt du jedesmal die ganze Arbeit, die ich getan habe, um dich dahin zu bringen, wo du bist.

Mrs. Fisher: So denkst du darüber. Du hast niemals gesehen, wieviel ich getan habe. Du denkst, du hättest alles getan. Ich habe so vieles ertragen, und du siehst es nicht.

Mediator: Mr. Fisher, was steckt hinter Ihrem Wunsch, das Haus zu besitzen?

Mr. Fisher: Ich habe jede einzelne Blume gepflanzt, die dort wächst. Es steckt so viel von mir selbst in diesem Haus. Ich vermisse es sehr. Sie gießt die Blumen nicht, jätet kein Unkraut und tut nichts, um es zu erhalten. Es verkommt total.

Mediator: Vergessen Sie für einen Augenblick, was sie tut oder nicht tut. Was würde es für Sie bedeuten, das Haus aufzugeben?

Mr. Fisher: Über diese Frage nachzudenken, empfinde ich als zu schmerzlich.

Mediator: Ich versuche zu ergründen, was hinter Ihrem Wunsch, das Haus zu besitzen, steckt. Sie haben uns ein bißchen davon erzählt, aber ich möchte herausfinden, ob noch mehr dahintersteckt.

Mr. Fisher: Ich weiß, was Sie wollen, aber es fällt mir einfach zu schwer.

Mediator: Was fällt Ihnen zu schwer?

Mr. Fisher: Darüber nachzudenken, das Haus nicht zu haben.

Mrs. Fisher: Das Gefühl habe ich auch. Ich will das mit ihm regeln, aber ich glaube, er ist einfach zu stur. Deswegen habe ich ja auch versucht, darum herumzulavieren, aber zum Schluß stand ich mit etwas da, was weder für mich noch für die Kinder akzeptabel ist.

Mediator: Eine andere Alternative wäre natürlich, daß keiner von Ihnen das Haus bekommt. Genau das würde ein Richter vermutlich anordnen – daß es verkauft wird.

Mr. Fisher: Ist es das, was du willst, Darla? Wärst du dann glücklich?

Mrs. Fisher: Nein, ich wäre glücklich, wenn ich das Haus bekommen würde. Mir geht es nicht darum, es dir zu nehmen, sondern darum, es selbst zu behalten.

Mr. Fisher: Und du willst, daß ich nicht für die Zeit und das Geld entschädigt werde, die ich in die vorigen Häuser gesteckt habe?

Mrs. Fisher: Nein, ich finde nur, daß ich für meinen Aufwand auch entschädigt werden sollte.

Mr. Fisher: Aber du hast nichts zu den Hypothekenzahlungen beigesteuert, als wir zusammenlebten. Es ist sinnlos, hier weiterzumachen. Es führt zu nichts.

Mediator: Ich stimme Ihnen zu, daß wir im Moment nicht vorankommen. Aber dafür zeigt sich doch, woran es hängt – ich glaube, Sie haben beide das Gefühl, daß Ihr Beitrag zur Ehe nicht anerkannt wird, und sehen den Wunsch des anderen nach Anerkennung seines Beitrags als Nichtanerkennung der eigenen Leistung. Hört sich das richtig an?

Mr. Fisher: Sie will alles. Sie will, daß ich einfach von der Bildfläche verschwinde.

Mediator: So fühlt es sich für Sie an, ich weiß. Ich kann mir vorstellen, daß es für Sie schwer wäre, den Verlust des Hauses in Betracht zu ziehen.

Mr. Fisher: Das mache ich einfach nicht. Ich gebe es nicht auf. Ich glaube, daß ich durchaus vernünftig und kompromißbereit bin, aber Darla nicht.

Mediator: Ich würde Sie beide gerne etwas fragen. Glauben Sie, daß Sie den Standpunkt des anderen verstehen?

Mrs. Fisher: Ja, durchaus. Er will in dem Haus leben und weder meinen Beitrag anerkennen noch sehen, wie wichtig es ist, daß die Kinder die meiste Zeit dort verbringen.

Mediator: Und erscheint es Ihnen schlüssig, warum er so empfindet?

Mrs. Fisher: Sicher. So ist er eben.

Mediator: Und wenn Sie er wären, könnten Sie sich vorstellen, genauso zu empfinden?

Mrs. Fisher: Ja, außer daß ich nicht so uneinsichtig wäre, was den Beitrag meiner Frau anbelangt.

Mediator: Mr. Fisher, glauben Sie, Sie könnten sich in die Haut Ihrer Frau hineinversetzen und ihre Sichtweise verstehen?

Mr. Fisher: *(unter Tränen)* Ich finde es einfach nicht fair, daß sie die Scheidung und das Haus kriegen soll.
Mediator: Ich kann das nachvollziehen. Aber sehen Sie auch, wie das für sie im Augenblick ist?
Mr. Fisher: *(schluchzend)* Wie kann sie mir das antun?
Mediator: Ich sehe, wie schwer das alles für Sie ist. Im Moment sitzen wir offensichtlich fest, und ich versuche, Ihnen beiden zu helfen, Ihren Blickwinkel etwas zu erweitern. Dadurch könnten Alternativen auftauchen, die uns aus der Sackgasse heraushelfen.
Mr. Fisher: Ich finde das zu schmerzlich.
Mediator: Mit «das» meinen Sie, zu versuchen, an sich selbst zu denken und sich gleichzeitig in ihre Lage zu versetzen?
Mr. Fisher: Ja, genau.
Mediator: Das kann ich verstehen. Aber wenn wir etwas erarbeiten wollen, was der ganzen Familie gerecht wird, müssen Sie beide bereit sein, das gesamte Bild zu betrachten, und das schließt den Standpunkt des anderen ein.
Mr. Fisher: Ich glaube nicht, daß ich weitermachen kann.

Nach etwa fünf weiteren Minuten war es vorüber. Sie entscheiden beide, daß es keinen Sinn mehr hatte, mit der Mediation fortzufahren. Wir sprachen noch eine Weile darüber, wie sie den Fall mit ihren Anwälten weiterverfolgen konnten, und dann gingen sie.

Nachbetrachtung

Ich war ein wenig erleichtert, aber wie bei den meisten Fällen, in denen es keine Lösung gibt, auch frustriert. Die Mediation war gescheitert. Warum? Um die Wahrheit zu sagen, ich wußte es nicht. Möglich, daß diese beiden von vornherein nie eine Mediation hätten versuchen sollen und daß der Prozeß dies lediglich bewiesen hatte.

Aber ich fragte mich auch, ob ich etwas hätte tun können, um das Patt zu durchbrechen. Vielleicht hatte ich Mr. Fishers Interessen verraten und war zum Anwalt von Mrs. Fisher geworden. Vielleicht hätte ich die rechtliche Dimension hervorheben sollen, wie es ihre

Anwälte zweifellos getan hatten. Ich hätte Mrs. Fisher überzeugen können, daß sie vor Gericht vermutlich nicht besser weggekommen wäre, zumindest was die wirtschaftliche Seite anbelangte. Sie hätte weniger Unterhalt bekommen, das Haus vielleicht nicht gekriegt, und sie hätte einen Richter niemals dazu bewegen können, zu verfügen, daß ihr Mann ihr dabei half, ein neues Haus zu kaufen, falls sie das mußte.

Vielleicht würde Mrs. Fisher doch einen Sinn in dem Mediationsversuch sehen, nämlich daß er ihre Zurückhaltung in Selbstbewußtsein verwandelt hatte. Mr. Fisher hingegen würde den Mediationsprozeß wohl kaum als nützlich betrachten – dafür war er zu verletzt. Tatsächlich war ich ziemlich sicher, daß er mir weiter vorwerfen würde, eine Vereinbarung zerstört zu haben, die für ihn «fair» gewesen war. Vor allem war ich besorgt, daß der Zusammenbruch der Mediation ihre Differenzen eskalieren lassen und Mr. Fishers labile Beziehung zu seinem Sohn noch weiter belasten würde. Vielleicht würde er irgendwann den Zusammenhang zwischen alten Wahrnehmungsmustern und heutigen Problemen erkennen, der jetzt von seinem Schmerz verdunkelt war.

Abschluß

Ich war überrascht, als ich ein paar Wochen später zusammen mit der Bezahlung meiner Rechnung einen Brief von Mr. Fisher erhielt. Er schrieb, er habe die Mediation nicht bereut und er glaube, er und seine Frau hätten dabei mehr über sich und ihre Beziehung gelernt als im Umgang mit den Rechtsanwälten. Diese Erfahrung sei wertvoll gewesen, auch wenn sie nicht zu einer Vereinbarung geführt habe. Dank der Mediation gingen sie jetzt anders mit ihren Anwälten um, und er hätte das Gefühl, daß sie auf dem Weg zu einer «mediativen» Regelung ihres Falls wären. Er teilte mir auch mit, daß er einen neuen Psychiater gefunden habe und zufrieden mit dem Therapieverlauf sei. Ich war erleichtert, daß er etwas unternahm, um seinen Depressionszyklus zu durchbrechen.

Letztlich lehrte mich dieser Fall wieder einmal eine Lektion, die ich besonders schwer finde: Nicht nur bei der Entscheidung für oder gegen die Mediation, sondern auch bei der Entscheidung für oder gegen ihren Abbruch muß ich ganz der Intuition der Parteien vertrauen. Ich muß allen meinen Eindrücken auf den Grund gehen, ohne meine Vermutungen zurückzuhalten oder zu verdrängen. Und schließlich erinnerte mich dieser Fall daran, daß man für eine Mediation sehr viel Schneid braucht und daß die Mühe auch ohne den objektiven Erfolg einer fundierten Vereinbarung anderweitig belohnt werden kann.

Zur juristischen Situation in Deutschland

Anmerkungen von Joachim Neufeldt

Da die in den Mediationsfällen von Gary Friedman erwähnten juristischen Fragen die amerikanischen Rechtsverhältnisse widerspiegeln, soll mit den folgenden Anmerkungen erläutert werden, was das deutsche Recht zu entsprechenden Problemen vorsieht. Eine im laufenden Text vorgenommene Anpassung an deutsche Rechtsverhältnisse hätte den Zusammenhang der Fallgeschichten stören können. Aus diesem Grund wurden die entsprechenden Kommentare und Informationen in einem gesonderten Anmerkungsteil zusammengefaßt.

1 In Deutschland herrscht für Ehesachen und Folgesachen Anwaltszwang nach den Vorschriften des § 78 ZPO. Auch bei einer einverständlichen Scheidung muß zumindest eine Partei durch einen Rechtsanwalt vertreten sein.

2 Zur Rechtswirksamkeit von Mediationsvereinbarungen:
Pacta sund servanda, Verträge sind einzuhalten, ist ein Rechtsgrundsatz, der in allen Kulturen und Rechtsordnungen seit jeher Geltung hat. Er gilt grundsätzlich auch für mündliche und schriftliche Vereinbarungen und Verträge, die scheidungswillige Ehepaare in der

Mediation erarbeitet haben. So wäre z. B. eine schriftliche (sogar mündliche) Vereinbarung rechtlich verbindlich, mit der festgelegt würde, daß ein bestimmter Hausratsgegenstand im Falle der Scheidung vom Ehemann in die neue Wohnung mitgenommen werden kann. Eine nur mündliche Vereinbarung empfiehlt sich wegen der damit verbundenen schlechten Beweissituation in keinem Fall.

Anders als in Kalifornien kann in Deutschland ein Versprechen, das einem Ehepartner gehörende Haus alsbald zu verkaufen, aber weder mündlich noch (privat-)schriftlich rechtlich verbindlich abgegeben werden. Zur Rechtswirksamkeit wäre die notarielle Beurkundung oder der gerichtlich protokollierte Vergleich erforderlich (§§ 313, 127a BGB).

Im deutschen Recht sind für eine Reihe von Rechtsgeschäften bestimmte Formvorschriften gesetzlich normiert. Wird die Form nicht beachtet, ist das Rechtsgeschäft nach § 125 BGB nichtig. Die Formvorschriften haben Warnfunktion (die Vertragschließenden sollen vor übereilten Entschlüssen geschützt werden), Beweisfunktion (der Inhalt des Rechtsgeschäfts soll schriftlich niedergelegt sein) und Beratungsfunktion (Notare oder – bei gerichtlichen Vergleichen – Anwälte können sachkundig beraten und belehren) und sind deshalb durchaus sinnvoll.

Rechtsgeschäfte, die einer bestimmten Form – hier der notariellen Beurkundung – bedürfen, sind im Zusammenhang mit Trennung und Scheidung u. a.

■ die Verpflichtung zur Veräußerung oder zum Erwerb eines Grundstücks mit und ohne Haus oder einer Eigentumswohnung,

■ eine Veränderung der güterrechtlichen Verhältnisse (z. B. Aufhebung der Zugewinngemeinschaft mit der Wirkung, daß Gütertrennung eintritt – §§ 1408 Abs. 1, 1414 BGB –),

■ der Ausschluß des Versorgungsausgleichs nach §§ 1408 Abs. 2 oder 1587 o BGB,

■ wenn das Verfahren auf Auflösung der Ehe bereits läuft: eine Vereinbarung über den Ausgleich des Zugewinns für den Fall, daß die Ehe aufgelöst wird.

Die Beurkundung beim Notar kann gem. § 127a BGB durch die Protokollierung eines gerichtlichen Vergleiches ersetzt werden, wobei dann – zumindest für den Vergleich – beide Seiten durch Anwälte vertreten sein müssen, während ansonsten bei der Scheidung ein Anwalt reicht, wenn der Antragsgegner der Scheidung zustimmt.

Beinhaltet die Mediationsvereinbarung solche formbedürftigen Vertragsregelungen nicht, ist sie wirksam, Fälle der Sittenwidrigkeit einmal ausgenommen.

Die Mediationsvereinbarung kann also insbesondere folgende Gegenstände verbindlich regeln:

■ den Ehegattenunterhalt (auch Verzicht),

■ die Regelung der Unterhaltspflicht gegenüber gemeinsamen Kindern,

■ die Rechtsverhältnisse an der Ehewohnung (soweit damit kein Grundstücksgeschäft verbunden ist) und am Hausrat.

Die Vereinbarung kann selbstverständlich auch Aussagen zum Sorge- und Umgangsrecht machen, doch wäre eine Verbindlichkeit versagt, wenn die Regelung nicht dem Kindeswohl entspräche. Insofern können die Eltern dem Gericht lediglich einen (übereinstimmenden) Vorschlag machen, von dem das Gericht allerdings nur dann abweichen soll, wenn dies zum Wohle des Kindes «erforderlich» ist (§ 1671 Abs. 3 BGB).

Das scheidungswillige Paar ist aber – dies zur Klarstellung – in der Mediation nicht gehindert, auch die Vereinbarungsteile, die der notariellen Beurkundung bedürfen, auszuhandeln, ja sie zum Teil schon durchzuführen.

So bedarf während des laufenden Scheidungsverfahrens nach § 1378 Abs. 3 BGB die Vereinbarung über den Ausgleich des Zugewinns für den Fall der Scheidung zwar der notariellen Beurkundung, doch hindert niemand die Parteien, den Zugewinnausgleich – ganz ohne Notar – schlicht durchzuführen, so daß der Ausgleich gar nicht bis zur Scheidung hinausgeschoben wird und folglich dieser Gegenstand nicht mehr vom Gericht entschieden werden, ja dort nicht einmal anhängig gemacht werden muß.

Schließlich sei noch auf eine Besonderheit bei der sogenannten *einvernehmlichen Scheidung* im Sinne der §§ 1565, 1566 Abs. 1 BGB hingewiesen. Danach wird zugunsten von zwei scheidungswilligen Ehepartnern unwiderlegbar vermutet, daß die Ehe gescheitert ist, wenn die Ehegatten seit einem Jahr getrennt leben. Der übereinstimmende Scheidungswille reicht für eine «schnelle Scheidung» aber nicht. Der die Scheidung beantragende Ehegatte muß durch seinen Rechtsanwalt gemäß § 630 ZPO u. a. auch vortragen lassen, daß Einigkeit über Kindes- und Ehegattenunterhalt, Ehewohnung und Hausrat erzielt worden ist und daß es diesbezüglich bereits vollstreckbare Schuldtitel gibt oder ein solcher durch Protokollierung eines gerichtlichen Vergleiches herbeigeführt wird.

Auch hier kann der Mediator mit Hinweisen zum Verfahren helfen: Haben die Eheleute bereits inhaltliche Regelungen bezüglich der genannten Gegenstände erarbeitet, so kann in der Mediation auch über verbindliche und zugleich kostengünstige Wege zur Anerkennung bei Gericht gesprochen werden:

- der Kindesunterhalt kann kostenlos beim Jugendamt beurkundet und tituliert werden,

- der Ehegattenunterhalt wird – unter Berücksichtigung entstehender Kosten – beim Notar oder im gerichtlichen Vergleich tituliert,

- die Ehewohnung wird unstreitig gestellt, indem einer auszieht,

- der Hausrat wird schon vor der letzten mündlichen Verhandlung im Scheidungsverfahren aufgeteilt.

Haben die Eheleute es mit der Scheidung nicht eilig, können sie theoretisch auf die Titulierung von Unterhaltsansprüchen für Kinder oder den berechtigten Ehegatten verzichten. Dies ist aber schon wegen der prozessualen Erleichterung bei später meist erforderlichen Abänderungen von titulierten Unterhaltsansprüchen nicht zu empfehlen. Außerdem: Zahlt der Schuldner – trotz Vereinbarung – nicht oder unvollständig, so muß erst aus der Vereinbarung geklagt und kann erst aus der vollstreckbaren Ausfertigung des Urteils der Unterhalt beigetrieben werden, ein zeitraubender und kostspieliger Weg.

Fazit: Scheidungswillige können die meisten Streitpunkte in der Mediation verbindlich klären und z. T. ohne Gericht schlicht durchführen. Nur wenige Regelungen *müssen* beim Notar beurkundet oder ersatzweise beim Gericht als Vergleich protokolliert werden. Zahlungsverpflichtungen in der Zukunft *sollten* tituliert werden, selbst wenn die Scheidung davon nicht abhängt.

3 Auch in Deutschland sind Scheidungswillige gelegentlich bereit, Vereinbarungen zu treffen, die vom Gesetz nicht zugelassen sind und deshalb unwirksam sind. So kann in der Trennungszeit z. B. nicht wirksam auf Ehegattenunterhalt verzichtet werden. Dies muß ein Mediator seinen Klienten sagen. Ein sogenannter «Psycho»-Mediator in freier Praxis darf allerdings keine Rechtsberatung erteilen. «Psycho»-Mediatoren werden die Mediatoren genannt, die in ihrem «ersten Beruf» als Psychologen bzw. Therapeuten tätig sind oder waren, im Gegensatz zu den Rechtsanwälten unter den Mediatoren. Diese «Psycho»-Mediatoren müssen ihre Klienten auf jeden Fall zu Beratungsanwälten schicken, die solche Punkte aufklären können.

Trotz dieser Aufklärung könnten die Ehepartner sich an ihre (unwirksame) Vereinbarung gebunden fühlen, weil sie für sie «stimmt». Dann gilt: «Wo kein Kläger, da kein Richter.» Sollte aber die verzichtende Partei die Vereinbarung später bereuen, kann sie jederzeit den Trennungsunterhalt für die Zukunft einklagen.

4 Ein deutsches Gericht würde, wenn es den Punkt erkennt, ebenfalls einen von vornherein rechtswidrigen Vergleich nicht protokollieren. Das würde insbesondere für die auch in Deutschland rechtswidrige und damit unwirksame Vereinbarung gelten, daß ein Elternteil für alle Zukunft von der Unterhaltspflicht gegenüber einem Kind befreit wird.

5 Dies gilt in Deutschland nur für Anwaltsmediatoren. Die «Psycho»-Mediatoren in freier Praxis dürfen keine gewerbliche Rechtsberatung betreiben, sondern müssen ihre Klienten zu Beratungsanwälten schicken. Dabei sollten sie den Klienten aber raten, zunächst mit den Rechtsanwälten ein Stundenhonorar zu vereinba-

ren. Ob dieser Beratungsanwalt später den Auftrag zur Durchführung der Scheidung erhält (dann würde das bereits gezahlte Honorar auf die Gesamtkosten angerechnet), kann zunächst offenbleiben. Vielleicht genügt für die Scheidung ein Anwalt, wenn alle Scheidungsfolgen bereits einvernehmlich geklärt sind.

Umstritten ist, inwieweit «Psycho»-Mediatoren in Jugendämtern und Beratungsstellen Rechtsrat in Zusammenhang mit ihrer Beratungstätigkeit erteilen dürfen. Vergleiche dazu den (der Beratung zustimmenden) Beschluß des Deutschen Bundestages vom 13. 2. 1992 zum Abschluß eines zu dieser Thematik betriebenen Petitionsverfahrens des VAK Anwalt des Kindes e. V., Hamm, abgedruckt in ZfJ 81 Jahrgang Nr. 2/94, S. 75 f, und den Aufsatz «Jugendämter und Rechtsberatung» von Schulte-Kellinghaus in FamRZ 94, 1230 ff, nach dem Jugendamtsmitarbeitern im Zusammenhang mit Trennungs- und Scheidungsberatung ebenfalls die Rechtsberatung gestattet sein soll.

6 Auch in Deutschland kann der Verkauf bzw. die Versteigerung eines Hauses, das im Allein- oder Miteigentum eines Ehepartners steht, erzwungen werden, auch wenn das die Ehewohnung war und der andere Ehepartner weiter dort wohnen möchte.

7 In der Bundesrepublik werden Ehepartner – wenn sie nichts anderes vereinbart haben – am Verkaufserlös eines in gemeinsamem Eigentum stehenden Hauses nach den Eigentumsanteilen beteiligt. Gehört ihnen ein Haus also je zur Hälfte, erhält auch jeder den halben Kaufpreis. Ein Rückerstattungsgesetz – wie in den USA – gibt es hier nicht.

8 In Deutschland wird der Ehegattenunterhalt für die Zeit ab rechtskräftiger Scheidung auf Antrag vom Gericht im Zusammenhang mit dem Scheidungsausspruch «im Verbund» entschieden. Sollten sich später die Verhältnisse auf Seiten des Verpflichteten oder/und des Berechtigten ändern, kann die Höhe des Unterhalts unter bestimmten Voraussetzungen durch Abänderungsklage den neuen Verhältnissen angepaßt werden.

9 Gary Friedman schickt als Mediator seine Mandanten/Klienten ebenfalls zu Beratungsanwälten, obwohl er selbst Jurist ist. Dies empfiehlt sich auch für Anwaltsmediatoren in Deutschland, um die Vereinbarung vor ihrem endgültigen Abschluß noch mit den kritischen Augen eines parteiischen Anwalts zu prüfen.

Der Verkauf eines Hauses kann in Deutschland allerdings nicht rechtlich verbindlich in einer (privat-)schriftlichen Mediationsvereinbarung versprochen werden. Die Verbindlichkeit tritt erst ein, wenn der Verkauf notariell beurkundet oder in einem gerichtlichen Vergleich protokolliert wurde (vgl. Anm. 2).

10 In Deutschland gibt es – trotz der Abweichungen im gerichtlichen Verfahren – ähnliche Kritik, insbesondere gegenüber den «Psycho»-Mediatoren, die oft nicht über hinreichende juristische Kenntnisse verfügen, um die rechtliche Bedeutung von gegebenen oder unterlassenen Informationen einschätzen zu können.

11 In der Bundesrepublik kann ein Privatmann, der nicht mit Grundstücken oder Häusern handelt, sein Haus nach zwei Jahren verkaufen, ohne daß er für einen Gewinn beim Verkauf Steuern zahlen muß. Diese Steuerbegünstigung gilt für maximal 3 Objekte in einem 5-Jahres-Zeitraum.

Im amerikanischen bzw. kalifornischen Recht ist es scheinbar so, daß Steuern zu zahlen sind, wenn ein 2. Haus angeschafft wird und das 1. Haus nicht innerhalb 2 Jahren verkauft wird. Diese Regelung gibt es in Deutschland nicht.

12 Auch in der Bundesrepublik gibt es das «schiedsrichterliche Verfahren». Es ist in §§ 1025 ff ZPO (Zivilprozeßordnung) geregelt.

Die Vereinbarung von zwei oder mehr Parteien, daß die Entscheidung einer Rechtsstreitigkeit durch einen oder mehrere Schiedsrichter erfolgen sollte, hat insoweit rechtlich verbindliche Wirkung, als die Parteien berechtigt sind, über den Gegenstand des Streites einen Vergleich zu schließen. Der Schiedsvertrag bedarf der Schriftform. Weitere Einzelheiten sind in der ZPO nachzulesen.

13 Erbschaften und Schenkungen an einen Ehepartner haben auch in Deutschland besondere Bedeutung, wenn die Eheleute im Güterstand der Zugewinngemeinschaft leben. Die gesetzliche Regelung sieht vor, daß der höhere Zugewinn eines Ehepartners aus der Ehezeit bei Scheidung hälftig als Geldbetrag an den anderen zu zahlen ist. Erbschaften und Schenkungen in der Ehezeit werden aber so behandelt, als wären sie von dem Begünstigten bereits mit in die Ehe gebracht worden. Sie werden dem Anfangsvermögen zugerechnet. Echte Wertsteigerungen des ererbten oder geschenkten Vermögens (über die Inflationsrate hinaus) und Erträgnisse des Vermögens, wie z. B. Zinsen, gehören – soweit zum Ausgleichsstichtag noch vorhanden – aber wieder zum ausgleichspflichtigen Zugewinn. Insofern würde auch ein Mediator in Deutschland die Einzelheiten aufklären wollen.

14 Diese Thematik wird bei deutschen Mediationen ganz ähnlich behandelt. Es geht um das sogenannte begrenzte Realsplitting bei Unterhalt für einen geschiedenen Ehegatten. Ein Ehegatte kann bis zu 27000 DM im Jahr Unterhalt an seinen geschiedenen Ehegatten von der Steuer absetzen. Befindet er sich bei Zahlung der vollen 27000 DM in einer hohen Progressionsstufe, spart er z. B. 12000 DM an Steuern. Der andere Ehegatte muß die 27000 DM mit seinen übrigen Einkünften versteuern. Hat er keine anderen Einkünfte, zahlt er – je nach Freibeträgen – vielleicht nur 5000 DM Steuern. Diese müßte der unterhaltszahlende Ehegatte natürlich übernehmen; er hätte im Rahmen dieses Beispiels aber immer noch 7000 DM Steuern gespart.

15 Der Wert eines Geschäftes wird auch in Deutschland nicht allein von den Investitionen bestimmt. Ein neu eröffnetes Geschäft einer gut eingeführten Ladenkette profitiert von dem bereits bekannten Namen und der Kundenbindung. Der Gesamtwert der Filiale kann die für ihre Einrichtung getätigten Investitionen um ein vielfaches übersteigen.

Die Errungenschaftsgemeinschaft war der gesetzliche Güterstand in der früheren DDR. Sie ist durch die (westdeutsche) Zugewinngemeinschaft ersetzt worden. Bei diesem Güterstand werden die Ehegatten nicht gemeinsam Eigentümer von Gegenständen, die nur ein Ehegatte erworben hat. Jeder verwaltet sein Vermögen selbständig. Bei einer Scheidung wird dann lediglich der höhere Zugewinn eines Partners durch Zahlung eines Geldbetrages ausgeglichen.

Mediation in Deutschland.
Ein Überblick

Nachwort von Hannelore Diez und Heiner Krabbe

Mediation ist alt und neu zugleich.[I]

Vermittlung als «geradezu archetypische Konfliktlösungsform» hat eine lange Tradition in unterschiedlichen Kulturen: Ein hinzutretender Dritter unterstützt die Konfliktpartner auf dem Weg zu einer von beiden getragenen einvernehmlichen Lösung – anders als ein Richter, der den Konflikt zwischen den beiden Partner entscheidet.[II]

In Deutschland wurde die Mediation erst in den 80er Jahren neu entdeckt, hier insbesondere für den Bereich von Trennung und Scheidung. Die Analyse von Mängeln des traditionellen familiengerichtlichen Verfahrens forderte geradezu die Entwicklung außergerichtlicher Modelle zur Lösung von Trennungskonflikten.[III]

Familienmediation als Konfliktlösungstechnik mit alter Tradition hat sich in den vergangenen Jahren als Alternative zum gerichtlichen Streit etabliert. Sie hilft Paaren und Familien, die Folgen von Trennung und Scheidung fair und rechtsverbindlich miteinander zu vereinbaren; sie vermittelt in Fragen des Sorge- und Umgangsrechts, des Unterhalts der Ehepartner und Kinder, in Eigentumsfragen und anderen finanziellen oder psychologisch-pädagogischen Fragen.

Geschichtliche Grundlagen der Mediation

Seit Tausenden von Jahren ist Vermittlung als Konfliktlösungstechnik von allen Arten von Gesellschaften genutzt worden.

Im antiken China war Vermittlung das Hauptmittel, mit dem Konflikte zwischen streitenden Paaren gelöst wurden. Im christlich-abendländischen Bereich finden sich bereits im Neuen Testament mehrere Hinweise auf Vermittlung bzw. auf einvernehmliche (laienhafte) Konfliktregelung an Stelle gerichtlicher Auseinandersetzungen (vgl. Matthäus 5,9; 1. Timotheus 2,5; Korinther 6,1–4).[IV]

Sie wird auch in der Volksrepublik China weiterhin praktiziert und genießt einen bedeutenden Platz im chinesischen Rechtssystem.[V]

In ähnlicher Weise findet man eine reiche Geschichte der Versöhnung und Vermittlung in Japan. Im Gegensatz zur streitenden westlichen Kultur mag die geringe Rechtsanwaltsdichte in Japan als ein Zeichen gelten, wie stark die Tradition von Versöhnung und Vermittlung in diesem Land verankert ist.[VI]

In Teilen Afrikas diente ein respektierter Führer der Gemeinschaft traditionell als Vermittler, um streitende Parteien bei der kooperativen Lösung ihrer Beschwerden zu unterstützen. Im allgemeinen waren seine Bemühungen darauf gerichtet, die Streitenden zur Klärung ihrer Differenzen ohne Zuhilfenahme eines Richters zu bewegen.

In den USA nutzten die frühen Quäker Vermittlung und Schlichtungsverfahren, um Auseinandersetzungen zu lösen. Ethnische und kulturelle Gruppen, die auf Vermittlung eingestimmt waren, schufen ähnliche Systeme nach ihrer Einwanderung in die Vereinigten Staaten. Ein Beispiel ist die «Chinesische Wohlwollende Gesellschaft», die geschaffen wurde, um Auseinandersetzungen zwischen Mitgliedern der Gemeinschaft sowie Konflikte in Familien zu lösen. Ein anderes Beispiel ist das «Jüdische Versöhnungs-Komitee», das 1920 in New York City geschaffen wurde. Dieses auf der Gemeinde beruhende System, das auch heute noch funktioniert, ist eine Herleitung aus dem «Jüdischen Religionsgericht» – einem System, das von den alten Hebräern für Versöhnung und Vermittlung zwischen den streitenden Parteien in Gemeinde und Familie genutzt wurde.

So hat sich die Vermittlung in den USA als ein unentbehrliches Instrument zur Konfliktsteuerung auf unterschiedlichsten Gebieten entwickelt, z. B. für Bereiche wie Umwelt-, Nachbarschafts- und Schuldnerfragen, politische Konflikte sowie, nicht zuletzt, elterliche Streitigkeiten bei Trennung und Scheidung.[VII]

In Deutschland wurde die Mediation in den 80er Jahren von den Evangelischen Akademien bekannt gemacht. 1982 griff die Akademie in Bad Boll das Thema auf; 1988 befaßte sich der sog. «Kleine Familiengerichtstag» der Evangelischen Akademie Arnoldshain erneut mit der Mediation. Im Anschluß an die Tagung wurden von unterschiedlichen Berufen und Institutionen Zentren und Arbeitskreise für Mediation gegründet. Daraus ist 1992 in Bad Boll die Bundesarbeitsgemeinschaft für Familienmediation hervorgegangen. Sie hat Richtlinien für die berufliche Ausübung der Mediation sowie Standards für die Ausbildung und Zulassung von Mediatoren und Mediatorinnen entwickelt und verabschiedet.

Entwicklung von Mediationskonzepten

Die Konzepte der Mediation sind in Deutschland mehr oder weniger deutlich von der amerikanischen Literatur und Praxis beeinflußt worden. Neben dem Rückgriff auf diese Erfahrungen aus den USA gab es seit Ende der 70er Jahre auch in Deutschland Entwicklungen, die die Erarbeitung von eigenständigen Konzeptionen in besonderem Maße ermöglicht haben. Mit der Scheidungsreform von 1977 wurde das bisher geltende Schuldprinzip vom Zerrüttungsprinzip abgelöst – und damit wurden die Scheidungsfolgen von den Scheidungsvoraussetzungen abgekoppelt. Die «elterliche Gewalt» oder der Unterhaltsanspruch der Ehefrau hingen nicht länger mit der Schuldfrage zusammen, sondern mußten eigenständig geregelt werden. Zudem entwickelte das Bundesverfassungsgericht 1982 mit seinem Urteil zum gemeinsamen Sorgerecht das Bewußtsein dafür, daß es bei der Entscheidung über das Sorgerecht nicht darauf ankommt, wem das Recht auf die Kinder zusteht, sondern wie die Eltern trotz Scheidung als Vater und Mutter für die Kinder sorgen.[VIII]

Schließlich trugen auch Trennungs- und Scheidungsberatungsstellen dazu bei, die gemeinsame Elternschaft trotz Trennung des Paares einzuüben und zu gewährleisten. Gerade hier zeigte sich, daß die Mediation zur Bewältigung der anstehenden Probleme bei der Sorge um die Kinder besser geeignet ist als das gerichtliche Verfahren.[IX]

Diese elternbezogene Scheidungsberatung konzentriert sich auf die Scheidungsfolgen, die die Kinder betreffen. Die Fragen und Probleme des äußeren Regelungsbedarfs einer Trennungsfamilie – wie Zeiten, Wohnen, Kosten, Familienvermögen, Schule, Krankheiten etc. – stehen im Mittelpunkt der Beratung. Entsprechende Elternvereinbarungen erweisen sich dort als besonders wichtig, wo die dispositiven Regelungen des Familienrechts und die Regelungen des familiengerichtlichen Verfahrens nicht greifen; so bei nichtehelichen und neu zusammengesetzten Familien oder Familien mit gemeinsamem Sorgerecht. Aber auch die gängigen Orientierungs- und Entscheidungshilfen für die «normale Scheidungsfamilie» – wie Düsseldorfer Tabelle, 14-Tage-Besuchsregelung, 3/7 Ehegattenunterhalt etc. – werden den Lösungsvorstellungen der getrennten Familienmitglieder oft nicht gerecht; speziell auf die konkrete Familie abgestimmte Elternvereinbarungen sind eher dazu geeignet, ein weitgehend spannungs- und konfliktfreies Leben nach einer Scheidung zu ermöglichen.

Alle Mediationskonzepte gehen von folgenden Grundannahmen aus:
- Paare bzw. Eltern können selbst Lösungen und Vereinbarungen für die Trennungs- und Scheidungsfolgen erarbeiten, die für sie fair sind und keinen zum Verlierer machen.
- Vereinbarungen beziehen sich auf die weitere Zukunft aller Familienmitglieder und können gegebenenfalls neu angepaßt werden.
- Eltern können Lösungen entwickeln, die ihren Kindern möglichst viel Kontakt zu beiden von ihnen sichern und somit die Ressourcen der Familie für die weitere Zukunft vergrößern, statt sie zu verringern.
- Unterschiede zwischen den Eltern und innerhalb der Familie werden weder geleugnet noch abgewertet, sondern bleiben als komplementäre Möglichkeiten (i. S. von Entwicklungschancen) für die Kinder erhalten.

■ Ein neues Verständnis für die wechselseitigen Interessen und Bedürfnisse beider Partner löst den Kampf um Rechtspositionen (und implizit um Schuld und Fehlverhalten) ab. Eine Trennung schafft auch Gemeinsamkeiten, für die Kinder bleibt somit die «Liebe trotz Trennung» erhalten.

Alle Konzepte verfolgen somit zumindest drei Grundziele:
1. Angst und andere negative Auswirkungen der Konfliktsituation zu verringern, indem die Parteien darin unterstützt werden, eine gemeinsame Vereinbarung zu erarbeiten,
2. die Parteien darauf vorzubereiten, die Konsequenzen ihrer Entscheidung selbst zu tragen,
3. eine Vereinbarung oder einen Plan für die Zukunft zu entwerfen, den beide Parteien akzeptieren können.

Alle Konzepte suchen diese Ziele zu erreichen, indem sie die Parteien in einen Prozeß einbinden, der diesen hilft:
■ die Verständigungsprobleme zwischen ihnen zu verringern,
■ die Suche nach Alternativen zu fördern,
■ auf Wünsche und Bedürfnisse jeder Partei Rücksicht zu nehmen,
■ ein Modell zur Lösung von Konflikten für die weitere Zukunft zu entwickeln.

Diese Mediationskonzepte werden heute in Deutschland, Österreich und der Schweiz von den Vertretern folgender drei Berufsgruppen praktiziert:
1. den psychosozial und therapeutisch Ausgebildeten in freien Praxen oder in Beratungsstellen,
2. den Juristen in Rechtsanwaltspraxen,
3. den Mitarbeitern und Beauftragten der Jugendämter.

So unterschiedlich die Interessen und Positionen zur Mediation bei den drei Berufsgruppen sind, so gehen doch alle davon aus, daß Mediation ein eigenständiges, prozeß- und lösungsorientiertes Verfahren ist, das in vorgeschriebenen Stufen abläuft. Techniken der Verhandlungsführung wirken unterstützend, um eine Vielzahl von Aufgaben in Form eines Interessenausgleichs zwischen den Parteien zu lösen und als Ergebnis zu vereinbaren.

Mediation macht sich dabei nicht zum Ziel, innerpsychische Beziehungskonflikte zwischen den Partner zu lösen; vielmehr soll ein ergebnis- und zukunftsorientiertes Konfliktlösungsmodell für die äußeren Regelungsbereiche von Trennung und Scheidung entstehen. Das heißt aber nicht, daß mit der Arbeit an äußeren Trennungsfolgen nicht gleichwohl ein innerer Ablösungsprozeß in Gang gesetzt werden kann.

Der Prozeß der Mediation

Mediation verläuft in Stufen, die alle durchlaufen werden müssen, um die Mediation für das Paar abschließen zu können:[x]
 1. Einführung – Vorbereitung – Mediationskontrakt
 2. Sammlung der zur Verhandlung anstehenden Regelungs- und Streitpunkte
 3. Entwicklung neuer Optionen und Wahlmöglichkeiten
 4. Verhandeln und Entscheiden
 5. Vorbereitung, Durchführung und Überprüfung der Vereinbarung

1. Stufe
In der ersten Stufe wird der Grundstein für mögliche zukünftige Mediationsverhandlungen gelegt. Zunächst erklärt der Mediator beiden Ehepartnern den Mediationsprozeß und seine eigene Rolle eines neutralen Vermittlers. Danach verwenden die beiden Ehepartner viel Zeit und Aufmerksamkeit auf die Frage, ob eine Mediation das richtige Verfahren für sie ist. Die Frage nach der Indikation von Mediation wird mit dem Mediator ausführlich unter drei Gesichtspunkten erörtert:
- Ist jeder von uns geeignet für die Mediation?
- Kann jeder von uns sich vorstellen, mit diesem Mediator zu arbeiten?
- Kann der Mediator mit uns arbeiten?

Der erste Gesichtspunkt fordert, daß beide Partner freiwillig in die Mediation gehen. Mediation als freiwilliger, außergerichtlicher Weg kann nicht vom Gericht verordnet werden. Außerdem ist erforderlich, daß sich jede Seite einen eigenen Beratungsanwalt nimmt, der über mögliche Ansprüche und Rechte informiert, berät und den späteren Vereinbarungsentwurf der beiden Partner überprüft. Weiterhin müssen beide Seiten bereit sein, über die Einkommens- und Vermögensverhältnisse Auskunft zu geben, alle Daten und Fakten offenzulegen sowie die erforderlichen Unterlagen mitzubringen. Daraus folgt, daß jeder sich verpflichtet, während des Mediationsprozesses keine Vermögenswerte ohne Einverständnis des anderen zu veräußern oder anderweitig beiseite zu schaffen. Schließlich müssen beide dem Mediator zusichern, daß er in einem gerichtlichen Verfahren nicht als sachverständiger Zeuge benannt werden wird.

Außerdem wird der Mediator mit beiden erörtern, inwieweit sie sich bereits innerlich getrennt haben und bei den Verhandlungen um die Trennungs- und Scheidungsfolgen in der Lage sind, für ihre eigenen Interessen einzustehen sowie die der anderen Seite zu respektieren. Am Ende der ersten Prozeßstufe werden auch Gesprächs- und Verhaltensregeln erörtert, so z. B. die Regel, jede Seite aussprechen zu lassen und einander nicht ins Wort zu fallen.

Das ehemalige Paar prüft, ob es sich vorstellen kann, mit diesem Mediator Gespräche zu führen. Dieser klärt umgekehrt das gleiche und prüft, ob er mit dem Paar zusammenarbeiten kann. Erst nach Abwägung aller Gesichtspunkte sollten die beiden Parteien eine Entscheidung treffen, ob sie die Mediation aufnehmen wollen. Es kann auch möglich sein, die Entscheidung zunächst noch einmal zu überdenken. Das Zögern einer der beiden Partner sollte ernst genommen werden, denn beide müssen für den Mediationsprozeß bereit sein und ihn als den geeigneten Weg zur Lösung der Trennungs- und Scheidungskonflikte ansehen. Wenn dann noch die Formalien der Mediation – Zeit, Kosten, Raum – bekannt gemacht sind, sollten beide die Entscheidung treffen. Mit dem Abschluß des Mediationskontraktes endet die erste Prozeßstufe.

Für die nächste Zeit kann eine Übergangsvereinbarung erarbeitet werden, so daß beide Partner zukünftig in Ruhe miteinander verhandeln können.

2. Stufe

In der zweiten Stufe werden alle relevanten Themen und Verhandlungspunkte gesammelt und auf Bögen für beide Partner getrennt notiert. Regelungspunkte in der Mediation können sein:

- die gemeinsamen Kinder (Versorgung und Betreuung der Kinder, Lebensschwerpunkt der Kinder, regelmäßige Zeiten beim anderen Elternteil, Ferien, Feiertage, Geburtstage, pädagogische Absprachen und Zuständigkeiten),
- Unterhaltszahlungen,
- Vermögensregelungen,
- Hausrat,
- Versicherungen,
- Steuerregelungen,
- Altersversorgung,
- Vereinbarungen zum juristischen Scheidungsverfahren,
- Regelungen für zukünftige Konflikte und Veränderungen im Lebensalltag der Familie.

Danach werden die Themen von jeder Seite in eine Rangfolge gebracht. Normalerweise stellen beide Partner eine unterschiedliche Rangliste ihrer Themen auf. Diese Rangliste läßt schon erahnen, wie die hinter den Themen liegenden emotionalen und ökonomischen Konfliktpunkte aussehen könnten. So ist oft festzustellen, daß jede Seite mit den «unsicheren» Themen beginnen will: Die Frauen nennen das Thema Geld (Unterhalt, Schulden), die Männer das Thema Kinder (Sorgerecht, Betreuung). Die Entwicklung einer eigenen Themenreihenfolge macht bereits beiden Partnern ihre Unterschiedlichkeit deutlich, auch im Beisein eines Dritten.

Beide Seiten werden in dieser zweiten Stufe immer wieder ermuntert, genau zu klären und zu erklären, welche eigenen Interessen und Bedürfnisse hinter ihren jeweiligen Themen und Anliegen stehen. So wird deutlich, daß beide auch bei gleichem Thema unterschiedliche Interessen und Bedürfnisse haben. Die Partner sollen auf dieser Stufe ihre eigenen Wertigkeiten genauestens verstehen und voneinander unterscheiden lernen.

Sind alle Punkte verstanden, werden beide Partner aufgefordert, alle notwendigen Unterlagen zu beschaffen bzw. zu erstellen, so zum

Hausrat, den Konten, den Vermögenswerten, zu Schulden, Hypotheken, Rückkaufswerten von Lebensversicherungen etc.

3. Stufe

In der dritten Stufe werden für alle anstehenden Fragen Lösungen, Alternativen und Wahlmöglichkeiten entwickelt. Für die Beteiligten ist dies die kreativste Stufe der Mediation. Alle – auch die verrücktesten – Ideen und Phantasien werden festgehalten und aufgeschrieben. Oft werden brauchbare Möglichkeiten von beiden Partnern aus der Angst heraus abgelehnt, sie seien für die andere Seite nicht akzeptabel. Da jedoch über alle Vorschläge erst zu einem späteren Zeitpunkt geurteilt wird, können die Verhandlungspartner frei werden, Wahlmöglichkeiten vorzuschlagen, die sich später oft als brauchbarer erweisen, als sie zum jetzigen Zeitpunkt erscheinen mögen. Bisweilen stockt der Prozeß, und die beiden Seiten werden dann ermutigt, wirklich alle Möglichkeiten zuzulassen und sie nötigenfalls auch durchzurechnen. Hier können Fragen des Mediators hilfreich sein, wie z. B. «Wie stellen Sie sich Ihr Leben in zwei Jahren vor?» oder «Welche Ideen hätten wohl Ihre Kinder?»

Bisweilen werden die Partner vom Mediator über bereits von anderen Familien erprobte Ideen und Lösungsmöglichkeiten informiert, so etwa über die Einrichtung eines gemeinsamen Elternkontos für die Kinder, um große Anschaffungen für die Kinder auch weiterhin gemeinsam tragen zu können.

Zusätzlich werden rechtliche und steuerrechtliche Möglichkeiten, wie beide Partner den «Kuchen» für ihre zukünftig getrennt lebende Familie vergrößern können, besprochen. Hier wird mit dem Mediator erörtert, inwieweit noch Informationen bei anderen Fachleuten wie z. B. Steuerberatern, Bank- und Versicherungsfachleuten, Immobilienberatern, Rechtsanwälten eingeholt werden müssen.

4. Stufe

Erst in der vierten Stufe beginnen beide Ehepartner zu verhandeln. Unter den entwickelten Optionen wird sorgfältig ausgewählt mit dem Ziel einer gemeinsam getragenen Vereinbarung. Bisweilen erinnert das Gespräch der beiden Seiten an das Treiben auf dem Bazar, wo man noch etwas hinzugeben oder -nehmen muß, um in einem Regelungspunkt Einigkeit zu erreichen. Dabei hat die getroffene Entscheidung bezüglich der einzelnen Regelungspunkte zunächst nur vorläufigen Charakter, bis eine Gesamtübereinkunft über alle Punkte erzielt worden ist. Dieses Verfahren ermöglicht, daß die Verhandlungen noch offen und fließend bleiben, Testphasen für bestimmte Lösungsversuche eingebaut werden können und somit die einmal getroffene Vereinbarung auf dieser Stufe noch überprüfbar und veränderbar bleibt. Oft werden mehrere Regelungspunkte auch zu einem Paket zusammengeschnürt, weil man sie nur auf diese Art verhandeln und lösen kann.

Bahnt sich eine Gesamtlösung an, werden spätestens jetzt beide Seiten vom Mediator aufgefordert, ihren jeweiligen Beratungsanwalt aufzusuchen, um sich über die eigenen Rechtspositionen informieren zu lassen, verschiedene Alternativen durchzugehen sowie sich über mögliche rechtliche Konsequenzen der Vereinbarung klarzuwerden. Gleichzeitig werden zu diesem Zeitpunkt die Kinder eingeladen, um mit ihnen die von ihren Eltern vorgeschlagenen Lösungen durchzusprechen.

5. Stufe

In dieser Abschlußphase werden die gesamten Verhandlungsergebnisse zusammengetragen und dabei entweder von beiden Parteien oder vom Mediator formuliert und protokolliert. Das Mediationsprotokoll (Memorandum) kann dann von einem Notar in eine rechtsverbindliche Form gebracht oder im Rahmen des Scheidungsprozesses zu Protokoll gegeben werden.

Danach beginnt die Zeit der Umsetzung der Vereinbarungen. Dabei können immer wieder noch Probleme entstehen, insbesondere durch Faktoren wie Wohnungswechsel oder persönliche Veränderungen. Aus diesem Grund wird oft ein regelmäßiger Rückblick (TÜV) mit zeitlichem Abstand vereinbart, um Korrekturen und notwendige Anpassungen der Vereinbarung vornehmen zu können.

Mit dem Ende des Mediationsprozesses ist der gemeinsame Zeitabschnitt des Ehepaares beendet. Sie bleiben jedoch als Eltern für die weitere Entwicklung der Familienmitglieder verantwortlich im Sinne der getroffenen Vereinbarung.

Vorläufige Erfahrungen mit der Mediation

Mediation ist bisher nur in geringem Umfang Gegenstand wissenschaftlicher Untersuchung. Es existieren jedoch bereits erste interne Erfahrungsberichte von Mediatoren und Institutionen, die Mediation anbieten.

Betrachtet man die Mediationsinhalte, so fällt auf, daß bei Elternpaaren befriedigende Regelungen für die Kinder Vorrang haben. Dabei dreht es sich insbesondere um folgende Regelungspunkte: Hauptwohnsitz der Kinder, Unterhalt für die Kinder sowie Betreuung und Versorgung. Wichtig sind bei den Paaren Regelungen über Wohnungen, Häuser, über die Finanzen der Familie; dies meist in engem sachlichem Zusammenhang mit den Wünschen nach Regelungen für die Kinder.

Die Mediation umfaßt in der Regel 3 bis 15 Sitzungen zu je einer Doppelstunde; sie dauert je nach Länge der Erprobungsphasen zwischen 6 und 12 Monaten. In allen Mediationen ist ein «kritischer Punkt» zu beobachten. Die Gespräche entwickeln sich offenbar auf einen Punkt hin, an dem sich letztlich entscheidet, ob die Mediation gelingt oder scheitert. In der Regel ist dies ein Regelungspunkt mit hohem Symbolgehalt. Zwei Beispiele mögen das verdeutlichen:

■ In religiös geprägten Familien geht es oft um die Frage von «Gerechtigkeit»; insbesondere bei der Frage nach einer gerechten und fairen Aufteilung des Familieneinkommens.

■ Miteinander ausgehandelte Betreuungspläne für die Kinder und die Haushaltsfinanzierung für die getrennten Haushalte drohen zu scheitern, wenn z. B. die Möbel des Kinderzimmers aufgeteilt werden sollen und die Kinder bisher in Hochbetten übernachtet haben. Gleiches gilt oft auch für gemeinsam angeschaffte Möbelstücke.

Kinder und Jugendliche sollten auf jeden Fall mindestens einmal in die Gespräche miteinbezogen werden. Sie fühlen sich oft schuldig an der Trennung ihrer Eltern. In der Mediation können sie ihre Schuldgefühle mindern oder verlieren, wenn sie erleben, daß ihre Eltern die Verantwortung für die Überwindung der Familienkrise übernehmen, weil sie diese ja auch verursacht haben. Zudem können Kinder und Jugendliche modellhaft in den Mediationssitzungen erleben, wie ihre Eltern Streitigkeiten und Konflikte lösen. Schließlich brauchen Kinder und Jugendliche für ihre eigene Entwicklung das Wissen um Unterschiede und Komplementarität. Sie erleben, daß Unterschiede erhalten bleiben dürfen und miteinander vereinbar sind. So können in der Mediation auch die Unterschiede in den Eigenschaften, Gefühlen und Fähigkeiten ihrer beiden Eltern erhalten bleiben. Wichtig ist, daß den Jugendlichen Mutter- und Vater-Sprache, Mutter-Denken und Vater-Denken, Mutter-Gefühle und Vater-Gefühle für ihre eigene Entwicklung zur Verfügung stehen.

Abschließend kann man festhalten, daß Mediation auch therapeutische Effekte hat. Bei der strukturierten Arbeit an Vereinbarungen können sich innere Blockierungen quasi von selbst lösen; der Kommunikationsprozeß zwischen den Partnern wird wieder in Gang gesetzt. So hat die Arbeit an den äußeren Regelungen einer Trennung zugleich auch eine innere therapeutische Wirkung.

Rechtliche Verankerung der Mediation

Der Mediationsprozeß findet nicht außerhalb der gesetzlichen Rechtsordnung statt, sondern er steht vielmehr voll im rechtlichen Bezugsrahmen («Shadow of Law»).[XI] Die Rechtswelt kann persönlich durch Verhandlungen gestaltet und Verträge können geschlossen werden. Auch das Vertragsrecht ist Recht, sogar vorrangiges Recht, insbesondere im Familienrecht.

Das Recht gibt somit weitgehende Gestaltungsmöglichkeiten und greift als dispositives Recht, das durch die daran Beteiligten geändert werden kann, ein. Mediation ist keine Alternative zum Recht, sondern unterstützt in seinen Bahnen die vertragliche und damit persönliche Rechtsfindung.[XII] Die Eigenlösung beruht auf dem rechtsstaatlich gewährleisteten Vorrang der Freiheit und geht damit Lösungen mit staatlichen Eingriffen vor.[XIII]

Scheidungsmediation – Familienmediation

Mediation wird in Deutschland vorwiegend im Bereich von Trennung und Scheidung angeboten, so in Praxen von Psychotherapeuten und Rechtsanwälten, in Beratungsstellen oder Jugendämtern. Inzwischen gibt es – wiederum durch Anstöße aus der amerikanischen Praxis – Überlegungen und erste Angebote, die Mediation auch für andere kritische Lebensereignisse einer Familie anzubieten.

Für die vielfältigen Formen von Partnerschaft und Familie in der jetzigen Gesellschaft reichen die eingespielten Regeln und gesetzlichen Bestimmungen nicht mehr aus. Die Gegenwartsfamilie – die postmoderne Familie – zeichnet sich durch eine neue Inszenierung des Alltags aus, in dem die verschiedenen Interessen aller Familienmitglieder miteinander abgestimmt und ausbalanciert werden müssen.[XIV] Die traditionelle Familie (Vater, Mutter, Kinder) ist inzwischen in der Minderheit; neue Lebensformen sind aufgekommen und damit auch Verbindungen anderer Art: Fortsetzungsfamilien, Leben mit mehreren Haushalten, Ehen ohne Trauschein, ohne Kinder, Alleinerziehende, Partner gleichen Geschlechts, Teilzeitgemeinschaften und Lebensabschnittsgefährten.[XV]

In all diesen Zwischen-, Neben-, Vor- und Nachformen von Partnerschaft und Familie sind sowohl Risiken als auch Chancen für ihre Mitglieder enthalten. Die meisten Menschen werden also auch weiterhin in Bindungen leben, jedoch in Bindungen anderer Art, was Umfang, Verpflichtungscharakter und Dauer angeht.[XVI] Dieses neue Spektrum des Privaten erfordert mehr tägliche Kleinarbeit; dem Aushandeln, Auswählen, Entscheiden kommt in Zukunft eine immer größere Bedeutung zu. Mediation kann bei der Suche nach eigenen Lösungen helfen.

Quellennachweis

I) Mähler, Gisela und Hans-Georg: Zur Geburt einer neuen Streitkultur bei Trennung und Scheidung, in: Duss-von Werdt, Mähler, Mähler (Hg.): *Mediation: die andere Scheidung*, Stuttgart 1995, S. 15.
II) Mähler, S. 15.
III) Mähler, S. 17.
IV) Proksch, Roland: Die Geschichte der Mediation, in: Heiner Krabbe (Hg.): *Scheidung ohne Richter*, Reinbek 1991, S. 173.
V) Cohen, Stanley N.: Eine Einführung in die Vermittlung bei Scheidungen, in: *Innovations in Clinical Practice: A Source Book Vol. 5*. Sarasota, Florida, Professional Resource Exchange, Inc. 1986, S. 3.
VI) Proksch, S. 174.
VII) Proksch, S. 174.
VIII) Mähler, S. 19.
IX) Mähler, S. 19.
X) Diez, Hannelore und Heiner Krabbe: Was ist Mediation? Praktische Gebrauchsanleitung für ein außergerichtliches Vermittlungsverfahren, in: Heiner Krabbe (Hg.): *Scheidung ohne Richter*, Reinbek 1991, S. 112.
XI) Mähler, Gisela und Hans-Georg: Das Verhältnis von Mediation und richterlicher Entscheidung. Eine rechtliche Standortbestimmung, in: Heiner Krabbe (Hg.): *Scheidung ohne Richter*, Reinbek 1991, S. 167.
XII) Mähler/Mähler, S. 168.
XIII) Mähler/Mähler, S. 169.
XIV) Beck-Gernsheim, Elisabeth: Auf dem Weg in die postmoderne Familie – Von der Notgemeinschaft zur Wahlverwandtschaft, in: U. Beck/E. Beck-Gernsheim (Hg.) *Riskante Freiheiten*, Frankfurt 1994, S. 134.
XV) Beck-Gernsheim, S. 135.
XVI) Beck-Gernsheim, S. 134.

Adressen

Adressen von Verbänden, Institutionen und Ausbildungsinstituten in Deutschland, Österreich und der Schweiz

Deutschland

Bundes-Arbeitsgemeinschaft für Familien-Mediation e. V.
(BAFM)
Sprecher: Eva-Luise Valentin, Päd.M. A., Familientherapeutin, Ingolf Schulz, RAuN (Rechtsanwalt und Notar)
Stellvertretende Sprecher: RA Joachim Hiersemann, Dipl.-Psych., Dagmar Schramm-Grüber, Dipl.-Soz.päd., Familientherapeutin
Derzeitige Adresse: RAuN Ingolf Schulz,
Rathausplatz 25, 22926 Ahrensburg

Arbeitskreise Mediation

Bergstraße

Arbeitskreis Mediation Bergstraße / Odenwald
Kontaktadresse:
Eva-Luise Valentin, Päd. M. A., Familientherapeutin
Ladenburger Straße 54, 69120 Heidelberg

Berlin

Zusammenwirken im Familienkonflikt e. V.
Wilhelmsaue 133, 10715 Berlin

Bielefeld

Arbeitskreis Ostwestfalen-Lippe
Kontaktadresse:
Ursula Mehlan und Prof. Dr. Jochen Hahn
Graf-von-Galen-Str. 40, 33619 Bielefeld

Bonn/Köln

Arbeitskreis Mediation Köln/Bonn
Kontaktadressen:
RAin Heidrun Gerwens-Henke, Schloßstraße 47, 53115 Bonn
und RAin Ulrike Fischer, Merlosstraße 5, 50668 Köln

Institut für Konfliktberatung und Mediation (IKOM)
Heidrun Gerwens-Henke, Schloßstraße 47, 53115 Bonn

Gießen

Regionalgruppe Mediation
Kontaktadresse:
Petra Hamann, Am alten Friedhof 4 B, 35394 Gießen

Frankfurt

Institut für Konfliktberatung und Mediation (IKOM)
Dagmar Schramm-Grüber, Auf der Körnerwiese 8,
60322 Frankfurt/Main

Arbeitskreis Partnerschaftskrise Trennung und Scheidung e. V.
Eschersheimer Landstraße 531, 60431 Frankfurt/Main

Freiburg

Regionalgruppe Freiburg
Kontaktadresse:
RAin Barbara Motz, Baslerstraße 54, 79227 Schallstadt

Hamburg / Ahrensburg

Arbeitskreis Mediation Nord
Kontaktadresse:
RAuN Ingolf Schulz, Rathausplatz 25, 22926 Ahrensburg

Interdisziplinäre Beratung bei Trennung und Scheidung
in Hamburg e. V. (IBTUS)
Postfach 20 32 15, 20222 Hamburg

Hannover – Braunschweig – Hildesheim

Arbeitsgemeinschaft für Mediation
Kontaktadresse:
RA Friedrich Wihelm Reuter, Kanzleistraße 20,
38300 Wolfenbüttel

Heidelberg

Arbeitskreis Mediation Heidelberg
Kontaktadresse:
RAin Lis Ripke, Mönchhofstr. 11, 69120 Heidelberg

HIATUS e. V. Heidelberg
RAinnen Klein & Amelang
Schützenhausstraße 38, 69151 Neckargemünd bei Heidelberg

Praxis- und Forschungsstelle für Psychologie und Beratung
(PFPB)
Prof. Dr. Reiner Bastine, Psychologisches Institut der Ruprecht-Karls-Universität
Hauptstraße 47–51, 69117 Heidelberg

Kassel

Arbeitskreis Mediation
Kontaktadresse:
Christiane Tolkmitt und Susanna Nolden
Friedrich-Ebert-Straße 14, 34117 Kassel

Köln

Interdisziplinäre Arbeitsgemeinschaft für Mediation Köln
Kontaktadresse:
Dr. Hartmut Thierse, Maarweg 18–22, 53933 Köln

Lüneburg

Arbeitskreis Mediation
Kontaktadresse: Medi-Carola Kroll, Dipl.-Päd.
Confacts-Institut für systemische Beratung und Supervision
Altenbrucker Damm 10, 21337 Lüneburg

Marburg

Arbeitskreis Mediation
Kontaktadresse:
RAuN Claus R. Heße, Frankfurter Straße 13,
35037 Marburg

München

Münchner Arbeitsgemeinschaft Mediation
Kontaktadresse:
RA Dr. Hans-Georg Mähler
Südliche Auffahrtsallee 29, 80639 München

Teilnehmer der Arbeitsgemeinschaft München sind Mitglieder folgender Organisationen:

Eidos Projekt Mediation
c/o RAe Dr. Gisela und Dr. Hans-Georg Mähler
Südliche Auffahrtsallee 29, 80639 München

Evangelisches Beratungszentrum e. V.
Landwehrstraße 15, 80336 München

Familien-Notruf München
Pestalozzistraße 46, 80469 München

Institut für Mediation und Scheidungsberatung e. V. (IMS)
Schulstraße 30, 85586 Poing

Katholische Eheberatung
Rückertstraße 9, 80336 München

Intakte Elternschaft trotz Trennung/Ehescheidung (IETE)
Germersheimer Str. 26, 81541 München

Konflikt, Mediation und Scheidung (KMS)
Konradstraße 16, 80801 München

Kreidekreis Deutsches Institut für Kindeswohl
Familienbegutachtung, Familienberatung, Familienambulanz
Maximilianstraße 52, 80538 München

Münchener Team Mediation
c/o RA Joachim Kramp
Odeonsplatz 2, 80539 München

Akademie für Mediation
Am Wiesbach 6, 86944 Unterdießen

Allgemeiner Sozialdienst der Landeshauptstadt München (ASD)
Dipl.-Soz. Päd. Ingrid Jann
Orleansplatz 11, 81667 München

Familiengerichte in München
RiOLG Uwe Schönfeld

Katholische Stiftungsfachschule,
Prof. Dr. Michael Pieper

Münster

Praxis für Psychotherapie, Mediation und Paarberatung
– Heiner Krabbe –
Trialog e. V.
Von-Vincke-Straße 6, 48143 Münster

Nürnberg

Institut für Soziale und Kulturelle Arbeit (ISKA)
Prof. Dr. Roland Proksch
Untere Krämergasse 3, 90403 Nürnberg

Rhein – Ruhr

Regionalgruppe Rhein-Ruhr
c/o RA Jörg Daube
Schönlandstraße 50, 45131 Essen

Stuttgart

Arbeitsgemeinschaft Mediation
Kontaktadresse:
RA Hans-Peter Milling
über Deutsches Familienrechtsforum
Villastraße 1, 70190 Stuttgart

Wuppertal–Düsseldorf–Köln

Regionale Arbeitsgemeinschaft
Kontaktadresse: Franz Eiberg, Brauweilerstraße 20,
50259 Pulheim-Sinthern

Ausbildungsinstitute

Eine anerkannte Zusatzausbildung nach den Richtlinien der BAFM führen durch (Stand November 1995):

Eidos Projekt Mediation
(Dr. Gisela und Dr. Hans-Georg Mähler u. a.)
Südliche Auffahrtsallee 29
80639 München

Institut für Mediation und Scheidungsberatung (IMS)
(Hannelore Diez, Maria Marshall, Stefan Mayer, Joachim Neufeldt u. a.)
Schulstraße 30
85586 Poing

Institut für Konfliktberatung und Mediation (IKOM)
(Heidrun Gerwens-Henke)
Schloßstraße 47
53115 Bonn
oder
(Dagmar Schramm-Grüber)
Auf der Körnerwiese 8
60322 Frankfurt / Main

Mediationswerkstatt Münster
(Hannelore Diez, Heiner Krabbe)
Von-Vincke-Str. 6
48143 Münster

Zusammenwirken im Familienkonflikt e. V.
(Frauke Decker, Joachim Hiersemann, Jutta Lack-Strecker, Dr. Harro Naumann u. a.)
Wilhelmsaue 133
10715 Berlin

Heidelberger Institut für Mediation
Prof. Dr. phil. Reiner Bastine, Lis Ripke u. a.
Mönchhofstraße 11
69120 Heidelberg
in Zusammenarbeit mit Hiatus e. V.
(s. Arbeitskreis Heidelberg)

Institut für soziale und kulturelle Arbeit (ISKA)
(Prof. Dr. Roland Proksch)
Untere Krämergasse 3
90403 Nürnberg

Akademie für Mediation
(Monika Groner, Hubertus Grandy u. a.)
Am Wiesbach 6
86944 Unterdießen

Weitere Aus- und Fortbildungsmöglichkeiten:
Gary Friedman, Jack Himmelstein
Kontaktadresse:
Bianca Winograd
Eduard-Schmidt-Str. 29
81541 München

John Haynes
Kontaktadresse:
Axel Mecke
Praxis- und Forschungsstelle für Psychotherapie und
Beratung des Psychologischen Instituts der Universität
Heidelberg
Hauptstr. 47–51
69117 Heidelberg

Österreich

Österreichische Gesellschaft für Mediation und
Konfliktregelung
Kugelfanggasse 58, A-1210 Wien

Arbeitsgemeinschaft Mediation
Weiher-Wiesbach-Straße 8, A-5023 Salzburg
Info: RAin Dr. Elisabeth Mühlberger
Künstlerhausgasse 4, A-5020 Salzburg

Österreichischer Berufsverband der Mediatoren
Mag. Wolfgang Vovsik
Poschingerstr. 23, A-4060 Leonding

Ausbildung

Österreichische Gesellschaft für Mediation
(in Zusammenarbeit mit der Arbeitsgemeinschaft
Sozialpädagogik / Psychoanalyse)
Kugelfanggasse 58
A-1210 Wien

Salzburger Institut für Mediation und
Trennungs-/Scheidungsberatung
Gottfried Graf
Getreidegasse 16/IV
A-5020 Salzburg

Schweiz

Schweizerischer Verein für Familienmediation
c/o CERFASY. Rue des Beaux Arts 19, CH-2000 Neuchâtel

Ausbildung

Zentrum für Agogik
Gundeldingerstraße 173
CH-4053 Basel
zusammen mit
Institut für Ehe und Familie
Wiesenstraße 9
CH-8008 Zürich

Europa

Europäische Charta für die Ausbildung von Praktikern der Mediation bei Trennung und Scheidung
Charte Européenne de la formation des médiateurs exerçants dans les situations de divorce et de séparation
APMF, Espace XV, 14. rue des Frères Moranes
F-75015 Paris

Die Bearbeiter

Hannelore Diez, Diplomsozialpädagogin, Familientherapeutin und Mediatorin, absolvierte zahlreiche Mediationstrainings bei Gary Friedman, Jack Himmelstein und John Haynes. Sie ist Mitbegründerin des Instituts für Mediation und Scheidungsberatung in München. Nach langjähriger Leitung der Trennungs- und Scheidungsberatungsstelle des Münchner Familien-Notrufs arbeitet sie seit Beginn der 90er Jahre verstärkt in der Aus- und Weiterbildung von Mediatoren. Gemeinsam mit Heiner Krabbe gründete sie die Mediationswerkstatt Münster.

Mitglied der Bundes-Arbeitsgemeinschaft für Familien-Mediation (BAFM).

Heiner Krabbe, Diplompsychologe, Mediator, Gesprächs- und Verhaltenstherapeut, ist Leiter der von ihm mitbegründeten «Beratungsstelle bei Familienkrisen, Trennung und Scheidung – Trialog» in Münster und arbeitet gleichzeitig als zugelassener Psychotherapeut in eigener Praxis. Nach Mediationstrainings bei Friedman und Himmelstein, Kaslow und Haynes ist er seit 1991 Ausbilder für Trennungs- und Scheidungsberatung sowie Mediation. Im Rowohlt Taschenbuch Verlag hat er den Band «Scheidung ohne Richter» (rororo 8882) herausgegeben.

Gründungsmitglied der BAFM.

Joachim Neufeldt, Rechtsanwalt und Mediator, hat ebenfalls zahlreiche Mediationstrainings bei Friedman, Himmelstein und Haynes absolviert. Neben seiner Tätigkeit als Vertragsanwalt für den Familien-Notruf in München arbeitete er in zahlreichen Fällen als Mediator in eigener Praxis, zunächst in München, heute in Dresden.

Er gehört zum ständigen Team der Ausbilder für die Mediationsausbildung nach BAFM-Richtlinien.

Register

Abhängigkeit 154, **157ff.**, 162f.
Auszug aus der gemeinsamen Wohnung **111ff.**, 206, *344*
Bedürfnisse 44, 46, **48f.**, 61
Beratungsanwalt, s. Rechtsanwälte
Bereitschaft zur Einigung 22, **26**
Bereitschaft zur Uneinigkeit 22, **25f.**, 66, 118, 157
Bevormundung **209f**
Dauer einer Mediation **20**, *336*
Drohungen 40, **73f.**
Ehegattenunterhalt, s. Unterhalt
Ehrlichkeit **92ff.**
Eifersucht **163**
Eigenverantwortung 14, 22, **23f.**, 208ff.
Einfühlung **29f.**, **42f**, 215, **237f.**
Einkommen 37, **38**, 96
Elternschaft, gemeinsame 96, 126, 157, **188ff.**, *329*
Elternvereinbarung 49, **188f.**, 240, *329*
Erbschaften **177f.**, *347*
Entscheidungsgewalt **133**, 148
Entscheidungsgrundlagen **46ff.**, 64
Ermittlungsverfahren 33, **95**
Erpressung **109ff.**
Fairneß 14, 30, **48**, 75ff., 123, **179–182**
Flexibilität der Vereinbarung 19, 54
Freiwilligkeit 22, 67, *332*
Geheimnisse 35
Grundregeln der Mediation **35ff.**
Haus, s. Immobilien

Humor in der Mediation 117
Immobilien 43f., 77ff., 121ff., 164, **269–275, 310–313**, *342, 346, 347*
Informationssammlung 33, **37ff.**, 92, **93ff.**, 178, *333*
Interaktion **34.ff.**, 41, **221f.**
Kinder **37f.**, 48, 111ff., 187f., 231f., 235ff., **300–304**, *337*
Kindesunterhalt, s. Unterhalt
Kommunikation **35f.**, **40ff.**, 139ff., **215–228**
Konflikt 23, 25, 35, **36**, **39ff.**, **43f.**, 52
Kosten **21**, 36
Lösungsmodelle 44, 45, **50f.**, *334*
Lügen 92, **97ff.**
Machtungleichgewicht 23, 30, 67, **104**
Mediationsdreieck **13f.**, 41, 61
Mediationskonzepte *328–331*
Mediationsprozeß *331–336*
Mediationsvereinbarung 21, 33, 37, **52ff.**, **87ff.**, 191ff., 262, 317f., *335*
Mißhandlung **195**, 200–214
Mitgefühl 184, **223**, 254
Motive für die Mediation 20, **22f.**, 61, **63ff.**, 104ff., 134, 196
Neutralität des Mediators 12, 13, **27ff.**, 75ff., 114, 176, 205
Offenheit 33, 34, 68, 145f.
Offenlegung s. Informationssammlung
Opferrolle 61, 63, 67, **73f.**, 90, 245

Pendelmediation **35**, 109, **248–261**
Prioritäten 23, 54, 96, 116f., 147, **240ff.**, *333*
Recht 14, 34, **46ff.**, 64, **75ff.**, 123, **178–182**, 193f., 269–277, **337**, *341*, *345*
Rechtsanwälte 11f., **17f.**, **26f.**, 32, 52f., 63, 95, 155, 193, **262ff.**, **270–277**, 332, *341*, *345*, *346*
Richter 19, 27, 30, 76f.
Sackgassen 25, **52**
Scheidung 19f., **21**, 59, 105f., *343*
Schiedsrichter 131
Schlichter, s. Schiedsrichter
Schlichtung, s. Verfahren, schiedsrichterliches
Schuldgefühl 67, 74, 139, 282
Schuldzuweisungen 40, 59, 149, **215**, **223ff.**
Steuern 50, 126ff., 242f.
Stiefkinder 48
Trennung 19f., **21**, 24, 49, 59, 153, 176f., **196ff.**, **279–283**, *344*
Trennungsvereinbarung, s. Mediationsvereinbarung
Unterhalt 50, 60, 70f., **81ff.**, 101ff., 104–130, 180ff., 190f., 229f., 242ff., *343*, *344*, *346*, *348*
Unternehmen 290ff., **295–297**, *348*
Umzug (mit gemeinsamen Kindern) 117f.
Vereinbarung, s. Mediationsvereinbarung
Vereinbarung, voreheliche 49
Verfahren, gerichtliches 12, 18, **32**, **46**, 92, 201
Verfahren, schiedsrichterliches **131–135**, *347*
Verhandeln, Verhandlung 18, **239–244**, **334f.**
Verbindlichkeiten 36f., **38**, 60
Versöhnung 21, 199, **306**
Vertraulichkeit **33**, 60, 68
Vermögen 17, 21, 36f., **38**, 60, 96, 177f.
Wohnung, s. Immobilien
Zeitpunkt der Mediation **19f.**
Zukunftspläne 23, 37, **38f.**, **44f.**, 71f., **285ff.**

zu zweit

«Die Liebe hat nun einmal dieses Übel, daß Krieg und Frieden immer wechseln.»
Horaz, Satiren

Lonnie Barbach
Mehr Lust *Gemeinsame Freude an der Liebe*
(rororo sachbuch 8721)

Cheryl Benard / Edit Schlaffer
Männer *Eine Gebrauchsanweisung für Frauen*
(rororo sachbuch 8820)

Marty Klein
Über Sex reden *Heimliche Wünsche, verschwiegene Ängste*
(rororo sachbuch 8824)

Tina Tessina
In guten wie in schlechten Tagen *Anregungen für homosexuelle Paare*
(rororo sachbuch 8782)
Dieses einfühlsame Buch trägt den besonderen Möglichkeiten und Problemen homosexueller wie lesbischer Beziehungen Rechnung und gibt praktische Anregungen vom ersten Flirt bis zur Goldenen Hochzeit.

Diane Vaughan
Wenn Liebe keine Zukunft hat *Stationen und Strategien der Trennung*
(rororo sachbuch 8818)

Judith Sills
Liebe nach dem ersten Blick *Handbuch für Romantiker*
(rororo sachbuch 9134)
«Dies ist kein Buch über hoffnungslos unglückliche Beziehungen, sondern eines über potentiell glückliche.»

Béatrice Hecht-El Minshawi
Zwei Welten, eine Liebe *Leben mit Partnern aus anderen Kulturen*
(rororo sachbuch 9141)

rororo sachbuch

Sämtliche Bücher und Taschenbücher zum Thema finden Sie in der *Rowohlt Revue*. Jedes Vierteljahr neu. Kostenlos in Ihrer Buchhandlung

zu zweit

Ute Auhagen-Stephanos
Wenn die Seele nein sagt *Vom Mythos der Unfruchtbarkeit*
(rororo sachbuch 9378)

James L. Creighton
Schlag nicht die Türe zu *Konflikte aushalten lernen*
(rororo sachbuch 9194)

Steven Farmer
Endlich lieben können *Gefühlstherapie für erwachsene Kinder aus Krisenfamilien*
(rororo sachbuch 9168)
Kinder aus Krisenfamilien können ihre Gefühle nur schwer zeigen, haben das Bedürfnis, ihre Partner zu kontrollieren, und scheuen sich vor Intimität wie vor Konflikten. Der Autor beschreibt die besonderen Probleme und zeigt Lösungswege auf.

Elisabeth Flitner /
Renate Valtin (Hg.)
Dritte im Bunde: die Geliebte
(rororo sachbuch 9376)

Marina Gambaroff
Sag mir, wie sehr liebst Du mich *Frauen über Männer*
(rororo sachbuch 8817)
»Wenn in einer Beziehung das Bedürfnis, "ich liebe dich" zu sagen oder "liebst du mich?" zu fragen, immer größer wird, dann hat es schon irgendwelche Risse gegeben.«

Ruth Kuntz-Brunner / Inge Nordhoff
Heute bitte nicht *Keine Lust*

auf Sex - ein alltägliches Gefühl
(rororo sachbuch 9189)

Karin Mönkemeyer /
Inge Nordhoff
Ein platonisches Verhältnis *Freundschaften zwischen Männern und Frauen*
(rororo sachbuch 8749)

Dorothee Schmitz-Köster
Liebe auf Distanz *Getrennt zusammen leben*
(rororo sachbuch 8816)

rororo sachbuch

Psychologie und Lernen

L. Ashner / M. Meyerson
Wenn Eltern zu sehr lieben
(rororo sachbuch 9359)

George R. Bach / Laura Torbet
Ich liebe mich - ich hasse mich
Fairness und Offenheit im Umgang mit sich selbst
(rororo sachbuch 7891)

Nathaniel Branden
Liebe für ein ganzes Leben
Psychologie der Zärtlichkeit
(rororo sachbuch 7867)

Kathleen Gose/Gloria Levi
Wo sind meine Schlüssel?
Gedächtnistraining in der zweiten Lebenshälfte
(rororo sachbuch 8756 und als Großdruckausgabe 33109)

Thomas A. Harris
Ich bin o.k. - Du bist o.k.
Wie wir uns selbst besser verstehen und unsere Einstellung zu anderen verändern können - Eine Einführung in die Transaktionsanalyse
(rororo sachbuch 6916)

Raymond Hull
Alles ist erreichbar *Erfolg kann man lernen*
(rororo sachbuch 6806)

Gerhard Krause
Positives Denken - der Weg zum Erfolg *13 Bausteine für ein erfülltes Leben*
(rororo sachbuch 7952)

Abraham H. Maslow
Motivation und Persönlichkeit
(rororo sachbuch 7395)

Erhard Meueler
Wie aus Schwäche Stärke wird
Vom Umgang mit Lebenskrisen
(rororo sachbuch 8540)

John Selby
Einander finden *Übungen zur Psychologie der Begegnung in Freundschaft, Beruf und Liebe*
(rororo sachbuch 7991)

Martin Siems
Dein Körper weiß die Antwort
Focusing als Methode der Selbsterfahrung - Eine praktische Anleitung
(rororo sachbuch 7968)

Frauke Teegen / Anke Grundmann / Angelika Röhrs
Sich ändern lernen *Anleitungen zur Selbsterfahrung und Verhaltensmodifikation*
(rororo sachbuch 6931)

rororo sachbuch

Weitere Bücher und Taschenbücher zum Thema finden Sie in der *Rowohlt Revue*. Jedes Vierteljahr neu. Kostenlos in Ihrer Buchhandlung.

Psychologie und Lernen

Nathaniel Branden
Ich liebe mich auch *Selbstvertrauen lernen*
(rororo sachbuch 8486)

David Cooper
Der Tod der Familie *Ein Plädoyer für eine radikale Veränderung*
(rororo sachbuch 8560)

Wayne W. Dyer
Der wunde Punkt *Die Kunst, nicht unglücklich zu sein. Zwölf Schritte zur Überwindung unserer seelischen Problemzonen*
(rororo sachbuch 7384)

Erich Fromm
Anatomie der menschlichen Destruktivität
(rororo sachbuch 7052)
Märchen, Mythen, Träume *Eine Einführung in das Verständnis einer vergessenen Sprache*
(rororo sachbuch 7448)

Klaus D. Heil
Programmierte Einführung in die Psychologie *Ein Lernprogramm*
(rororo sachbuch 6930)

Muriel James / Dorothy Jongeward
Spontan leben *Übungen zur Selbstverwirklichung*
(rororo sachbuch 8301)

Hans-Peter Nolting
Lernfall Aggression *Wie sie entsteht - Wie sie zu vermindern ist. Ein Überblick mit Praxisschwerpunkt Alltag und Erziehung*
(rororo sachbuch 8352)

Friedemann Schulz von Thun
Miteinander reden 1 *Störungen und Klärungen. Allgemeine Psychologie der Kommunikation*
(rororo sachbuch 7489)
Miteinander reden 2 *Stile, Werte und Persönlichkeitsentwicklung. Differentielle Psychologie der Kommunikation*
(rororo sachbuch 8496)

Dieter E. Zimmer
Tiefenschwindel *Die endlose und die beendbare Psychoanalyse*
(rororo sachbuch 8775)

rororo sachbuch

Gesunde Ernährung

ÖKO-TEST
Ratgeber Ernährung
(rororo sachbuch 9171)
Tips und Informationen gegen
Gesundheitsrisiken bei der
täglichen Ernährung.

Bettina Muermann
Lexikon Ernährung
(rororo handbuch 6328)
Das Lexikon enthält rund
1000 Begriffe aus den Bereichen Gesundheit und Ernährung. Ein in dieser Form
einmaliges Nachschlagewerk,
das präzise und verständlich
Auskunft gibt für alle, die sich
schnell informieren möchten,
ohne gleich wissenschaftliche
Literatur zu wälzen.

Michael Hamm / Sylvia
Strobel / Luigi Falavigna
Das Fitneß-Kochbuch *Leckere
Rezepte für jeden Sport*
(rororo sport 8694)
Wie man mit leckeren Rezepten seine Leistung steigert.
Michael Hamm
Fitnessernährung *Ratgeber
für die Sportpraxis*
(rororo sport 8648)
Was und wann soll man
trinken und welchen Sinn
haben spezielle Fitnessgetränke? Wie kombiniert
man Ernährung und Bewegung zur Gewichtsreduktion
Welches sind die typischen
Ernährungsfehler bei Freizeitwie Leistungssportlern? –
Diese und weitere Fragen
beantwortet Michael Hamm,
Professor für Ernährungswissenschaft.

Volker E. Pilgrim
Zehn Gründe, kein Fleisch mehr zu essen
(rororo sachbuch 8273)

rororo sachbuch

Sämtliche Bücher und
Taschenbücher zum Thema
finden Sie in der *Rowohlt
Revue*. Jedes Vierteljahr neu.
Kostenlos in Ihrer Buchhandlung.